Wegweiser durch die Natur

Fische
und andere Wassertiere Mitteleuropas

EIN ADAC BUCH

Dieses Buch entstand in Zusammenarbeit
zwischen dem ADAC Verlag GmbH, München,
und dem Verlag Das Beste GmbH, Stuttgart

© 1988 Verlag Das Beste GmbH, Stuttgart

Sonderausgabe für den ADAC Verlag GmbH, München

Alle Rechte, insbesondere die der Übersetzung, Verfilmung,
Funk- und Fernsehbearbeitung – auch von Teilen des Buches –,
im In- und Ausland vorbehalten

Printed in Germany
ISBN 3-87003-314-2

Wegweiser durch die Natur

Fische
und andere Wassertiere Mitteleuropas

Bearbeitung
Prof. Dr. Hans Jürgen Flügel
Institut für Meereskunde an der Universität Kiel

Prof. Dr. Edwin Möhn
Staatliches Museum für Naturkunde, Stuttgart
(Wasserinsekten)

Dr. Friedrich Naglschmid, Stuttgart
(Bildbegutachtung)

Inhalt

6–7	EINFÜHRUNG
8–17	WIE TIERE UND PFLANZEN IM WASSER LEBEN
18–21	SÜSSWASSERTIERE UND -PFLANZEN BESTIMMEN
22–27	MEERESTIERE UND -PFLANZEN BESTIMMEN
28–127	FISCHE UND ANDERE WASSERTIERE MITTELEUROPAS *Das Leben im Süßwasser*
128–303	FISCHE UND ANDERE WASSERTIERE MITTELEUROPAS *Das Leben im Meer*
304–317	SCHNECKEN- UND MUSCHELSCHALEN BESTIMMEN
318–319	DIE STÄMME DES TIERREICHS
320–321	DIE WANDERUNGEN DER WASSERTIERE
322–323	WASSERTIERE UND WASSERPFLANZEN SELBER ERFORSCHEN
324–327	WASSERVERSCHMUTZUNG UND NATURSCHUTZ
328–329	WO MAN WASSERTIERE BEOBACHTEN KANN
330–336	REGISTER
336	BILDNACHWEIS

Einführung

Wasser ist lebenswichtig für alle Organismen. Das zeigt sich schon daran, daß Pflanzen und Tiere zu 60 bis 99 % aus Wasser bestehen. Die meisten Stoffwechselvorgänge – entscheidend für alles Leben – erfolgen in wässerigen Lösungen. So ist es nur folgerichtig, daß Wasser für viele Organismen den idealen Lebensraum abgibt. Wahrscheinlich nahm alles irdische Leben auf der Erde vor 4500 Millionen Jahren im Urozean seinen Anfang. Bis heute haben es nur relativ wenige Lebewesen geschafft, zum ständigen Leben auf dem Festland überzugehen. Die vielfältigste Lebewelt bergen immer noch die Ozeane, in geringerem Umfang Seen und Flüsse. Es gibt kaum ein Gewässer, vom größten See bis zur kleinsten Pfütze, das nicht irgendeiner Form von Leben Schutz gewährt.

Im Gegensatz zur Landoberfläche bietet das Wasser einen dreidimensionalen Lebensraum. Viele Tiere besiedeln das freie Wasser, das Pelagial genannt wird. Es gibt unzählige pelagische Organismen, die mehr oder weniger hilflos mit den Strömungen umhertreiben. Man faßt sie unter der Bezeichnung Plankton zusammen. Die anderen, die aktiven Schwimmer, gehören zum Nekton. Organismen, die den Meeresboden oder auch andere Lebewesen besiedeln, bilden das Benthos. In den Tiefen der Ozeane und großen Seen herrschen annähernd gleichbleibende Umweltbedingungen. Z. B. beträgt dort die Temperaturschwankung im Jahresablauf nur wenige Zehntelgrade. Kleinere Gewässer hingegen, ebenso das Flachwasser vor unseren Küsten, können im Winter ausfrieren und im Sommer stark aufgeheizt werden.

Über 70 % der Erdoberfläche sind mit Wasser bedeckt. Selbst in den Tiefseegräben in über 10 000 m Tiefe entdeckte man tierisches Leben. Am größten ist die Artenvielfalt jedoch in den küstennahen Meereszonen bis in Tiefen von rund 200 m. In diesen durchlichteten Wasserschichten entfaltet sich ein reiches Pflanzenleben, das die Nahrungsgrundlage für die Tierwelt abgibt. Hier breiten sich die verschiedensten Algen oft über weite Gebiete aus, und im Wasser treiben unzählige pflanzliche Planktonorganismen. Sie beziehen ihre Nährstoffe zum Teil von den Zuflüssen ins Meer, zum Teil aber auch aus küstenferneren Meereszonen. Zur Küste hin dringen sie mit der aufsteigenden Strömung an die Oberfläche. In diesem kalten Auftriebswasser betreibt man von jeher eine besonders ertragreiche Fischerei.

Welche Artengemeinschaft sich an einer Meeresküste ansiedelt, hängt von den geologischen Verhältnissen und der Intensität der Brandung ab. Stabiler Fels bietet einer Vielzahl von festsitzenden Tierarten einen ausgezeichneten Untergrund. Spalten und Überhänge lassen einen geschützten Lebensraum entstehen, in dem sich besonders viele Tiere wohl fühlen. Eher lebensfeindlich ist dagegen loses Geröll, wenn es von der Brandung ständig bewegt wird.

Sedimente, also abgelagerte Sinkstoffe, setzen sich ganz unterschiedlich zusammen, je nachdem, welche Ablagerungsbedingungen herrschen. Die Bandbreite verschiedener Weichböden reicht von Grobsand bis zum feinsten Schlick. Auf den ersten Blick wirken sie unbesiedelt. Unter der Oberfläche aber entfaltet sich oft ein blühendes Leben.

Die Zonierung der Meeresküste

Die verschiedenen Tier- und Pflanzenarten besiedeln immer nur bestimmte Höhenniveaus der Küste. Wo die Ober- und Untergrenzen ihres Vorkommens verlaufen, hängt davon ab, inwieweit sie Austrocknung und Erwärmung vertragen. Zur Zeit der Springtiden, die immer wenige Tage nach Vollmond auftreten, fällt bei Ebbe sogar die untere, sonst ständig überflutete Gezeitenzone trocken

Für die Speisung unserer Binnengewässer, also des Süßwassers schlechthin, sorgt letztlich der Regen. Er stammt aus dem Wasserdampf, den die Ozeane ständig in die Atmosphäre abgeben. Regenwasser ist frei von Salzen, sie bleiben nach der Verdunstung im Meer zurück. Durchdringt das Regenwasser jedoch lösliche Gesteine und landwirtschaftlich genutzte Böden, reichert es sich mit Mineralen, nicht zuletzt mit Kunstdünger an. Diese Stoffe sammeln sich in Flüssen und Seen, deren Wasserqualität dadurch entscheidend beeinflußt wird. Die verschiedenen Binnengewässer weisen dementsprechend große Unterschiede in der chemischen Beschaffenheit auf. In Abhängigkeit von diesen Voraussetzungen variiert auch die Zusammensetzung der jeweiligen Lebensgemeinschaft. So finden Weichtiere, die Schalen ausbilden, in kalkreichen Gewässern weitaus günstigere Lebensbedingungen vor als in weichem Wasser. Besonders in Flüssen und Seen der Niederungen kommt es häufig zu einem Überangebot an Pflanzennährstoffen, vor allem Phosphaten. Die Vegetation entfaltet sich dann in reicher Fülle. Wenn sie abstirbt, führen die Fäulnisprozesse jedoch zu einem akuten Sauerstoffmangel, der ein Massensterben von Wasserlebewesen auslösen kann. Diese Gefahr hat vor allem mit dem unüberlegten Einsatz von Mineraldünger zugenommen.

Von großem Einfluß auf das Wasserleben sind weiterhin die Strömungsverhältnisse, ganz allgemein spielt aber auch die Größe des jeweiligen Wasserkörpers eine wichtige Rolle. So enthalten große, tiefe Seen meist spärlichere Pflanzenbestände als kleine Teiche, in denen das Sonnenlicht bis zum Grund vordringt. Licht ist bekanntlich die Voraussetzung für die pflanzliche Assimilation. Ein langsam dahinströmender Fluß im Flachland beherbergt eine ganz andere Tierwelt als ein rasch zu Tal fließender Gebirgsbach.

Die Namen der Wassertiere

Von den Wasserflöhen bis zu den Walen reicht die Bandbreite der Tiere, die in diesem Buch beschrieben werden. Die bekannteren Arten tragen deutsche Namen. Für zahlreiche Tiere gibt es jedoch keine allgemein anerkannten deutschen Bezeichnungen, sondern nur die lateinischen Namen der wissenschaftlichen Klassifizierung, die sich der Naturfreund nur schwer einprägen kann.

Die deutsche Namensregelung ist nicht immer eindeutig. Oft wird derselbe deutsche Name für verschiedene Arten gebraucht, oder es haben sich, z. B. bei einigen bekannten Fischen, mehrere Namen für eine Art eingebürgert. Manche Namen sind auch irreführend. So ist die Seemaus, *Aphrodite aculeata*, in Wirklichkeit ein Meeresborstenwurm. Hier hilft dann nur die genaue wissenschaftliche Bezeichnung, die sich aus mindestens zwei Teilen zusammensetzt: dem Gattungsnamen, der vorne steht, und dem Artnamen. Alle Tiere mit demselben Gattungsnamen sind nah verwandt. Der Lachs z. B. trägt den wissenschaftlichen Namen *Salmo salar*. Die Bachforelle heißt *Salmo trutta*. Beide Fische gehören zur Familie der Salmoniden oder Lachsfische.

Die wissenschaftlichen Namen beschreiben oft eine charakteristische Eigenschaft der jeweiligen Art. Bei mehreren Meerestieren kommt z. B. der Artname *edulis* oder *edule* vor, etwa bei der Miesmuschel, *Mytilus edulis*. Hier handelt es sich fast immer um Tiere, die von den Küstenbewohnern gegessen werden.

Leider werden auch die wissenschaftlichen Namen von den Fachleuten häufig geändert. Das liegt daran, daß Untersuchungen über die Verwandtschaftsverhältnisse von Tieren neue Erkenntnisse erbringen, die Namensänderungen notwendig machen.

Wie man dieses Buch benutzt

Dieses Buch besteht aus zwei Teilen. Der erste behandelt das Leben im Süßwasser, der zweite das Leben im Meer. Die meisten Tiere des Brackwassers, also des schwach salzhaltigen Wassers in Flußmündungen und Ostseebuchten, stammen ursprünglich aus dem Meer und werden auch als Meerestiere behandelt.

Wer eine Tier- oder Pflanzenart bestimmen will, muß zunächst wissen, ob sie im Süßwasser oder im Meer lebt. Der Bestimmungsschlüssel für die Süßwasserarten findet sich auf den Seiten 18–21, der für die Meeresorganismen auf den Seiten 22–27.

Hat man die Gruppe ermittelt, zu der die gesuchte Art gehört, kann man die angegebenen Seiten durchblättern, um Familie und Art zu bestimmen. Natürlich war es bei der großen Fülle an Wasserlebewesen unumgänglich, eine Auswahl zu treffen. Ohnehin muß sich der Naturfreund in vielen Fällen damit begnügen, die Ordnung oder Gattung herauszufinden. Reicht ihm das nicht aus, muß er Spezialliteratur zu Rate ziehen oder gar eigene Untersuchungen anstellen. Besonders komplexe Gruppen, etwa aus der Welt der Wasserinsekten oder auch die Moostierchen, sind durch eine Auswahl leicht zu bestimmender Arten vertreten. Bei vielen Tiergruppen wird die bekannteste Art auf einer Hauptseite behandelt, auf der gegenüberliegenden Seite sind dann mehrere verwandte Arten zusammengestellt.

Wie Tiere und Pflanzen im Wasser leben

Unsere Gewässer, seien es Tümpel, Bäche, Flüsse oder Meere, beherbergen ein reiches Tier- und Pflanzenleben – von mikroskopisch kleinen Einzellern bis hin zu tonnenschweren Walen.

Aus Größe, Form und Färbung eines solchen Lebewesens ergeben sich die ersten Anhaltspunkte für die Bestimmung der Art. Ebenso hilfreich kann es aber auch sein, bestimmte Verhaltensweisen und Bewegungsabläufe zu beobachten, etwa die Grabweise, die Art der Nahrungsaufnahme oder den Reaktionsablauf auf äußere Reize hin. Nicht minder aufschlußreich ist es auch zu wissen, wann und in welchem Lebensraum man das betreffende Tier gesichtet hat.

Wasserpflanzen

Algen sind sehr einfach gebaut. Sie haben weder echte Wurzeln noch Leitgefäße. Die meisten Süßwasserpflanzen sind nah mit landbewohnenden Arten verwandt und in Wurzel, Stengel und Sproß gegliedert.

Schnelle Schwimmer

Der kräftige, stromlinienförmige Körper eines Fischs verrät gute Schwimmeigenschaften.

Schalen

Es gibt Weichtiere mit einem Schalenpaar (Muscheln), mit einer Schale (viele Schnecken) und ohne Außenschale (z. B. Kraken). Bei den Schnecken ist die Schale oft gewunden.

Größe und Form

Viele Tiere sind von ihrer Größe und ihrem Bau her für ein Leben im Wasser wie geschaffen. Sehr großen Fischen oder Walen etwa, aber auch den zarten Quallen dient das Wasser als Stütze. Träge, langsame Tiere, wie z. B. Muscheln, benötigen das im Wasser schwebende Plankton als Nahrung. Wieder andere, wie Insekten, Krebse und viele Schnecken, unterscheiden sich kaum von ihren Verwandten auf dem Festland.

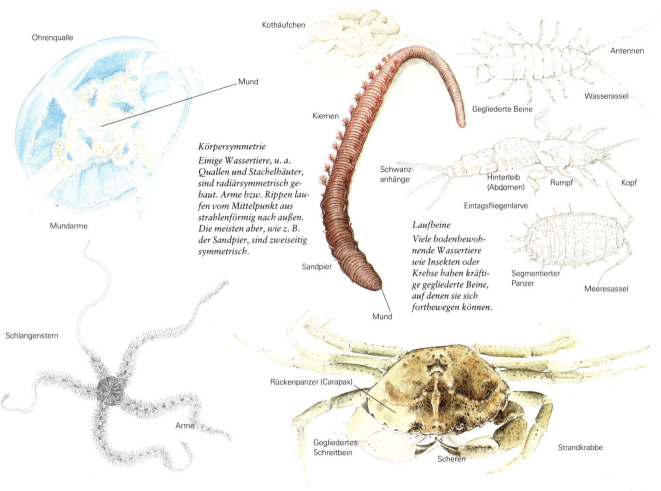

Schützende Schalen
Schnecken und Muscheln bauen sich ihre Schalen aus dem Kalk im Wasser. Manche Stachelhäuter haben nur einzelne Kalkelemente in der Haut.

Seegurke

Gemeine Strandschnecke

Gemeiner Gelbrandkäfer

Europäischer Hummer

Schützende Skelette

Viele Wassertiere haben einen leichten Körper, den das Wasser trägt. Andere wiederum suchen Schutz im Weichboden oder in Röhren aus Sandkörnchen und Schalenteilchen. Weichtiere haben ebenfalls skelettlose Körper, ihnen verleiht aber meist eine harte Außenschale den nötigen Schutz. Insekten und Krebse sind vollständig von einem festen Außenskelett umgeben. Die Wirbeltiere, also Fische, Reptilien und Säugetiere, tragen ein stützendes Skelett im Körper.

Skelett eines Plattfisches

Außenskelette
Die Außenskelette von Krebsen und Käfern bestehen aus Platten, die beweglich miteinander verbunden sind. Das Skelett des Seeigels ist dagegen starr.

Gehäuse eines Herzigels

Innenskelette
Knochenfische besitzen Gräten, die ihre kräftigen Körpermuskeln stützen. Das Schuppenkleid schützt die Körperoberfläche.

WIE TIERE UND PFLANZEN IM WASSER LEBEN

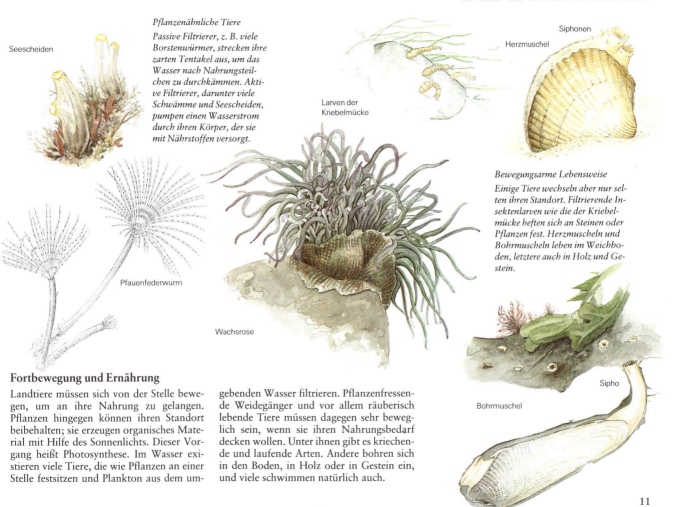

Pflanzenähnliche Tiere
Passive Filtrierer, z. B. viele Borstenwürmer, strecken ihre zarten Tentakel aus, um das Wasser nach Nahrungsteilchen zu durchkämmen. Aktive Filtrierer, darunter viele Schwämme und Seescheiden, pumpen einen Wasserstrom durch ihren Körper, der sie mit Nährstoffen versorgt.

Bewegungsarme Lebensweise
Einige Tiere wechseln aber nur selten ihren Standort. Filtrierende Insektenlarven wie die der Kriebelmücke heften sich an Steinen oder Pflanzen fest. Herzmuscheln und Bohrmuscheln leben im Weichboden, letztere auch in Holz und Gestein.

Fortbewegung und Ernährung

Landtiere müssen sich von der Stelle bewegen, um an ihre Nahrung zu gelangen. Pflanzen hingegen können ihren Standort beibehalten; sie erzeugen organisches Material mit Hilfe des Sonnenlichts. Dieser Vorgang heißt Photosynthese. Im Wasser existieren viele Tiere, die wie Pflanzen an einer Stelle festsitzen und Plankton aus dem umgebenden Wasser filtrieren. Pflanzenfressende Weidegänger und vor allem räuberisch lebende Tiere müssen dagegen sehr beweglich sein, wenn sie ihren Nahrungsbedarf decken wollen. Unter ihnen gibt es kriechende und laufende Arten. Andere bohren sich in den Boden, in Holz oder in Gestein ein, und viele schwimmen natürlich auch.

11

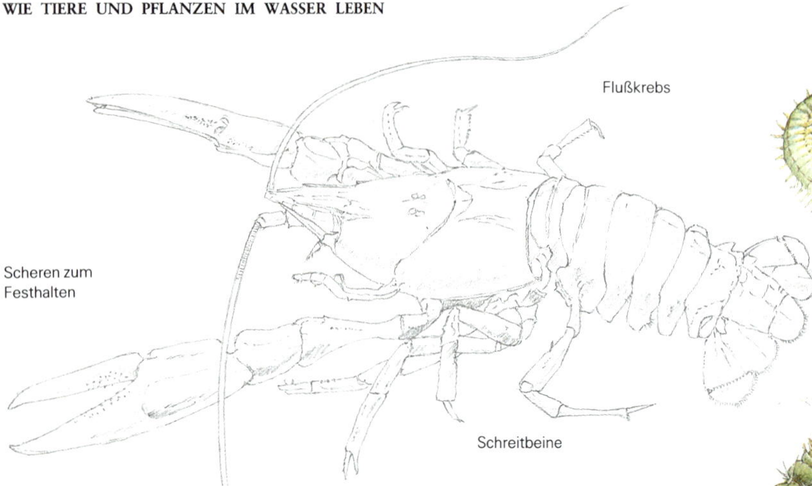

WIE TIERE UND PFLANZEN IM WASSER LEBEN

Flußkrebs

Meeresborstenwurm

Scheren zum Festhalten

Spitzhornschnecke

Schreitbeine

Bei der Fortbewegung eingeschlagener Schwanz

Kriechen

Schnecken haben keine Beine, sie kriechen auf ihrem muskulösen Fuß. Einige Borstenwürmer können mit ihren Scheinfüßchen sowohl kriechen als auch schwimmen. Seesterne besitzen Ambulacralfüßchen, die sie zum Öffnen von Muschelschalen einsetzen.

Laufen

Viele Wassertiere besitzen hochentwickelte, gegliederte Beine. Insekten haben sechs Beine, Krebstiere sind mit Gruppen von Beinen ausgestattet, die verschiedene Funktionen erfüllen.

Röhren- oder Ambulacralfüßchen

Seestern

Libellenlarven

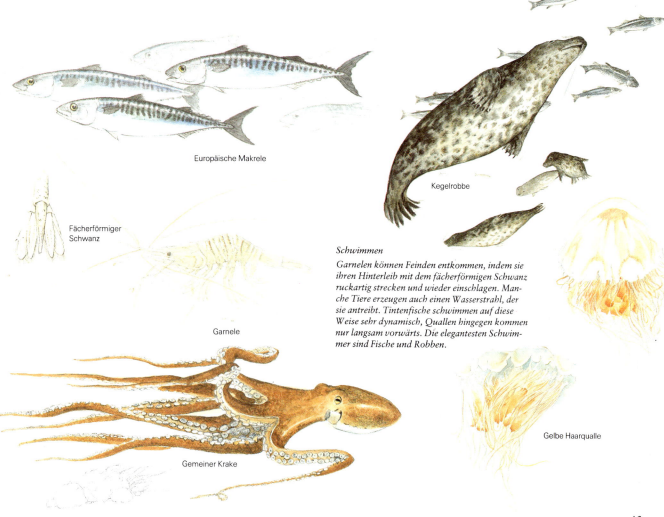

Europäische Makrele

Kegelrobbe

Fächerförmiger Schwanz

Garnele

Schwimmen

Garnelen können Feinden entkommen, indem sie ihren Hinterleib mit dem fächerförmigen Schwanz ruckartig strecken und wieder einschlagen. Manche Tiere erzeugen auch einen Wasserstrahl, der sie antreibt. Tintenfische schwimmen auf diese Weise sehr dynamisch, Quallen hingegen kommen nur langsam vorwärts. Die elegantesten Schwimmer sind Fische und Robben.

Gemeiner Krake

Gelbe Haarqualle

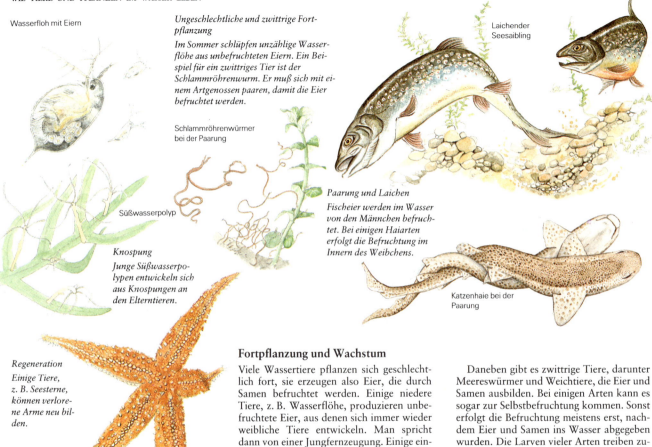

Wasserfloh mit Eiern

Ungeschlechtliche und zwittrige Fortpflanzung

Im Sommer schlüpfen unzählige Wasserflöhe aus unbefruchteten Eiern. Ein Beispiel für ein zwittriges Tier ist der Schlammröhrenwurm. Er muß sich mit einem Artgenossen paaren, damit die Eier befruchtet werden.

Laichender Seesaibling

Schlammröhrenwürmer bei der Paarung

Süßwasserpolyp

Paarung und Laichen

Fischeier werden im Wasser von den Männchen befruchtet. Bei einigen Haiarten erfolgt die Befruchtung im Innern des Weibchens.

Knospung

Junge Süßwasserpolypen entwickeln sich aus Knospungen an den Elterntieren.

Katzenhaie bei der Paarung

Regeneration

Einige Tiere, z. B. Seesterne, können verlorene Arme neu bilden.

Fortpflanzung und Wachstum

Viele Wassertiere pflanzen sich geschlechtlich fort, sie erzeugen also Eier, die durch Samen befruchtet werden. Einige niedere Tiere, z. B. Wasserflöhe, produzieren unbefruchtete Eier, aus denen sich immer wieder weibliche Tiere entwickeln. Man spricht dann von einer Jungfernzeugung. Einige einfach gebaute Tiere pflanzen sich auch ungeschlechtlich fort, also durch Teilung oder Knospung.

Daneben gibt es zwittrige Tiere, darunter Meereswürmer und Weichtiere, die Eier und Samen ausbilden. Bei einigen Arten kann es sogar zur Selbstbefruchtung kommen. Sonst erfolgt die Befruchtung meistens erst, nachdem Eier und Samen ins Wasser abgegeben wurden. Die Larven vieler Arten treiben zunächst als Plankton im freien Wasser, bevor sie die Gestalt und Lebensweise ihrer Eltern annehmen.

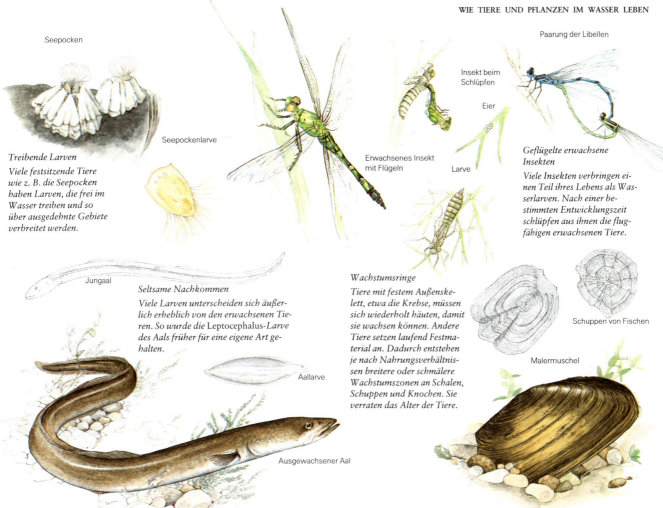

WIE TIERE UND PFLANZEN IM WASSER LEBEN

Seepocken

Seepockenlarve

Treibende Larven

Viele festsitzende Tiere wie z. B. die Seepocken haben Larven, die frei im Wasser treiben und so über ausgedehnte Gebiete verbreitet werden.

Erwachsenes Insekt mit Flügeln

Insekt beim Schlüpfen

Eier

Larve

Paarung der Libellen

Geflügelte erwachsene Insekten

Viele Insekten verbringen einen Teil ihres Lebens als Wasserlarven. Nach einer bestimmten Entwicklungszeit schlüpfen aus ihnen die flugfähigen erwachsenen Tiere.

Jungaal

Seltsame Nachkommen

Viele Larven unterscheiden sich äußerlich erheblich von den erwachsenen Tieren. So wurde die Leptocephalus-*Larve des Aals früher für eine eigene Art gehalten.*

Aallarve

Ausgewachsener Aal

Wachstumsringe

Tiere mit festem Außenskelett, etwa die Krebse, müssen sich wiederholt häuten, damit sie wachsen können. Andere Tiere setzen laufend Festmaterial an. Dadurch entstehen je nach Nahrungsverhältnissen breitere oder schmälere Wachstumszonen an Schalen, Schuppen und Knochen. Sie verraten das Alter der Tiere.

Schuppen von Fischen

Malermuschel

WIE TIERE UND PFLANZEN IM WASSER LEBEN

Kalkröhrenwürmer, ungestört

Würmer nach Störung

Sipho

Wellhornschnecken

Regenbogenforellen

Scheidenmuschel

Geöffnete Seeanemone

Zusammengezogene Seeanemone

Bartfäden

Schmerle

Entenmuscheln

Erschütterungen
Wenn Borstenwürmer und Muscheln Erschütterungen wahrnehmen, ziehen sie sich zum Schutz in ihre Röhren oder in den Boden zurück.

Die chemischen Sinne
Einige Tiere besitzen einen hochentwickelten Geruchssinn. Die Wellhornschnecke hält ihren Atemsipho in die Strömung, die Schmerle wittert ihre Beute mit den empfindlichen Bartfäden.

Seitenlinie mit Sinneszellen
Fische können mit empfindlichen Sensoren in der Seitenlinie Strömungen und Druckwellen wahrnehmen. Deshalb finden sie auch bei Dunkelheit zielsicher ihren Weg.

Austrocknung
Bei Ebbe fallen viele Tiere trocken, z. B. Seeanemonen, Entenmuscheln und Strandschnecken. Sie ziehen sich dann zusammen.

Die fünf Sinne

Wassertiere benötigen gut entwickelte Sinne, um sich orientieren zu können, um Nahrung zu finden, um Feinde wahrzunehmen und um paarungsbereiten Artgenossen zu begegnen. Sie müssen in der Lage sein, im Wasser zu sehen, zu hören, zu schmecken, zu riechen und zu fühlen. Fische können zudem Druckänderungen wahrnehmen. Auf ihr Sehvermögen sind besonders solche Tiere angewiesen, die sich zur Tarnung farblich an ihre Umgebung anpassen.

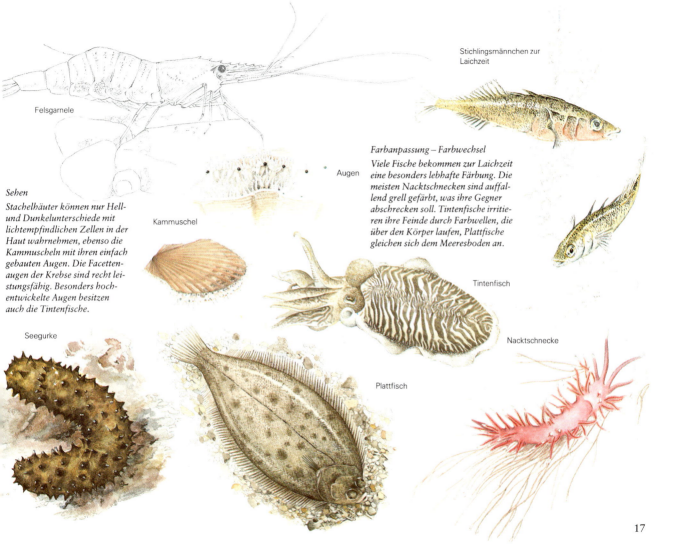

Felsgarnele

Stichlingsmännchen zur Laichzeit

Sehen
Stachelhäuter können nur Hell- und Dunkelunterschiede mit lichtempfindlichen Zellen in der Haut wahrnehmen, ebenso die Kammuscheln mit ihren einfach gebauten Augen. Die Facettenaugen der Krebse sind recht leistungsfähig. Besonders hochentwickelte Augen besitzen auch die Tintenfische.

Augen

Kammuschel

Farbanpassung – Farbwechsel
Viele Fische bekommen zur Laichzeit eine besonders lebhafte Färbung. Die meisten Nacktschnecken sind auffallend grell gefärbt, was ihre Gegner abschrecken soll. Tintenfische irritieren ihre Feinde durch Farbwellen, die über den Körper laufen, Plattfische gleichen sich dem Meeresboden an.

Tintenfisch

Seegurke

Plattfisch

Nacktschnecke

Süßwassertiere und -pflanzen bestimmen

Die in diesem Buch beschriebenen Tiere und Pflanzen des Süßwassers werden nach wichtigen äußeren Merkmalen in elf Gruppen eingeteilt. Wenn man eine Art bestimmen will, geht man den Schlüssel durch, bis man die richtige Haupt- und Untergruppe gefunden hat. Dann schlägt man die angegebenen Seiten im Hauptteil auf und studiert die Abbildungen, bis man die richtige Art ermittelt hat. Die elf Hauptgruppen sind

1. FISCHE MIT GESTRECKTEM KÖRPER
2. FISCHE MIT ZWEI RÜCKENFLOSSEN
3. FISCHE MIT EINER RÜCKENFLOSSE
4. INSEKTEN – DREI GEGLIEDERTE BEINPAARE
5. TIERE MIT VIER UND MEHR GEGLIEDERTEN BEINPAAREN
6. TIERE MIT SCHALEN
7. WÜRMER UND WURMÄHNLICHE TIERE
8. WINZIGE SCHWEBEORGANISMEN
9. KLEINE FESTSITZENDE ODER KRIECHENDE ORGANISMEN
10. KLEINE PFLANZENÄHNLICHE ORGANISMEN
11. EINFACH GEBAUTE PFLANZEN

Flußbarsch S. 73

Rückenflossen fast gleich groß
Groppe S. 33   Schrätzer S. 75
Flußbarsch S. 73   Zander S. 76
Kaulbarsch S. 74

1 Fische mit gestrecktem Körper
Der Körper ist langgestreckt, dünn und schlangenähnlich. Keine oder nur winzige in die Haut eingebettete Schuppen, keine Bauchflossen.

Bachneunauge S. 30

Aal S. 50–51

Körper ohne paarige Brustflossen
Neunaugen S. 30–31

Körper mit paarigen Flossen
Aal S. 50–51

2 Fische mit zwei Rückenflossen
Erste Rückenflosse entweder weich mit verzweigten Strahlen oder kräftig mit Stachelstrahlen.

Bachforelle S. 36–37

Äsche S. 46

Zweite Rückenflosse sehr klein und ohne Strahlen (Fettflosse)
Lachs S. 34–35   Huchen S. 42
Forelle S. 36–37   Renken oder Maränen S. 43–45
Regenbogenforelle S. 38–39   Äsche S. 46
Seesaibling S. 40–41   Stint S. 47

Groppe S. 33

Dreistachliger Stichling S. 77

Erste Rückenflosse zu einer Reihe einzelner Strahlen zurückgebildet
Stichlinge S. 77–78

BESTIMMUNGSSCHLÜSSEL

3 Fische mit einer Rückenflosse

Flossen durch gegliederte oder verzweigte, meist weiche Strahlen gestützt.

Gründling S. 72

Döbel S. 68

Elritze S. 64

Bartfäden am Maul
Stör und Sterlet S. 32
Karpfen mit Spielarten S. 52–53
Barbel S. 56
Gründling S. 57
Schleie S. 58–59
Schmerle und Steinbeißer S. 70–71

Maul ohne Bartfäden
Hecht S. 48–49
Karausche S. 54
Goldfisch S. 55
Bitterling S. 57
Brachsen und Zope S. 62

Blicke S. 63
Elritze S. 64
Ukelei und Moderlieschen S. 65
Plötze und Rapfen S. 66
Rotfeder S. 67

Döbel S. 68
Hasel und Aland S. 69
Alse und Finte S. 79

4 Insekten – drei gegliederte Beinpaare

Körper dreigeteilt: Kopf, Thorax und Abdomen. Erwachsene Tiere haben gewöhnlich zwei Paar Flügel.

Steinfliegenlarve S. 106–107

Eintagsfliegenlarve S. 108–109

Ein Schwanzanhang
Tier lebt nicht in Köcher
Wasserflorfliegenlarve S. 104
Springschwänze und Wasserwanzen S. 105

Larve der Gemeinen Wasserflorfliege S. 104

Zwei lange Schwanzborsten
Tier lebt nicht in Köcher
Steinfliegenlarven S. 106–107

Drei Schwanzanhänge
Tier lebt nicht in Köcher
Eintagsfliegenlarven S. 108–109
Kleinlibellenlarven S. 110–111
Schlammschwimmerlarve S. 119

Köcherfliegenlarve

Gemeiner Wasserläufer S. 117

Ruderwanze S. 116

Zwei kurze Schwanzanhänge
Tier lebt in einem Köcher
Köcherfliegenlarven S. 114–115

Lange Antennen
Tier lebt auf der Wasseroberfläche
Gemeiner Wasserläufer S. 117
Bachläufer S. 117
Gemeiner Teichläufer S. 117

Antennen verborgen, keine Schwanzanhänge
Tier lebt unter der Wasseroberfläche
Großlibellenlarven S. 112–113
Gemeiner Rückenschwimmer S. 116
Ruderwanze S. 116

19

BESTIMMUNGSSCHLÜSSEL

4 Insekten – drei gegliederte Beinpaare (Forts.)

5 Tiere mit vier oder mehr gegliederten Beinpaaren
Keine Flügel. Spinnenartige Form oder gegliederte, gepanzerte Körper.

Gemeiner Gelbrandkäfer S. 118

Wassermilbe S. 91

Europäischer Flußkrebs S. 100

Zwei Flügelpaare. Das erste Paar besteht aus festem Chitin
Wasserkäfer S. 118–119

Vier Beinpaare, keine Antennen
Wasserspinne S. 91
Wassermilben S. 91

Mehr als vier Beinpaare; harter, gepanzerter Körper
Wasserasseln S. 98
Bachflohkrebs S. 99
Europäischer Flußkrebs S. 100
Wollhandkrabbe S. 101

6 Tiere mit Schalen
Weichtiere: Schnecken (einschalig) und Muscheln (zweischalig).

Spitzhornschnecke S. 84

Teichmuschel S. 88

Wohnröhren der Köcherfliegenlarven

Schnecken: Schale konisch oder spiralig gewunden
Wasserschnecken S. 84–85
Napfschnecken S. 86
Bestimmungstafeln S. 304

Muscheln: zwei Schalen mit Schloß und Ligament. Oft findet man nur eine Schale
Kugelmuschel und Erbsenmuscheln S. 87
Süßwassermuscheln S. 88–90
Bestimmungstafeln S. 305–306

Andere schalenähnliche Gebilde
Köcherfliegenlarven S. 114–115

7 Würmer und wurmähnliche Tiere
Weiche, langgestreckte Körper ohne Skelett und ohne echte Beine.

Planarie S. 95
Gemeiner Schlammröhrenwurm S. 94

Gemeiner Fischegel S. 97

Zuckmückenlarven S. 122

Körper unsegmentiert oder segmentiert, flach, rund oder dünn und haarartig
Süßwasserwürmer S. 94–95

Segmentierter Körper mit Saugnäpfen vorn und hinten
Egel S. 96–97

Segmentierte Larven mit kleinem Kopf, manchmal mit Stummelfüßen. Körper oft wurmförmig
Zuckmückenlarven und andere beinlose Insektenlarven S. 122–123

BESTIMMUNGSSCHLÜSSEL

8 Winzige Schwebeorganismen

Von einzelligen, gallertigen Amöben bis zu sehr kleinen Krebsen. Diese Kleinlebewesen sind nur durch eine Lupe zu erkennen.

Rädertierchen, *Asplanchna*, S. 124

Wasserfloh, *Daphnia*, S. 125

Büschelmückenlarve S. 123

Muschelkrebs, *Candona*, S. 125

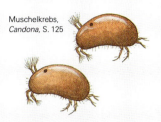

Keine Gliedmaßen, jedoch ein Räderorgan aus schlagenden Geißeln
Winzige Schwebeorganismen S. 124–125

Körper durchscheinend, manchmal flohähnlich mit gegliederten Beinen oder segmentiertem Körper. Gelegentlich sind dunkle Tracheenblasen oder Eiballen zu erkennen
Zweiflüglerlarven S. 123
Winzige Schwebeorganismen S. 124–125

Organismen ähneln kleinen, zweischaligen Tieren. Zwischen den Schalen, die den Körper umgeben, ragen gegliederte Beine heraus
Winzige Schwebeorganismen S. 124–125

9 Kleine festsitzende oder kriechende Organismen, die unter Wasser auf Pflanzen oder auf dem Gewässerboden leben. Nur mit starker Lupe zu erkennen

Süßwasserschwamm S. 83

10 Kleine pflanzenähnliche Organismen

Haften meist an Stengeln und Blättern von untergetauchten Wasserpflanzen.

Süßwasserpolyp S. 82

Hierzu gehören sackförmige Organismen mit Tentakelkranz am freien Ende, krustenförmige Überzüge auf verschiedenen Substraten, schwammähnliche Organismen, wasserflohähnliche Tiere, winzige bärenförmige Tiere mit Stummelfüßchen
Kleine Bodenbewohner S. 83

Glockentierchen, *Vorticella*, S. 83

Kleine, säulenförmige Gebilde mit Tentakeln, einzeln oder in Kolonien
Süßwasserpolyp S. 82

11 Einfach gebaute Pflanzen

Sporenpflanzen ohne Blüten. Wachsen in, auf oder in der Nähe von Gewässern aller Art.

Kegelkopfmoos S. 126

Brunnenmoos S. 127

Großer Algenfarn S. 127

Moospflanzen ohne echte Wurzeln, Sprosse und Blätter
Algen, Moose und Farne S. 126–127

Meist einheitlicher Vegetationskörper ohne Stengel und Blätter
Algen, Moose und Farne S. 126–127

Farnartiger Bau
Algen, Moose und Farne S. 126–127

Meerestiere und -pflanzen bestimmen

Die in diesem Buch beschriebenen Tiere und Pflanzen des Meeres sind in zwölf Gruppen eingeteilt. Die Gruppierung beruht auf äußeren Merkmalen wie der Körperform, dem Schwimmverhalten, der Beinzahl, dem Vorhandensein von Schalen u. ä. Jede Gruppe ist dann noch weiter unterteilt, wobei z. B. berücksichtigt wird, ob das Tier am Untergrund festsitzt, ob es sich im Boden eingräbt oder wie viele Schalen es besitzt.

Wenn man ein Tier oder eine Pflanze bestimmen will, geht man den Schlüssel durch, bis man die richtige Haupt- und Untergruppe gefunden hat. Dann schlägt man die angegebenen Seiten im Hauptteil auf und studiert die Abbildungen, bis man die richtige Art ermittelt hat. Die zwölf Hauptgruppen sind

1. AKTIVE SCHWIMMER MIT SCHWIMMFLOSSEN OHNE SICHTBARE STRAHLEN
2. AKTIVE SCHWIMMER MIT STRAHLIGEN FLOSSEN
3. TIERE MIT GEGLIEDERTEN BEINEN
4. TIERE MIT SCHALEN
5. NACKTSCHNECKENARTIGE TIERE
6. AKTIVE SCHWIMMER MIT TENTAKELN
7. TIERE MIT STACHELIGER KÖRPEROBERFLÄCHE
8. WÜRMER UND WURMÄHNLICHE TIERE
9. TREIBENDE TIERE (PLANKTON)
10. PFLANZENÄHNLICHE TIERE AUF STEINEN UND TANGEN
11. ANDERE FESTSITZENDE ODER KRUSTENBILDENDE TIERE UND PFLANZEN
12. MEERESPFLANZEN

1 Aktive Schwimmer mit Schwimmflossen ohne sichtbare Strahlen

Große warmblütige Tiere, die ihre Jungen säugen.

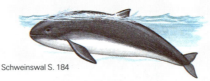

Schweinswal S. 184

Kegelrobbe S. 188–189

Glatte Haut; Vordergliedmaßen als Schwimmflossen ausgebildet, Hintergliedmaßen fehlen; waagrechte Schwanzflosse; Nasenlöcher oben auf dem Kopf
Wale und Delphine S. 184–187

Der Kopf ist hundeähnlich, der stromlinienförmige Körper trägt ein dichtes Haarkleid. Keine Rückenflosse
Robben S. 188–193

2 Aktive Schwimmer mit strahligen Flossen

Fische mit Knorpelskelett (Haie und Rochen) oder Knochenskelett.

Scholle S. 174–175   Glattrochen S. 140   Kleingefleckter Katzenhai S. 130–131

Flache Fische, die sich gewöhnlich am Meeresboden aufhalten
Rochen S. 140–143
Gestreifter Leierfisch S. 167
Plattfische S. 174–179

Haiartige Fische mit unterständigem Maul, aufgerauhter Haut und ohne Schuppen
Haie S. 130–139

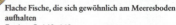

Butterfisch S. 163

Fische mit langgestrecktem Körper
Meeraal S. 144–145
Seenadeln S. 156–157
Sandaale S. 162
Butterfisch S. 163
Schleimfische S. 164–166
Fische in Gezeitentümpeln S. 182–183

Gefleckter Lippfisch S. 160

Fischartige mit einer Rückenflosse
Hering und Sprotte S. 146
Lippfische S. 160–161
Schleimfische S. 164–166
Seehase S. 173
Lanzettfischchen S. 290

BESTIMMUNGSSCHLÜSSEL

Strandküling S. 168

Fische mit zwei getrennten Rückenflossen
Haie S. 130–139
Leng und Seehecht S. 154
Seequappen S. 155
Wolfsbarsch und Stöcker S. 158
Viperqueise und Petermännchen S. 159
Roter Knurrhahn S. 167
Grundeln S. 168–169
Meeräschen S. 172

Dicklippige Meeräsche S. 172

Dorsch S. 149

Fische mit mehr als zwei Rückenflossen
Franzosendorsch S. 147
Dorsch S. 148–149
Schellfisch S. 150
Pollack S. 151
Wittling S. 152
Köhler S. 153
Makrele und Thunfisch S. 170–171

3 Tiere mit gegliederten Beinen

Laufende, kriechende und schwimmende Tiere mit mehreren Paaren gegliederter Beine; Körper segmentiert mit hartem Panzer, der von Zeit zu Zeit erneuert wird.

Seespinne

Europäischer Hummer S. 265

Ovaler oder rundlicher Panzer mit einem großen Scherenpaar und vier Paar Schreitbeinen. Der kleine Hinterleib ist nach innen eingeschlagen
Furchenkrebse S. 267–268
Krabben S. 101, 269–271, 273

Strandkrabbe S. 269

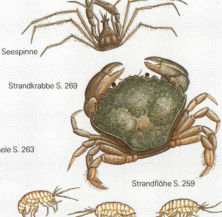

Gewöhnliche Felsgarnele S. 263

Körper zuweilen recht groß. Vier Schreitbeinpaare und ein Paar großer Scheren. Bei Einsiedlerkrebsen sind nur Vorderende und Schreitbeine sichtbar, der Hinterleib steckt im Schneckenhaus
Kaisergranat S. 264
Hummer S. 265
Europäische Languste S. 266
Einsiedlerkrebse S. 272

Strandflöhe S. 259

Knotige Asselspinne S. 258

Kleiner, schlanker Körper mit fünf Schreitbeinpaaren, an denen zum Teil Zangen sitzen. Zusätzlich ein Paar kleinerer Schwimmbeine am Hinterleib. Die Tiere können sich rückwärts durch das Wasser schnellen
Garnelen S. 261–263

Kriechende Kleinlebewesen mit drei und mehr Laufbeinpaaren. Ohne, allenfalls mit sehr kleinen Scheren. Körper ist abgeflacht oder seitlich zusammengedrückt, insgesamt insekten- oder spinnenähnlich. Strandbewohner
Kleinlebewesen am Meeresstrand S. 258–259

BESTIMMUNGSSCHLÜSSEL

4 Tiere mit Schalen

Weichtiere mit fester Außenschale. Tiere haben einen muskulösen Fuß, den sie zum Kriechen und Graben einsetzen.

Plattmuschelschalen

Große Pilgermuschel
S. 240

Wellhornschnecke S. 220

Schneckenartige Tiere mit einer konischen oder spiraligen Schale
Napfschnecken S. 216–217
Strandschnecken S. 218–219
Wellhornschnecken und Verwandte S. 220–221
Kaurischnecken S. 222
Kreiselschnecken S. 223
Turmförmige Schnecken S. 224–225
Bestimmungstafeln S. 306–309

Tiere mit zwei Schalen, die durch Ligament und Schloß verbunden sind. Oft nur einzelne Schalen von toten Tieren zu finden
Miesmuscheln u. ä. S. 230–231
Austern S. 232–233
Herzmuscheln S. 234–235
Venusmuscheln S. 236

Plattmuscheln S. 237
Klaffmuscheln S. 238
Scheidenmuscheln S. 239
Kammuscheln S. 240–241

Bohrmuscheln S. 242–243
Islandmuscheln u. a. S. 244
Bestimmungstafeln S. 309–317

Käferschnecken
S. 245

Gemeine Seepocke
S. 260

Röhren des
Pfahlwurms S. 243

Schalen aus mehreren Platten zusammengesetzt. Entweder längliche Tiere mit acht Rückenplatten oder kegelstumpfförmige, festsitzende Tiere mit vielen Platten, manchmal auch an Stielen
Käferschnecken S. 245
Seepocken S. 260

Andere schalenartige Gebilde
Elefantenzahn S. 225
Pfahlwurm S. 243
Röhren verschiedener Meereswürmer S. 253–255
Seeigelpanzer S. 282–285

5 Nacktschneckenartige Tiere

Langsam kriechende Tiere mit weichem Körper. Körper entweder flach und lebhaft gefärbt, oft mit Anhängen, oder zylindrisch (Seegurken).

Breitwarzige Fadenschnecke S. 227

Seegurke

6 Aktive Schwimmer mit Tentakeln

Tiere schwimmen durch schnelle, ruckartige Bewegungen nach dem Rückstoßprinzip.

Gemeiner
Tintenfisch
S. 246–247

Lebhaft gefärbte Tiere mit Kiemenrosetten und Anhängen auf der Rückenseite
Nacktschnecken S. 226–227

Gurkenförmige, längliche Tiere mit verzweigten Tentakeln, die eingezogen werden können. Tiere halten sich mit Röhrenfüßchen am Untergrund fest
Seegurken S. 286–287

Weicher Körper mit acht oder zehn Tentakeln um die Mundöffnung. Tentakel mit Saugnäpfen bewehrt
Kraken und Tintenfische S. 246–249

BESTIMMUNGSSCHLÜSSEL

7 Tiere mit stacheliger Körperoberfläche

Tiere bewegen sich auf zarten Saugfüßchen am Boden entlang.

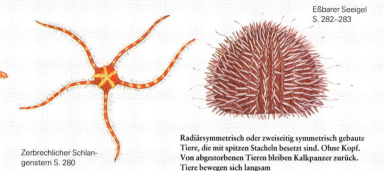

Gemeiner Seestern
S. 276–277

Eßbarer Seeigel
S. 282–283

Zerbrechlicher Schlangenstern S. 280

Sternförmige, radiärsymmetrisch gebaute Tiere mit rauher, stacheliger Oberfläche. Kein Kopf vorhanden. Tiere bewegen sich langsam
Seesterne und Schlangensterne S. 276–281

Radiärsymmetrisch oder zweiseitig symmetrisch gebaute Tiere, die mit spitzen Stacheln besetzt sind. Ohne Kopf. Von abgestorbenen Tieren bleiben Kalkpanzer zurück. Tiere bewegen sich langsam
Seeigel S. 282–285

8 Würmer und wurmähnliche Tiere

Zu dieser Gruppe gehören aktiv kriechende oder schwimmende, aber auch in Röhren lebende oder im Boden eingegrabene und damit mehr oder weniger unbewegliche Tiere.

Gemeiner Meeresborstenwurm S. 251

Sandpier S. 250

Roter Schnurwurm
S. 212

Würmer mit deutlich gegliedertem (segmentiertem) Körper
Sandpier S. 250
Räuberische Borstenwürmer S. 251–252
Röhrenbauende Borstenwürmer S. 253

Pfauenfederwurm
S. 254

Würmer und wurmähnliche Tiere mit glattem, unsegmentiertem Körper
Faden- und Spritzwürmer S. 211
Schnurwürmer S. 212
Priaps- und Igelwürmer S. 213
Seegurken S. 286–287

Blutfleckenplanarie
S. 211

Dreikantwürmer S. 255

Kleine Würmer mit flachem, blattähnlichem Körper
Strudelwürmer S. 211

Tiere bewohnen Röhren aus Sandkörnern, Schlick, pergamentähnlichen Substanzen oder Kalk. Röhren haben gerade, gekrümmte oder spiralige Form. Sind die Tiere ungestört, strecken sie ihre Tentakelkrone ins Wasser

Elefantenzahn S. 225
Röhrenbauende Borstenwürmer S. 253
Pfauenfederwurm S. 254
Festsitzende Borstenwürmer S. 255

BESTIMMUNGSSCHLÜSSEL

9 Treibende Tiere (Plankton)

Tiere mit zartem, durchscheinendem Körper.
Schweben in den oberen Wasserschichten.

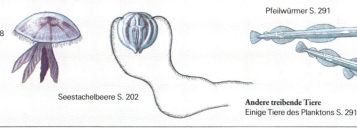

Ohrenqualle S. 198

Pfeilwürmer S. 291

**Gallertiger, durchscheinender Körper, oft
mit Tentakeln, die hinterhergezogen werden**
Quallen S. 198–199
Portugiesische Galeere S. 200
Treibende Nesseltiere S. 201
Rippenquallen S. 202–203

Seestachelbeere S. 202

Andere treibende Tiere
Einige Tiere des Planktons S. 291

10 Pflanzenähnliche Tiere auf Steinen und Tangen

Lebhaft gefärbte, festsitzende Tiere, die
auf den ersten Blick an blühende Pflanzen erinnern.

Kolonie der Toten
Mannshand S. 209

Pferdeaktinie S. 204

Einzelpolyp

**Weicher Körper mit Tentakelkranz. Tentakel werden
ins freie Wasser ausgestreckt, bei Störungen und bei
Ebbe eingezogen**
Seeanemonen S. 204–207

**Fächer- oder fingerförmige Wuchsformen.
Körper mit kleinen Einzelpolypen übersät**
Tote Mannshand S. 209
Seefächer und Seefeder S. 210

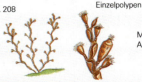

Glockenpolyp S. 208   Einzelpolypen

Moostierchen, *Bugula*-Art, S. 275

Federstern S. 281

**Zarte bäumchen- oder farnförmige Kolonien, oft mit Verzweigungen. An den Zweigen sitzen kleine, manchmal
eingehüllte Polypenköpfchen, die nur mit einer Lupe zu
erkennen sind**
Polypenstöckchen und Stielqualle S. 208

**Kleine buschförmige oder klumpige Tierkolonien. Unter
der Lupe sind die Kammern zu erkennen, in denen die
Einzeltiere sitzen. Sie bilden regelmäßige Muster**
Moostierchen S. 274–275

**Tiere mit fünf federartig gebauten Armpaaren. Können
schwimmen, sitzen zeitweise auch an Felsen fest**
Federstern S. 281

BESTIMMUNGSSCHLÜSSEL

11 Andere festsitzende oder krustenbildende Tiere und Pflanzen

Die oft lebhaft gefärbten Tierstöcke oder -körper bestehen aus Kolonien von Einzelwesen. Die Pflanzen sind wegen ihres ungewöhnlichen Baus kaum zu erkennen.

Korkschwamm S. 197

Sternascidien S. 290

Zottige Seerinde auf Rotalge

Unregelmäßige Wuchsformen. Tiere bilden Klumpen, Krusten oder verzweigen sich unregelmäßig. Körper fühlen sich schwammartig an
Schwämme S. 196–197
Tote Mannshand S. 209
Moostierchen S. 274–275

Unregelmäßig geformte, oft lebhaft gefärbte Krusten auf Steinen und Tangen
Schwämme S. 196–197
Moostierchen S. 274–275

Koloniebildende Seescheiden S. 290
Kalktange S. 300

Flechten felsiger Küsten S. 302–303

Bandmoostierchen S. 275

Schlauchascidie S. 288

Seefächer S. 210

Harte Tierkolonien, in der Form an Korallen erinnernd
Seefächer und Seefeder S. 210
Sandkoralle S. 255

Moostierchen S. 275
Kalktange S. 300

Sackförmiger Körper von weicher oder fester Beschaffenheit. Tiere haben zwei Öffnungen, aus denen Wasser austritt, wenn man sie zusammenpreßt
Seescheiden S. 288–289

12 Meerespflanzen

Färbung variiert von Grün und Blaugrün über Violett bis Braun und Rot.

Pflanzen verankern sich entweder mit Wurzeln wie die Landpflanzen, oder sie sitzen mit Haftorganen auf Felsen, Steinen, Schalen oder Tangen fest
Grünalgen S. 292
Braunalgen S. 293–296
Rotalgen S. 297–300
Seegras S. 301

Meersalat S. 292

Hauttang S. 298

Blasentang S. 294

27

BACHNEUNAUGE · Neunaugen

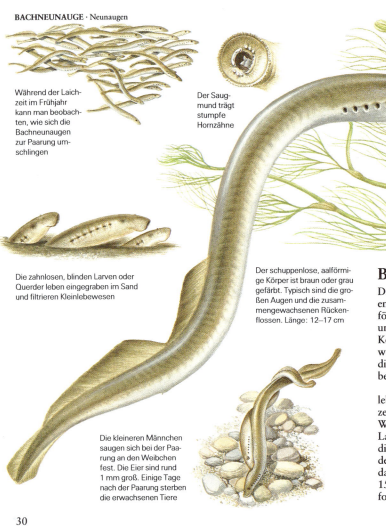

Während der Laichzeit im Frühjahr kann man beobachten, wie sich die Bachneunaugen zur Paarung umschlingen

Der Saugmund trägt stumpfe Hornzähne

Die zahnlosen, blinden Larven oder Querder leben eingegraben im Sand und filtrieren Kleinlebewesen

Der schuppenlose, aalförmige Körper ist braun oder grau gefärbt. Typisch sind die großen Augen und die zusammengewachsenen Rückenflossen. Länge: 12–17 cm

Die kleineren Männchen saugen sich bei der Paarung an den Weibchen fest. Die Eier sind rund 1 mm groß. Einige Tage nach der Paarung sterben die erwachsenen Tiere

Bachneunaugen leben in Bächen und im Oberlauf kleinerer Flüsse. Auch zum Laichen bleiben sie im Heimatgewässer

Bachneunauge *Lampetra planeri*

Die Neunaugen sind die primitivsten Wirbeltiere. Ihr schwach entwickeltes Skelett besteht aus Knorpel. Der Körper ist wurmförmig und von einer schleimigen Haut umgeben. Schuppen und paarige Flossen fehlen. Sieben Kiemenöffnungen auf jeder Körperseite ermöglichen dem Tier selbst dann die Atmung, wenn es sich an einem Beutetier festgesaugt hat. Typisch für diese Gruppe der Rundmäuler ist auch ein mit Hornzähnen besetzter Saugmund.

Das Bachneunauge ist das kleinste unserer Neunaugen. Es lebt als Standfisch in kleineren Flüssen und Bächen. Die Laichzeit erstreckt sich von März bis Juni, je nach Vorkommen. Ein Weibchen legt bis zu 1400 Eier in eine Laichgrube. Nach dem Laichakt sterben die Fische. Wenige Wochen später schlüpfen die blinden und zahnlosen Larven, die Querder genannt werden. Sie ernähren sich von Kleintieren. Das Larvenstadium dauert drei bis fünf Jahre. Im Herbst verwandeln sich die etwa 15 cm langen Larven in erwachsene Tiere. Bis zur Laichzeit im folgenden Frühjahr fressen sie dann nichts mehr.

Neunaugen · **FLUSSNEUNAUGE**

An der Mundscheibe sitzen unten wenige scharfe Zähne, oben zwei größere Zahnspitzen

Fluß- und Meerneunaugen saugen das Blut anderer Fische. Mit ihren Zähnen verursachen sie durch raspelnde Bewegungen runde Wunden

Meerneunauge
Petromyzon marinus
Das graubraun gefleckte Meerneunauge kann bis zu 90 cm lang werden. Es hat zwei separate Rückenflossen.

Das Flußneunauge ist größer als das Bachneunauge, hat aber kleinere „Augen". Der schuppenlose Körper ist oben grünbraun oder grau, die Unterseite ist heller. Länge: 30–40 cm

Die Flußneunaugen wandern weit hinauf in saubere Flüsse und Bäche, um einen geeigneten Laichplatz zu finden

Flußneunauge *Lampetra fluviatilis*

Entgegen ihrem Namen besitzen die Neunaugen nur sieben Kiemenöffnungen. Neun „Augen" sind es auf jeder Seite, wenn man Auge und Nasenöffnung dazurechnet.

Die Larven des Flußneunauges verbringen die ersten drei bis fünf Jahre als zahnlose und blinde Tiere im Süßwasser. Nach ihrer Umwandlung in erwachsene Tiere wandern sie ins Meer. Sie ernähren sich dann von Lachsen, Dorschen, Heringen und anderen Fischen.

Im Sommer beginnt die Laichwanderung in die Flüsse. Sie kann bis zum folgenden März andauern. Die Eier werden zwischen Steinen abgelegt. Über ihre Anzahl werden sehr unterschiedliche Angaben gemacht, sie soll zwischen 1500 und 40 000 liegen.

Als Speisefisch spielt das Flußneunauge eine größere Rolle als das sehr viel kleinere Bachneunauge. Die Tiere werden mit Stellnetzen und Reusen auf der Laichwanderung gefangen. Die Fänge gingen jedoch zurück, seit die Verschmutzung der Flüsse zugenommen hat.

STÖR · Störe

Die grauschwarzen Eier kleben trotz der starken Strömung am Steingrund fest. Nach wenigen Tagen schlüpfen die rund 1 cm großen Larven

Der langgestreckte Körper läuft in einer spitzen Schnauze aus. Vor dem unterständigen Maul hängen vier Bartfäden. Der Rumpf ist mit Knochenplatten gepanzert, die in Längsreihen angeordnet sind. Die Seitenschilder sitzen besonders dicht aneinander. Gräten fehlen dem Stör.
Länge: 1–2,5 m, selten bis 5 m

Der Stör verbringt sein Leben größtenteils in Küstengewässern. Nur zum Laichen wandert er die Flüsse hinauf

Stör *Acipenser sturio*

Der Stör gehört zu unseren größten Süßwasserfischen. Er wird im Durchschnitt 1,20 m lang, seltener bis zu 2 m. Aus früheren Zeiten wird sogar von Riesenexemplaren mit über 5 m Länge berichtet. Der Stör kam einst an allen europäischen Küsten vor. Er ist ein Wanderfisch, der aus dem Meer in größere Flüsse steigt, um über Sand- oder Kiesgrund zu laichen. Durch wasserbauliche Maßnahmen, Verschmutzung und Überfischung ist er heute so selten geworden, daß in den Zeitungen über die einzelnen Fänge berichtet wird.

Die Laichzeit liegt zwischen Mai und Juli. Als Laichplätze werden Flußabschnitte mit einer starken Strömung bevorzugt. Große Weibchen können mehrere Millionen Eier ablegen, die am Untergrund ankleben. Die jungen Störe wandern dann nach ein bis zwei Jahren flußabwärts ins Meer. Bis zum Eintritt der Geschlechtsreife vergehen acht bis zehn Jahre.

Störe wurden von jeher stark verfolgt – nicht nur wegen ihres wohlschmeckenden Fleisches, sondern vor allem wegen der Eier. Aus ihnen wird der wertvolle echte Kaviar gewonnen.

Sterlet
Acipenser ruthenus

Der Sterlet unterscheidet sich vom größeren Stör durch die längere, leicht nach oben gebogene Schnauze und die zu einer Hakenreihe verschmolzenen Rückenschilde. Er ist ein reiner Süßwasserbewohner, der in den größeren Schwarzmeerzuflüssen, z.B. in der Donau, beheimatet ist. Länge: 40–80 cm.

Groppen · **GROPPE**

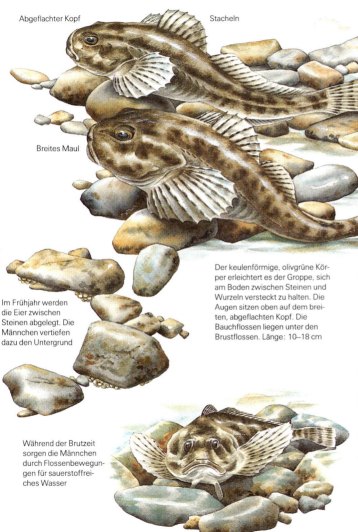

Abgeflachter Kopf

Stacheln

Breites Maul

Der keulenförmige, olivgrüne Körper erleichtert es der Groppe, sich am Boden zwischen Steinen und Wurzeln versteckt zu halten. Die Augen sitzen oben auf dem breiten, abgeflachten Kopf. Die Bauchflossen liegen unter den Brustflossen. Länge: 10–18 cm

Im Frühjahr werden die Eier zwischen Steinen abgelegt. Die Männchen vertiefen dazu den Untergrund

Während der Brutzeit sorgen die Männchen durch Flossenbewegungen für sauerstoffreiches Wasser

Saubere Gebirgsseen mit kiesigem Grund sowie klare, kalte Bäche sind die Heimat der gepanzerten Groppe

Groppe *Cottus gobio*

Die Groppe ist ein unauffälliger Fisch. Sie bewohnt hochgelegene, sauerstoffreiche Alpenseen und die oberen, meist steinigen Abschnitte von Flüssen und Bächen (Forellenregion); aber auch in das Brackwasser der Ostsee dringt sie ein. Tagsüber versteckt sich die Groppe unter Steinen und überhängenden Ufern. Nachts jagt sie Bodentiere und kleinere Fische.

Groppen sind an ihrem breiten Kopf und dem schuppenlosen Körper leicht zu erkennen. Gegen andere Fische ist die Groppe durch die Hartstrahlen der Rückenflosse gut geschützt. Zur Laichzeit legt das Weibchen 100 bis 250 orangefarbene Eier klumpenweise unter Steinen ab. Gelaicht wird je nach Lebensraum zwischen März und Mai. Wie beim Stichling wird das Nest vom Männchen bewacht. Nach vier bis sechs Wochen schlüpfen die 6 mm langen Larven.

Als zweite, allerdings viel seltenere Groppenart kommt die Sibirische Groppe, *Cottus poecilopus,* bei uns vor. Sie ähnelt der mitteleuropäischen Groppe und lebt in sauerstoffreichen Gewässern östlich der Elbe.

LACHS · Lachsfische

Lachse laichen im Winter. Das Weibchen vertieft den Kiesgrund des Flusses durch Körper- und Schwanzbewegungen. Die Laichgrube ist etwa 2 m lang und 10 bis 30 cm tief

Die Brut ernährt sich von Flohkrebschen und Insektenlarven

Die etwa 10 cm langen Junglachse tragen dunkle und rote Flecke an den Seiten

Die Eier werden schubweise ausgestoßen und vom Männchen befruchtet, das dicht neben dem Weibchen schwimmt. Mit der Schwanzflosse werden Steinchen über die etwa 6 mm großen Eier geschoben

Im Alter von ein bis vier Jahren wandern die Jungtiere ins Meer. Sie heißen dann Blanklachse

Nach dem Ablaichen verenden die meisten Lachse

Die Schuppen verraten die Geschichte des Lachses. Innen liegen die Zuwachsstreifen der Süßwasserzeit, nach außen folgen die Ringe der fetten Meerjahre

Die Larven bleiben zunächst am Boden und zehren von ihren Dottersäcken

Lachsfische · **LACHS**

Früher drangen die Lachse auf ihren Laichwanderungen weit in unsere Flüsse vor. Dabei überwanden sie Stromschnellen und selbst kleinere Wasserfälle.

Lachs *Salmo salar*

Die Lachswanderung ist eines der größten Wunder der Fischwelt. Bis zu vier Jahre und Tausende von Kilometern trennen den Atlantischen Lachs von seinem Heimatfluß. Wie der Lachs aus der Weite des Nordatlantiks zu seinem Ziel findet, ist noch immer nicht ganz geklärt. In Küstennähe wittert er aber den Duft seines Geburtsflusses, wie Experten nachgewiesen haben. Wenn der Lachs auf seiner Laichwanderung ins Süßwasser aufsteigt, ist er mit einem guten Fettpolster ausgestattet. Dennoch beißt er noch nach den Ködern der Sportfischer. Der Lachs legt sich nun sein buntes Hochzeitskleid zu: einen dunklen Rücken und bläuliche, in Rot übergehende Seiten. Während der Wanderung verbrauchen die Fische ihre gesamten Fettreserven. Sie müssen nicht nur gegen die Strömung schwimmen, sondern oft auch über Hindernisse wie Steine und Wehre springen. Aus tiefem Wasser erreichen sie Sprunghöhen von bis zu drei Metern. Nach dem Laichen bekommen die Fische wieder die silbrige Farbe der Hochseeform. Gelingt ihnen die Rückkehr in das Meer, erholen sie sich rasch von den Strapazen.

Der größere Körper und die etwas tiefer ausgebuchtete Schwanzflosse unterscheiden den Lachs von der Meerwasserform der Forelle. Ausgewachsene Lachse können bis zu 25 kg schwer werden. Während der Laichwanderung bildet sich am Unterkiefer des Männchens ein Haken. Länge: 60–120 cm

Lachsfische · FORELLE

Forellen variieren sehr stark in der Färbung. Es gibt die fast silbernen Meerforellen sowie die braun getönten See- und Bachforellen mit rötlichen Punkten an den Flanken. Länge: 20–40 cm, selten bis 50 cm

Bachforellen sind auf sauberes Wasser angewiesen. Sie halten sich meist in der Nähe eines Unterschlupfes auf, wohin sie sich bei Gefahr zurückziehen

Forelle *Salmo trutta*

Die Forelle ist eine nahe Verwandte des Atlantischen Lachses. Man unterscheidet drei Formen, die in ihrer Lebensweise und ihren Revieren voneinander abweichen: die Meerforelle, die Seeforelle und die Bachforelle. Auch in Größe und Aussehen gibt es charakteristische Unterschiede.

Aus den dotterreichen Eiern schlüpfen nach sechs Wochen die Larven. Ihr Wachstum hängt vom Nahrungsangebot ab. So ist die Bachforelle eine Zwergform aus dem Oberlauf der Fließgewässer. Früher lebte sie in allen Bächen der Mittelgebirge und Alpen, aber auch in grundwassergespeisten Niederungsbächen. Nach ihr wird der höchste Gewässerabschnitt benannt, die Forellenregion. Typische Forellenbäche sind klar, sauerstoffreich und haben einen steinigen Grund. Von der Bachforelle, die kaum länger als 40 cm wird, hebt sich die massige Seeforelle deutlich ab. Sie ist in tiefen Seen zu Hause. Ausgewachsene Tiere erreichen eine Länge von 50–80 cm.

Die Meerforelle kann bis zu 1 m lang werden und wiegt dann 10–15 kg. In ihrer Lebensweise ähnelt sie dem Lachs.

REGENBOGENFORELLE · Lachsfische

In Zuchtanstalten werden den reifen Weibchen durch sanften Körperdruck die Eier abgestreift. Die Milch der Männchen wird mit den Eiern verrührt, dabei kommt es zur Befruchtung

Die Fischbrut ernährt sich selbst, sobald der Eidotter verbraucht ist. Die Jungfische können ihr Gewicht innerhalb von drei Wochen verdoppeln

Je wärmer das Wasser ist, desto rascher schlüpft die Fischbrut. Frischgeschlüpfte Forellen leben von ihrem Dottervorrat und schwimmen noch unbeholfen

Die verschiedenen Rassen der Regenbogenforelle sind in Gewässern mit kiesigem Untergrund heimisch geworden

Im Vergleich zur Bachforelle (oben) hat die Regenbogenforelle einen kleineren und stumpferen Kopf. Ihr Oberkiefer reicht nur bis zum hinteren Ende des Auges

Lachsfische · **REGENBOGENFORELLE**

Rot schillernder Streifen an älterem Fisch

Der Rücken der Regenbogenforelle schimmert silbrig und ist dicht mit schwarzen Tupfen besetzt. Auch Rücken-, Fett- und Schwanzflosse sind schwarz gesprenkelt. Die Flanken sind silbrigweiß. Bei älteren Tieren erscheint ein rötlicher Längsstreifen. Die Farbtönung variiert je nach Alter, Geschlecht und Lebensraum.
Länge: 30–50 cm

Die anpassungsfähige Regenbogenforelle wird nicht nur in Zuchtanstalten gehalten, sondern hat sich auch in Wildgewässern ausgebreitet

Regenbogenforelle *Salmo gairdneri*

Die Regenbogenforelle ist eigentlich kein einheimischer Fisch, sondern stammt ursprünglich aus den Flüssen der nordamerikanischen Rocky Mountains. Der Mensch hat dafür gesorgt, daß die Regenbogenforelle heute in vielen Teilen der Welt anzutreffen ist. Nach Europa wurden Ende des 19. Jh. die ersten Eier verschickt. Seitdem ist die Regenbogenforelle in zahlreichen Teichwirtschaften heimisch geworden. Außerdem hat man sie in Seen und Bächen als Sportfisch eingesetzt, wo sie dann häufig verwilderte.

Wie alle lachsartigen Fische sind auch die Regenbogenforellen auf sauerstoffreiche Gewässer angewiesen. Sie sind sehr freßgierig und wachsen dementsprechend rasch. Diese Eigenschaft hat die Regenbogenforelle zu einem starken Konkurrenten der heimischen Bachforelle gemacht. Deshalb wird oft versucht, die Regenbogenforelle aus den kältesten Gewässerabschnitten, der eigentlichen Forellenregion, herauszuhalten. Regenbogenforellen vertragen auch höhere Temperaturen und können daher in andersartige Gewässer eingesetzt werden.

SEESAIBLING · Lachsfische

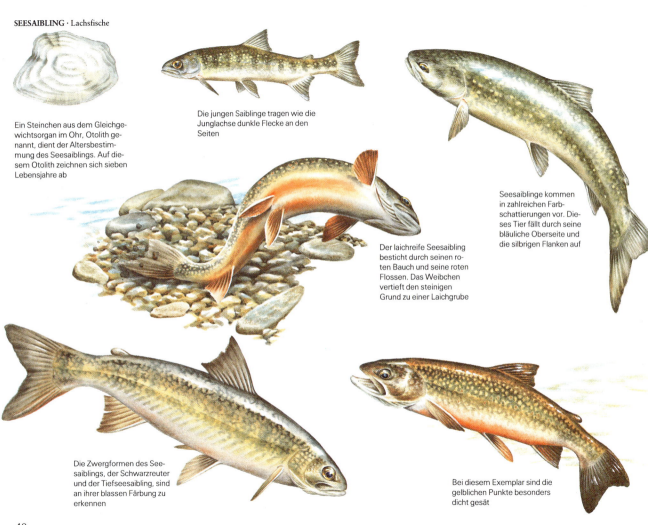

Ein Steinchen aus dem Gleichgewichtsorgan im Ohr, Otolith genannt, dient der Altersbestimmung des Seesaiblings. Auf diesem Otolith zeichnen sich sieben Lebensjahre ab

Die jungen Saiblinge tragen wie die Junglachse dunkle Flecke an den Seiten

Seesaiblinge kommen in zahlreichen Farbschattierungen vor. Dieses Tier fällt durch seine bläuliche Oberseite und die silbrigen Flanken auf

Der laichreife Seesaibling besticht durch seinen roten Bauch und seine roten Flossen. Das Weibchen vertieft den steinigen Grund zu einer Laichgrube

Die Zwergformen des Seesaiblings, der Schwarzreuter und der Tiefseesaibling, sind an ihrer blassen Färbung zu erkennen

Bei diesem Exemplar sind die gelblichen Punkte besonders dicht gesät

Lachsfische · **SEESAIBLING**

Mit Beginn der Laichzeit im Spätherbst bekommen die Männchen ein farbenprächtiges Hochzeitskleid. Bauchseite und Flossen glänzen in kräftigem Rot. Die Färbung der Weibchen ist unauffälliger. Das gemeinsame Merkmal beider Geschlechter sind die roten und weißen Tupfen an den Seiten. Länge: 15–50 cm

Seesaiblinge leben nur in klaren Gebirgsseen, die sich kaum über 10°C erwärmen. Auch in einigen Seen auf der Alpensüdseite hat man sie angesiedelt

Seesaibling *Salvelinus alpinus salvelinus*

Der Seesaibling ist eine Unterart des Wandersaiblings, *Salvelinus alpinus*, der die Küstengewässer und Zuflüsse des Nördlichen Eismeers bewohnt. Seesaiblinge wandern nicht, sondern bilden Standformen aus. Bei uns sind sie nur in tiefen und kalten Seen der Alpen und des Alpenvorlands anzutreffen, wo sie in zahlreichen Formen vorkommen. Fast jeder See hat „seinen" Saibling. Diese Bestände sind wahrscheinlich Überbleibsel aus den Eiszeiten. Die warmen Unterläufe der Flüsse haben den Saiblingen später den Zugang zum Meer abgeschnitten.

Die bekanntesten Formen des Seesaiblings sind der Wildfangsaibling, der Schwarzreuter, der Tiefseesaibling und natürlich der Normalsaibling. Am schnellsten wächst der Wildfangsaibling heran, der sich von anderen Fischen ernährt. Ausgewachsene Tiere werden bis zu 80 cm lang. Der Normalsaibling bleibt kleiner; er lebt von kleinen Bodentieren. Beide Formen sind hochgeschätzte Speisefische. Der Schwarzreuter und der Tiefseesaibling sind dagegen Kümmerformen. Die blaßgefärbten Fische werden kaum über 15 cm lang.

Der langgestreckte, im Querschnitt runde Körper ist auf dem Rücken bräunlich, zu den Seiten hin heller und mit kleinen dunklen Flecken übersät. Zur Laichzeit schimmert der Huchen in einem rötlichen Ton. Charakteristische Merkmale sind die besonders weite Maulspalte und die verhältnismäßig kleine Rückenflosse.
Länge: 0,5–1,5 m

Ausgewachsene Huchen erbeuten mit Vorliebe kleinere Fische wie z. B. Elritzen

Den einzelgängerischen Huchen trifft man nur im Stromgebiet der mittleren und oberen Donau über Kiesgrund

Huchen *Hucho hucho*

Der Huchen ist ein langgestreckter Lachsverwandter, der nur im Stromgebiet der Donau vorkommt. Im Volksmund wird er deshalb auch Donaulachs genannt. Er bewohnt ausschließlich schnell fließende, kalte Gewässer mit Stein- oder Kiesgrund.

Huchen laichen im Frühjahr nach der Schneeschmelze. Sie wandern dann kurze Strecken fluß- oder bachaufwärts. Das Weibchen vertieft den Geröllgrund zu einer flachen Laichgrube. Je nach Körpergewicht legt es zwischen 2000 und 20000 Eier ab, aus denen nach 35 Tagen die Larven schlüpfen. Sie sind wie die Larven anderer Lachsfische mit einem Dottersack ausgestattet, der in der ersten Zeit die Nahrung liefert. Nach einem Jahr haben sie etwa 20 cm Körperlänge erreicht und machen dann auf kleine Fische Jagd. Auch die ausgewachsenen Huchen erbeuten Fische, vor allem Barben und Nasen, verschmähen aber ebensowenig Frösche und junge Wasservögel.

Huchen sind insgesamt sehr selten geworden. Schuld daran sind die Regulierung der Flüsse, ihre Verschmutzung und Überdüngung sowie die übermäßige Befischung.

Lachsfische · **KLEINE MARÄNE**

Die Kleine Maräne lebt in holsteinischen Seen. Die Bestände werden bisweilen durch gezüchtete Fische aufgefrischt

Die Kleine Maräne unterscheidet sich von anderen Maränen durch ihren vorstehenden Unterkiefer. Ihre Rückenseite ist bläulichgrün, die Flanken und der Bauch glänzen silbrig. Länge: 20–25 cm

Zum Ablaichen suchen die Fische flache, kiesig-sandige Uferbereiche auf

Kleine Maräne *Coregonus albula*

Die Kleine Maräne oder Zwergmaräne ist ein Bewohner kalter, nährstoffarmer Seen. Ihr Verbreitungsgebiet reicht von Nordosteuropa über Schweden bis nach Großbritannien. In Deutschland findet man sie in einigen Seen östlich der Elbe, außerdem wurde sie in größeren Staubecken ausgesetzt.

Kleine Maränen leben in Schwärmen. Zum Laichen suchen sie flachere Uferzonen mit Sand- oder Kiesgrund auf. Erst nach drei bis vier Monaten schlüpfen die Larven. Kleine Maränen ernähren sich von winzigen Planktontieren wie Krebschen, Wasserflöhen und Hüpferlingen. Sie sind begehrte Speisefische, besonders auch in geräucherter Form. Kleine Maränen reagieren empfindlich auf die Zufuhr phosphatreicher Abwässer. Aus einigen Seen wurden sie daher schon vertrieben.

Ein naher Verwandter ist der Nordseeschnäpel, *Coregonus oxyrhynchus*, auch Edelmaräne oder Kleine Schwebrenke genannt. Er tritt in zahlreichen Formen auf und lebt im Küstenbereich von Nord- und Ostsee wie auch in Alpenseen. Früher zogen ganze Schwärme weit hinauf in Rhein und Elbe.

Nordseeschnäpel
Coregonus oxyrhynchus
Der Nordseeschnäpel verdankt seinen Namen dem schnabelartigen Oberkiefer. In den Alpenseen ist er als Gangfisch bekannt. Länge: 20–50 cm.

Die Große Maräne hat einen auffallend gedrungenen Körper. Das Maul ist schwach unterständig. Die kurzen, groben Kiemenreusendornen weisen die Große Maräne als Bodenrenke aus. Bei den Schwebrenken dagegen sind sie lang und fein. Ausgewachsene Exemplare werden bis zu 60 cm lang und über 10 kg schwer

Die Große Maräne gehört zu den Bodenrenken. Sie ist in den größeren Seen des Alpenvorlands zu Hause

Große Maräne *Coregonus nasus*

Die Große Maräne oder auch Große Bodenrenke ist die größte unter den Renkenarten. Von ihr gibt es sowohl Wanderformen als auch ortstreue Bestände in Seen. Bei uns trifft man sie in einigen holsteinischen Seen, daneben auch in größeren Voralpenseen wie dem Bodensee, wo sie Sandfelchen heißt.

Die Verwandtschaftsverhältnisse der Renken und Maränen sind sehr kompliziert. Neue Untersuchungen haben gezeigt, daß alle Maränenverwandten in Wirklichkeit einer Art angehören, nämlich *Coregonus lavaretus* (S. 45). Die Unterarten weisen zum Teil so große äußerliche Unterschiede auf, daß sie – wie auch im vorliegenden Band – als eigenständige Arten behandelt werden. Der Fisch war ursprünglich in Nord- und Mitteleuropa beheimatet. Die Eiszeit verdrängte die Maränen in die tiefer gelegenen, eisfreien Gebiete. Das erklärt, warum nach Abschmelzen des Eises an verschiedenen Stellen isolierte Bestände zurückgeblieben sind. Je nach den herrschenden Umweltbedingungen haben die breiten Erbanlagen der Maränen für variantenreiche Entwicklungen gesorgt.

Kleine Bodenrenke
Coregonus pidschian

In den tiefen Alpen- und Voralpenseen lebt die Kleine Bodenrenke, auch Kilch genannt. Ihr Körper ist etwas schlanker als der ihrer größeren Verwandten, auch ragt ihr Oberkiefer eine Idee weiter über das Maul hinaus. Länge: 15 bis 25 cm.

Lachsfische · **BLAUFELCHEN**

Rund um die Seen des Alpenvorlands bereichern die schmackhaften, zartfleischigen Blaufelchen die Speisekarten

Die Schwanzflosse ist tief eingeschnitten. Der Rücken schimmert bläulich bis grünlich. Rücken-, After- und Schwanzflosse heben sich durch ihre dunklere Tönung vom Körper ab. Wie alle lachsartigen Fische tragen Blaufelchen eine kleine Fettflosse auf dem Rücken. Länge: 20–70 cm

Schwebrenken nehmen Planktontiere auf. Ob die Nahrung mit den Reusendornen auf den Kiemenbogen herausgefiltert wird, ist jedoch fraglich. Die Fische sind nicht in der Lage, die in den Reusen hängenden Organismen zum Schlund zu befördern

Die Ringe auf den rundlichen Schuppen ermöglichen die Altersbestimmung. Diese Schuppe trug ein etwa dreijähriges Tier

Blaufelchen *Coregonus lavaretus*

Das Blaufelchen ist auch unter dem Namen Große Schwebrenke bekannt. Von dieser Art gibt es sowohl eine Wanderform als auch ortstreue Bestände, die in Seen leben. Die Wanderfische leben in der Ostsee und heißen dort Ostseeschnäpel. Zum Laichen suchen sie den Oberlauf einmündender Flüsse auf.

Bei uns kennt man vor allem die ortsfesten Blaufelchen, die in den Seen des Alpen- und Voralpengebiets zu Hause sind. Als Speisefische haben sie dort eine ganz beachtliche Bedeutung. So erreichten die Fangerträge im Bodensee in den 50er Jahren jährlich 850 t. Danach gingen sie drastisch zurück, denn die Fische wurden gefangen, bevor sie sich fortgepflanzt hatten. Daraufhin setzte man die vorgeschriebene Netzmaschenweite herauf und vermehrte die Bestände mit künstlich erbrüteten Jungfischen. Die Maßnahmen hatten Erfolg: 1977 konnten wieder 1100 t Bodensee-Blaufelchen gefangen werden. Dazu hat sicher auch der Umstand beigetragen, daß sich mit der verstärkten Zufuhr nährstoffreicher Abwässer auch das Plankton vermehrt hat, die Hauptnahrung der Fische.

ÄSCHE · Lachsfische

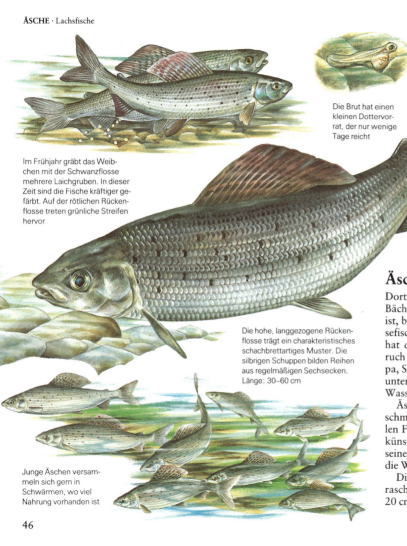

Im Frühjahr gräbt das Weibchen mit der Schwanzflosse mehrere Laichgruben. In dieser Zeit sind die Fische kräftiger gefärbt. Auf der rötlichen Rückenflosse treten grünliche Streifen hervor.

Die Brut hat einen kleinen Dottervorrat, der nur wenige Tage reicht.

Die hohe, langgezogene Rückenflosse trägt ein charakteristisches schachbrettartiges Muster. Die silbrigen Schuppen bilden Reihen aus regelmäßigen Sechsecken. Länge: 30–60 cm.

Junge Äschen versammeln sich gern in Schwärmen, wo viel Nahrung vorhanden ist.

Die Äsche bevorzugt saubere Flüsse. Durch die Wasserverschmutzung wurde ihr Lebensraum stark eingeengt.

Äsche *Thymallus thymallus*

Dort, wo aus den schnell fließenden, über Steine plätschernden Bächen der Hoch- und Mittelgebirge ein kleiner Fluß geworden ist, beginnt die Äschenregion. Ihr Leittier, ein geschätzter Speisefisch, fühlt sich hier besonders wohl. Den Namen *Thymallus* hat die Äsche von ihrem eigenartigen thymianähnlichen Geruch bekommen. Äschen bewohnen klare Flüsse in Mitteleuropa, Skandinavien und Nordrußland. Meist suchen sie Deckung unter dem überhängenden Ufer, jagen aber auch im freien Wasser kleine wirbellose Tiere, besonders Insektenlarven.

Äschen reagieren sehr empfindlich auf überdüngtes oder verschmutztes Wasser. Deshalb ist dieser wertvolle Fisch aus vielen Flüssen verschwunden. Leider ist es nicht möglich, Äschen künstlich zu züchten. So wird der Fisch erst dann wieder in seinen angestammten Gewässern heimisch werden, wenn sich die Wasserqualität entscheidend verbessert hat.

Die Fische laichen zwischen März und Mai. Sie wachsen rasch und erreichen mit zwei Jahren Längen zwischen 15 und 20 cm. Nur in seltenen Fällen werden Äschen über 50 cm groß.

Lachsfische · STINT

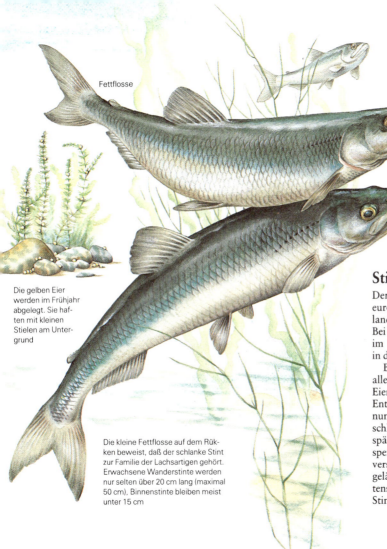

Fettflosse

Die gelben Eier werden im Frühjahr abgelegt. Sie haften mit kleinen Stielen am Untergrund.

In dem großen Maul sitzen nadelspitze Zähne, mit denen kleine Krebstiere erbeutet werden

Die kleine Fettflosse auf dem Rükken beweist, daß der schlanke Stint zur Familie der Lachsartigen gehört. Erwachsene Wanderstinte werden nur selten über 20 cm lang (maximal 50 cm), Binnenstinte bleiben meist unter 15 cm

Der Stint hält sich gern in Flußmündungen auf. Zum Laichen schwimmt er flußaufwärts

Stint *Osmerus eperlanus*

Der Stint tritt in zwei Formen auf: als Wanderstint, der die europäischen Küstengewässer von Spanien bis nach Nordrußland bewohnt, und als Binnenstint in tiefen, küstennahen Seen. Bei uns ist er nur in Norddeutschland zu finden. Zur Laichzeit im Spätwinter oder zeitigen Frühjahr ziehen die Wanderstinte in den Unterlauf der Flüsse, so z. B. in die Elbe.

Binnenstinte laichen in flacheren Seezonen oder schwimmen allenfalls ein kurzes Stück die Zuflüsse hinauf. Die winzigen Eier sinken ab und kleben zunächst am Boden an. Während der Entwicklung löst sich die klebrige Hülle, und die Eier treiben nun frei im Wasser, bis die Larven nach zwei bis fünf Wochen schlüpfen. Diese leben zunächst von Plankton, als Jungfische später auch von kleinen Bodentieren. Die erwachsenen Fische spezialisieren sich auf kleine Krebstiere. Größere Wanderstinte verspeisen mitunter auch die eigene Brut. Der im Volksmund geläufige Ausspruch, er stinkt wie ein Stint, ist auf dessen intensiven Geruch nach Gurken zurückzuführen. Dennoch sind Stinte im allgemeinen auch als Speisefisch beliebt.

Hechte · HECHT

Kräftige Bezahnung im schnabelförmigen Maul

Mit seinen grüngoldenen Flecken und Querbinden fällt der Hecht zwischen besonnten Wasserpflanzen kaum auf. Die Unterseite des langgestreckten Rumpfes ist heller. Rücken- und Afterflosse sitzen dicht vor der Schwanzflosse. Länge: 30–100 cm

Der Hecht fühlt sich bei uns in allen Gewässern wohl. Wenn er nach Beute Ausschau hält, verharrt er regungslos zwischen Wasserpflanzen

Hecht *Esox lucius*

Der Hecht gehört zu den bekanntesten Fischen unserer Gewässer. Er ist sehr anpassungsfähig und verträgt sogar leicht salziges Wasser. So ist es nicht verwunderlich, daß sich Hechte auch in den Ostseebuchten wohl fühlen. Einen wichtigen Anspruch stellt er jedoch: Er benötigt einen dichten Pflanzenbestand als Versteck, während er auf Beute lauert. Hechte schnappen nach allem, was sich bewegt und dadurch ihren Jagdtrieb auslöst. So wird berichtet, daß Hechte selbst nach Menschen, Hunden und Pferden gebissen haben, was doch sehr fraglich erscheint. Daß große Hechte Bläßhühner, Wasserratten und Artgenossen ihrer Größe angreifen, entspricht den Tatsachen. In Karpfenteichen sind nur die Junghechte gern gesehen, denn sie vernichten kleinere Fische, die den Karpfen das Futter abjagen.

Hechte laichen je nach Lebensraum zwischen Februar und Mai. In dieser Zeit verlieren die Fische ihre Vorsicht und sind in verkrauteten Uferzonen gut zu beobachten. Hechtfleisch kann etwas trocken sein, aber bei richtiger Zubereitung mit reichlich Speck ist es eine Delikatesse.

AAL · Flußaale

Der europäische Aal hat eine blattförmige, durchsichtige Larve. Wenn sie sich in einen Glasaal umwandelt, hat sie eine Länge von rund 7 cm erreicht

Bei den durchsichtigen Glasaalen sind die inneren Organe, die Kiemen und die Wirbelsäule deutlich zu erkennen

Während des Sommers bildet sich bei den jungen Aalen ein gelbbrauner Hautfarbstoff

Süßwasseraale jagen nachts. Durch die Nasenöffnung auf dem Oberkiefer nehmen sie ihre Beutetiere wahr

Die Haut ist mit einer schützenden Schleimschicht umgeben. Aale können durch feuchtes Gras kriechen und erreichen so selbst isolierte Gewässer

Die erwachsenen Süßwassertiere werden Gelbaale genannt. Ihre Oberseite ist dunkelbraun, die Unterseite gelblich. Rücken- und Afterflosse bilden einen Saum, der in die Schwanzflosse übergeht. Die Weibchen werden bis zu 1 m groß

Wenn die Aale ins Meer abwandern, heißen sie Blankaale. Der Darm bildet sich zurück, das Braungelb der Flußaale weicht einer grausilbrigen Färbung

Aale bewohnen die Küsten und Binnengewässer Europas. Auf ihren Wanderungen orientieren sie sich mit Hilfe ihres feinen Geruchssinns

Aal *Anguilla anguilla*

Schon im Altertum schätzte man den Aal als vorzüglichen Speisefisch. Bereits damals fiel auf, daß man nie laichreife Aale fing. Erst in jüngster Zeit wurde Licht in das Geheimnis ihrer Fortpflanzung gebracht. Man weiß heute, daß Aale in der Sargassosee laichen, einem Teil des Atlantiks zwischen den Bermuda-Inseln und der Karibik. Um von Europa dorthin zu gelangen, müssen die Elterntiere etwa 3500 Seemeilen zurücklegen. Wie sie das schaffen, ist noch immer ein Rätsel. Bis heute hat man im Atlantik keinen ausgewachsenen Aal gefangen. Die Tiere verenden nach dem Ablaichen. Die Larven werden zunächst ohne ihr Zutun mit dem Golfstrom über den Atlantik verfrachtet. Die Reise nach Europa dauert drei Jahre. An der Nordseeküste erscheinen die Jungaale im Februar und März, in der Ostsee erst später. Anschließend zieht ein Großteil der Aale die Flüsse hinauf, andere bleiben in den Mündungsgebieten. Auf ihrer Wanderung überwinden die Steigaale, wie sie nun heißen, selbst Wasserfälle. Die Süßwasseraale verbringen dann zwischen 5 und 20 Lebensjahre in ihrem Gewässer.

KARPFEN · Karpfenfische

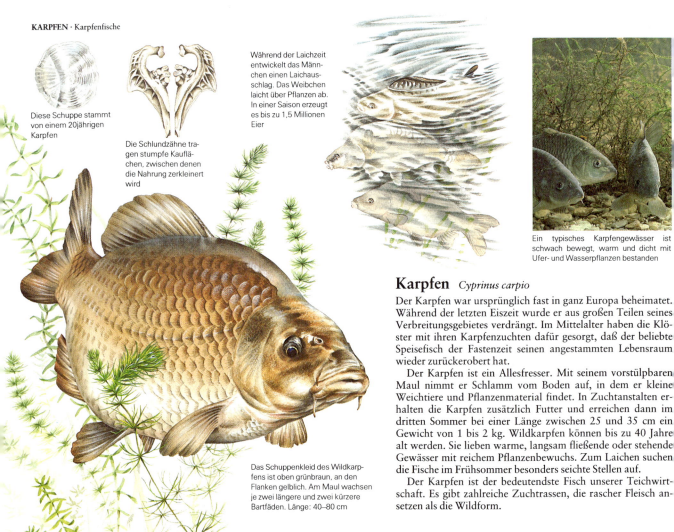

Diese Schuppe stammt von einem 20jährigen Karpfen

Die Schlundzähne tragen stumpfe Kauflächen, zwischen denen die Nahrung zerkleinert wird

Während der Laichzeit entwickelt das Männchen einen Laichausschlag. Das Weibchen laicht über Pflanzen ab. In einer Saison erzeugt es bis zu 1,5 Millionen Eier

Ein typisches Karpfengewässer ist schwach bewegt, warm und dicht mit Ufer- und Wasserpflanzen bestanden

Das Schuppenkleid des Wildkarpfens ist oben grünbraun, an den Flanken gelblich. Am Maul wachsen je zwei längere und zwei kürzere Bartfäden. Länge: 40–80 cm

Karpfen *Cyprinus carpio*

Der Karpfen war ursprünglich fast in ganz Europa beheimatet. Während der letzten Eiszeit wurde er aus großen Teilen seines Verbreitungsgebietes verdrängt. Im Mittelalter haben die Klöster mit ihren Karpfenzuchten dafür gesorgt, daß der beliebte Speisefisch der Fastenzeit seinen angestammten Lebensraum wieder zurückerobert hat.

Der Karpfen ist ein Allesfresser. Mit seinem vorstülpbaren Maul nimmt er Schlamm vom Boden auf, in dem er kleine Weichtiere und Pflanzenmaterial findet. In Zuchtanstalten erhalten die Karpfen zusätzlich Futter und erreichen dann im dritten Sommer bei einer Länge zwischen 25 und 35 cm ein Gewicht von 1 bis 2 kg. Wildkarpfen können bis zu 40 Jahre alt werden. Sie lieben warme, langsam fließende oder stehende Gewässer mit reichem Pflanzenbewuchs. Zum Laichen suchen die Fische im Frühsommer besonders seichte Stellen auf.

Der Karpfen ist der bedeutendste Fisch unserer Teichwirtschaft. Es gibt zahlreiche Zuchtrassen, die rascher Fleisch ansetzen als die Wildform.

Häufige Karpfenformen

Goldkarpfen
Karpfen treten in vielen Formen auf, die sich in Gestalt, Farbe, Beschuppung und Lebensweise unterscheiden. Der hübsche Goldkarpfen kommt in Zierteichen und verwildert vor.

Spiegelkarpfen
Diese Form trägt nur wenige großflächige Schuppen entlang der Seitenlinie und unterhalb der Rückenflosse. Gelegentlich sitzen noch am Vorderrumpf vereinzelte Schuppen.

Zuchtkarpfen
Die verschiedenen Rassen des Zuchtkarpfens sind hochrückig und wirken gedrungen. An Weihnachten und zum Jahreswechsel ist die Nachfrage nach dem beliebten Speisefisch am größten.

Lederkarpfen
Diese Form umfaßt Karpfenrassen, die fast schuppenlos sind. Dazu gehört auch die böhmische Rasse, die als Speisekarpfen herangezüchtet wurde.

KARAUSCHE · Karpfenfische

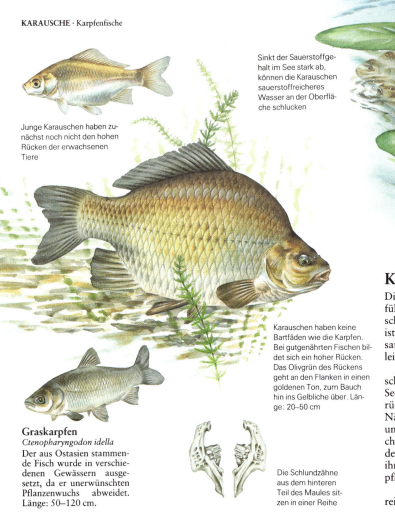

Junge Karauschen haben zunächst noch nicht den hohen Rücken der erwachsenen Tiere

Sinkt der Sauerstoffgehalt im See stark ab, können die Karauschen sauerstoffreicheres Wasser an der Oberfläche schlucken

Karauschen haben keine Bartfäden wie die Karpfen. Bei gutgenährten Fischen bildet sich ein hoher Rücken. Das Olivgrün des Rückens geht an den Flanken in einen goldenen Ton, zum Bauch hin ins Gelbliche über. Länge: 20–50 cm.

Graskarpfen
Ctenopharyngodon idella
Der aus Ostasien stammende Fisch wurde in verschiedenen Gewässern ausgesetzt, da er unerwünschten Pflanzenwuchs abweidet. Länge: 50–120 cm.

Die Schlundzähne aus dem hinteren Teil des Maules sitzen in einer Reihe

In üppig bewachsenen Teichen gedeiht die Karausche. Sie liebt im Sommer Wassertemperaturen von über 20 °C

Karausche *Carassius carassius*

Die Karausche ist einer der anpassungsfähigsten Fische. Sie fühlt sich in allen Gewässern wohl, mit Ausnahme kalter, schnell fließender Bäche. In winzigen, verkrauteten Tümpeln ist sie oft der einzige Fisch. Mit Sauerstoffmangel, Wasserversauerung und selbst vorübergehendem Einfrieren wird sie leicht fertig.

Je nachdem, unter welchen Lebensbedingungen die Karauschen leben, bilden sich verschiedene Formen aus. In großen Seen mit einem reichhaltigen Nahrungsangebot wachsen hochrückige Formen heran. Dagegen entwickelt sich bei spärlichem Nährstoffangebot nur eine Kümmerform mit großem Kopf und gestrecktem Rücken, die Steinkarausche. In Karpfenteichen ist die Karausche nicht gern gesehen. Sie konkurriert mit den Zuchtfischen um das Futter, außerdem paart sie sich mit ihnen. Die Kreuzung, Karpfkarausche genannt, ist nicht fortpflanzungsfähig und liefert nur minderwertiges Fleisch.

Karauschen laichen im Mai und Juni an seichten, pflanzenreichen Stellen. Die Brut schlüpft nach wenigen Tagen.

Karpfenfische · **GOLDFISCH**

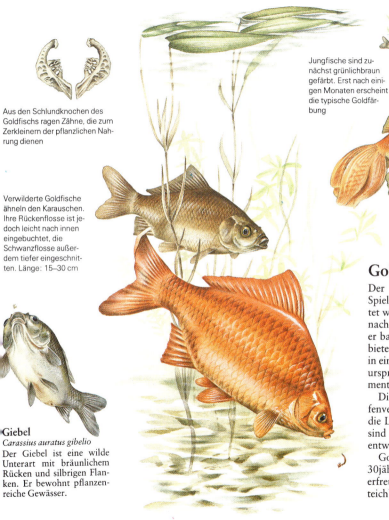

Aus den Schlundknochen des Goldfischs ragen Zähne, die zum Zerkleinern der pflanzlichen Nahrung dienen

Verwilderte Goldfische ähneln den Karauschen. Ihre Rückenflosse ist jedoch leicht nach innen eingebuchtet, die Schwanzflosse außerdem tiefer eingeschnitten. Länge: 15–30 cm

Jungfische sind zunächst grünlichbraun gefärbt. Erst nach einigen Monaten erscheint die typische Goldfärbung

Die bekannteste Spielart ist der Schleierschwanz. In natürlichen Gewässern überlebt er nur kurze Zeit

Die anspruchslosen Goldfische sind die Zierde vieler Parkanlagen. Ihre ursprüngliche Heimat ist China und Japan

Goldfisch *Carassius auratus*

Der Goldfisch stammt aus Ostasien, wo seine zahlreichen Spielarten seit Jahrhunderten mit großer Leidenschaft gezüchtet wurden. Er gelangte schon im 17. Jahrhundert als Zierfisch nach Europa. Aus Zierteichen, Parkanlagen und Brunnen war er bald nicht mehr wegzudenken. Vor allem in wärmeren Gebieten verwilderten die Tiere auch. Diese Wildformen kommen in einer besonders breiten Farbpalette vor. Manche nehmen die ursprüngliche Färbung an, bei anderen wiederum rufen Pigmentstörungen ein bunt geflecktes Aussehen hervor.

Die Fortpflanzung läuft ähnlich ab wie bei den anderen Karpfenverwandten. Bei Wassertemperaturen um 20 °C schlüpfen die Larven bereits nach einer knappen Woche. Die Jungfische sind zunächst unscheinbar grau. Erst nach einigen Monaten entwickelt sich die charakteristische dekorative Färbung.

Goldfische können recht alt werden. In Gefangenschaft sind 30jährige Fische nicht selten. Weil sie so anspruchslos sind, erfreuen sich Goldfische bei Aquarienliebhabern und Gartenteichbesitzern großer Beliebtheit.

Giebel
Carassius auratus gibelio
Der Giebel ist eine wilde Unterart mit bräunlichem Rücken und silbrigen Flanken. Er bewohnt pflanzenreiche Gewässer.

BARBE · Karpfenfische

Die Barbe ist ein langgestreckter, im Querschnitt runder Fisch. Der Rücken ist grüngelb bis braun gefärbt. Die Seiten schimmern goldgelb. Brust-, Bauch- und Afterflosse heben sich durch ihren orangeroten Ton vom Körper ab. Länge: 30–90 cm

Im Frühsommer ziehen die Barben in Schwärmen flußaufwärts zum Laichen. Die gelben Eier kleben an Steinen fest

Obwohl Barben erst nachts aktiv werden, kann man auch am Tag kleine Schwärme umherschwimmen sehen

Barben haben ein überständiges Maul mit fleischigen Lippen. An den vier Bartfäden der Oberlippe sitzen Tastzellen

Die kleinen, glattrandigen Schuppen sitzen tief in der Haut

Barben trifft man im Mittellauf klarer Flüsse mit sandig-steinigem Grund. Sie treten gerne in Schwärmen auf

Barbe *Barbus barbus*

Die Barbe ist in schnell fließenden Flüssen mit sauberem Wasser zu Hause. Besonders wohl fühlt sie sich in starken Strömungen. Tagsüber hält sie sich in Grundnähe auf, nachts jagt sie kleine Bodentiere. Große Barben fressen mitunter auch Kleinfische. Barben können recht unterschiedlich aussehen. Üblich sind grünlichgelbe Farbtöne, in manchen Gewässern trifft man aber auch braunschwarze Tiere an. Ein unverwechselbares Kennzeichen haben alle Barben gemein: die vier Bartfäden am Rand der Oberlippe. Sie dienen als Sinnesorgane und helfen der Barbe bei ihrer nächtlichen Nahrungssuche.

Laichreife Barben ziehen in Schwärmen zu ihren Laichplätzen in flachen, kiesigen Abschnitten. Die kleinen Eier kleben am Boden, werden aber allmählich abgespült.

Bei den Sportfischern ist die Barbe ausgesprochen beliebt. An der Angel liefert sie heftige Kämpfe, außerdem ist ihr Fleisch wohlschmeckend. In der Laichzeit ist Vorsicht geboten, denn der Laich und das umgebende Fleisch sind dann giftig und lösen Durchfall und Erbrechen aus.

Karpfenfische · **BITTERLING**

Zunächst führt das Weibchen seine Legeröhre in die Ausströmöffnung der vom Männchen „reservierten" Muschel ein und gibt die Eier ab

Wenn sich das Weibchen zurückgezogen hat, ergießt das Männchen seinen Samen über die Muschel. Er gelangt durch die Einströmöffnung in die Mantelhöhle

Die Larven haften an den Muschelkiemen, bis der Inhalt ihres Dottersacks zur Neige geht. Mit einer Länge von etwa 1 cm sind sie schwimmfähig und verlassen ihre „Kinderstube" durch die Ausströmöffnung der Muschel

Das interessante Fortpflanzungsverhalten der hübsch gefärbten Bitterlinge läßt sich auch im Aquarium gut beobachten

Der Bitterling hat einen hochrückigen Körper mit verhältnismäßig großen Schuppen. Die graugrüne bis schwärzliche Färbung des Rückens geht zu den Seiten hin in einen silbrigen Ton über. Von ihm hebt sich die blaugrüne Seitenlinie ab. Zur Laichzeit entwickelt das Männchen ein buntschillerndes Hochzeitskleid. Länge: 6–9 cm

Bitterling   *Rhodeus sericeus amarus*

Der kleine Bitterling gehört zu den hübschesten unserer einheimischen Fische. Er bewohnt die Pflanzenzonen flacher Seen und langsam fließender Gewässer.

Auch als Aquarienfisch ist der Bitterling sehr beliebt, nicht zuletzt wegen seines eigentümlichen Fortpflanzungsverhaltens. Kurz vor der Laichzeit, die zwischen April und Juni liegt, verlängert sich beim Weibchen die Geschlechtsöffnung zu einer Legeröhre. Nachdem das Männchen erfolgreich um ein Weibchen geworben hat, sucht es auf dem Grund des Wohngewässers eine große Süßwassermuschel aus. Das Weibchen führt seine Legeröhre in die Ausströmöffnung der Muschel ein, um dann einige wenige Eier abzugeben. Das Männchen verteilt sogleich seine Milch über der Muschel. Der Samen gelangt mit dem Strom des Atemwassers in die Mantelhöhle zu den Eiern. Drei Wochen später schlüpfen die 9 mm langen Larven. Mit dem ausströmenden Atemwasser gelangen sie ins Freie.

Dieses besondere Verhalten dient dem Schutz der wenigen Bitterlingsnachkömmlinge, also letztlich der Arterhaltung.

SCHLEIE · Karpfenfische

Bei Männchen mit mindestens zwei Lebensjahren verdickt sich der zweite Flossenstrahl an der Bauchflosse, die dann bis zum After reicht

Schleien streifen oft in Schwärmen von 5 bis 40 Fischen durch dichte Wasserpflanzenbestände, wo sie nach Nahrung Ausschau halten

Weibchen

Männchen

Zwischen Mai und Juli laichen die Schleien. Die 1 mm großen Eier kleben in Klümpchen an Wasserpflanzen fest

Die Larven können sich mit einem Klebesekret an Wasserpflanzen anheften. Nach zehn Tagen gehen sie selbständig auf Nahrungssuche

Die Goldschleie ist eine hübsche Farbvarietät der grünbraunen Wildform. Sie wird gerne in Zierteiche eingesetzt

Im Schlund sitzen Zähne, mit denen die Schleie Nahrungsteilchen zerkleinert

Karpfenfische · **SCHLEIE**

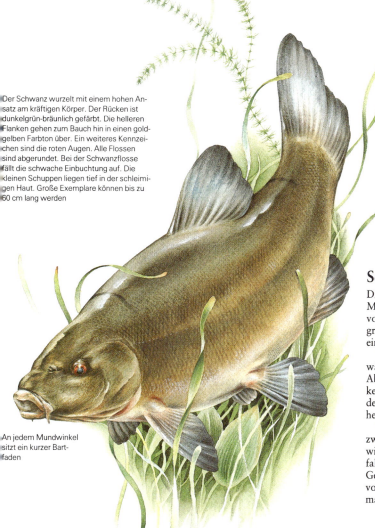

Der Schwanz wurzelt mit einem hohen Ansatz am kräftigen Körper. Der Rücken ist dunkelgrün-bräunlich gefärbt. Die helleren Flanken gehen zum Bauch hin in einen goldgelben Farbton über. Ein weiteres Kennzeichen sind die roten Augen. Alle Flossen sind abgerundet. Bei der Schwanzflosse fällt die schwache Einbuchtung auf. Die kleinen Schuppen liegen tief in der schleimigen Haut. Große Exemplare können bis zu 60 cm lang werden

An jedem Mundwinkel sitzt ein kurzer Bartfaden

Die Schleie gedeiht in pflanzenreichen Gewässern mit Schlammgrund. Wenn sich das Wasser auf mindestens 18 °C erwärmt hat, beginnt die Laichzeit

Schleie   *Tinca tinca*

Die Schleie hat ein ausgedehntes Verbreitungsgebiet, das ganz Mittel-, West- und Osteuropa umfaßt. Sie ist ein kräftiger Fisch von 20 bis 40 cm Länge. Der gedrungene Körper, der dunkelgrüne Rücken und die goldgelben Seiten verleihen der Schleie ein unverwechselbares Aussehen.

In der Natur bevorzugt die Schleie langsam fließende Gewässer und warme, möglichst dicht bewachsene Teiche. Gegen Abend wird sie lebendig und sucht im Schlamm nach Schnecken, Muscheln und Insektenlarven. Im Winter wühlt sie sich in den schlammigen Gewässergrund ein und verfällt in einen Ruhezustand. Schleien werden außerdem mit Erfolg gezüchtet.

Bei sorgfältiger Pflege entwickeln sich die Fische schon nach zwei Jahren zu sogenannten Portionsschleien mit einem Gewicht von 150 bis 250 g. Bei Sportanglern ist die Schleie ebenfalls beliebt. Zum Fang werden Grundangeln benutzt. In vielen Gegenden zieht man als Speisefisch die Schleie dem Karpfen vor. Ihr zartes Fleisch schmeckt besonders aromatisch, wenn man es in einem Essigsud zubereitet: Schleie blau.

Ein typischer Auwald birgt eine üppige Vegetation. Den Rand solcher Altwässer säumen Schwarzerlen, Silberpappeln, Sal- und Silberweiden. Bäume und Buschwerk sind oft dicht von Schlingpflanzen überwuchert. Überschwemmungen schaden diesen Pflanzen nicht, im Gegenteil: Sie profitieren von den herangeführten Nährstoffen

Im Röhricht der Uferzone brüten einheimische Wasservögel wie Bläßhühner und Haubentaucher. Auch als Rastplätze für Zugvögel sind Altwässer unentbehrlich. Besonders im nördlichen Mitteleuropa finden sich regelmäßig Bläßgänse, Sing- und Zwergschwäne sowie etliche Watvögel ein

Altwässer, die zumindest zeitweise mit einem Flußlauf in Verbindung stehen, bieten vielen Fischarten ideale Laichbedingungen. Auch die einheimische Amphibienwelt ist in solchen Feuchtgebieten noch in großer Zahl vertreten.

Altwässer – Lebensraum für viele Arten

Nur wenige mitteleuropäische Flußlandschaften haben ihr ursprüngliches Gesicht bewahrt. Zu Beginn des vorigen Jahrhunderts wurde mit der Rheinbegradigung eine Entwicklung eingeleitet, deren weitreichende Konsequenzen man damals nicht erkannte. Die unregulierten Flüsse änderten ständig ihren Lauf. Blockierten Ablagerungen den Abfluß, wich das Wasser aus und suchte sich ein neues Bett. Zurück blieben Altarme, die sich alljährlich bei Hochwasser wieder füllten, aber auch unterirdisch mit dem Hauptlauf in Verbindung standen. Dichte Auwälder säumten ursprünglich ihre Ufer.

Heute ist dieser einzigartige Lebensraum vieler Tiere auf wenige inselhafte Reste zurückgedrängt. Und auch diese Feuchtgebiete sind in Gefahr. In den geradlinigen Flußbetten strömt das Wasser weit schneller zu Tal als vor der Regulierung. Deshalb ist der Grundwasserstand in manchen Fällen seit einiger Zeit bedenklich abgesunken, was nicht ohne Wirkung auf die restlichen Altwässer und Auwälder blieb: Sie veröden.

BRACHSEN · Karpfenfische

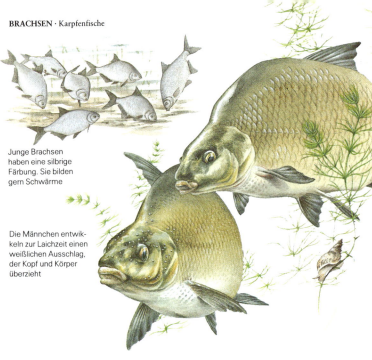

Junge Brachsen haben eine silbrige Färbung. Sie bilden gern Schwärme

Die Männchen entwickeln zur Laichzeit einen weißlichen Ausschlag, der Kopf und Körper überzieht

Erwachsene Brachsen haben einen hochrückigen, seitlich zusammengedrückten Körper. Die dunklen Flossen stehen im Kontrast zum bronzefarbenen Körper. Länge: 30–70 cm

In dicht eingewachsenen, seichten Gewässern findet der scheue Brachsen ideale Lebensbedingungen vor

Brachsen *Abramis brama*

Der hochrückige Brachsen ist auch als Blei oder Brassen bekannt. Er ist der Leitfisch der Flußunterläufe. Dieser Lebenszone gab er den Namen: die Blei- oder Brachsenregion. Der anpassungsfähige Fisch fühlt sich aber in nährstoffreichen Seen nicht weniger wohl. Brachsen suchen ihre Nahrung am Boden. Mit ihrem ausstülpbaren Maul durchwühlen sie den Schlamm nach Insektenlarven, Schnecken und kleinen Muscheln. Wird die Nahrung knapp, begnügen sie sich mit Pflanzenkost.

Brachsen laichen im seichten, warmen Wasser zwischen Pflanzen. In großen Schwärmen ziehen sie zu ihren Laichgründen im Uferbereich. Das Wasser scheint zu kochen, wenn Hunderte von Fischen ein Revier suchen. Ist die Wahl getroffen, verteidigt das Männchen den Laichplatz gegen Konkurrenten.

Vor allem in Nordeuropa zählt der Brachsen zu den wichtigen Wirtschaftsfischen. Bei uns stellen ihm die Sportangler gerne nach. Sein Fleisch wird je nach Gegend unterschiedlich beurteilt. Mancherorts wird er sogar dem Karpfen vorgezogen, anderswo dagegen schätzt man ihn nicht besonders.

Zope
Abramis ballerus

Am etwas gestreckteren Körper und der im Ansatz längeren Afterflosse kann man die Zope vom Brachsen unterscheiden. Zopen sind im Unterlauf großer Flüsse und in einigen Seen des Küstenhinterlandes beheimatet. Länge: 20–30 cm.

Karpfenfische · **BLICKE**

Frisch geschlüpfte Larven haben eine Länge von 5 mm. Die Jungfische sind zunächst sehr schlank, erst im dritten Lebensjahr bildet sich die hochrückige Form aus

Die hellgelben Eier werden zwischen Pflanzen ausgeschieden, an denen sie haftenbleiben

Der silbrige Fisch schimmert auf dem Rücken olivgrün. In der Form erinnert die Blicke an den Brachsen. Die Afterflosse setzt hinter dem letzten Strahl der Rückenflosse an. Die Augen sind im Verhältnis größer als beim Brachsen und sitzen näher beim Maul. Länge: 20–35 cm

Die kleine Blicke lebt oft zusammen mit dem ähnlichen Brachsen in flachen Seen und Flußunterläufen

Blicke *Blicca bjoerkna*

Die Blicke oder Güster sieht wie ein kleiner Brachsen aus, erreicht jedoch niemals dessen Länge. Außerdem unterscheidet sie sich durch ihre weiß-silberne Färbung, ihre verhältnismäßig großen Augen und ihre kürzere Afterflosse vom größeren Verwandten. Ein untrügliches Kennzeichen sind auch die zartrot getönten Brust- und Bauchflossen.

Blicken gedeihen wie die Brachsen in allen langsam fließenden Gewässern und flachen Seen mit üppigem Pflanzenbestand. Am liebsten halten sie sich in Bodennähe auf. Dort finden sie ein reichhaltiges Nahrungsangebot vor, das Insektenlarven, Schnecken, Krebschen, Würmer und Pflanzenteile umfaßt. Blicken sind nicht wählerisch, im Gegenteil. Weil sie für wertvollere Speisefische wie Aale, Schleien oder Brachsen ernsthafte Nahrungskonkurrenten darstellen, sind sie in bewirtschafteten Gewässern nur ungern gesehen.

Die Blicke hat ein grätenreiches Fleisch, das sich nur geringer Beliebtheit erfreut. Auch als Sportfisch spielt sie eine Nebenrolle.

ELRITZE · Karpfenfische

Die Männchen entwickeln zur Laichzeit ein farbenprächtiges Hochzeitskleid. Der Bauch und die paarigen Flossen färben sich rötlich. Am Kopf breitet sich ein weißlicher Laichausschlag aus

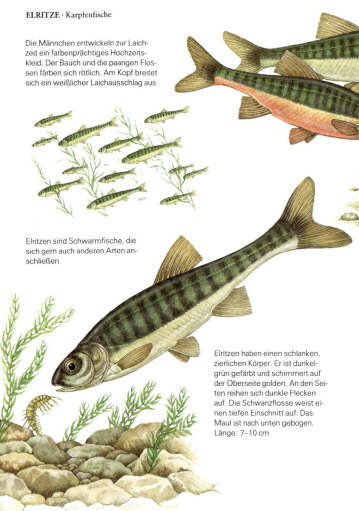

Elritzen sind Schwarmfische, die sich gern auch anderen Arten anschließen

Die Weibchen geben bis zu 1000 gelbe Eier klumpenweise über Steine ab

Elritzen haben einen schlanken, zierlichen Körper. Er ist dunkelgrün gefärbt und schimmert auf der Oberseite golden. An den Seiten reihen sich dunkle Flecken auf. Die Schwanzflosse weist einen tiefen Einschnitt auf. Das Maul ist nach unten gebogen. Länge: 7–10 cm

Elritzen sind in einigen Bächen wiederaufgetaucht, wo man die Wasserverschmutzung mit Erfolg bekämpft hat

Elritze *Phoxinus phoxinus*

Die bewegliche kleine Elritze ist fast in ganz Europa und Nordasien bekannt. Sie liebt saubere, sauerstoffreiche Bäche und Seen mit Kiesgrund, egal ob diese im Gebirge oder in den Niederungen liegen.

Elritzen sind wendige Schwimmer, die immer in Schwärmen auftreten. So entgehen sie eher ihren zahlreichen Feinden unter den größeren Fischen und Wasservögeln. Elritzen mischen sich mit besonderer Vorliebe unter andere Fische. Häufig kann man sie in der Gesellschaft von Jungforellen beobachten. Elritzen ernähren sich von Insekten, deren Larven, Würmern und auch Pflanzenteilen. Früher wurden Elritzen in großer Zahl als Speisefische gefangen. Wegen der geringen Fleischausbeute hat ihre Beliebtheit inzwischen aber stark nachgelassen.

Für die Wissenschaft hat die Elritze eine große Bedeutung erlangt. Weil sie einfach zu halten und zudem gelehrig ist, eignet sie sich gut für Verhaltens- und Dressuruntersuchungen. Wichtige Erkenntnisse über die Sinnesleistungen von Fischen wurden an Elritzen gewonnen.

Karpfenfische · **UKELEI**

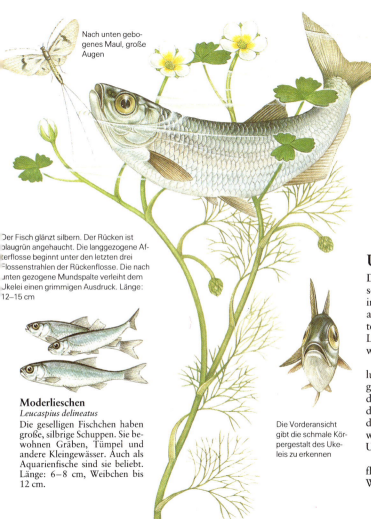

Nach unten gebogenes Maul, große Augen

Der Fisch glänzt silbern. Der Rücken ist blaugrün angehaucht. Die langgezogene Afterflosse beginnt unter den letzten drei Flossenstrahlen der Rückenflosse. Die nach unten gezogene Mundspalte verleiht dem Ukelei einen grimmigen Ausdruck. Länge: 12–15 cm

Moderlieschen
Leucaspius delineatus
Die geselligen Fischchen haben große, silbrige Schuppen. Sie bewohnen Gräben, Tümpel und andere Kleingewässer. Auch als Aquarienfische sind sie beliebt. Länge: 6–8 cm, Weibchen bis 12 cm.

Die Vorderansicht gibt die schmale Körpergestalt des Ukeleis zu erkennen

Künstliche Perle   Schuppe

Guaninkristalle verleihen den Schuppen einen brillanten Glanz. Früher wurden sie zur Herstellung künstlicher Perlen verwendet

Ukeleis leben in Seen und träg fließenden Flüssen. Am liebsten halten sie sich nahe der Wasseroberfläche auf

Ukelei *Alburnus alburnus*

Der schlanke Ukelei bewohnt stehende oder fließende Gewässer in ganz Europa mit Ausnahme des Mittelmeerraums. Selbst im Brackwasser der Ostsee fühlt er sich wohl. Ukeleis sind ausgeprägte Schwarmfische. Mit Vorliebe stehen sie dicht unter der Wasseroberfläche zusammen, wo sie Insektenlarven, Luftinsekten und Planktontiere jagen. Aus verkrauteten Gewässerzonen halten sich die Ukeleis fern.

Die großen, papierdünnen Schuppen bilden sich nach Verlust neu aus. Im 19. Jahrhundert wurden die perlmuttartig glänzenden Ukeleischuppen zu einem Material verarbeitet, mit dem man künstliche Perlen überzog. Heute dient der Ukelei den Anglern als Köderfisch. Als Speisefisch taugt der Ukelei dagegen wenig, denn sein Fleisch ist grätenreich und nicht sehr wertvoll. Barsche und Hechte sind weniger wählerisch. Der Ukelei gehört zu den Hauptbeutefischen der beiden Jäger.

Ukeleis laichen zwischen April und Juni. Wenn sie die Eier in flachen Uferzonen oder Zuflüssen ablegen, bringen sie das Wasser mit heftigen Bewegungen zum Plätschern.

PLÖTZE · Karpfenfische

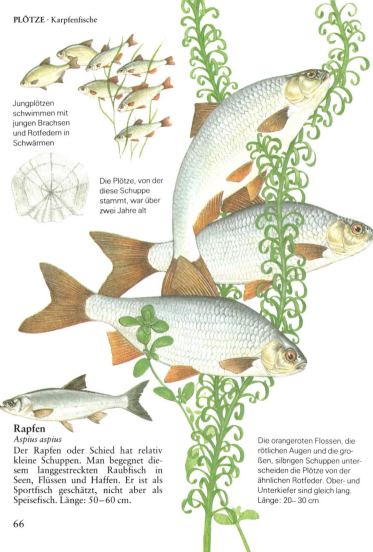

Jungplötzen schwimmen mit jungen Brachsen und Rotfedern in Schwärmen

Die Plötze, von der diese Schuppe stammt, war über zwei Jahre alt

Die gelblichen, 1 mm großen Eier werden im Mai im seichten Wasser abgelaicht. Sie haften an Pflanzenstengeln

Im Frühjahr bildet sich bei den Männchen der typische Laichausschlag am Rücken und am Kopf

Die rotäugige Plötze ist ein anpassungsfähiger Fisch, der auch in künstlicher Gewässern wie Kanälen überlebt

Plötze *Rutilus rutilus*

Die Plötze ist einer unserer häufigsten Fische. In vielen Gegenden wird sie Rotauge genannt. Ihr Lebensraum umfaßt zum einen eutrophe, also nährstoffreiche Seen, zum andern langsam fließende Gewässer. Aber auch im Brackwasser flacher Ostseebuchten ist sie vertreten. Kleine Plötzen leben gefährlich. Neben dem Ukelei zählen sie zu den besonders begehrten Beutefischen von Barsch, Hecht und Zander.

Je nachdem, wo die Plötzen aufwachsen, bilden sich recht verschiedenartige Färbungen aus. Meistens glänzen sie in einem silbrigen Ton, aber auch fast schwarze Exemplare sind bekannt. Ebenso variabel ist die Körperform der Plötze. Bei einem reichlichen Nahrungsangebot entwickelt sie einen hohen Rücken, bei Nahrungsmangel bleibt sie schlanker und wird nur selten über 15 cm lang. Als Speisefisch genießt die Plötze bei uns nur in wenigen Gegenden Ansehen. Ihr Fleisch enthält viele Gräten. In Osteuropa, wo sie mit Stellnetzen und Reusen gefangen wird, schätzt man sie als billige Eiweißquelle. Plötzen kommen dort frisch oder geräuchert auf den Markt.

Rapfen
Aspius aspius

Der Rapfen oder Schied hat relativ kleine Schuppen. Man begegnet diesem langgestreckten Raubfisch in Seen, Flüssen und Haffen. Er ist als Sportfisch geschätzt, nicht aber als Speisefisch. Länge: 50–60 cm.

Die orangeroten Flossen, die rötlichen Augen und die großen, silbrigen Schuppen unterscheiden die Plötze von der ähnlichen Rotfeder. Ober- und Unterkiefer sind gleich lang. Länge: 20–30 cm

Karpfenfische · ROTFEDER

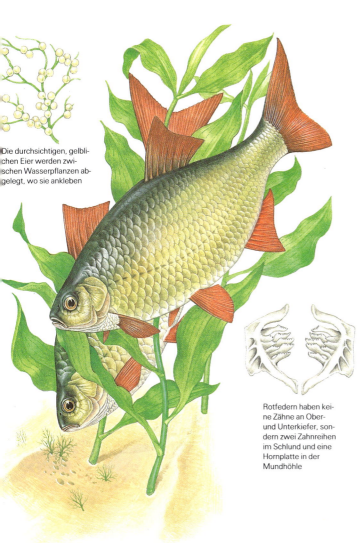

Die durchsichtigen, gelblichen Eier werden zwischen Wasserpflanzen abgelegt, wo sie ankleben

Rotfedern haben keine Zähne an Ober- und Unterkiefer, sondern zwei Zahnreihen im Schlund und eine Hornplatte in der Mundhöhle

Alle Flossen sind rötlich, die Bauchflossen sogar kräftig rot. Der Olivton am hohen Rücken geht zur Unterseite in einen helleren Gelbton über. Die Augen sind, anders als bei der Plötze, gelblich-orange. Die Rückenflosse setzt hinter dem ersten Strahl der Bauchflosse an. Zwischen den Bauchflossen und der Afterflosse ist eine scharfe Kante fühlbar. Länge: 20–30 cm

Rotfedern kann man gut beobachten, wenn sie zwischen Schilf und Wasserpflanzen in Schwärmen umherstreifen

Rotfeder *Scardinius erythrophthalmus*

Die Rotfeder ernährt sich hauptsächlich von Wasserpflanzen. Insektenlarven und Kleinorganismen spielen auf ihrem Speiseplan eine Nebenrolle. Rotfedern fühlen sich in üppig bewachsenen Seen, Tümpeln und Sümpfen wohl. Daneben trifft man sie in langsam fließenden Gewässern. Bei spärlichem Pflanzenbewuchs bilden sie nur Kümmerformen aus. Wenn andere Karpfenfische in ihr Laichgewässer eindringen, kommt es zu Kreuzungen, besonders mit Plötzen und Ukeleis.

Im April beginnt die Laichzeit der Rotfeder. Die Männchen bekommen dann wie viele andere Karpfenverwandte einen warzigen Laichausschlag, der Kopf und Rücken überzieht. Zum Laichen ziehen die Rotfedern in Schwärmen an flache Uferstellen. Ein Weibchen gibt bis zu 200 000 Eier ab, die zunächst am Pflanzenteppich ankleben. Je nach Wassertemperatur verlassen die Larven nach drei bis zehn Tagen die Eihüllen. Klebedrüsen sorgen dafür, daß sie nicht abtreiben.

Bei den Anglern sind die Rotfedern beliebt; sie beißen nämlich gerne. Als Speisefische sind sie allerdings ohne Wert.

Der räuberische Döbel kann die erbeuteten Fische, Insekten und Würmer zwischen seinen Schlundzähnen und dem harten Dach des Schlundes zerkleinern

Jüngere Döbel bilden Schwärme. Die ausgewachsenen Fische leben lieber einzeln

Der Kopf ist etwas breiter als beim Hasel, ebenso das Maul. Die großen Augen sind goldfarben

Der drehrunde Körper ist mit großen, silbrigen Schuppen bedeckt, die dunkel umrandet sind. Die rötliche Afterflosse schließt mit einer nach außen gewölbten Kante ab. Länge: 30–60 cm

Die Wachstumsringe auf der Schuppe verraten das Alter des Döbels, der sie trug: über 5 Jahre

Döbel sind gesellige Fische, die saubere Fließgewässer bevorzugen. Meist schwimmen sie nahe der Oberfläche

Döbel *Leuciscus cephalus*

Der Döbel, mitunter auch Aitel genannt, liebt saubere Fließgewässer. In Seen ist er selten. Im Gebirge steigt er bis in 1500 m Höhe hinauf und dringt damit in den Lebensraum der Forelle ein (Forellenregion). Dort macht er sich gern über Laich und Jungtiere der wertvollen Lachsfische her. In Forellengewässern wird er daher als Schädling verfolgt.

Döbel sind ausgeprägte Schwarmfische. Bisweilen schließen sich Vertreter mehrerer Altersgruppen zusammen und verharren an festen Standplätzen, bevorzugt an Wehren, unterhalb von Bacheinmündungen oder an ruhigen Stellen zwischen Bäumen. Ihre Ernährung ist sehr vielseitig. Sie verschmähen weder Insekten, Würmer, Flohkrebschen noch Pflanzenteile, Fischeier und Jungfische. Bejahrte Döbel entwickeln sich oft zu räuberischen Einzelgängern, die sogar Fröschen auflauern.

Als Aquarienfische sind vor allem junge Döbel sehr dankbar. Auch bei den Sportanglern ist der Fisch beliebt. Er verhält sich zwar sehr scheu, hat er aber angebissen, dann liefert er an der Angel einen eindrucksvollen Kampf.

Karpfenfische · **HASEL**

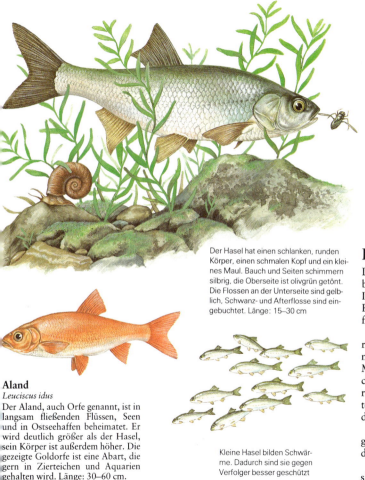

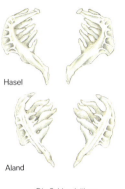

Hasel

Aland

Die Schlundzähne sind beim Aland etwas länger als beim Hasel

Der Hasel lebt im Mittellauf klarer Flüsse. Er fühlt sich wohl, wo das Wasser rasch dahinströmt

Der Hasel hat einen schlanken, runden Körper, einen schmalen Kopf und ein kleines Maul. Bauch und Seiten schimmern silbrig, die Oberseite ist olivgrün getönt. Die Flossen an der Unterseite sind gelblich, Schwanz- und Afterflosse sind eingebuchtet. Länge: 15–30 cm

Aland
Leuciscus idus

Der Aland, auch Orfe genannt, ist in langsam fließenden Flüssen, Seen und in Ostseehaffen beheimatet. Er wird deutlich größer als der Hasel, sein Körper ist außerdem höher. Die gezeigte Goldorfe ist eine Abart, die gern in Zierteichen und Aquarien gehalten wird. Länge: 30–60 cm.

Kleine Hasel bilden Schwärme. Dadurch sind sie gegen Verfolger besser geschützt

Hasel *Leuciscus leuciscus*

Der Hasel ähnelt seinen Verwandten, der Plötze und dem Döbel. Es gibt aber äußere Unterscheidungsmerkmale, die seine Identifizierung einfach machen. Seine Augen haben keinen Rotton, sondern sind gelblich. Außerdem weist die helle Afterflosse eine markante Einbuchtung auf.

Hasel vertragen keine verschmutzten Gewässer. Ihr Lebensraum sind schnell fließende, klare Flüsse. Gelegentlich trifft man sie auch in verlassenen Kiesgruben mit klarem Wasser. Meist schließen sie sich zu Schwärmen zusammen und bestechen dann durch ihr geschicktes Schwimmverhalten. An Nahrung nehmen sie Insekten, Würmer, Schnecken und Pflanzenteile auf. Anders als die räuberischen großen Döbel verschonen die Hasel auch im Alter andere Fische und deren Brut.

Nach dem zweiten oder dritten Lebensjahr werden die Tiere geschlechtsreif. Im Frühjahr ziehen sie in ihre Laichgründe, wo dann die Eier über Wasserpflanzen ausgeschieden werden.

Hasel sind zwar geschätzte Köderfische, als Speisefische sind sie jedoch zu grätig.

SCHMERLE · Schmerlen

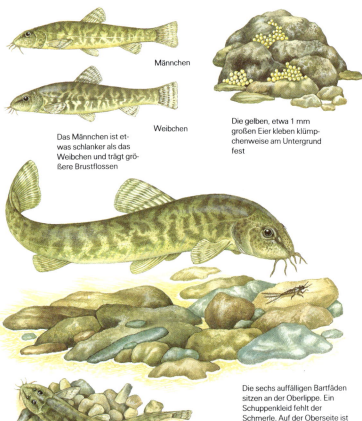

Männchen

Weibchen

Das Männchen ist etwas schlanker als das Weibchen und trägt größere Brustflossen

Die gelben, etwa 1 mm großen Eier kleben klümpchenweise am Untergrund fest

Mit ihrem Fleckenmuster ist die Schmerle gut getarnt, wenn sie am Grund liegt

Die sechs auffälligen Bartfäden sitzen an der Oberlippe. Ein Schuppenkleid fehlt der Schmerle. Auf der Oberseite ist sie olivgrün, am Bauch hellgelb gefärbt. Die Seiten sind mit unregelmäßigen, dunkleren Flecken besetzt. Länge: 8–12 cm

Als Nachttier ist die Schmerle auf ihre Bartfäden angewiesen, um Beute ausfindig zu machen. Mit ihrer flachen Unterseite kann sie gut am Boden liegen

Die kleine Schmerle ist ein Bodenfisch. Ihr Zuhause sind saubere Bäche und Flüsse mit steinigem Grund

Schmerle *Noemacheilus barbatulus*

Die verschiedenen Schmerlenarten sind an ihren Bartfäden auf den ersten Blick zu erkennen. Unsere gewöhnliche Schmerle wird daher manchmal auch Bartgundel genannt. Die Bartfäden sind für die Schmerle lebenswichtig, denn sie enthalten Sinneszellen, mit denen sie die Nahrung ausmacht. Schmerlen lieben steinige Fließgewässer mit einer starken Strömung. Auch im Brackwasser der Ostsee sind sie vertreten. Sauberes Wasser ist für die Schmerlen unabdingbar, aus verschmutzten Gewässern verschwinden sie. Tagsüber halten sie sich unter Steinen verborgen. Erst gegen Abend verlassen sie ihr Versteck und suchen den Gewässergrund nach kleinen Nahrungstieren ab.

Zur Laichzeit zwischen März und Mai entwickelt sich bei beiden Geschlechtern ein feiner Ausschlag auf der Innenseite der Bauchflossen. Der klebrige Laich wird an Pflanzen abgegeben. Das Männchen bewacht das Gelege, bis nach 14 Tagen die Jungen schlüpfen.

Als Speisefisch ist die Schmerle ohne Bedeutung. Sie eignet sich aber gut als Köder für Barsch, Hecht und Forelle.

Schmerlen · **STEINBEISSER**

In einer Tasche unter dem Auge sitzt ein zweispitziger, einziehbarer Dorn

Der Oberkiefer ragt über den Unterkiefer. Rings um das Maul wachsen sechs kurze Bartfäden

Der kleine Steinbeißer ist auch bei Aquarienfreunden beliebt. Tagsüber hält er sich zwischen Steinen verborgen

Steinbeißer *Cobitis taenia*

Im Gegensatz zur Schmerle trägt der Steinbeißer unter dem Auge einen zweispitzigen Dorn. Ihm verdankt er seinen zweiten Namen Dorngrundel. Er hat ein ausgedehntes Verbreitungsgebiet, das sich über große Teile Europas und Asiens erstreckt. Er ist in Flüssen, Kanälen und Wassergräben ebenso heimisch wie in Seen und Talsperren. Als ausgeprägtes Nachttier vergräbt sich der Steinbeißer tagsüber im Sand, im Schlamm oder im Wurzelwerk und verläßt erst bei Dunkelheit sein Versteck, um auf Nahrungssuche zu gehen. Seine Beute besteht aus kleinen Bodenlebewesen, die er mit seinen Bartfäden wittert.

Der Steinbeißer bleibt mit einer durchschnittlichen Länge von 5–10 cm recht klein. Als Speisefisch hat er keine Bedeutung. Er wird aber gern von Aquarianern gehalten, die seine interessante Lebensweise studieren wollen.

Vom Steinbeißer gibt es im südosteuropäischen Raum zahlreiche Unterarten. Am verbreitetsten ist der Goldsteinbeißer, *Cobitis aurata*. Er ist im Donaugebiet bis nach Österreich hinein anzutreffen.

Kleine Schlammschnecke
Lymnaea truncatula

Über die Flanken des seitlich zusammengedrückten Körpers zieht sich eine Reihe dunkler Flecken. Am Maul hängen sechs kurze Bartfäden. Länge: bis 11 cm

Schlammpeitzger
Misgurnus fossilis

Der walzenförmige Bodenfisch bewohnt flache, stehende Gewässer. Den Winter und längere Trockenperioden überlebt er tief im Schlamm vergraben. Zehn Bartfäden umgeben sein Maul. Länge: 15–25 cm.

GRÜNDLING · Karpfenfische

Die helle Unterseite ist flach. Damit ist der Fisch wie geschaffen für ein Leben am Boden der Gewässer

Gründlinge haben Bartfäden, mit denen sie ihre Beute wittern

Der bräunliche Rücken trägt dunkle Flecke. Auch Rücken-, After- und Schwanzflosse sin gesprenkelt. Länge: 8–15 cm

Die gelblichen, manchmal auch blauschimmernden Eier kleben an Steinen und Wasserpflanzen fest

Gründlinge schließen sich mit Vorliebe zu Schwärmen zusammen

Der Gründling ist ein Bodenfisch. Sein Lebensraum sind saubere Fließgewässer und Kiesgruben

Gründling *Gobio gobio*

Der Gründling ist ein gesellig lebender Fisch, der sich vor allem in schnell fließenden Flüßchen mit Kies- oder Sandgrund wohl fühlt. Aber auch verlassene Kiesgruben, die sich allmählich mit Wasser füllen, können größere Trupps von Gründlingen beherbergen. Für ihre Ausbreitung sorgen vermutlich Wasservögel, indem sie die Fischeier verteilen.

Gründlinge gehören zu den Karpfenfischen, stehen in ihrer Lebensweise aber eher den vorangehenden Schmerlen nahe. Ihr Körper ist mit großen Schuppen besetzt. Am unterständigen Mund sitzen zwei Bartfäden. Sie sind mit Sinneszellen ausgerüstet, die dem Fisch bei der Nahrungsbeschaffung gute Dienste leisten. Seinen Namen trägt der Gründling völlig zu Recht. Wenn er Insektenlarven, Würmer, Krebschen und Fischlaich sucht, bewegt er sich dicht am Boden. Überhaupt ist der Gewässergrund sein bevorzugter Aufenthaltsort.

Daß Gründlinge vor allem im gebratenen oder panierten Zustand ausgezeichnet schmecken, ist nicht überall bekannt. Besonders geschätzt sind sie z. B. in Frankreich.

Barsche · **FLUSSBARSCH**

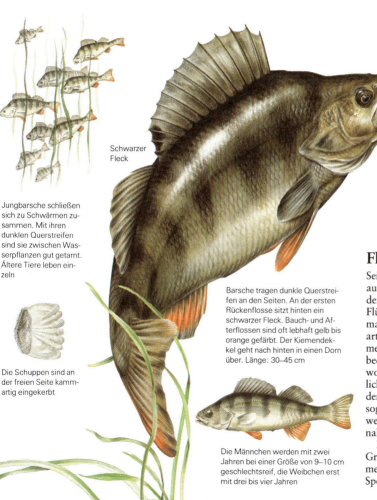

Jungbarsche schließen sich zu Schwärmen zusammen. Mit ihren dunklen Querstreifen sind sie zwischen Wasserpflanzen gut getarnt. Ältere Tiere leben einzeln

Die Schuppen sind an der freien Seite kammartig eingekerbt

Schwarzer Fleck

Barsche tragen dunkle Querstreifen an den Seiten. An der ersten Rückenflosse sitzt hinten ein schwarzer Fleck. Bauch- und Afterflossen sind oft lebhaft gelb bis orange gefärbt. Der Kiemendeckel geht nach hinten in einen Dorn über. Länge: 30–45 cm

Die Männchen werden mit zwei Jahren bei einer Größe von 9–10 cm geschlechtsreif, die Weibchen erst mit drei bis vier Jahren

Die Eier werden in gallertartigen Laichbändern an Wasserpflanzen oder Steinen abgelegt

Der Flußbarsch lauert oft im Schilf auf Beute. Er frißt Kleintiere, andere Fische, aber auch die eigenen Jungen

Flußbarsch *Perca fluviatilis*

Seine kontrastreiche Färbung macht den Flußbarsch zu einem ausgesprochen hübschen Fisch. Man findet ihn in den verschiedensten Gewässern Europas und Nordasiens, seien es Seen, Flüsse oder auch die brackigen Küstengewässer der Ostsee. In manchen Seen vermehren sich die Barsche mitunter explosionsartig. Es tritt dann Futtermangel ein, so daß die Fische kaum mehr größer als 15 cm werden. Je nachdem, welchen Lebensbedingungen die Flußbarsche in ihrem Heimatgewässer unterworfen sind, bilden sie unterschiedliche Formen aus, die farblich stark variieren können. Besonders kräftig fällt die Färbung der Krautbarsche aus den Pflanzengürteln von Seen aus. Die sogenannten Jagebarsche, die das freie Wasser bevorzugen, weisen eine hellere Tönung auf, die Tiefenbarsche aus grundnahen Wasserschichten dagegen eine dunklere.

Barsche sind ihres schmackhaften Fleisches wegen beliebt. Größere Exemplare ab einer Größe von 25 cm werden kommerziell mit Reusen oder Stellnetzen gefangen. Auch bei den Sportfischern sind die Fische beliebt.

KAULBARSCH · Barsche

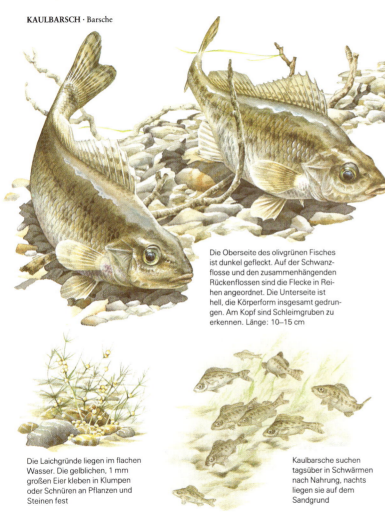

Die Kiemendeckel tragen einen kräftigen Dorn. Sie weisen Ringstrukturen auf, die das Alter des Fisches verraten

Die Oberseite des olivgrünen Fisches ist dunkel gefleckt. Auf der Schwanzflosse und den zusammenhängenden Rückenflossen sind die Flecke in Reihen angeordnet. Die Unterseite ist hell, die Körperform insgesamt gedrungen. Am Kopf sind Schleimgruben zu erkennen. Länge: 10–15 cm

Die Laichgründe liegen im flachen Wasser. Die gelblichen, 1 mm großen Eier kleben in Klumpen oder Schnüren an Pflanzen und Steinen fest

Kaulbarsche suchen tagsüber in Schwärmen nach Nahrung, nachts liegen sie auf dem Sandgrund

In Flußunterläufen, Mündungsgebieten, Seen und Haffen ist der Kaulbarsch zu Hause. Auch Kanäle sagen ihm zu

Kaulbarsch *Gymnocephalus cernua*

Der Kaulbarsch ist ein kleiner, geselliger Fisch, der sich am liebsten am Boden seines Heimatgewässers aufhält. Auf den ersten Blick erinnert er an seinen Verwandten, den Flußbarsch. Er wirkt aber insgesamt gedrungener, außerdem verfügt er nur über eine einzige Rückenflosse mit einem Einschnitt. Wie bei allen Barschen besteht der vordere Flossenabschnitt aus spitzen Hartstrahlen, der hintere Teil aus Weichstrahlen.

Die eigentliche Heimat des Kaulbarschs sind Flußmündungen und -unterläufe. Ebenso wohl fühlt er sich in den Ostseehaffen und in verschiedenen größeren Seen, vor allem in Norddeutschland. Als Speisefisch ist der Kaulbarsch nur dort populär, wo er in großer Zahl vorkommt und ein ansehnliches Gewicht erreicht. Gute Fangergebnisse werden vor allem im Ostseegebiet und an der Niederelbe erzielt. Dort findet er vorwiegend als Suppenfisch Verwendung.

Zur Laichzeit begeben sich die Fische in Schwärmen an seichte Stellen. Bis zu 200 000 Eier werden in Schnüren an Pflanzen oder Steinen abgelaicht.

Barsche · **SCHRÄTZER**

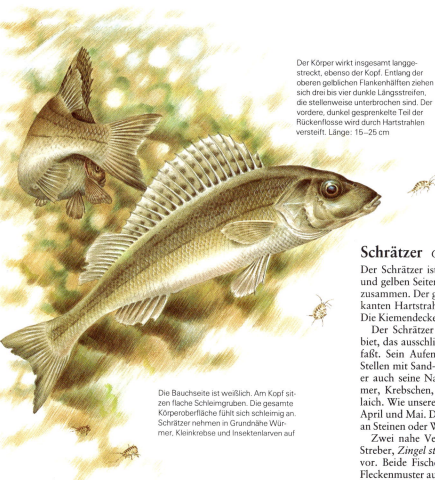

Der Körper wirkt insgesamt langgestreckt, ebenso der Kopf. Entlang der oberen gelblichen Flankenhälften ziehen sich drei bis vier dunkle Längsstreifen, die stellenweise unterbrochen sind. Der vordere, dunkel gesprenkelte Teil der Rückenflosse wird durch Hartstrahlen versteift. Länge: 15–25 cm

Die Bauchseite ist weißlich. Am Kopf sitzen flache Schleimgruben. Die gesamte Körperoberfläche fühlt sich schleimig an. Schrätzer nehmen in Grundnähe Würmer, Kleinkrebse und Insektenlarven auf

Die gelben Schrätzer findet man nur im Donaugebiet. Zum Laichen wandern sie in einige Nebenflüsse ein

Schrätzer *Gymnocephalus schraetzer*

Der Schrätzer ist ein langgestreckter Fisch mit spitzem Kopf und gelben Seiten. Die Rückenflosse setzt sich aus zwei Teilen zusammen. Der größere, vordere Teil hebt sich mit seinen markanten Hartstrahlen deutlich vom kleineren, hinteren Teil ab. Die Kiemendeckel sind mit einem langen Dorn bewehrt.

Der Schrätzer hat ein ziemlich begrenztes Verbreitungsgebiet, das ausschließlich die Donau und einige Nebenflüsse umfaßt. Sein Aufenthaltsort ist das Flußbett, wobei er tieferen Stellen mit Sand- oder Kiesgrund den Vorzug gibt. Dort findet er auch seine Nahrung, nämlich Bodenorganismen wie Würmer, Krebschen, Insektenlarven und gelegentlich auch Fischlaich. Wie unsere anderen Barsche laicht auch der Schrätzer im April und Mai. Die Eier sind in Schnüren aufgereiht und haften an Steinen oder Wurzeln.

Zwei nahe Verwandte, der Zingel, *Zingel zingel*, und der Streber, *Zingel streber*, kommen ebenfalls nur im Donaugebiet vor. Beide Fische sind langgestreckt und tragen ein dunkles Fleckenmuster auf gelblichem Grund.

ZANDER · Barsche

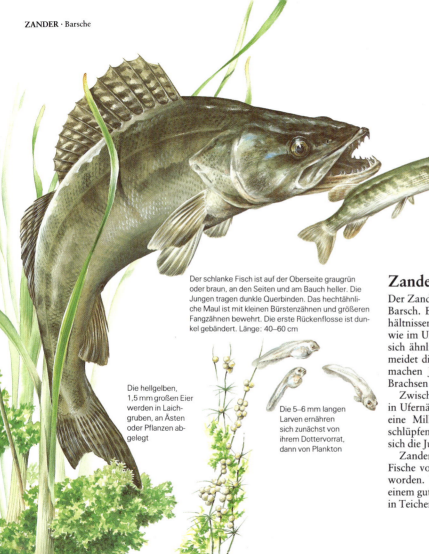

Der Zander ist ein gefragter Wirtschaftsfisch. In unseren Seen zählt er zu den gefährdeten Arten

Der schlanke Fisch ist auf der Oberseite graugrün oder braun, an den Seiten und am Bauch heller. Die Jungen tragen dunkle Querbinden. Das hechtähnliche Maul ist mit kleinen Bürstenzähnen und größeren Fangzähnen bewehrt. Die erste Rückenflosse ist dunkel gebändert. Länge: 40–60 cm

Die hellgelben, 1,5 mm großen Eier werden in Laichgruben, an Ästen oder Pflanzen abgelegt

Die 5–6 mm langen Larven ernähren sich zunächst von ihrem Dottervorrat, dann von Plankton

Zander *Stizostedion lucioperca*

Der Zander oder Schill ist unser größter und wohl attraktivster Barsch. Er liebt große, warme Seen mit guten Sauerstoffverhältnissen. In den Haffen der Ostsee ist er ebenso anzutreffen wie im Unterlauf einiger Flüsse. Im Gegensatz zum Hecht, der sich ähnlich ernährt, bevorzugt er das freie, tiefe Wasser und meidet die Pflanzenbestände im Uferbereich. Größere Zander machen Jagd auf kleinere Fische wie Flußbarsche, Plötzen, Brachsen und Ukeleis.

Zwischen April und Mai legen die Fische flache Laichgruben in Ufernähe an. Das Männchen bewacht das Gelege, das über eine Million Eier enthalten kann. Etwa acht Tage später schlüpfen die Larven. Schon bevor sie ein Jahr alt sind, machen sich die Jungzander über die Brut anderer Fische her.

Zander können über 20 Jahre alt werden. Vereinzelt sind Fische von 1,3 m Länge und 12–15 kg Gewicht bekannt geworden. Weil er viele kleinere Fische vertilgt, selbst aber zu einem guten Speisefisch heranwächst, wird der Zander vielfach in Teichen gezüchtet und in geeignete Gewässer eingesetzt.

Stichlinge · **DREISTACHLIGER STICHLING**

Jungstichlinge ziehen oft zu Hunderten durch flaches Wasser

Im Frühjahr bekommt das Männchen eine rote Unterseite und hellblaue Augen. Dann führt es einen temperamentvollen Hochzeitstanz auf

G. trachurus

G. leiurus

G. semiarmatus

Nach der Anordnung der Knochenplatten lassen sich drei Formen unterscheiden. Die Form *leiurus* ist die verbreitetste

Mit dem Tanz lockt das Männchen eines oder mehrere Weibchen zu seinem Nest

Mit einer Drohgebärde vertreibt das Männchen andere Fische von seinem Nest

Drei kräftige Rückenstacheln sind das untrügliche Kennzeichen dieses Fischs. Er hat eine bräunlich-grüne Oberseite, die Flanken und die Unterseite sind silbern. Brackwasserstichlinge schimmern bläulich. Länge: 4–10 cm

Stichlinge bevölkern oft Gräben und andere Kleingewässer, in denen kein anderer Fisch überleben könnte

Dreistachliger Stichling *Gasterosteus aculeatus*

Der kleine Stichling ist ein widerstandsfähiger Fisch, der gleichermaßen Brackwasser und Süßwasser verträgt. Er überlebt auch dann, wenn sich die Wasserqualität in seinem Wohngewässer verschlechtert. Man trifft ihn in Flüssen, Seen und Teichen, im Watt der Nordsee und in Ostseebuchten.

Die Stichlinge lassen sich nach der Art der Panzerung in drei Formen einteilen: Die Form *trachurus* mit vielen Knochenplatten entlang der Seitenlinie, die Form *semiarmatus* mit Platten auf Rumpf und Schwanzstiel und die Form *leiurus,* die an den Brustseiten Schilde trägt. Unter allen drei Formen gibt es Wanderfische, die gern in die Küstengewässer vordringen. Zur Laichzeit zwischen März und Juli ziehen sie in die Flüsse.

Das charakteristische Laichverhalten läßt sich gut im Aquarium beobachten. Das Männchen baut aus Pflanzenteilen mit Hilfe seiner Brustflossen ein Nest und treibt anschließend mehrere laichbereite Weibchen nacheinander zur Eiablage hinein. Nachdem das Männchen die Eier besamt hat, bewacht es das Nest und hält es instand.

77

ZWERGSTICHLING · Stichlinge

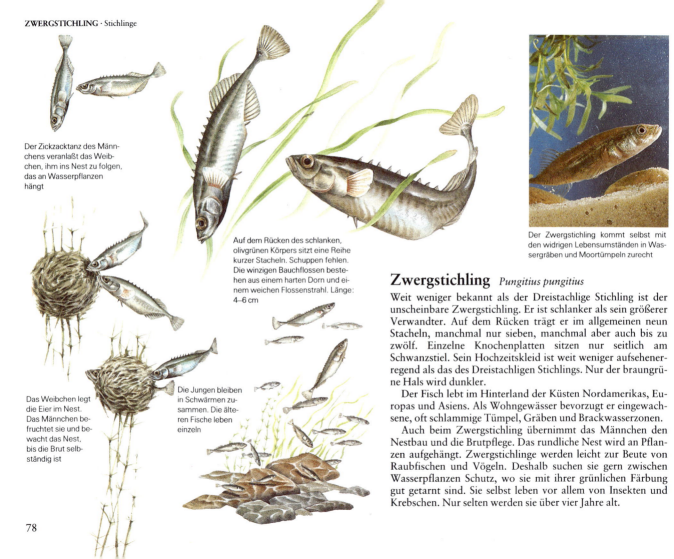

Der Zickzacktanz des Männchens veranlaßt das Weibchen, ihm ins Nest zu folgen, das an Wasserpflanzen hängt

Auf dem Rücken des schlanken, olivgrünen Körpers sitzt eine Reihe kurzer Stacheln. Schuppen fehlen. Die winzigen Bauchflossen bestehen aus einem harten Dorn und einem weichen Flossenstrahl. Länge: 4–6 cm

Das Weibchen legt die Eier im Nest. Das Männchen befruchtet sie und bewacht das Nest, bis die Brut selbständig ist

Die Jungen bleiben in Schwärmen zusammen. Die älteren Fische leben einzeln

Der Zwergstichling kommt selbst mit den widrigen Lebensumständen in Wassergräben und Moortümpeln zurecht

Zwergstichling *Pungitius pungitius*

Weit weniger bekannt als der Dreistachlige Stichling ist der unscheinbare Zwergstichling. Er ist schlanker als sein größerer Verwandter. Auf dem Rücken trägt er im allgemeinen neun Stacheln, manchmal nur sieben, manchmal aber auch bis zu zwölf. Einzelne Knochenplatten sitzen nur seitlich am Schwanzstiel. Sein Hochzeitskleid ist weit weniger aufsehenerregend als das des Dreistachligen Stichlings. Nur der braungrüne Hals wird dunkler.

Der Fisch lebt im Hinterland der Küsten Nordamerikas, Europas und Asiens. Als Wohngewässer bevorzugt er eingewachsene, oft schlammige Tümpel, Gräben und Brackwasserzonen.

Auch beim Zwergstichling übernimmt das Männchen den Nestbau und die Brutpflege. Das rundliche Nest wird an Pflanzen aufgehängt. Zwergstichlinge werden leicht zur Beute von Raubfischen und Vögeln. Deshalb suchen sie gern zwischen Wasserpflanzen Schutz, wo sie mit ihrer grünlichen Färbung gut getarnt sind. Sie selbst leben vor allem von Insekten und Krebschen. Nur selten werden sie über vier Jahre alt.

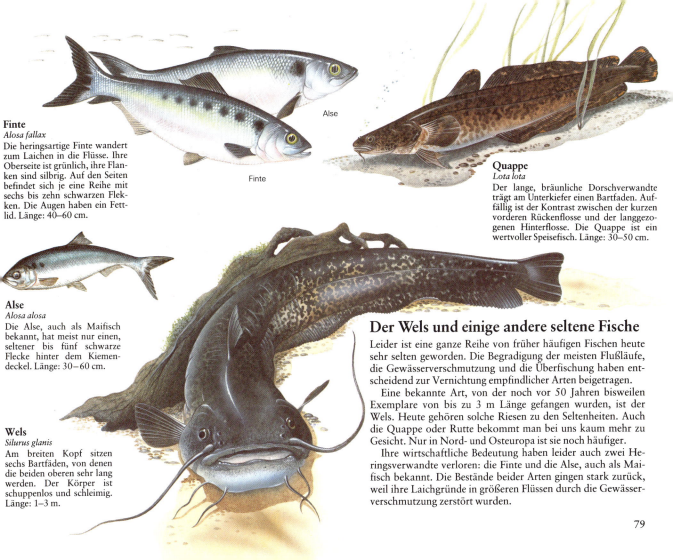

Finte
Alosa fallax
Die heringsartige Finte wandert zum Laichen in die Flüsse. Ihre Oberseite ist grünlich, ihre Flanken sind silbrig. Auf den Seiten befindet sich je eine Reihe mit sechs bis zehn schwarzen Flecken. Die Augen haben ein Fettlid. Länge: 40–60 cm.

Alse
Alosa alosa
Die Alse, auch als Maifisch bekannt, hat meist nur einen, seltener bis fünf schwarze Flecke hinter dem Kiemendeckel. Länge: 30–60 cm.

Wels
Silurus glanis
Am breiten Kopf sitzen sechs Bartfäden, von denen die beiden oberen sehr lang werden. Der Körper ist schuppenlos und schleimig. Länge: 1–3 m.

Quappe
Lota lota
Der lange, bräunliche Dorschverwandte trägt am Unterkiefer einen Bartfaden. Auffällig ist der Kontrast zwischen der kurzen vorderen Rückenflosse und der langgezogenen Hinterflosse. Die Quappe ist ein wertvoller Speisefisch. Länge: 30–50 cm.

Der Wels und einige andere seltene Fische

Leider ist eine ganze Reihe von früher häufigen Fischen heute sehr selten geworden. Die Begradigung der meisten Flußläufe, die Gewässerverschmutzung und die Überfischung haben entscheidend zur Vernichtung empfindlicher Arten beigetragen.

Eine bekannte Art, von der noch vor 50 Jahren bisweilen Exemplare von bis zu 3 m Länge gefangen wurden, ist der Wels. Heute gehören solche Riesen zu den Seltenheiten. Auch die Quappe oder Rutte bekommt man bei uns kaum mehr zu Gesicht. Nur in Nord- und Osteuropa ist sie noch häufiger.

Ihre wirtschaftliche Bedeutung haben leider auch zwei Heringsverwandte verloren: die Finte und die Alse, auch als Maifisch bekannt. Die Bestände beider Arten gingen stark zurück, weil ihre Laichgründe in größeren Flüssen durch die Gewässerverschmutzung zerstört wurden.

Kanäle – Lebensraum für bedrohte Tiere und Pflanzen

Im Zeitalter der Industrialisierung wurden in Mitteleuropa zahlreiche Kanäle angelegt. Sie verknüpften zum einen die heranwachsenden Industriezentren mit den großen Seehäfen, zum anderen stellten sie Verbindungen zwischen schiffbaren Flüssen her. Viele dieser Transportwege wurden allmählich überflüssig und entwickelten sich zu kaum berührten Wildgewässern. Heute bieten sie zahlreichen Vögeln, Fischen, Amphibien, Weichtieren und Insekten einen idealen Lebensraum. Reiche Pflanzenbestände säumen die Ufer, die im Gegensatz zu den Böschungen moderner Gewässerbauten gar nicht oder nur mit Holzpfosten befestigt wurden, die längst vermodert sind.

Entlang vieler Kanäle ziehen sich Treidelpfade. Sie waren früher den Pferden vorbehalten, die die Kähne zogen. Heute sind sie von Pappeln, Weiden, Haselnußsträuchern und Schlehen gesäumt. Das dichte Buschwerk beherbergt die Nester zahlreicher Vögel, am Boden leben kleine Nagetiere wie Mäuse oder Bisamratten

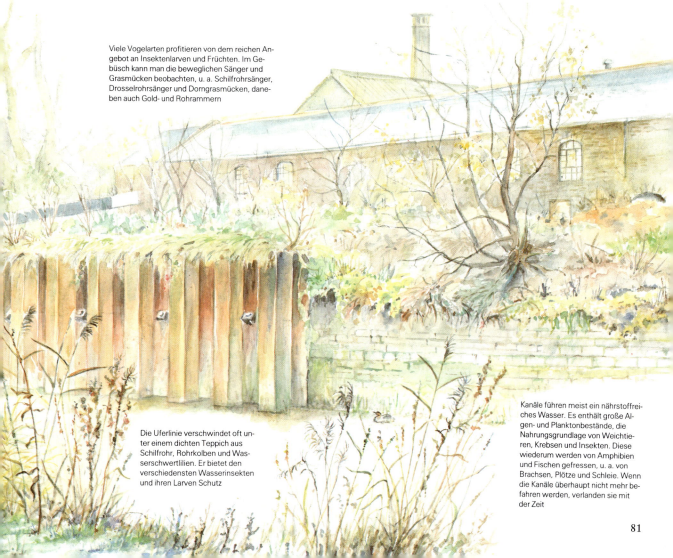

Viele Vogelarten profitieren von dem reichen Angebot an Insektenlarven und Früchten. Im Gebüsch kann man die beweglichen Sänger und Grasmücken beobachten, u. a. Schilfrohrsänger, Drosselrohrsänger und Dorngrasmücken, daneben auch Gold- und Rohrammern

Die Uferlinie verschwindet oft unter einem dichten Teppich aus Schilfrohr, Rohrkolben und Wasserschwertlilien. Er bietet den verschiedensten Wasserinsekten und ihren Larven Schutz

Kanäle führen meist ein nährstoffreiches Wasser. Es enthält große Algen- und Planktonbestände, die Nahrungsgrundlage von Weichtieren, Krebsen und Insekten. Diese wiederum werden von Amphibien und Fischen gefressen, u. a. von Brachsen, Plötze und Schleie. Wenn die Kanäle überhaupt nicht mehr befahren werden, verlanden sie mit der Zeit

SÜSSWASSERPOLYP · Nesseltiere

Die Nesselzellen explodieren, wenn sie mit einem Beutetier in Berührung kommen. Sie betäuben und fesseln es

Der Süßwasserpolyp kann sich von seiner Unterlage lösen und sich mit Hilfe seiner Tentakel zu einem anderen Standort bewegen

Der Süßwasserpolyp kann sich ungeschlechtlich durch Knospung fortpflanzen. Aus den Knospen entwickeln sich neue Polypen, die sich vom Elterntier ablösen

Wasserfloh

Der Süßwasserpolyp sitzt an grünen Wasserpflanzen und ist deshalb leicht zu übersehen. Er kann sich bis zu einer Größe von 15 mm ausdehnen

Keulenpolyp
Cordylophora caspia

Der Keulenpolyp lebt im Brackwasser der Ostseeküste, wo er verzweigte, pflanzenähnliche Kolonien bildet. Die Kolonien werden bis zu 8 cm hoch.

Der grüne Süßwasserpolyp bewohnt Seen, Tümpel und andere stehende Gewässer mit dichtem Pflanzenbewuchs

Süßwasserpolyp *Hydra viridissima*

Der pflanzenähnliche Süßwasserpolyp gehört zur großen Gruppe der Nesseltiere, die zahlreiche, auch dem Laien vertraute Meerestiere wie Quallen und Seeanemone einschließt. Er lebt zwischen Wasserpflanzen in sonnigen, klaren Teichen, Kanälen und Gräben. Seine grüne Farbe stammt von Grünalgenzellen in seiner Außenhaut, mit denen er eine Lebensgemeinschaft (Symbiose) eingeht. Die Fortpflanzung erfolgt durch Knospung, also ungeschlechtlich. Die Körperwand buchtet sich zu einer schlauchförmigen Ausstülpung aus. An deren Ende bildet sich ein neuer Mund. Schließlich löst sich der neue Polyp ab und heftet sich an eine Wasserpflanze an.

Wenn der Polyp gestört wird, zieht sich sein Körper rasch zusammen. Nach einiger Zeit streckt er sich wieder und breitet seine Tentakel aus. Sie sind mit Nesselzellen besetzt, die bei der Erbeutung von Nahrungstieren, hauptsächlich winziger Krebse und Würmer, behilflich sind. Ist das Opfer außer Gefecht gesetzt, wird es mit den Tentakeln zur Mundöffnung geführt und im Innern des schlauchförmigen Körpers verdaut.

KLEINE BODENBEWOHNER

Rädertierchen
Philodona-Arten
Die winzigen Rädertierchen tragen vorne einen Wimperkranz, das Räderorgan. Es dient der Fortbewegung und der Nahrungsaufnahme. Die Tiere leben meist frei im Wasser.

Difflugia-Arten
Vorticella-Arten
Stentor coeruleus

Urtierchen
Protozoa
Zwischen dem organischen Material am Gewässergrund sitzen oder schwimmen verschiedene Urtierchen. Das Trompetentierchen, *Stentor coeruleus*, kann sich vom Untergrund ablösen und schwimmen. Das Glockentierchen, *Vorticella*, überzieht untergetauchtes Holz. Die *Difflugia*-Arten sind Wurzelfüßer. Sie bauen sich Schalen aus Sandkörnchen.

Moostierchen
Bryozoa
Moostierchen bilden moosartige Überzüge auf Pflanzen und Wurzeln. Eine solche Kolonie kann mehrere tausend Einzeltiere umfassen.

Chydorus sphaericus
Sida crystallina

Untergetauchte Zweige sind oft von einem Überzug aus Schwämmen und Moostierchen bedeckt. Darauf leben die Larven der Schwammfliege *Sisyra*. Sie ernähren sich parasitisch von den Körpersäften der Wirtstiere

Wasserflöhe
Wasserflöhe sind kleine Krebstiere. Ihr Körper ist von einer durchsichtigen Schale umhüllt.

Süßwasserschwamm
Spongilla lacustris

Bärtierchen
Echiniscus scrofa
Bärtierchen besitzen vier Paar Stummelfüßchen, mit denen sie langsam durch feuchte Moospolster kriechen. Länge: bis 0,2 mm.

Sisyra fuscata
(Larve)

Verschiedene kleine Bodenbewohner

Eine Vielzahl oft mikroskopisch kleiner Organismen lebt auf dem Grund von Seen, Tümpeln und Flüssen. Auch auf Blättern und Zweigen von Wasserpflanzen finden sie geeignete Lebensbedingungen vor. Etliche dieser unscheinbaren Lebewesen, wie die einzelligen Urtierchen, sieht man nur mit dem Mikroskop. Die größten Formen werden allenfalls stecknadelkopfgroß. Schwämme und Moostierchen wachsen als Krusten auf den verschiedensten Materialien und erinnern dadurch sehr an Pflanzen.

SPITZHORNSCHNECKE · Schnecken

Schon bevor sie aus dem Ei schlüpfen, sind die kleinen Schnecken fertig ausgebildet

Die länglichen Gelege werden an den Blättern von Wasserpflanzen befestigt

Schlammschnecken bewegen sich mit ihrem breiten, muskulösen Fuß vorwärts. Mit Hilfe ihrer Radula, einem zungenähnlichen, mit kleinen Zähnen besetzten Organ, raspeln sie Pflanzenteile ab

Die Farbe des Gehäuses ist gewöhnlich dunkelbraun, variiert aber je nach den Lebensumständen in den verschiedenen Wohngewässern. Von oben gesehen ist das Schneckenhaus im Uhrzeigersinn gewunden. Es wird bis 6 cm hoch

Wandernde Schlammschnecke
Lymnaea ovata
Diese Art lebt auch in Fließgewässern. Die eiförmige Schale wird bis zu 2,4 cm hoch.

In kleinen Tümpeln mit reichen Beständen an Wasserpflanzen ist die Spitzhornschnecke zu Hause

Spitzhornschnecke *Lymnaea stagnalis*

Die Spitzhorn- oder Spitzschlammschnecke ist eine unserer größten Süßwasserschnecken. Sie gehört zur Familie der Schlammschnecken, einer Unterordnung der Süßwasser-Lungenschnecken. Ihr Inneres enthält ein reich verzweigtes Gefäßnetz, das wie eine Lunge arbeitet. Zusätzlich können sie über die Körperoberfläche Sauerstoff aufnehmen.

Was ihre Ernährung angeht, sind die Schlammschnecken nicht gerade wählerisch. Sie nehmen organisches Material in jeder Form zu sich, seien es Algen, Wasserpflanzen oder tote Organismen. Außerdem sammeln sie winzige Organismen von der Wasseroberfläche ab. Den Kalk für den Schalenbau entnehmen sie dem Wasser. Die Schale selbst wird nach und nach von der Körperdecke abgeschieden. Dabei bilden sich ständig neue Zonen, die sich ringförmig um die Schalenöffnung lagern.

Spitzhornschnecken sind wie alle Lungenschnecken Zwitter. Erwachsene Tiere tragen mehrere hundert Eier, aus denen kleine Schnecken schlüpfen. Schlammschnecken sind oft Zwischenwirte von schädlichen Saugwürmern, z. B. Leberegeln.

Verschiedene Süßwasserschnecken

Drei der hier abgebildeten Schnecken, die Blasenschnecke, die Posthornschnecke und die Flache Tellerschnecke, gehören zu den Süßwasser-Lungenschnecken. Ihre Körperhöhle enthält ein verästeltes Gefäßsystem, das als Lunge wirkt, also Luft aufnehmen kann. Die anderen Süßwasserschnecken atmen mit Kiemen und können ihr Gehäuse mit einem Deckel verschließen. Die meisten Schnecken legen Eier, einige Arten bringen aber auch lebende Junge zur Welt.

Theodoxus fluviatilis
Diese kleine Schnecke ist an ihrer halbeiförmigen Schale und der dunklen Netzzeichnung auf hellem Grund zu erkennen. Schalenhöhe: bis 1 cm.

Flache Tellerschnecke
Tropidiscus planorbis
Die hornfarbene Schale hat fünf bis sechs Umgänge, die in einer Ebene liegen. Durchmesser: 1,5–1,7 cm.

Federkiemenschnecke
Valvata piscinalis
Diese Schnecke atmet mit einer Federkieme, die sie aus dem kugelförmigen Gehäuse herausstrecken kann, daher der Name. Schalenhöhe: bis 7 mm.

Echte Sumpfdeckelschnecke
Viviparus viviparus
Über die grünlich-braune Schale laufen drei dunklere Bänder. Auf dem Deckel zeichnen sich konzentrische Zuwachsstreifen ab. Schalenhöhe: 3–4 cm.

Potamopyrgus jenkinsi
Diese kleine Schnecke ist im Brackwasser der Küste beheimatet. Sie wurde im 19. Jh. aus Neuseeland eingeschleppt. Schalenhöhe: bis 5 mm.

Viele Wasserschnecken heften ihre Eier in gallertartigen Gelegen an Pflanzenteile

Bithynia
Bithynia tentaculata
Die hornfarbene Schnecke tritt stellenweise gehäuft auf und wird dann oft von Fischen gefressen, daher auch der Name Schleischnecke. Schalenhöhe: bis 1,2 cm.

Blasenschnecke
Physa fontinalis
Diese Schnecke liebt klare, dicht bewachsene Gewässer. Der Mantel besteht aus zwei Lappen, die jeweils sechs bis acht fingerförmige Fortsätze tragen. Schalenhöhe: bis 1,1 cm.

Posthornschnecke
Planorbis corneus
Die dunkelbraune Posthornschnecke gehört zur Familie der Tellerschnecken. Ihre Schale ist oft netzartig gezeichnet. Durchmesser: bis 3,3 cm.

FLUSSNAPFSCHNECKE · Schnecken

Flußnapfschnecken findet man am Ufer von sauberen Flüssen, Seen und Teichen. Sie sitzen an Steinen fest

Die Flußnapfschnecke hat eine kappenförmige Schale mit einer nach hinten gebogenen Spitze. Ihre Farbe ist dunkelbraun bis schwärzlich. Die Seitenansicht zeigt, wie gut sie sich in der Form den Konturen des Untergrunds anpaßt. Länge: 6 mm, Höhe: 2–3 mm

Auf der Unterseite der Napfschnecke erkennt man den ovalen, flachen Fuß, den Mund und die beiden Tentakel

Teichnapfschnecke
Acroloxus lacustris
Die kleinere Teichnapfschnecke hat eine mehr längliche, schildförmige Schale. Länge: 6 mm, Höhe: 1,5 mm.

Flußnapfschnecke *Ancylus fluviatilis*

Ein interessantes Beispiel für die Anpassung an einen Lebensraum ist die Flußnapfschnecke. Die trägen Tiere sitzen auf Steinen in der Uferzone von Fließgewässern und Seen. Sie haften fest am Untergrund und bieten mit ihren flachen, mützenförmigen Schalen auch kräftigen Wellen kaum Angriffsflächen. Die Tiere leben von Algen, die sie regelrecht abweiden. Verschlammte Gewässer meiden sie.

Die Flußnapfschnecke spielt in der geologischen Geschichte der Ostsee eine wichtige Rolle. Dieses junge Meer entwickelte sich erst nach der letzten Eiszeit aus einer Ansammlung von Schmelzwasser, dem Baltischen Eissee. Vor 10 000 Jahren bestand vorübergehend eine Verbindung zum Skagerrak, die 1000 Jahre später durch Landhebung wieder unterbrochen wurde. Darauf begann die Ostsee allmählich auszusüßen. Parallel dazu breitete sich dort die kleine Flußnapfschnecke aus und zwar so stark, daß die Geologen sie zum Leitfossil dieser Epoche erkoren. Das damalige Binnenmeer wird dementsprechend auch als Ancylussee bezeichnet.

Muscheln · **KUGELMUSCHEL**

Kugelmuscheln ähneln in Form und Farbe stark den Kieseln am Gewässergrund. Deshalb sind sie leicht zu übersehen

Kugelmuscheln sind in den verschiedensten Gewässern zu Hause. Sie leben zwischen Pflanzenwurzeln und Geröll

Die beiden gelblich-braunen Schalenhälften sind gleich groß. Der Wirbel, der älteste Teil der Schale, sitzt in der Mitte. Lebende Kugelmuscheln unterscheiden sich durch die beiden getrennten Röhren (Siphonen) von den Erbsenmuscheln, bei denen Ein- und Ausströmöffnung als Einzelrohre ausgebildet sind. Länge: bis 1,5 cm

Kugelmuschel *Sphaerium corneum*

Fast alle unsere Süßwassermuscheln sind vom Aussterben bedroht oder zumindest stark gefährdet. Das trifft auch für die Familie der Kugelmuscheln zu. Unter den drei einheimischen Kugelmuschelarten ist *Sphaerium corneum* noch am häufigsten. Wenn die Tiere auf Steinen und Wasserpflanzen herumkriechen, strecken sie ihren muskulösen Fuß zwischen den beiden Schalenklappen hervor. In der Lebensweise unterscheidet sich die Kugelmuschel nicht von anderen Muschelarten. Sie erzeugt einen Wasserstrom, der durch ihre Einströmöffnung in das Innere gelangt. Auf diese Weise erhält die Muschel sauerstoffreiches Wasser und ihre Nahrung, winzige Kleinlebewesen. Das verbrauchte Wasser wird durch eine zweite Öffnung wieder ausgeschieden.

Kugelmuscheln sind Zwitter, sie entwickeln also Eier und Samen. Letzterer wird in das Wasser abgegeben. Andere Muscheln nehmen ihn durch ihre Einströmöffnungen auf. Die befruchteten Eier entwickeln sich zwischen den Kiemen. Die Jungen verlassen die Mutter als winzige, aber fertige Tiere.

Erbsenmuschel
Pisidium-Arten

In Mitteleuropa leben 17 verschiedene Arten von Erbsenmuscheln. Manche sind sehr widerstandsfähig und überstehen einige Zeit im eingetrockneten oder gefrorenen Zustand. Länge: bis 8 mm.

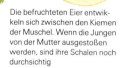

Die befruchteten Eier entwickeln sich zwischen den Kiemen der Muschel. Wenn die Jungen von der Mutter ausgestoßen werden, sind ihre Schalen noch durchsichtig

Mit Hilfe ihres Fußes können die Muscheln an Pflanzen hochkriechen

TEICHMUSCHEL · Muscheln

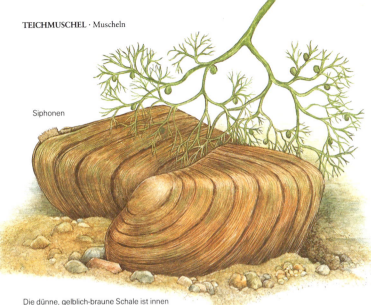

Siphonen

Die Larven, Glochidien genannt, klappen beim Schwimmen ihre beiden Schalen zusammen

Mit ihrem muskulösen Fuß kann die Muschel langsam kriechen und sich auch etwas eingraben

Die großwüchsige Teichmuschel lebt im sandig-schlammigen Grund ruhiger Gewässer

Die dünne, gelblich-braune Schale ist innen mit einer schönen Perlmuttschicht ausgekleidet. Auf der Außenseite verlaufen deutlich sichtbare Wachstumszonen. Ein Teil der Muschel steckt gewöhnlich im Boden, das Hinterende mit den beiden Siphonen (Atemröhren) ragt heraus. Länge: bis 20 cm

Stacheln   Klebfaden

Das Glochidium ist mit einem langen Klebfaden und mit Stacheln ausgestattet. Diese kommen zum Einsatz, wenn sich der Embryo an seinem Wirtsfisch festklammert

Anodonta anatina
Diese dunklere Art ist im Rheingebiet, an der oberen Donau und im Norddeutschen Tiefland beheimatet. Länge: bis 10 cm.

Anodonta anatina   Anodonta cygnea

Teichmuschel *Anodonta cygnea*

Die Teichmuschel ist unsere größte Süßwassermuschel. Ein ausgewachsenes Exemplar kann bis zu 20 cm lang werden. Die Tiere lieben ruhige Gewässer wie Teiche, Altwasserarme, Burggräben und stille Strombuchten.

Teichmuscheln ernähren sich von Kleinstlebewesen, die sie zusammen mit Schlammteilchen durch ihre Einströmöffnung einsaugen. Die Planktonorganismen kleben auf einer Schleimschicht an und werden durch feine Flimmerhärchen zum Mund befördert. Zwischen den beiden Kiemenblättern liegt der sogenannte Kiemengang, der Brutraum für die mehreren tausend Eier. Die Embryonen, die sich hier entwickeln, heißen bei der Teichmuscheln Glochidien. Im Frühjahr verlassen sie die Mutter. Zahlreiche Räuber stellen ihnen dann nach. Die überlebenden Glochidien klammern sich an Fischen fest, wo sie allmählich von einer Schleimschicht überwachsen und eingekapselt werden. In diesem Zustand machen sie ihre Umwandlung in junge Muscheln durch. Wenn die Kapselwand nach einigen Wochen aufplatzt, gelangen die Jungen ins freie Wasser.

Muscheln · **FLUSSPERLMUSCHEL**

Die Eier entwickeln sich zu Larven, die Glochidien genannt werden. Nur wenige gelangen an die Kiemen von Fischen, wo sie sich mit ihren Haken festklammern. Dort verbringen sie einige Wochen als Parasiten

Die Flußperlmuschel ist bei uns selten geworden. Sie ist auf besonders reines, kalkarmes Wasser angewiesen.

Die nierenförmige, derbe Schale ist dunkelbraun bis schwarz. An ihrem abgeschliffenen Wirbel ist sie leicht zu erkennen. Die Schalen junger Muscheln sind gelbbraun gefärbt. Flußperlmuscheln können bis zu 60 Jahre alt werden. Länge: 12–14 cm

Innen sind die Schalen mit einer Perlmuttschicht ausgekleidet. Die Schließmuskeln hinterlassen deutliche Abdrücke. Eine Perle entsteht, wenn Zellen aus dem Mantelgewebe ins Innere gelangen und dort Kalk absondern.

Flußperlmuschel *Margaritifera margaritifera*

Die dunkelbraun bis schwarz gefärbte Flußperlmuschel hat eine nierenförmige, schwere Schale. An ihrem abgeschliffenen Wirbel, dem Schalenansatz, ist sie leicht zu erkennen. Leider gehört diese prächtige Muschel heute zu den Tierarten auf der Roten Liste, die vom Aussterben bedroht sind. Allerdings muß auch der strengste Artenschutz ohne jede Wirkung bleiben, wenn die Wohngewässer der Muschel verschmutzen. Sie benötigt nämlich klare, kalkarme Bäche. Die letzten Perlmuscheln haben sich im Bayerischen Wald, in Oberfranken, der Lüneburger Heide und einigen Gegenden Österreichs gehalten.

Noch in den 50er Jahren war der Anblick dicht nebeneinandersitzender Perlmuscheln in vielen klaren Bächen gar nicht so selten. Die Perlfischerei blickt in Bayern auf eine lange Tradition zurück. Heute hat man sie praktisch eingestellt. Daß die Perlmuschelsuche ohne staatliche Aufsicht zu einem erheblichen Raubbau führen würde, liegt auf der Hand. Bis man auf eine gute Perle stößt, müssen im Durchschnitt über 2000 Tiere geöffnet werden.

Verschiedene Süßwassermuscheln

Die großen Flußmuscheln der Familie *Unio* haben parasitische Larven, Glochidien genannt. Wenn sie das Muttertier verlassen haben, heften sie sich an einen Wirtsfisch und reifen dort in einigen Wochen zu fertigen Tieren aus. Die Larven der Wandermuschel und der aus Westafrika stammenden Muschel *Congeria cochleata* leben hingegen im freien Wasser.

Wandermuschel
Dreissena polymorpha
Die Wander- oder Dreikantmuschel ist an ihrer braunen, hell gebänderten Schale zu erkennen. Sie wurde von den Zuflüssen des Schwarzen und Kaspischen Meeres in unsere Breiten verschleppt, wo sie sich in vielen Gewässern ausgebreitet hat. Länge: bis 4 cm.

Malermuschel
Unio pictorum
Die schmale Schale dieser Muschel wurde früher zum Anrühren von Farbe verwendet. Sie lebt in stehenden und langsam fließenden Gewässern. Länge: bis 9 cm.

Blasige Flußmuschel
Unio tumidus
Das Kennzeichen dieser Muschel ist ihr aufgeblasener Wirbel. Sie bevorzugt ruhige Gewässer. Länge: bis 8 cm.

Congeria cochleata
Diese aus Westafrika eingeschleppte Muschel ähnelt in der Form der Wandermuschel. Sie fühlt sich im Brackwasser wohl. Länge: bis 2,2 cm.

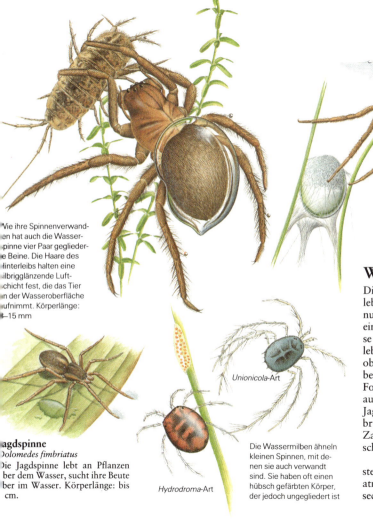

Die räuberische Wasserspinne kann man in pflanzenreichen Teichen und Wassergräben beobachten

Von Zeit zu Zeit ergänzt die Wasserspinne ihren Luftvorrat, aus dem sie ihre Wohnglocke aufbaut

Wie ihre Spinnenverwandten hat auch die Wasserspinne vier Paar gegliederte Beine. Die Haare des Hinterleibs halten eine silbrigglänzende Luftschicht fest, die das Tier an der Wasseroberfläche aufnimmt. Körperlänge: 8–15 mm

Unionicola-Art

Hydrodroma-Art

Die Wassermilben ähneln kleinen Spinnen, mit denen sie auch verwandt sind. Sie haben oft einen hübsch gefärbten Körper, der jedoch ungegliedert ist

Jagdspinne
Dolomedes fimbriatus
Die Jagdspinne lebt an Pflanzen über dem Wasser, sucht ihre Beute aber im Wasser. Körperlänge: bis 2 cm.

Wasserspinne *Argyroneta aquatica*

Die Wasserspinne ist die einzige Spinne, die ständig im Wasser lebt. Sie ist nah verwandt mit den Winkelspinnen unserer Wohnungen. Wasserspinnen lieben saubere, ruhige Gewässer mit einem möglichst dichten Pflanzenbewuchs. Auf vielfältige Weise passen sie sich ihren besonderen Lebensumständen an. Die lebensnotwendige Luft holt sich die Spinne von der Wasseroberfläche. In einer Hülle, die ihren haarigen Körper umgibt, bewahrt sie den Luftvorrat auf. Zusätzliche Vorräte legt sie in Form von Luftglocken an, die sie zwischen Wasserpflanzen aufspannt. Von ihrer Wohnglocke aus macht die Wasserspinne Jagd auf Insektenlarven, kleine Süßwasserkrebse und Fischbrut. Das Spinnenweibchen legt seine Eier, 20 bis 100 an der Zahl, in eigens dafür hergestellte Luftglocken. Die Jungspinnen schlüpfen nach zwei bis drei Wochen.

Auch die zahlreichen wasserbewohnenden Milbenarten fristen ein räuberisches Dasein. Anders als die Wasserspinnen atmen die Milben den im Wasser gelösten Sauerstoff. Ihre sechsbeinigen Larven parasitieren an Wasserinsekten.

Das Leben in einem kleinen Teich

Die meisten unserer Teiche wurden von Menschen angelegt. Das gilt auch für die weit verbreiteten Dorfteiche, die früher als Viehtränken und Löschwasserbehälter dienten. Seltener sind die natürlichen Teiche, die in Senken über wasserundurchlässigen Lehm- oder Tonschichten entstehen. Das gemeinsame Merkmal aller Teiche ist ihre geringe Tiefe, was zur Folge hat, daß das Sonnenlicht bis zum Gewässergrund vordringen kann. Davon profitieren zahlreiche Wasserpflanzen, die am Boden gedeihen. Jedoch unterliegen solche Kleingewässer der Gefahr der Eutrophierung, d. h., es kommt zu einer übermäßigen Belastung mit Pflanzennährstoffen, wofür meist die eingeleiteten Düngemittel und Siedlungsabwässer verantwortlich sind. Infolgedessen vermehren sich die Algen bisweilen explosionsartig, das Wasser trübt ein, der Sauerstoffgehalt geht drastisch zurück und mit ihm der Bestand an Fischen und Amphibien.

In der Verlandungszone wuchern zahlreiche Sumpfpflanzen. Mit am verbreitetsten sind Sumpfdotterblume, Drachenwurz und die gelb blühende Seekanne. Je mehr organisches Material sich zwischen den Pflanzen sammelt, desto weiter schiebt sich die Verlandungszone in den Teich vor

Auf dem feuchten, aber festen Boden am Ufer gedeihen verschiedene Gräser wie Binsen, Seggen und Simsen. Dazwischen wurzeln feuchtigkeitsliebende Weiden, Erlen und Pappeln

Die Schmal- und Breitblättrigen Rohrkolben sind die Charakterpflanzen urwüchsiger Teichufer

Bevor in unseren Dörfern Wasserleitungen verlegt wurden, tränkte man das Vieh an den Dorfteichen. Leider haben sich viele vernachlässigte Teiche inzwischen zu wahren Jauchegruben entwickelt

Im Flachwasser eines gut mit Sauerstoff versorgten Weihers tummeln sich zahlreiche Tiere. Stichlinge, Wassermolche und Gelbrandkäfer suchen ihre Nahrung zwischen den Wasserpflanzen. Auf der Wasseroberfläche flitzen Wasserläufer umher, darüber schwirren Libellen und Köcherfliegen. Im Frühjahr suchen Kröten und Frösche die Teiche auf, um abzulaichen

Auf der Wasseroberfläche breiten sich die Schwimmblätter von See- und Teichrosen aus. Darum herum treiben Froschbiß und Wasserlinse

GEMEINER SCHLAMMRÖHRENWURM · Ringelwürmer

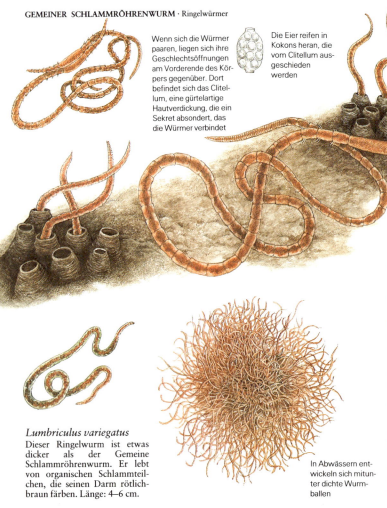

Wenn sich die Würmer paaren, liegen sich ihre Geschlechtsöffnungen am Vorderende des Körpers gegenüber. Dort befindet sich das Clitellum, eine gürtelartige Hautverdickung, die ein Sekret absondert, das die Würmer verbindet

Die Eier reifen in Kokons heran, die vom Clitellum ausgeschieden werden

Die dünnen Würmer stecken mit dem Kopfende voraus in Schlammröhren, die sie selbst anlegen. Das Hinterende pendelt im Wasser, wo es Sauerstoff aufnimmt. Länge: meist um 4 cm, höchstens 8,5 cm

Lumbriculus variegatus
Dieser Ringelwurm ist etwas dicker als der Gemeine Schlammröhrenwurm. Er lebt von organischen Schlammteilchen, die seinen Darm rötlichbraun färben. Länge: 4–6 cm.

In Abwässern entwickeln sich mitunter dichte Wurmballen

Der Schlammröhrenwurm ragt mit dem Hinterende aus seiner Schlammröhre heraus. Hämoglobin färbt sein Blut rot

Gemeiner Schlammröhrenwurm
Tubifex tubifex

Der schlanke Schlammröhrenwurm ist bestens an seine sauerstoffarme Umgebung, den Gewässerschlamm, angepaßt. Sein Blut enthält Hämoglobin, woher die rötliche Körperfärbung rührt. Das Hämoglobin kann auch noch bei einer ganz geringen Sauerstoffspannung Spuren dieses lebenswichtigen Stoffes an sich binden. Der Wurm bezieht ihn aus dem freien Wasser, und zwar über sein Hinterende, das er aus seiner Schlammröhre hinausstreckt.

Schlammröhrenwürmer trifft man in den Uferzonen von Flüssen und Teichen, aber auch im Brackwasser von Flußmündungen. Selbst in den Rieselfeldern von Kläranlagen treten sie oft in Massen auf. Weil sie sich im sauerstoffarmen Schlamm besonders wohl fühlen, weist ein Massenvorkommen dieser Würmer darauf hin, daß die Verschmutzung des betreffenden Gewässers schon weit fortgeschritten ist. Aquarienfreunde kennen den Schlammröhrenwurm besonders gut, sie schätzen ihn nämlich als Lebendnahrung für ihre Fische.

Verschiedene Süßwasserwürmer

Unter der Sammelbezeichnung Wurm verbergen sich die unterschiedlichsten Tiere. Eine eigenständige Gruppe bilden z. B. die Rundwürmer. Zu ihnen gehören das Wasserkalb, *Gordius aquaticus,* und der Süßwasser-Fadenwurm, *Dorylaimus stagnalis*. Eine andere Gruppe sind die Plattwürmer, die mit den Strudelwürmern der Gattungen *Euplanaria, Polycelis* und *Dendrocoelum* vertreten sind. Viel komplizierter gebaut sind die Ringelwürmer der Gattungen *Eiseniella* und *Stylaria*.

Vierkantwurm
Eiseniella tetrahedra

Dieser nahe Verwandte des Regenwurms ist an seinem vierkantigen Mittel- und Hinterkörper zu erkennen. Er bewohnt die Uferzonen vieler Gewässer. Länge: bis 5 cm.

Milchweiße Planarie
Dendrocoelum lacteum

Dieser Plattwurm ist in stehenden und fließenden Gewässern weit verbreitet. Er ist durchscheinend weißlich. Länge: bis 2,6 cm.

Süßwasser-Fadenwurm
Dorylaimus stagnalis

Dieser ungegliederte, farblose Fadenwurm lebt in Teichen und langsam strömenden Gewässern. Man findet ihn im Schlamm zwischen Wurzeln. Länge: bis 1 cm.

Euplanaria lugubris

Dieser Strudelwurm bewohnt langsam fließende Gewässer. Die Körperfarbe ist graubraun bis schwarz. Am spatelförmigen Kopf sind zwei Augen zu erkennen. Länge: bis 2 cm.

Schwarze Planarie
Polycelis nigra

Der schwärzliche Wurm besitzt am Rand seines Kopfes eine Reihe kleiner Augen. Er bevorzugt klares Wasser. Länge: bis 1,4 cm.

Gezüngelte Naide
Stylaria lacustris

Am Kopfende des durchscheinenden Wurms wächst ein langer Fühler. Die Tiere bilden gelegentlich Ketten. Länge: bis 1,8 cm.

Wasserkalb
Gordius aquaticus

Das Wasserkalb, ein Vertreter der Saitenwürmer, ringelt sich um Wasserpflanzen in stehenden Gewässern. Die Larve schmarotzt an Insekten. Länge: bis 80 cm.

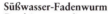

MEDIZINISCHER BLUTEGEL · Ringelwürmer

Der Blutegel schwimmt durch schlängelnde Bewegungen. Außerdem kann er sich wie die Raupe eines Spanners fortbewegen. Zunächst saugt er sich vorne fest, macht einen Buckel, saugt sich dann hinten fest und schiebt den Körper nach

Die grünliche Unterseite ist gelegentlich mit unregelmäßigen Flecken besetzt. Beim Fressen saugt sich der Blutegel mit der hinteren Haftscheibe fest

Der abgeflachte Körper ist braun bis dunkelgrün. Über den Rücken ziehen sich mehrere Reihen roter Flecke. Die drei bezahnten Kiefer verursachen Y-förmige Wunden in der Haut des Opfers. Länge: bis 15 cm

Die Eikokons mit je 5 bis 15 Eiern werden außerhalb des Wassers in feuchter Umgebung abgelegt

Der Medizinische Blutegel war früher ein verbreiteter Bewohner von Dorfteichen und Weidegräben

Medizinischer Blutegel *Hirudo medicinalis*

Den Medizinischen Blutegel verwendete man jahrhundertelang zum Schröpfen, einer besonderen Form des Aderlasses. Man ging davon aus, daß die meisten Krankheiten durch verdorbene Säfte hervorgerufen würden. Indem man die Blutmenge verringerte, wollte man einen Teil des Giftes aus dem Körper entfernen. Vereinzelt gelangen die Blutegel auch heute noch zur Anwendung. Immerhin steht fest, daß sie die Gerinnungsfähigkeit des Blutes herabsetzen. Ein Blutegel kann 10–15 cm^3 Blut aufnehmen und so sein Gewicht verfünffachen. Früher waren die Tiere sehr zahlreich in Dorfteichen vertreten, wo sie sich an den Tieren festsaugen konnten, die getränkt wurden.

Wenn sich der Blutegel am Körper eines Opfers ansaugt, durchsägt er die Haut mit seinen rund 80 Zähnchen. Zwischen den Zähnen münden Drüsen ein, die ein gerinnungshemmendes Sekret abgeben. Der Blutstrom zur Wunde verstärkt sich.

Blutegel sind heute selten geworden. Zu viele ihrer ursprünglichen Wohngewässer, wie Tümpel, offene Gräben und Wasserlöcher, wurden in jüngster Vergangenheit beseitigt.

Ringelwürmer · EGEL

Verschiedene Egel

Pferdeegel
Haemopis sanguisuga
Die Oberseite des Pferdeegels ist dunkelgrau oder grünlich-schwarz. Manchmal tritt ein gelbliches Seitenband auf. Das Tier lebt unter Steinen an Flußufern. Länge: bis 10 cm.

Entenegel
Theromyzon tessulatum
Der bräunliche Entenegel hat acht Augen, die in zwei Reihen angeordnet sind. Außerdem trägt er sechs Reihen gelblicher Flecke. Wenn er sich zusammenzieht, bekommt er eine eiförmige Gestalt. Entenegel saugen das Blut von Wasservögeln. Länge: bis 5 cm.

Wurmegel
Helobdella stagnalis
Der blattförmige, durchscheinende Wurmegel trägt ein grünlichbraunes Fleckenmuster. Länge: bis 1 cm.

Gemeiner Fischegel
Piscicola geometra
Der gelbliche Egel heftet sich an Wasserpflanzen an. Zieht ein Fisch nah genug vorüber, saugt er sich an ihm fest. Bis zu einem Monat bleibt er bei seinem Wirt. Länge: bis 5 cm.

Großer Schneckenegel
Glossiphonia complanata
Zwei dunkle Bänder und sechs Reihen gelblicher Warzen kennzeichnen diesen Egel. Er saugt an Weichtieren und Würmern. Länge: bis 3 cm.

Hundeegel
Erpobdella octoculata
Die Färbung variiert stark, gelbliche und rotbraune Töne herrschen vor. Die durchscheinenden Eikokons sind oval. Länge: bis 6 cm.

GEMEINE WASSERASSEL · Asseln

Mit ihrem graubraun gefärbten Körper ist die Wasserassel auf abgestorbenen Wasserpflanzen und auf schlammigem Gewässergrund gut getarnt

Die Gemeine Wasserassel hat einen abgeflachten, in Segmente untergliederten Körper. Meist kriecht sie auf Pflanzen herum. Sie kann aber auch schwimmen, allerdings recht unbeholfen. Die Männchen werden mit maximal 1,2 cm länger als die Weibchen

Wasserasseln kann man in Flüssen, Kanälen, Seen sowie im Küstenbrackwasser oft in großer Zahl beobachten

Asellus meridianus
Diese Wasserassel hat kürzere Antennen als *A. aquaticus*. Auch ist sie insgesamt kleiner. Sie kommt nur in linksrheinischen Gebieten vor.

Vor der Paarung, die im Frühjahr stattfindet, trägt das Männchen das Weibchen mit sich herum

Gemeine Wasserassel *Asellus aquaticus*

Die Gruppe der Asseln umfaßt zahlreiche kleine Krebstiere, die unsere Küstengewässer, das Süßwasser und das Festland bewohnen. Auch die weithin bekannte Kellerassel ist eine Verwandte der Gemeinen Wasserassel. Alle Wasserasseln sind sehr widerstandsfähig. Sie kommen mit Sauerstoffmangel ebenso gut zurecht wie mit dem Salzgehalt im Brackwasser der Küsten. Es überrascht daher nicht, daß man sie auch in mäßig verschmutzten, abwasserbelasteten Bächen antrifft. Die Gemeine Wasserassel ist in stehenden und langsam fließenden Gewässern zu Hause. Sie hält sich mit Vorliebe unter altem Laub auf.

Wenn das Asselmännchen das Weibchen mit sich herumträgt, steht die Paarung bevor. Die befruchteten Eier entwickeln sich in einem Brutraum unter dem Körper des Weibchens. Die Jungen häuten sich mehrmals, bis sie ausgewachsen sind.

Eine interessante Wasserasselart ist die Höhlenassel, *Asellus cavaticus*. Das unpigmentierte Tierchen lebt in Höhlen und Quellen. Eine verbreitete Art ist auch *Asellus meridianus*, die aber nur in linksrheinischen Gewässern anzutreffen ist.

Flohkrebse · BACHFLOHKREBS

Zur Paarungszeit ergreift das Männchen von hinten ein Weibchen. Bevor es zur Befruchtung kommt, schwimmen die Tiere einige Tage lang in dieser Stellung.

Der Bachflohkrebs hat einen seitlich zusammengedrückten, durchscheinend hellbraunen Körper. Die Tiere können sich leicht zwischen Pflanzenteilen verbergen. Das Männchen wird bis 2,5 cm lang, das Weibchen bleibt kleiner

Beim Schwimmen legen sich die Flohkrebse auf die Seite

Die Eier entwickeln sich in einer Brutkammer an der Körperunterseite des Weibchens. Aus ihnen schlüpfen winzige, aber fertig ausgebildete Flohkrebse

Höhlenflohkrebs
Niphargus puteanus

Dieser Flohkrebs ist einer unter etwa zehn Arten, die bei uns in Quellen, Brunnen und Wasserleitungen vorkommen.

Bachflohkrebse leben in sauerstoffreichen Gewässern. Ihre Nahrung besteht aus organischen Feinteilchen

Bachflohkrebs *Rivulogammarus pulex*

Die Gruppe der Flohkrebse ist bei uns mit zahlreichen Arten vertreten. Auch die Fachleute tun sich schwer, sie im einzelnen voneinander zu unterscheiden. Die Tierchen bevölkern sowohl das Süßwasser als auch Brackwassergebiete und das Meer.

Der Bachflohkrebs bewohnt pflanzenreiche, gut mit Sauerstoff versorgte Gewässer. Man findet ihn vor allem in Bächen, mitunter auch in langsameren Fließgewässern oder Seen. Sein Erkennungsmerkmal ist der seitlich zusammengedrückte Körper. Die Beinchen erfüllen unterschiedliche Aufgaben. Die beiden ersten Thoraxbeine sind zu Greiffüßen umgewandelt. Das dritte und vierte Paar Schreitbeine ziehen den Körper, wenn sich der Flohkrebs fortbewegt, die drei dahintersitzenden Beinpaare schieben den Körper vorwärts. Die Beine am Hinterleib sind Schwimmbeine. Für die Nahrungssuche unentbehrlich sind die Antennen, die als Sinnesorgane fungieren. Den notwendigen Sauerstoff erhalten die Flohkrebse durch die Kiemen, die als dünnwandige Säcke oder Blätter ausgebildet sind und an den Schreitbeinen sitzen.

EUROPÄISCHER FLUSSKREBS · Zehnfüßige Krebse

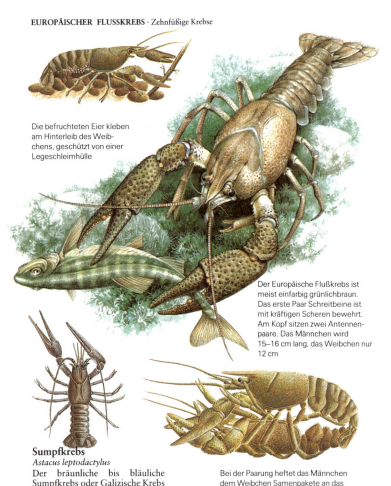

Die befruchteten Eier kleben am Hinterleib des Weibchens, geschützt von einer Legeschleimhülle

Der Europäische Flußkrebs ist meist einfarbig grünlichbraun. Das erste Paar Schreitbeine ist mit kräftigen Scheren bewehrt. Am Kopf sitzen zwei Antennenpaare. Das Männchen wird 15–16 cm lang, das Weibchen nur 12 cm

Sumpfkrebs
Astacus leptodactylus
Der bräunliche bis bläuliche Sumpfkrebs oder Galizische Krebs lebt im Osten und Süden Mitteleuropas. Länge: bis 12 cm.

Bei der Paarung heftet das Männchen dem Weibchen Samenpakete an das vierte und fünfte Schreitbeinpaar. Sie befruchten kurz darauf die Eier

Die frischgeschlüpften Krebschen besitzen einen blasenartig aufgeblähten Rückenpanzer, der noch Dotter enthält. In diesem Stadium häuten sie sich zum erstenmal

Der seltene Flußkrebs bewohnt nur saubere Flüsse, Bäche und Seen, die ihm gute Unterschlupfmöglichkeiten bieten

Europäischer Flußkrebs *Astacus astacus*

Leider gehört der früher weit verbreitete Fluß- oder Edelkrebs heute zu den großen Seltenheiten in unseren Gewässern. Schon um die Jahrhundertwende wurden die meisten seiner Bestände von einer Pilzkrankheit vernichtet. Heute leidet das empfindliche Tier vor allem unter der Verunreinigung und Überdüngung seiner Wohngewässer. Dennoch haben sich in einigen sauberen Bachläufen und Seen noch isolierte Bestände bis in die Gegenwart gehalten. Inzwischen sind die amerikanischen Flußkrebse der Gattung *Cambarus* weiter verbreitet als unser einheimischer Flußkrebs. Die Tiere wurden zur Zeit der erwähnten „Krebspest" eingebürgert, gegen die sie immun sind.

Der Flußkrebs ist auf naturnahe Gewässer angewiesen. Er benötigt Unterschlupfmöglichkeiten, sei es unter überhängenden Uferböschungen, Steinen oder in Wurzelhohlräumen. Erst nachts wird er aktiv und jagt Wasserinsekten, Würmer, Weichtiere und Fischbrut. Auch Aas verschmäht er nicht.

Im Herbst paaren sich die Tiere. Das Weibchen trägt die Eier bis zum nächsten Frühsommer am Hinterleib.

Zehnfüßige Krebse · **WOLLHANDKRABBE**

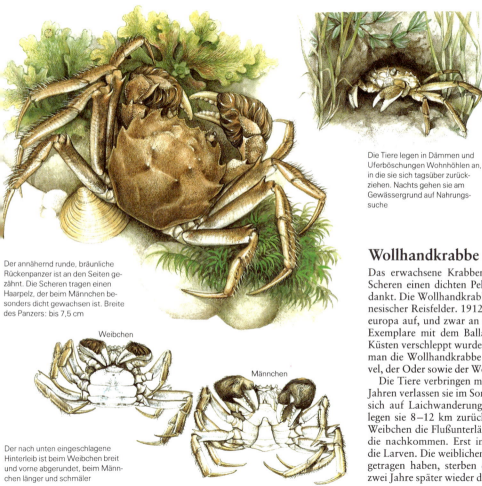

Der annähernd runde, bräunliche Rückenpanzer ist an den Seiten gezähnt. Die Scheren tragen einen Haarpelz, der beim Männchen besonders dicht gewachsen ist. Breite des Panzers: bis 7,5 cm

Die Tiere legen in Dämmen und Uferböschungen Wohnhöhlen an, in die sie sich tagsüber zurückziehen. Nachts gehen sie am Gewässergrund auf Nahrungssuche

Weibchen

Männchen

Der nach unten eingeschlagene Hinterleib ist beim Weibchen breit und vorne abgerundet, beim Männchen länger und schmäler

Wollhandkrabben sind an den Nordseezuflüssen heimisch. Zum Laichen ziehen sie in die Küstengewässer

Wollhandkrabbe   *Eriocheir sinensis*

Das erwachsene Krabbenmännchen trägt auf den kräftigen Scheren einen dichten Pelz, dem das Tier seinen Namen verdankt. Die Wollhandkrabbe ist ursprünglich ein Bewohner chinesischer Reisfelder. 1912 tauchte sie zum erstenmal in Mitteleuropa auf, und zwar an der Aller. Man vermutet, daß einige Exemplare mit dem Ballastwasser von Dampfern an unsere Küsten verschleppt wurden. Schon wenige Jahre später sichtete man die Wollhandkrabbe in großer Zahl an der Elbe, der Havel, der Oder sowie der Weser und ihren Nebenflüssen.

Die Tiere verbringen mehrere Jahre im Süßwasser. Mit fünf Jahren verlassen sie im Sommer die Flußoberläufe und begeben sich auf Laichwanderung Richtung Nordsee. In einer Nacht legen sie 8–12 km zurück. Die Männchen erreichen vor den Weibchen die Flußunterläufe. Dort begatten sie die Weibchen, die nachkommen. Erst im folgenden Frühsommer schlüpfen die Larven. Die weiblichen Tiere, die bis dahin die Eier bei sich getragen haben, sterben daraufhin ab. Die Jungen wandern zwei Jahre später wieder die Flüsse hinauf.

Große Schwärme verschiedener Watvögel suchen im weichen Schlickboden nach Muscheln und Borstenwürmern. Hier kann man Austernfischer, Säbelschnäbler, Strandläufer, Brandgänse, Sing- und Höckerschwäne ebenso beobachten wie verschiedene Entenarten. Zwischen Grünalgen, See- und Salzgräsern sind Grau- und Ringelgänse heimisch

Die Welt der Flußmündungen

In Flußmündungen mischen sich in beständigem Rhythmus Meer- und Süßwasser. Einige greifen als tiefe Buchten weit in das Binnenland hinein, bei anderen verbreitert sich der Flußlauf nur um wenige Meter. Eine typische Flußmündung ist trichterförmig und wird an den Seiten von Sandbänken oder Schlickwatten begrenzt. An den Ufern und in den ruhigen Randbuchten lagert sich Feinmaterial ab, das die Flüsse auf ihrem langen Weg mit sich führen. Im Wechsel der Gezeiten wird außerdem Schlick von der Seeseite in die Mündungstrichter getragen. Am Ausgang der Mündungen entwickeln sich Salzwiesen und Salzmarschen. Durch die Salzmarschen ziehen sich Priele, die das einströmende bzw. ablaufende Meerwasser aufnehmen. Wenn die Zahl der Pflanzenarten, die in diesem extremen Lebensraum existieren kann, auch nur klein ist, gedeihen diese doch oft in dichten Beständen. Möwen und Watvögel finden bei Ebbe einen reichgedeckten Tisch. Aber auch die Fischer ernten massenhaft Muscheln, Garnelen und Plattfische, die vor unseren Flußmündungen ihre Kinderstube haben.

Im flachen Wasser jagen Graureiher, Kormorane, Säger und Taucher nach Fischen. Auch Strand- und Wollhandkrabben treten im Bereich von Flußmündungen oft gehäuft auf, denn ihnen können die plötzlichen Veränderungen von Wassertemperatur und Salzgehalt nichts anhaben

Meeresborstenwürmer, wie der Sandpier, leben zusammen mit Schlickkrabben, Plattmuscheln und Wattschnecken im nährstoffreichen Schlick. Früher lagen in den Wattgebieten ausgedehnte Austern- und Miesmuschelbänke. In den Randzonen der Ästuare, wie die trichterförmigen Buchten auch genannt werden, siedeln sich widerstandsfähige Pflanzen an. Der bekannte Queller wurde stellenweise vom Englischen Schlickgras verdrängt, das in kurzer Zeit dichteste Bestände ausbildet. Zwischen den Stengeln fangen sich angespülte Schwebestoffe. So schreitet allmählich die Verlandung voran

GEMEINE WASSERFLORFLIEGE · Schlammfliegen

Die Gemeine Wasserflorfliege besitzt zwei Paar gleichmäßig brauner Flügel, die sie in Ruhestellung dachförmig über dem Hinterleib trägt.

Das Weibchen legt 500 bis 2000 Eier in wohlgeordneten Gelegen auf die Oberfläche von Pflanzenblättern oder -stengeln

Die frischgeschlüpften Larven sind nur 1,5 mm lang. Sie lassen sich sofort ins Wasser fallen

Die Larven der Wasserflorfliegen hat man schon tief in Seen gefunden. Die erwachsenen Tiere bevorzugen Uferzonen

Die schlanken Larven sind braun und gelb gemustert. Der Körper endet in einem langen Faden. An den Beinen sitzen kräftige Klauen. Länge: bis 4 cm

Gemeine Wasserflorfliege *Sialis lutaria*

Die Ordnung der Schlammfliegen, *Megaloptera,* ist in Mitteleuropa nur mit zwei Arten der Gattung *Sialis* vertreten. Am häufigsten ist die Gemeine Wasserflorfliege. Ihre Flügel sind gleichmäßig braun gefärbt. Dadurch unterscheidet sie sich von ihrer Verwandten, der Dunkelbraunen Wasserflorfliege, *Sialis fuliginosa,* deren Flügel an der Basis dunkler sind, wie schon ihr Name verrät.

Im Frühling und Frühsommer kann man die Wasserflorfliegen oft in großer Zahl an der Ufervegetation von Flüssen, Teichen und Seen beobachten. Tagsüber ruhen sie dort auf Blättern oder Steinen. Erst gegen Abend werden sie aktiv.

Das Weibchen legt zwischen 500 und 2000 Eier in reihenartig angeordneten Gelegen an Pflanzenteile, die über die Wasseroberfläche ragen. Die Larve verbringt ihr Leben im Wasser. Während ihrer zweijährigen Entwicklungszeit häutet sie sich neunmal. Anschließend kriecht sie an Land, um sich in einer Erdhöhle zu verpuppen. Bis das fertige Tier schlüpft, vergehen zwei bis drei Wochen.

SPRINGSCHWÄNZE UND WASSERWANZEN

Wasserskorpion
Nepa rubra
Die Vorderbeine dieser graubraunen Wasserwanze sind in kräftige Fangbeine umgewandelt. Mit ihnen schnappt der Wasserskorpion Wasserinsekten aber auch Kaulquappen und sogar kleine Jungfische. Wasserskorpione trifft man im Uferbereich pflanzenreicher Gewässer. Länge: 1,8–2,2 cm.

Springschwanz
Podura aquatica
Wie alle Springschwänze trägt auch *Podura aquatica* eine Sprunggabel am Ende des Hinterleibs. Wenn das Insekt in Ruhestellung verharrt, bleibt die Sprunggabel nach vorne eingeschlagen. Beim Sprung schlägt die Gabel auf die Unterlage und schleudert das Tier in die Luft. Länge: bis 1,5 mm.

Stabwanze
Ranatra linearis
Wie der Wasserskorpion hat auch die schlanke Stabwanze zu Fangbeinen umgebildete Vorderbeine. Wenn sie auf Beute lauert, verharrt sie regungslos zwischen Wasserpflanzen. Sie erjagt verschiedene Wasserinsekten, Wassermilben und Kaulquappen. Ihr Lebensraum ist der ufernahe Pflanzengürtel stehender Gewässer. Länge: 3–4 cm.

Springschwanz
Isotomurus palustris
Diese Art ist seltener als *Podura aquatica*. Sie besitzt längere Fühler, obwohl ihre Körperlänge nur 1 mm beträgt. Von der Seite gesehen, erkennt man gut die nach unten eingeschlagene Sprunggabel.

Springschwänze und Wasserwanzen

Ein Vertreter der ungeflügelten Springschwänze, *Podura aquatica,* erscheint gelegentlich in Massen auf der Oberfläche stehender Gewässer. Die Tiere ernähren sich von Mikroorganismen, die sie in der Oberflächenhaut des Wassers finden. Die Wasserwanzen der Gattungen *Nepa* und *Ranatra* besitzen stechend-saugende Mundwerkzeuge, mit denen sie die Körperflüssigkeit ihrer Opfer aufsaugen.

ZWEIGEFLECKTE STEINFLIEGE · Steinfliegen

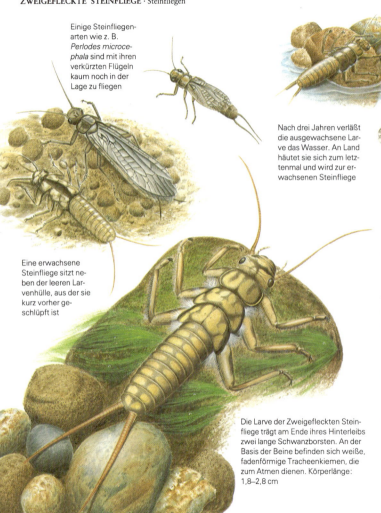

Einige Steinfliegenarten wie z. B. *Perlodes microcephala* sind mit ihren verkürzten Flügeln kaum noch in der Lage zu fliegen

Nach drei Jahren verläßt die ausgewachsene Larve das Wasser. An Land häutet sie sich zum letztenmal und wird zur erwachsenen Steinfliege

Das Weibchen taucht seine Hinterleibsspitze mit dem Eipaket ins Wasser. Die Kittsubstanz löst sich auf und gibt die Eier frei

Eine erwachsene Steinfliege sitzt neben der leeren Larvenhülle, aus der sie kurz vorher geschlüpft ist

Die Larve der Zweigefleckten Steinfliege trägt am Ende ihres Hinterleibs zwei lange Schwanzborsten. An der Basis der Beine befinden sich weiße, fadenförmige Tracheenkiemen, die zum Atmen dienen. Körperlänge: 1,8–2,8 cm

Steinfliegen lieben klare, rasch dahinströmende Bäche und Flüsse mit einem lockeren Steingrund

Zweigefleckte Steinfliege *Perla bipunctata*

Die Zweigefleckte Steinfliege ist eine unter etwa 125 Steinfliegenarten, die in Mitteleuropa vertreten sind. Man trifft sie vor allem in schnell fließenden, sauerstoffreichen Mittelgebirgs- und Voralpenbächen. Die Larven leben auf steinigem Untergrund in Ufernähe. Sie ähneln den Larven der Eintagsfliegen, sind aber stets nur mit zwei Schwanzborsten ausgestattet. Auch bei den erwachsenen Steinfliegen sind diese vorhanden.

Die Larven der größeren Arten, darunter auch die der Zweigefleckten Steinfliege, führen ein räuberisches Leben. Sie erbeuten andere Insektenlarven, Kleinkrebse und Würmer, die sie mit ihren langen Fühlern aufspüren. Die Entwicklung bis zum erwachsenen Tier dauert drei Jahre. Während dieser Zeit finden bis zu 30 Häutungen statt. Danach klettert die Larve ans Ufer, wo sie sich zum letztenmal häutet und damit zur erwachsenen, geflügelten Steinfliege wird. Schon zwei bis vier Wochen später geht ihr Leben zu Ende. Bis dahin nimmt sie mit ihren verkümmerten Mundwerkzeugen kaum Nahrung auf, meist nur etwas Wasser.

Verschiedene Steinfliegenlarven

Leuctra hippopus
Die gelbbraun gefärbte, schlanke Larve hält sich meist unter Steinen auf. Die Flügelscheiden liegen parallel zum Körper. Körperlänge: 5–8 mm.

Brachyptera risi
Die schlanke Larve trägt ein helles Muster auf dunkelbraunem Grund. Die Unterseite des Körpers ist heller als die Oberseite. Die Flügelscheiden stehen in einem Winkel vom Körper ab. Körperlänge: 7–10 mm.

Amphinemura sulcicollis hat weiße Tracheenkiemenbüschel

Isoperla grammatica
Diese Steinfliegenlarve ist bei uns recht häufig anzutreffen. Man findet sie auf Steinen in schnell fließenden Gewässern. Die dunkelbraune Larve weist gelbliche, gerundete Flecke auf. Körperlänge: 1,1–1,6 cm.

Siphonoperla torrentium
Die gelbbraune Larve trägt fast kreisförmig angeordnete Flügelscheiden. Körperlänge: 7–10 mm.

Amphinemura sulcicollis
Die schokoladebraune Larve ist oft durch kleine Sandteilchen getarnt, die in der Körperbehaarung haftenbleiben. Körperlänge: 4–6 mm.

Nemoura erratica
Die dunkle Larve besitzt kräftige Flügelscheiden, die in einem Winkel von der Körperoberseite abstehen. Körperlänge: 6–10 mm.

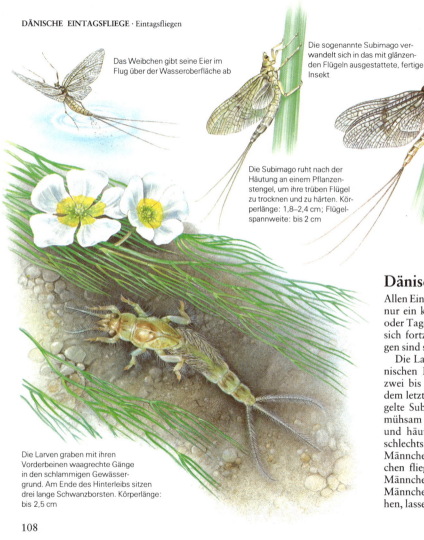

Das Weibchen gibt seine Eier im Flug über der Wasseroberfläche ab

Die sogenannte Subimago verwandelt sich in das mit glänzenden Flügeln ausgestattete, fertige Insekt

Die Subimago ruht nach der Häutung an einem Pflanzenstengel, um ihre trüben Flügel zu trocknen und zu härten. Körperlänge: 1,8–2,4 cm; Flügelspannweite: bis 2 cm

Die Larven graben mit ihren Vorderbeinen waagrechte Gänge in den schlammigen Gewässergrund. Am Ende des Hinterleibs sitzen drei lange Schwanzborsten. Körperlänge: bis 2,5 cm

Große, langsam strömende Flüsse sind die Heimat der Dänischen Eintagsfliege und verwandter Arten

Dänische Eintagsfliege *Ephemera danica*

Allen Eintagsfliegen – bei uns kommen zahlreiche Arten vor – ist nur ein kurzes Leben vergönnt. Schon nach wenigen Stunden oder Tagen geht es zu Ende. Die kurze Zeit nutzen die Tiere, um sich fortzupflanzen. Mit ihren verkümmerten Mundwerkzeugen sind sie nicht einmal fähig, Nahrung aufzunehmen.

Die Larven großer Eintagsfliegenarten, wie z. B. die der Dänischen Eintagsfliege, vollenden ihre Entwicklung erst nach zwei bis drei Jahren. Nach über 20 Häutungen schlüpft aus dem letzten Larvenstadium an der Wasseroberfläche die geflügelte Subimago, eine Vorstufe zum fertigen Insekt. Sie fliegt mühsam an Land, setzt sich an eine Pflanze oder einen Stein und häutet sich nach 18 bis 72 Stunden endgültig zur geschlechtsreifen Eintagsfliege. Im Mai und Juni schwärmen die Männchen über der Wasseroberfläche in Ufernähe. Die Weibchen fliegen in diesen Schwarm hinein und werden von den Männchen im Flug begattet. Kurz nach der Paarung sterben die Männchen. Bevor die Weibchen wenig später ebenfalls eingehen, lassen sie ihre Eier im Flug ins Wasser fallen.

Verschiedene Eintagsfliegenlarven

Leptophlebia vespertina
Diese Larven findet man in Bächen und stehenden Gewässern. Am Hinterleib befinden sich Tracheenkiemen, die in feinen Fäden auslaufen. Körperlänge: bis 1 cm.

Baetis rhodani
Die schlanken Larven sind nicht abgeplattet. Seitlich am Hinterleib sitzen sieben Paar ovaler Tracheenkiemen. Die mittlere Schwanzborste ist kürzer als die äußeren Borsten. Körperlänge: bis 8 mm.

Ephemerella ignita
Die Larven dieser Art leben in Fließgewässern auf Steinen und zwischen Wasserpflanzen. Beine und Schwanzborsten sind braun-weiß gebändert. Körperlänge: bis 8 mm.

Rhithrogena semicolorata
Die stark abgeplatteten Larven leben in klaren, schnell fließenden Gewässern. Die hellen Tracheenkiemen sind oval geformt. Körperlänge: bis 1,3 cm.

Caenis horaria
Diese kleinen Larven leben auf dem Schlammgrund stehender und fließender Gewässer. Das erste der sechs Tracheenkiemenpaare auf dem Hinterleib ist sehr klein, das zweite dagegen sehr groß und plattenartig ausgebildet. Körperlänge: bis 6 mm.

Ecdyonurus dispar
Die abgeplatteten Larven bewohnen saubere Fließgewässer mit steinigem Untergrund. Körperlänge: bis 1,6 cm.

BECHERAZURJUNGFER · Kleinlibellen

Klammerartige Anhänge des Männchens

Über den Rücken der gelbgrünen Larve läuft eine helle Längslinie. Die Schwanzanhänge tragen je zwei schwarze Querbänder. Körperlänge: bis 3 cm

Bei der Paarung packt das Männchen das Weibchen mit seinen klammerartigen Anhängen hinter dem Kopf. Das Weibchen biegt seinen Hinterleib weit nach vorn

Die frischgeschlüpfte Libelle verweilt auf der leeren Larvenhülle, bis Körper und Flügel gehärtet sind

Während der Eiablage bleibt das Paar zusammen. Das Weibchen legt die Eier unter Wasser ab

Die Fangmaske an der Kopfunterseite ist mit zwei kräftigen Haken bewehrt

Becherazurjungfer *Enallagma cyathigerum*

Die Becherazurjungfer zählt zur Unterordnung der Kleinlibellen, *Zygoptera*. Mit ihren zarten, schlanken Körpern und den in der Gestalt übereinstimmenden Vorder- und Hinterflügeln sind sie von den Großlibellen leicht zu unterscheiden. Der Flug ist langsam und flatternd, Großlibellen fliegen dagegen pfeilschnell und mehr geradlinig. Wenn sie in Ruhestellung verharren, klappen die Kleinlibellen ihre Flügel nach hinten oben zusammen, während Großlibellen ihre Flügel waagrecht ausgebreitet halten.

Die Becherazurjungfer zählt zu den häufigen Libellenarten. Man kann sie von Anfang Mai bis Mitte September besonders an großen Teichen und Seen beobachten. Ihre Eier legt sie in die Stengel von Wasserpflanzen, wie z. B. Laichkraut und Tausendblatt. Während der Eiablage bilden Männchen und Weibchen eine Paarungskette.

Die Larven der Kleinlibellen sind schlank und langbeinig. Am Ende des Körpers tragen sie drei fächerförmige Anhänge, die als Kiemen sowie als Ruderplättchen dienen.

Verschiedene Kleinlibellen

KLEINLIBELLEN

Weibchen   Männchen

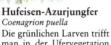

Hufeisen-Azurjungfer
Coenagrion puella

Männchen und Weibchen sieht man häufig als Paarungskette fliegen

Gemeine Binsenjungfer
Lestes sponsa
Die gelbbraune Larve ähnelt der Larve der Gebänderten Prachtlibelle. Alle drei Schwanzanhänge sind blattförmig. Körperlänge: bis 2,5 cm.

Gebänderte Prachtlibelle
Calopteryx splendens
Die lehmgelbe Larve weist dunklere und weißliche Zeichnungen auf. Körperlänge: 4 cm.

Junge Männchen besitzen eine rauchbraune, ältere eine grünblaue Flügelbinde

Die grünlichen Larven trifft man in der Ufervegetation stehender Gewässer. Körperlänge: 2,5 cm.

Die Libellen der Gattung *Lestes* ruhen meist mit halbgeöffneten Flügeln

Großes Granatauge
Erythromma najas
Die schlanken, großen Larven besitzen blattförmige Schwanzanhänge mit grauen Querbinden. Körperlänge: 3 cm.

Frühe Adonislibelle
Pyrrhosoma nymphula
Die Larven haben einen kräftigen Körper. Der Kopf ist fast rechteckig. Körperlänge: 2 cm.

Männchen und Weibchen besitzen einen roten Hinterleib

Das Männchen hat leuchtendbraunrote Augen

Diese häufige Libelle kann man im Sommer an schwach bewegten Gewässern beobachten

Große Pechlibelle
Ischnura elegans
Die Larven tragen spitze Schwanzanhänge. Körperlänge: bis 2,5 cm.

GROSSE KÖNIGSLIBELLE · Großlibellen

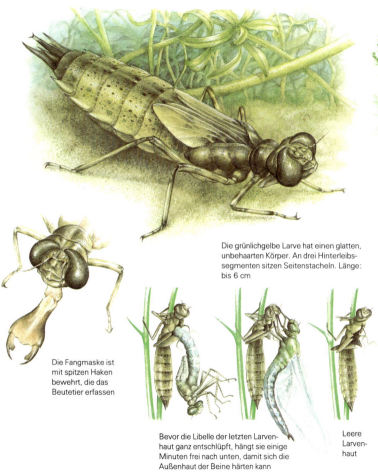

Paarung in Radstellung: Das Weibchen biegt seinen Hinterleib bis zum sekundären Kopulationsapparat des Männchens vor, der vorher mit Spermien aufgefüllt worden ist

Die Große Königslibelle fliegt meist an Weihern. Das Weibchen versenkt die Eier in Pflanzenstengel

Die Fangmaske ist mit spitzen Haken bewehrt, die das Beutetier erfassen

Die grünlichgelbe Larve hat einen glatten, unbehaarten Körper. An drei Hinterleibssegmenten sitzen Seitenstacheln. Länge: bis 6 cm

Bevor die Libelle der letzten Larvenhaut ganz entschlüpft, hängt sie einige Minuten frei nach unten, damit sich die Außenhaut der Beine härten kann

Leere Larvenhaut

Große Königslibelle *Anax imperator*

Die Große Königslibelle ist eine unserer größten Libellen. Sie wird 7–8 cm lang, die Flügelspannweite beträgt rund 10 cm. Als typischer Vertreter der Großlibellen verfügt sie über einen robusten, kräftigen Körper. Ihre Hinterflügel sind breiter als die Vorderflügel. Wie alle Großlibellen fliegt sie schnell und kraftvoll, in Ruhestellung hält sie ihre Flügel waagerecht ausgebreitet.

Die Große Königslibelle fliegt von Mitte Juni bis Ende August. Sie lebt wie alle Libellen räuberisch und erbeutet vorwiegend andere Insekten. Das Weibchen legt seine Eier in das Innere von Pflanzenstengeln unter der Wasseroberfläche. Nach zwei bis vier Wochen schlüpfen die trägen Junglarven. Wenn sie Wasserinsekten und deren Larven, später auch Kaulquappen und Jungfische erbeuten, liegen sie zunächst auf der Lauer. Im richtigen Moment schnellt dann ihre Fangmaske vor und ergreift das Opfer. Großlibellenlarven besitzen eine eigene Atemtechnik. Der Enddarm füllt sich mit Wasser. Der darin gelöste Sauerstoff wird über feine Kapillaren aufgenommen.

Verschiedene Großlibellen

GROSSLIBELLEN

Die große Libelle ist auffällig schwarz und gelb gezeichnet

Der abgeplattete Hinterleib des Libellenmännchens ist blau gefärbt

Das Männchen ist an dem stark verbreiterten Hinterleibsende zu erkennen

Zweigestreifte Quelljungfer
Cordulegaster boltonii
Die braune, behaarte Larve trägt am Hinterleib schwarze Flecke. Länge: bis 4,3 cm.

Plattbauch
Libellula depressa
Die gedrungenen Larven lauern im Schlamm eingegraben auf Beute. Länge: bis 2,5 cm.

Gemeine Keiljungfer
Gomphus vulgatissimus
Der abgeplattete, gelbbraune Körper ist dunkel gemustert und stark behaart. Länge: bis 3 cm.

Diese Libelle bevorzugt Moore und Heidegebiete als Lebensraum

Diese Libelle fliegt besonders rasch

Männchen und Weibchen fliegen oft als Paarungskette

Torfmosaikjungfer
Aeschna juncea
Die grünbraune Larve ist verhältnismäßig schlank. Sie trägt keine Haare. Länge: bis 4,5 cm.

Gemeine Smaragdlibelle *Cordulia aenea*
Die gedrungene Larve hat kleine Augen und eine helmartig gewölbte Fangmaske. Länge: bis 2,5 cm.

Große Heidelibelle
Sympetrum striolatum
Die braunen Larven tragen große Dornen an den hinteren Körpersegmenten. Länge: bis 1,8 cm.

Die blaßbräunlich gefärbte Larve bewegt ihren Hinterleib wellenförmig, damit ständig ein Wasserstrom an den fadenförmigen Tracheenkiemen des Hinterleibes vorbeifließt

Bevor sich die Larve verpuppt, spinnt sie den Köcher am Gewässerboden fest. Anschließend verschließt sie die beiden Öffnungen mit Spinnfäden

Tagsüber ruht die Köcherfliege in der Ufervegetation

Die Große Köcherfliege lebt an pflanzenreichen stehenden oder langsam fließenden Gewässern

Die Larve baut ihren Wohnköcher aus rechteckig zugeschnittenen Pflanzenteilchen, die sie in einer Spirale anordnet. Der zylinderförmige Köcher ist etwa 5 cm lang

Große Köcherfliege *Phryganea grandis*

Die Große Köcherfliege ist eine unter etwa 300 Köcherfliegenarten, die in Mitteleuropa vorkommen. Mit ihren dicht behaarten Flügeln sehen Köcherfliegen wie kleine Nachtfalter aus. Weitaus die meisten Arten sind dämmerungs- und nachtaktiv und fliegen dann häufig künstliche Lichtquellen an. Die Larven stellen mit wenigen Ausnahmen transportable Wohnröhren her, denen die Köcherfliegen ihren Namen verdanken. Sie dienen zum Schutz des weichen Larvenkörpers.

Die Weibchen der Großen Köcherfliege legen die Eier in Gallertklumpen unter Wasser ab. Diese bleiben an Wasserpflanzen hängen. Im Juni schlüpfen die Larven und spinnen zunächst eine feine Gespinströhre um ihren Hinterleib. Dann beißen sie mit ihren Oberkiefern rechteckige Pflanzenteilchen ab, mit denen sie die Röhre belegen. Während die Larve wächst, vergrößert sie ständig ihre Wohnröhre an der vorderen Öffnung. Zum Festhalten des Köchers benutzt sie zwei Zapfen, die sich auf dem ersten Hinterleibssegment befinden. Nach einem Jahr ist sie ausgewachsen und verpuppt sich.

Köcherfliegenlarven

Limnephilus rhombicus
Diese Larve baut einen charakteristischen Köcher aus abgeschnittenen Stengeln und Wurzeln von Wasserpflanzen. Sie lebt in dicht bewachsenen, stehenden Gewässern. Der Köcher ist 3–4 cm lang.

Sericostoma personatum
Der gekrümmte, dünnwandige Köcher besteht aus Sandkörnern. Das Hinterende ist durch eine Sekretschicht verschlossen, die nur in der Mitte eine kleine Öffnung hat. Länge des Köchers: 1,5 cm.

Polycentropus flavomaculatus
Die Larve spinnt zwischen Steinen ein Fangnetz, in dem sie kleinere Beutetiere fängt. Die Verpuppung erfolgt in einem sandbedeckten Gehäuse. Länge: 1,4 cm.

Rhyacophila-Arten
Die räuberischen Larven dieser Gattung bauen weder Köcher noch Fangnetze. Sie bewegen sich frei in schnell fließenden, steinigen Bächen. Länge der Larven: bis 2,5 cm.

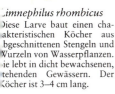

Agapetus-Arten
Die Larven der Gattung *Agapetus* stellen ihren Köcher aus kleinen Steinen her. Länge des Köchers: 7 mm.

Anabolia nervosa
Der gerade, röhrenförmige Köcher besteht aus Sandkörnchen und einigen längeren Pflanzenteilen, die als Belastungsstäbe dienen. Länge des Köchers (ohne Stäbe): 3–4 cm.

Hydropsyche angustipennis
Diese Larve baut keinen Köcher, sondern eine röhrenförmige Gespinstkammer, vor der sie ein Fangnetz aufstellt. Länge der Larve: 1,8 cm.

Molanna angustata
Der aus Sandkörnchen hergestellte Köcher besteht aus einer Zentralröhre und einem schildförmigen Anhang, der leicht abbricht. Länge des Köchers: 2,5 cm.

Hydroptila-Arten
Die abgeplatteten Köcher der *Hydroptila*-Arten bestehen aus einem sandhaltigen Gespinst. Länge: 5 mm.

Goera pilosa
Der Köcher ist aus feinen Sandkörnchen und seitlich angebrachten Steinen zusammengesetzt, die als Ballast dienen. Länge des Köchers: 1,5 cm.

Die beiden Köcheröffnungen befinden sich bei den *Agapetus*-Arten auf der Unterseite

GEMEINER RÜCKENSCHWIMMER · Wasserwanzen

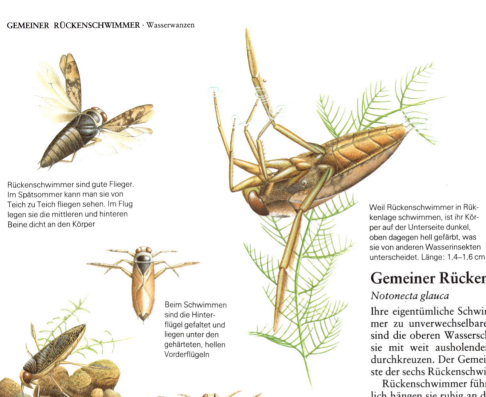

Rückenschwimmer sind gute Flieger. Im Spätsommer kann man sie von Teich zu Teich fliegen sehen. Im Flug legen sie die mittleren und hinteren Beine dicht an den Körper.

Beim Schwimmen sind die Hinterflügel gefaltet und liegen unter den gehärteten, hellen Vorderflügeln.

Ruderwanzen *Corixa*-Arten
Die Ruderwanzen leben am Boden stehender Gewässer. Wenn sie nach Nahrung suchen, wirbeln sie den Schlamm mit den schaufelartigen Enden ihrer Vorderbeine auf. Länge: 1,1–1,5 cm.

Die Larven ähneln dem (erwachsenen) Insekt, sind aber kleiner und besitzen noch keine Flügel.

Weil Rückenschwimmer in Rückenlage schwimmen, ist ihr Körper auf der Unterseite dunkel, oben dagegen hell gefärbt, was sie von anderen Wasserinsekten unterscheidet. Länge: 1,4–1,6 cm

In dicht bewachsenen, sauerstoffreichen Weihern kann man die räuberischen Rückenschwimmer beobachten

Gemeiner Rückenschwimmer
Notonecta glauca

Ihre eigentümliche Schwimmweise macht die Rückenschwimmer zu unverwechselbaren Wasserinsekten. Ihr Lebensraum sind die oberen Wasserschichten in stehenden Gewässern, die sie mit weit ausholenden Ruderschlägen ihrer Hinterbeine durchkreuzen. Der Gemeine Rückenschwimmer ist die häufigste der sechs Rückenschwimmerarten, die bei uns vorkommen.

Rückenschwimmer führen ein räuberisches Leben. Gewöhnlich hängen sie ruhig an der Unterseite des Wasserspiegels und strecken die Spitze ihres Hinterleibs heraus, um Sauerstoff aufzunehmen. Schon bei der geringsten Wasserbewegung reagieren sie, verfolgen und ergreifen ihre Beute – Insekten, Kaulquappen, Wasserasseln oder Fischbrut – mit den Vorderbeinen, um sie anzustechen und auszusaugen. Der Stich ist übrigens auch für den Menschen recht schmerzhaft.

Im Frühjahr legt das Weibchen seine Eier in die Stengel von Wasserpflanzen. Die Larven häuten sich fünfmal, das letzte Mal im Herbst. Die erwachsenen Tiere überwintern dann.

Landwanzen · **GEMEINER WASSERLÄUFER**

Wasserläufer leben vom Frühjahr bis zum Herbst auf dem Wasser, überwintern aber in Verstecken an Land

Die Larven sehen den erwachsenen Tieren sehr ähnlich, sind aber kleiner und besitzen noch keine Flügel. Sie sind oft schwer zu erkennen, weil neben erwachsenen Tieren mit voll entwickelten Flügeln auch solche mit völlig zurückgebildeten Flügeln vorkommen

Bachläufer
Velia-Art

Weitere Bewohner der Wasseroberfläche

Die zu den Landwanzen zählenden Bachläufer besitzen einen gedrungenen Körper. Flügel fehlen meist. Sie bewohnen Fließgewässer. Länge: 6–8 mm. Der Gemeine Teichläufer, auch eine Landwanze, ist sehr schlank, hat lange Beine und lange Fühler. Er bewegt sich langsam über die Oberfläche stehender Gewässer. Länge: 9–12 mm.

Gemeiner Teichläufer
Hydrometra stagnorum

Der schlanke Körper ist schwarzbraun gefärbt. Mit dem langen mittleren Beinpaar rudert der Wasserläufer, das hintere Beinpaar dient zur Steuerung. Länge: 1,3–1,6 cm

Gemeiner Wasserläufer *Gerris lacustris*

Wasserläufer sind keine Wasserwanzen, sondern Landwanzen, die bestens an ihr Leben auf der Wasseroberfläche angepaßt sind. Sie tauchen nicht unter Wasser, sondern bewegen sich mit ruckartigen Bewegungen über die Wasseroberfläche ihrer Wohngewässer, seien es Tümpel, Seen oder auch langsam dahinfließende Bäche. Auf der Körperunterseite und am Ende der beiden hinteren Beinpaare tragen sie einen dichten, luftigen Haarfilz, der verhindert, daß sie einsinken und naß werden.

Wasserläufer erbeuten kleinere Insekten, die auf die Wasseroberfläche gefallen sind. Sie packen ihr Opfer mit den kräftigen, stark verkürzten Vorderbeinen und saugen es anschließend aus. Die etwas kleineren Männchen lassen sich oft tagelang von den Weibchen auf dem Rücken herumtragen.

Im Frühjahr legt das Weibchen seine Eier ab. Sie sind von einer schützenden Gallertmasse umgeben und werden an Pflanzenteilen unter der Wasseroberfläche befestigt. Die Larven häuten sich insgesamt fünfmal. Im Verhalten und im Aussehen ähneln sie dem fertigen Insekt.

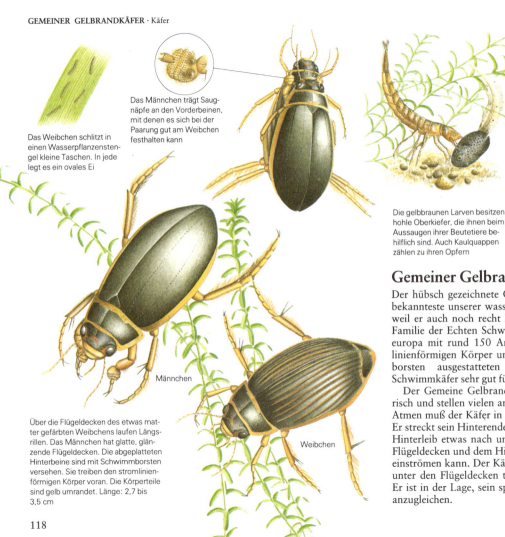

Das Weibchen schlitzt in einen Wasserpflanzenstengel kleine Taschen. In jede legt es ein ovales Ei

Das Männchen trägt Saugnäpfe an den Vorderbeinen, mit denen es sich bei der Paarung gut am Weibchen festhalten kann

Die gelbbraunen Larven besitzen hohle Oberkiefer, die ihnen beim Aussaugen ihrer Beutetiere behilflich sind. Auch Kaulquappen zählen zu ihren Opfern

Die Larve des Gemeinen Gelbrandkäfers hängt sich an die Wasseroberfläche um Luft aufzunehmen

Männchen

Weibchen

Über die Flügeldecken des etwas matter gefärbten Weibchens laufen Längsrillen. Das Männchen hat glatte, glänzende Flügeldecken. Die abgeplatteten Hinterbeine sind mit Schwimmborsten versehen. Sie treiben den stromlinienförmigen Körper voran. Die Körperteile sind gelb umrandet. Länge: 2,7 bis 3,5 cm

Gemeiner Gelbrandkäfer *Dytiscus marginalis*

Der hübsch gezeichnete Gemeine Gelbrandkäfer ist wohl der bekannteste unserer wasserbewohnenden Käfer, nicht zuletzt weil er auch noch recht häufig anzutreffen ist. Er gehört zur Familie der Echten Schwimmkäfer, *Dytiscidae*, die in Mitteleuropa mit rund 150 Arten vertreten ist. Mit ihrem stromlinienförmigen Körper und den abgeplatteten, mit Schwimmborsten ausgestatteten Ruderbeinen sind die meisten Schwimmkäfer sehr gut für ihr Wasserdasein gerüstet.

Der Gemeine Gelbrandkäfer und seine Larve leben räuberisch und stellen vielen anderen Wasserbewohnern nach. Zum Atmen muß der Käfer in regelmäßigen Abständen auftauchen. Er streckt sein Hinterende aus dem Wasser und biegt dabei den Hinterleib etwas nach unten. Dadurch entsteht zwischen den Flügeldecken und dem Hinterleib eine Öffnung, durch die Luft einströmen kann. Der Käfer benötigt seinen Luftvorrat, den er unter den Flügeldecken trägt, außerdem für die Hydrostatik. Er ist in der Lage, sein spezifisches Gewicht dem des Wassers anzugleichen.

WASSERKÄFER

Verschiedene Wasserkäfer und ihre Larven

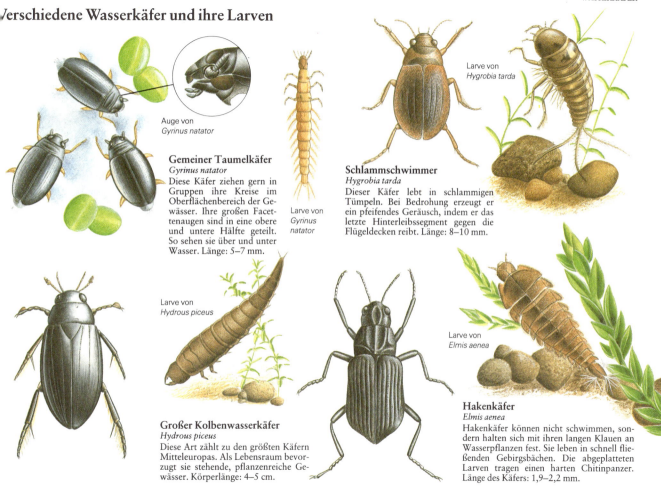

Auge von *Gyrinus natator*

Gemeiner Taumelkäfer
Gyrinus natator
Diese Käfer ziehen gern in Gruppen ihre Kreise im Oberflächenbereich der Gewässer. Ihre großen Facettenaugen sind in eine obere und untere Hälfte geteilt. So sehen sie über und unter Wasser. Länge: 5–7 mm.

Larve von *Gyrinus natator*

Schlammschwimmer
Hygrobia tarda
Dieser Käfer lebt in schlammigen Tümpeln. Bei Bedrohung erzeugt er ein pfeifendes Geräusch, indem er das letzte Hinterleibssegment gegen die Flügeldecken reibt. Länge: 8–10 mm.

Larve von *Hygrobia tarda*

Larve von *Hydrous piceus*

Großer Kolbenwasserkäfer
Hydrous piceus
Diese Art zählt zu den größten Käfern Mitteleuropas. Als Lebensraum bevorzugt sie stehende, pflanzenreiche Gewässer. Körperlänge: 4–5 cm.

Larve von *Elmis aenea*

Hakenkäfer
Elmis aenea
Hakenkäfer können nicht schwimmen, sondern halten sich mit ihren langen Klauen an Wasserpflanzen fest. Sie leben in schnell fließenden Gebirgsbächen. Die abgeplatteten Larven tragen einen harten Chitinpanzer. Länge des Käfers: 1,9–2,2 mm.

Bilden erst einmal Birken, Weiden und Holunder dichte Bestände, die Anglern den Zugang zum Ufer erschweren, können Wasservögel wie Enten, Bläßhühner und Teichhühner im Buschwerk ihre Nester anlegen. Das offene Wasser lockt mitunter auch andere Arten an, z. B. den Höckerschwan, die Graugans und den Haubentaucher

Leben in einer aufgelassenen Kiesgrube

Kiesgruben sind Wunden in unserer ohnehin dicht besiedelten Landschaft. Aber auch in einer Kiesgrube kann sich neues Leben entfalten – dann nämlich, wenn der Kiesabbau eingestellt wurde und die Grube sich selbst überlassen bleibt. Als erste Organismen breiten sich in den grundwassergespeisten Seen Grünalgen aus. Auf den Uferböschungen siedeln sich robuste Pflanzen an, deren Samen durch den Wind oder durch Vögel verbreitet werden. Tauchen erst einmal kleine planktische Tiere im Wasser auf, werden die einzelligen Grünalgen dezimiert, und es pendelt sich allmählich ein Gleichgewicht ein. Nach und nach erscheinen verschiedene größere Algen und Blütenpflanzen. Libellenlarven, Wasserkäfer und Süßwasserschnecken fassen Fuß. Gibt es in der weiteren Umgebung noch natürliche Gewässer, werden auch Frösche, Molche und die ersten Fische den neuentstandenen Lebensraum entdecken. Ebenso werden mit der Zeit Fischreiher, Haubentaucher und Wildenten eine Heimat finden. Läßt der Mensch der Entwicklung ihren Lauf, bildet sich bald eine blühende Lebensgemeinschaft, die Naturliebhabern Gelegenheit zu interessanten Beobachtungen gibt.

Ein abgestorbener Baum bietet zahlreichen Wasserpflanzen ideale Wachstumsbedingungen. Zwischen den Ästen gedeihen u. a. die Kanadische Wasserpest, das Tausendblatt und der Wasserhahnenfuß. Dazwischen verbergen sich kleine Krebschen und Süßwasserschnecken

Die Uferböschungen von Kiesgruben fallen meist steil zum Wasser ab und tragen auch keine Humusschicht. Haben Gräser und Kräuter die Uferhänge stabilisiert, können sich verschiedene Weidenarten ansiedeln. Schilfrohr, Binsen und andere wasserliebende Pflanzen bilden am Ufer schmale Säume, in denen der Haubentaucher nistet

An den Rändern vieler Kiesgruben treten Pflanzengemeinschaften auf, wie sie auch für andere brachliegende Flächen typisch sind. Auf dem nährstoffarmen Boden gedeihen z. B. Waldweidenröschen, Jakobsgreiskraut und Wilde Karde

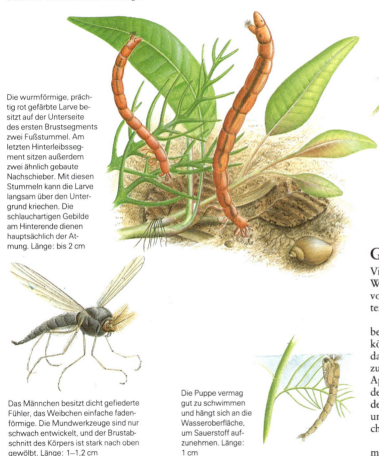

Die wurmförmige, prächtig rot gefärbte Larve besitzt auf der Unterseite des ersten Brustsegments zwei Fußstummel. Am letzten Hinterleibssegment sitzen außerdem zwei ähnlich gebaute Nachschieber. Mit diesen Stummeln kann die Larve langsam über den Untergrund kriechen. Die schlauchartigen Gebilde am Hinterende dienen hauptsächlich der Atmung. Länge: bis 2 cm

Die Eiballen quellen im Wasser zu Gallertsträngen auf und bleiben dann häufig an Wasserpflanzen hängen

Zuckmücken kommen in der Nähe vo Gewässern oft in großer Zahl vor. D Männchen haben gefiederte Fühler

Das Männchen besitzt dicht gefiederte Fühler, das Weibchen einfache fadenförmige. Die Mundwerkzeuge sind nur schwach entwickelt, und der Brustabschnitt des Körpers ist stark nach oben gewölbt. Länge: 1–1,2 cm

Die Puppe vermag gut zu schwimmen und hängt sich an die Wasseroberfläche, um Sauerstoff aufzunehmen. Länge: 1 cm

Gemeine Zuckmücke *Chironomus plumosus*

Viele Mückenarten leben im Larven- und Puppenstadium ir Wasser. Das gilt auch für die Zuckmücken, *Chironomidae* von denen über 1000 Arten in Mitteleuropa vorkommen. Un ter ihnen ist die Gemeine Zuckmücke eine der häufigsten.

Zuckmücken werden oft mit Stechmücken verwechselt. Si besitzen aber nur schwach entwickelte Mundwerkzeuge un können auch nicht stechen. Während ihres nur wenige Tag dauernden Lebens nehmen sie überhaupt keine Nahrung meh zu sich. Anders die prächtig rot gefärbten Larven, die man vo April bis September in ihren Schlammröhren am Boden stehen der und langsam fließender Gewässer beobachten kann. Besor ders reiche Nahrung, nämlich abgestorbene einzellige Alge und Pflanzenteilchen, finden sie in verschmutzten, nährstoffrei chen Gewässern, wo sie entsprechend häufig auftreten.

An warmen Sommerabenden bilden die Männchen der Ge meinen Zuckmücke große Schwärme über erhöhten Stellen i Gewässernähe. Die einzeln fliegenden Weibchen gesellen sic zu diesen Schwärmen, um sich mit den Männchen zu paaren.

Verschiedene Zweiflüglerlarven

Viele Zweiflügler besitzen beinlose Larven, die im Wasser leben. Die erwachsenen Tiere sieht man vor allem im Sommer, denn die meisten Arten, wie z.B. Büschelmücken, Schnaken und Schwebfliegen, überwintern im Larvenstadium. Die Larven der Kriebelmücken bewohnen nur schnell fließende, sauerstoffreiche Fließgewässer. Die Larven der Stechmücken und Schwebfliegen sind dagegen auf stehende Gewässer angewiesen.

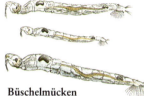

Büschelmücken
Chaoborus-Arten
Die Larve ist so durchsichtig, daß man alle Körperorgane gut erkennen kann. Besonders auffällig sind die bohnenförmigen, mit Luft gefüllten Tracheenblasen. Länge: bis 1,5 cm.

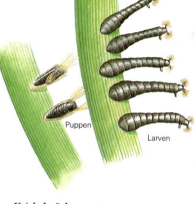

Kriebelmücken *Simulium*-Arten
Die Larve lebt nur in Fließgewässern, wo sie sich an Steinen oder Pflanzen anheftet. Mit den fächerförmigen Strudelorganen am Kopf siebt sie Nahrungsteilchen aus dem Wasser. Länge: bis 1,5 cm.

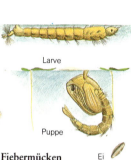

Fiebermücken
Anopheles-Arten
Die Fiebermücken zählen zur Familie der Stechmücken und sind Malariaüberträger. Die Larven liegen waagerecht ausgestreckt unter der Wasseroberfläche. Länge: bis 1 cm.

Schnaken
Dicranota-Arten
Die Larve lebt im Schlamm der verschiedensten Gewässer. Am Hinterende sitzen zwei augenähnliche Atemöffnungen. Länge: 2 cm.

Tastermücken *Dixa*-Arten
Die U-förmig gekrümmte Larve lebt auf Steinen und Blättern, über die Wasser rieselt. Länge: bis 1 cm.

Schwebfliegen *Eristalis*-Arten
Die Larven nehmen durch ein langes Atemrohr Sauerstoff aus der Luft auf. Länge: bis 2 cm.

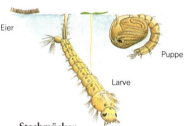

Stechmücken
Culex-Arten
Die Larven ähneln denjenigen von *Anopheles*, hängen aber schräg nach unten an der Wasseroberfläche. Länge: bis 1 cm.

Bartmücken
Ceratopogon-Arten
Die schlanken Larven der Bartmücken können recht gut schwimmen, indem sie ihren Körper abwechselnd seitwärts krümmen und wieder strecken. Länge: 1,3 cm.

SÜSSWASSERPLANKTON · Winzige Schwebeorganismen

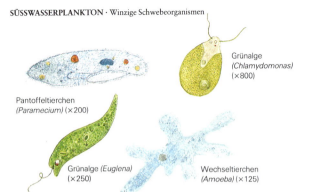

Pantoffeltierchen (*Paramecium*) (×200)

Grünalge (*Chlamydomonas*) (×800)

Grünalge (*Euglena*) (×250)

Wechseltierchen (*Amoeba*) (×125)

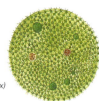

Grünalge (*Volvox*) (×75)

Grünalge (*Staurastrum*) (×125)

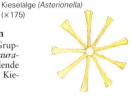

Kieselalge (*Asterionella*) (×175)

Einzeller

Euglena und *Chlamydomonas* gehören zu den geißeltragenden Grünalgen. Das Pantoffeltierchen ist mit feinen Wimpern besetzt, mit deren Hilfe es sich vorwärts bewegt. Die Amöben kriechen, indem sie gallertartige Fortsätze ausstülpen, die sogenannten Scheinfüßchen.

Kleine planktische Algen

Wichtige Vertreter dieser Gruppe sind die Grünalge *Staurastrum*, die koloniebildende Grünalge *Volvox* und die Kieselalge *Asterionella*.

Asplanchna

Brachionus

Conochilus

Keratella

Rädertierchen

Rädertierchen sind weit verbreitete Süßwasserbewohner. Ihren doppelten Wimpernkranz, das Räderorgan, benutzen sie zur Nahrungsaufnahme und Fortbewegung. Die meisten Arten sind Einzellebewesen. Länge: 0,2–0,5 mm.

Winzige Schwebeorganismen

Ende des vorigen Jahrhunderts prägte der Kieler Gelehrte Viktor Hensen den Begriff des Planktons. Damit bezeichnete er die überwiegend kleinen Tiere und Pflanzen, die im freien Wasser passiv umhertreiben. Zum Plankton gehören auch die einzelligen Algen, die sich oft in Massen entfalten und so Seen zum „Blühen" bringen können. Ebenso zählen einzellige Tiere wie Amöben und Pantoffeltierchen dazu. Sie leben von kleinsten organischen Verbindungen. Durch diese Gruppe einzelliger Organismen verläuft die Grenze zwischen Tier und Pflanze. Z.B. kann das Geißeltierchen *Euglena* unter Lichteinfluß photosynthetisch leben, in der Dunkelheit aber auch wie ein Tier Nahrung aufnehmen.

Die mikroskopisch kleinen Rädertierchen ernähren sich von pflanzlichen und tierischen Kleinlebewesen. Einige dieser Tierchen sind kleiner als große Einzeller. Wesentlich größer sind viele planktische Krebstierchen. Bei günstigen Temperaturverhältnissen und reichem Nahrungsangebot können sich die Wasserflöhe in kürzester Zeit massenhaft vermehren. Für die Brut vieler Süßwasserfische sind sie die wichtigste Nahrungsquelle.

Winzige Schwebeorganismen · **SÜSSWASSERPLANKTON**

Cyclops, reifes Weibchen mit Eisäckchen

Cyclops

Cyclops, Seitenansicht

Cyclops, Naupliuslarve

Diaptomus, Weibchen mit Eiballen

Diaptomus, Männchen

Wasserfloh, *Daphnia*, mit Eiern

Simocephalus vetulis

Ruderfüßer
Copepoda-Arten

Die oft in Massen auftretenden Ruderfüßer spielen als Fischnahrung eine wichtige Rolle. Die Tierchen sind nur wenige Millimeter lang. Einige Arten haben lange Antennen, mit denen sie ihre Schwebefähigkeit verbessern. Die Weibchen tragen ein bis zwei Eiballen am Hinterleib.

Diaptomus, Weibchen in Seitenansicht

Karpfenläuse
Argulus-Arten

Karpfenläuse leben als Parasiten an Fischen und Amphibien, können diese aber auch wieder verlassen. Länge: bis 8 mm.

Wasserflöhe

Die Wasserflöhe bilden eine artenreiche Gruppe kleiner Krebstiere. Die *Daphnia*-Arten und *S. vetulis* zählen zu den häufigsten. Im Frühjahr und Sommer schlüpfen nur Weibchen, die mehrmals Eier produzieren. Aus diesen unbefruchteten Eiern entwickeln sich wiederum weibliche Wasserflöhe. Erst im Herbst schlüpfen weibliche und männliche Tiere. Länge: um 3 mm.

Kiemenfüße
Chirocephalus-Arten

Kiemenfüße kann man schon im Frühjahr in Waldteichen und Gräben beobachten. Die verschiedenen Arten werden zwischen 2 und 3,5 cm lang.

Wasserfloh
Leptodora kindti

Wasserflöhe ergreifen ihre Beute, andere Kleinkrebse, mit den Beinen. Ihre Schale ist stark zurückgebildet. Länge: bis 1 cm.

Muschelkrebse
Candona-Arten

Muschelkrebse haben eine zweiklappige, muschelähnliche Schale. In Kleingewässern ist vor allem *Candona candida* zahlreich vertreten. Länge: bis 1,2 mm.

Kegelkopfmoos
Concephalum conicum
Dieses Lebermoos besiedelt feuchte, schattige Standorte. Länge eines Pflanzenaustriebs: bis 20 cm.

Teichlebermoos
Riccia fluitans
Das Teichlebermoos bevorzugt ruhige Gewässer. Die Blätter enthalten Luftkammern mit denen sich da Moos an der Wasser oberfläche schwimmend halten kann. E bildet dichte Bestände aus. Länge eines Polsters: bis 50 cm.

Brunnenlebermoos
Marchantia polymorpha aquatica
Die gelappte Pflanze breitet sich flach auf dem Boden von Flüssen und Feuchtgebieten aus. Länge eines Austriebs: bis 10 cm.

Spatenmoos
Scapania undulata
Die hübschen Pflanzen gedeihen in schnell strömenden Flüssen. Länge eines Austriebs: bis 4 cm.

Rhacomitrium aquaticum
Diese Moosart breite sich an Gebirgsflüssen fleckenhaft aus. Zweig länge: bis 12 cm.

Armleuchteralgen
Chara-Arten
An den Haupttrieben entspringen Kränze mit Kurzsprossen, daher das armleuchterartige Erscheinungsbild der Pflanzen. Die *Chara*-Arten bilden im Süß- und Brackwasser rasenartige Bestände. Höhe: bis 30 cm.

Torfmoos *Sphagnum plumilosum*
Die Moospolster bauen die Torfschichten in Hochmooren auf. Höhe: bis 10 cm.

Einige Algen, Moose und Farne

Zu den einfachsten Formen pflanzlichen Lebens im Süßwasse gehören mikroskopisch kleine Algen und Pilze. So klein dies Pflanzen auch sind, können sie doch die Farbe eines Gewässer maßgeblich beeinflussen, wenn sie sich nämlich unter günsti gen Bedingungen massenhaft vermehren. Auch die größere Formen dieser Sporenpflanzen kann man in allen Gewässern antreffen. Zu den bekanntesten zählen Laub- und Lebermoose Armleuchteralgen, Brachsenkräuter, Wasserfarne und Schach telhalme.

FISCHE UND ANDERE WASSERTIERE MITTELEUROPAS

Das Leben im Meer

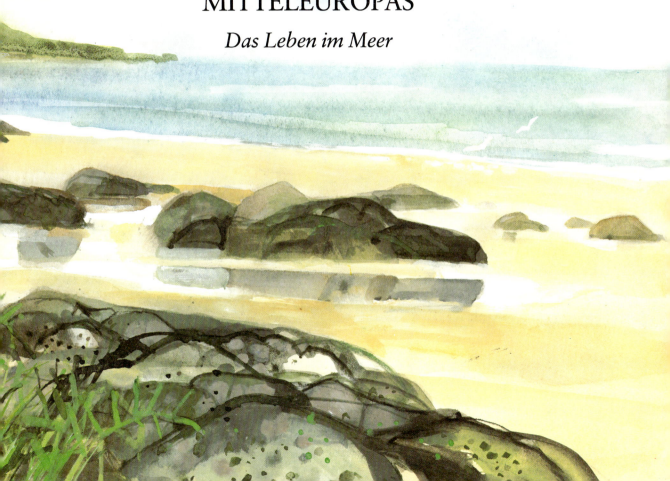

KLEINGEFLECKTER KATZENHAI · Haie und Rochen

Die Eikapsel verankert sich mit Fäden an Algen

Wenn die jungen Katzenhaie schlüpfen, sind sie etwa 10 cm lang. Sie zehren zunächst von ihrem Dotter

Im Herbst sucht das Weibchen Flachwasserzonen mit Algenbeständen auf, um zu laichen. Jedes Ei befindet sich in einer rechteckigen Hornkapsel, an deren Ecken lange, weiche Fäden hängen. Die Kapselfäden verankern das Ei an Pflanzen oder festsitzenden Tieren

Männchen

Weibchen

Bei den männlichen Haien sind die hinteren Bauchflossenstrahlen zu Klammerorganen umgewandelt. Mit ihnen halten sie bei der Paarung das Weibchen fest

Bei der Paarung befruchtet das Männchen die Eier durch die Kloake, eine Körperöffnung des Weibchens

Haie tragen anstelle von Schuppen Hautzähne. Ihre Körperoberfläche fühlt sich deshalb wie Schmirgelpapier an

Die Kleingefleckten Katzenhaie – hier ein ganz junges Tier – bewohnen die Küstengewässer von Südeuropa über die Nordsee bis zum Kattegat

Oberseite und Flanken haben einen sandfarbenen Grundton und sind mit kleinen dunklen Flecken übersät. Die Bauchseite ist cremefarben. Länge: 50–100 cm

| Kleingefleckter Katzenhai | Großgefleckter Katzenhai |

Beim Großgefleckten Katzenhai sind die Nasenlappen geteilt und reichen nicht bis zum Maul

Großgefleckter Katzenhai
Scyliorhinus stellaris
Seine erste Rückenflosse sitzt etwas weiter vorne als bei seinem kleinen Vetter, die Flecke sind größer. Er wagt sich nur selten über die Biskaya hinaus nach Norden vor. Länge: 80 bis 120 cm.

Kleingefleckter Katzenhai *Scyliorhinus caniculus*

Haie und Rochen sind Knorpelfische, das ist eine altertümliche Tiergruppe, die schon seit über 250 Millionen Jahren existiert. Bei ihnen besteht das Skelett aus Knorpel, nur die Kopfkapsel und die Wirbelsäule sind durch Kalksalze verstärkt. Echte Knochen sind bei keinem Knorpelfisch vorhanden. Das Maul ist als unterständige Querspalte ausgebildet; daher spricht man auch von sogenannten Quermäulern. Die Kiefer tragen kräftige Zähne. Sie werden ersetzt, sobald sie abgenutzt oder ausgefallen sind.

Der Kleingefleckte Katzenhai gehört zu unseren häufigsten Haien. Er hält sich stets in Küstennähe auf und sucht am Boden nach Muscheln, Schnecken, Krebsen und kleinen Fischen. Nur selten erbeutet er gute Schwimmer, denn er erkennt die Nahrung nicht mit seinem Gesichtssinn, sondern wittert sie.

Die Tiere paaren sich im Herbst. Die Eier werden im Körper des Weibchens befruchtet und erst nach einigen Wochen zwischen Seetang abgelegt. Die gelblichen Eikapseln kann man oft am Spülsaum von Stränden finden.

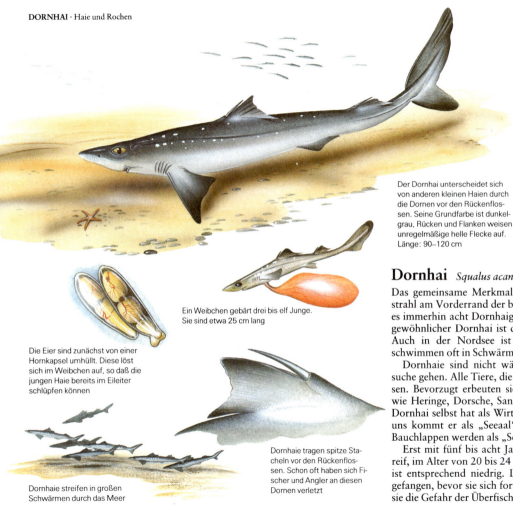

Der Dornhai unterscheidet sich von anderen kleinen Haien durch die Dornen vor den Rückenflossen. Seine Grundfarbe ist dunkelgrau, Rücken und Flanken weisen unregelmäßige helle Flecke auf. Länge: 90–120 cm

Der Dornhai ist der häufigste Hai in unseren Breiten. Er wird mit Grundangel und Schleppnetzen gefangen.

Ein Weibchen gebärt drei bis elf Junge. Sie sind etwa 25 cm lang.

Die Eier sind zunächst von einer Hornkapsel umhüllt. Diese löst sich im Weibchen auf, so daß die jungen Haie bereits im Eileiter schlüpfen können.

Dornhaie tragen spitze Stacheln vor den Rückenflossen. Schon oft haben sich Fischer und Angler an diesen Dornen verletzt.

Dornhaie streifen in großen Schwärmen durch das Meer.

Dornhai *Squalus acanthias*

Das gemeinsame Merkmal der Dornhaiarten ist der Stachelstrahl am Vorderrand der beiden Rückenflossen. Weltweit gibt es immerhin acht Dornhaigattungen mit rund 50 Arten. Unser gewöhnlicher Dornhai ist der häufigste Hai im Nordatlantik. Auch in der Nordsee ist er zahlreich vertreten. Dornhaie schwimmen oft in Schwärmen mit bis zu 1000 Tieren.

Dornhaie sind nicht wählerisch, wenn sie auf Nahrungssuche gehen. Alle Tiere, die sie leicht erwischen, werden gefressen. Bevorzugt erbeuten sie deshalb schwarmbildende Fische wie Heringe, Dorsche, Sandaale, aber auch Tintenfische. Der Dornhai selbst hat als Wirtschaftsfisch Bedeutung erlangt. Bei uns kommt er als „Seeaal" in den Handel, die geräucherten Bauchlappen werden als „Schillerlocken" angeboten.

Erst mit fünf bis acht Jahren werden die Tiere geschlechtsreif, im Alter von 20 bis 24 sterben sie. Ihre Fortpflanzungsrate ist entsprechend niedrig. Leider werden Dornhaie oft schon gefangen, bevor sie sich fortgepflanzt haben. Daher besteht für sie die Gefahr der Überfischung!

Haie und Rochen · **GLATTHAI**

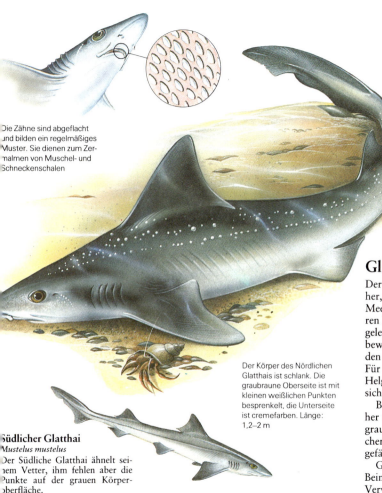

Die Zähne sind abgeflacht und bilden ein regelmäßiges Muster. Sie dienen zum Zermalmen von Muschel- und Schneckenschalen.

Die Hautzähne sind bei den Glatthaien nur schwach entwickelt.

Der Körper des Nördlichen Glatthais ist schlank. Die graubraune Oberseite ist mit kleinen weißlichen Punkten besprenkelt, die Unterseite ist cremefarben. Länge: 1,2–2 m

Südlicher Glatthai
Mustelus mustelus

Der Südliche Glatthai ähnelt seinem Vetter, ihm fehlen aber die Punkte auf der grauen Körperoberfläche.

Glatthaie leben von Bodentieren. Im Sommer suchen sie Küstengewässer auf, wo sie oft gefangen werden

Glatthai *Mustelus asterias*

Der Name Glatthai rührt von der verhältnismäßig glatten Haut her, die den Vertretern dieser Gattung eigen ist. In unseren Meeresbreiten trifft man nur zwei Glatthaiarten, den häufigeren Nördlichen Glatthai und den Südlichen Glatthai, der nur gelegentlich bis zur Nordsee vorstößt. Der Nördliche Glatthai bewohnt den nördlichen Ostatlantik von Nordwestafrika über den Ärmelkanal bis zur Nordsee, außerdem das Mittelmeer. Für den Menschen ist er ungefährlich. In der Umgebung von Helgoland schätzt man ihn als Sportfisch. Glatthaie scharen sich gern zusammen und legen so große Strecken zurück.

Beide Glatthaiarten sind sich sehr ähnlich und wurden früher auch nicht unterschieden. Der Nördliche Glatthai hat eine graubraune Oberseite, graue Flecke und einige Reihen weißlicher Flecke. Der Südliche Glatthai dagegen ist durchweg grau gefärbt, die Bauchseite ist etwas heller.

Glatthaie tragen ihre Jungen etwa zehn Monate lang aus. Beim Nördlichen Glatthai sind es bis zu 30, beim südlichen Verwandten 10 bis 20 Nachkömmlinge.

HUNDSHAI · Haie und Rochen

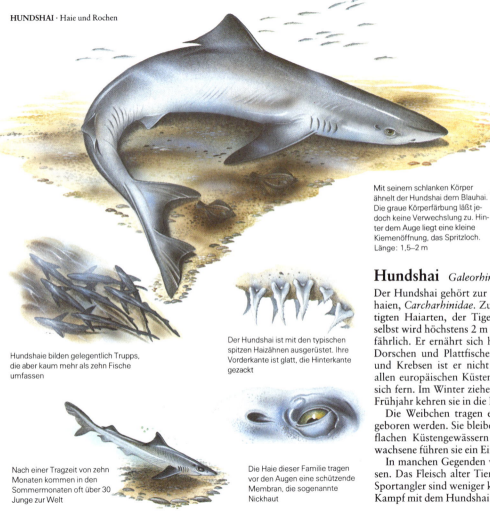

Mit seinem schlanken Körper ähnelt der Hundshai dem Blauhai. Die graue Körperfärbung läßt jedoch keine Verwechslung zu. Hinter dem Auge liegt eine kleine Kiemenöffnung, das Spritzloch. Länge: 1,5–2 m

Hundshaie bilden gelegentlich Trupps, die aber kaum mehr als zehn Fische umfassen

Der Hundshai ist mit den typischen spitzen Haizähnen ausgerüstet. Ihre Vorderkante ist glatt, die Hinterkante gezackt

Nach einer Tragzeit von zehn Monaten kommen in den Sommermonaten oft über 30 Junge zur Welt

Die Haie dieser Familie tragen vor den Augen eine schützende Membran, die sogenannte Nickhaut

Der harmlose Hundshai ist in Küstennähe anzutreffen. Er bevorzugt Tiefen zwischen 40 und 100 m

Hundshai *Galeorhinus galeus*

Der Hundshai gehört zur artenreichsten Haifamilie, den Blauhaien, *Carcharhinidae*. Zu ihnen zählen u. a. auch die berüchtigten Haiarten, der Tiger- und der Blauhai. Der Hundshai selbst wird höchstens 2 m lang und ist für den Menschen ungefährlich. Er ernährt sich hauptsächlich von Bodenfischen wie Dorschen und Plattfischen, aber auch Muscheln, Schnecken und Krebsen ist er nicht abgeneigt. Hundshaie kommen an allen europäischen Küsten vor, nur von der Ostsee halten sie sich fern. Im Winter ziehen sie südwärts in tieferes Wasser, im Frühjahr kehren sie in die Küstengewässer zurück.

Die Weibchen tragen etwa 30 Junge aus, die im Sommer geboren werden. Sie bleiben zunächst zusammen und halten in flachen Küstengewässern nach Nahrung Ausschau. Als Erwachsene führen sie ein Einzelgängerdasein.

In manchen Gegenden werden die jungen Hundshaie gegessen. Das Fleisch alter Tiere dagegen ist zäh und nicht beliebt. Sportangler sind weniger kritisch, sie schätzen den aufregenden Kampf mit dem Hundshai.

Haie und Rochen · **BLAUHAI**

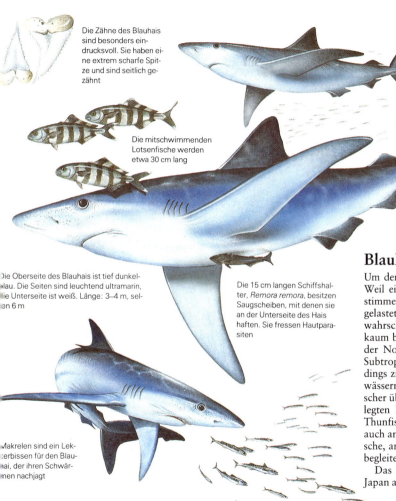

Die Zähne des Blauhais sind besonders eindrucksvoll. Sie haben eine extrem scharfe Spitze und sind seitlich gezähnt

Die mitschwimmenden Lotsenfische werden etwa 30 cm lang

Die Oberseite des Blauhais ist tief dunkelblau. Die Seiten sind leuchtend ultramarin, die Unterseite ist weiß. Länge: 3–4 m, selten 6 m

Die 15 cm langen Schiffshalter, *Remora remora*, besitzen Saugscheiben, mit denen sie an der Unterseite des Hais haften. Sie fressen Hautparasiten

Makrelen sind ein Leckerbissen für den Blauhai, der ihren Schwärmen nachjagt

Der berüchtigte Blauhai ist im offenen Meer zu Hause. Von Zeit zu Zeit erscheint er auch in der Nordsee

Blauhai *Prionace glauca*

Um den Blauhai ranken sich unzählige Seemannsgeschichten. Weil ein schnell schwimmender Hai aber nur schwer zu bestimmen ist, werden ihm sicher einige Untaten zu Unrecht angelastet. Daß er badende Personen angreift, ist sehr wenig wahrscheinlich, denn als typischer Hochseefisch dringt er kaum bis in die Küstenzonen vor. Von Zeit zu Zeit wird er in der Nordsee gesichtet, bei weitem verbreiteter ist er in den Subtropen und Tropen. In warmen Sommern stößt er allerdings ziemlich weit nach Norden vor. In südeuropäischen Gewässern beklagen sich vor allem die Sardinen- und Makrelenfischer über die Blauhaie, denn sie richten Schäden an den ausgelegten Netzen an. Im offenen Meer verfolgen sie Herings-, Thunfisch- und Makrelenschwärme. Gelegentlich greifen sie auch andere Haie, junge Robben und Kopffüßer, z. B. Tintenfische, an. Oft werden sie von Lotsenfischen, *Naucrates ductor*, begleitet, die sich von den Nahrungsabfällen ernähren.

Das Fleisch des Blauhais ist nicht gerade schmackhaft. In Japan allerdings wird es sehr geschätzt.

RIESENHAI · Haie und Rochen

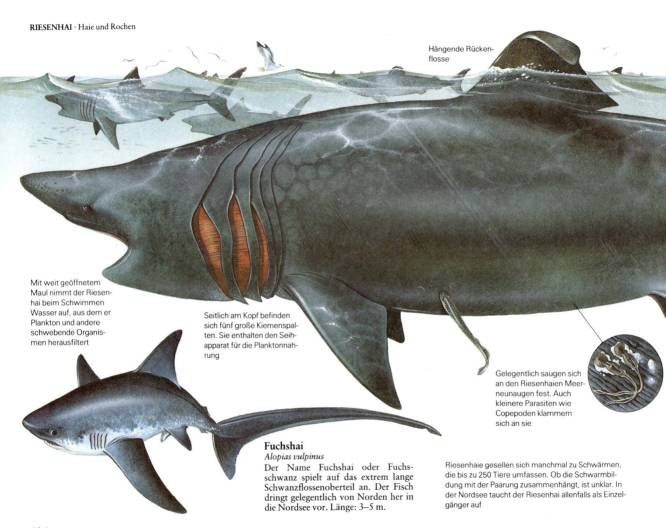

Hängende Rückenflosse

Mit weit geöffnetem Maul nimmt der Riesenhai beim Schwimmen Wasser auf, aus dem er Plankton und andere schwebende Organismen herausfiltert

Seitlich am Kopf befinden sich fünf große Kiemenspalten. Sie enthalten den Seihapparat für die Planktonnahrung

Gelegentlich saugen sich an den Riesenhaien Meerneunaugen fest. Auch kleinere Parasiten wie Copepoden klammern sich an sie

Fuchshai
Alopias vulpinus

Der Name Fuchshai oder Fuchsschwanz spielt auf das extrem lange Schwanzflossenoberteil an. Der Fisch dringt gelegentlich von Norden her in die Nordsee vor. Länge: 3–5 m.

Riesenhaie gesellen sich manchmal zu Schwärmen, die bis zu 250 Tiere umfassen. Ob die Schwarmbildung mit der Paarung zusammenhängt, ist unklar. In der Nordsee taucht der Riesenhai allenfalls als Einzelgänger auf

Haie und Rochen · **RIESENHAI**

Riesenhaie sind im Nordatlantik beheimatet. Im Sommer lassen sie sich gern an der Wasseroberfläche treiben. Dann wird ihre Rückenflosse sichtbar

Die Kiemenreusen bestehen aus langen, dünnen Hornborsten, die das Plankton ausfiltern

Riesenhai *Cetorhinus maximus*

Trotz seiner gewaltigen Ausmaße und seines furchteinflößenden Aussehens ist der Riesenhai ein harmloser Hochseebewohner. Er gehört zu den größten Fischen und soll bis zu 14 m lang werden. Ein Tier dieser Größe wiegt etwa 4 t. Der Riesenhai ernährt sich ausschließlich von Plankton. Im Gegensatz zu den anderen Haien besitzt er fünf sehr große Kiemenöffnungen, die für ihn lebensnotwendig sind. Er nimmt mit geöffnetem Mund stündlich bis zu 1500 t Wasser auf, das er durch die Kiemenöffnungen wieder abgibt. Dabei bleiben Planktonorganismen in seinen Kiemenreusen hängen.

Über die Lebens- und Verhaltensweise der Riesenhaie weiß man noch nicht viel. Sie sind lebendgebärend und bringen ein, manchmal auch zwei 1,5 m lange Junge zur Welt. Bis zur Geschlechtsreife vergehen drei bis vier Jahre.

Riesenhaie sind als Tranlieferanten begehrt; aus einer Leber kann man bis zu 2000 l Tran gewinnen. Ihr Bestand ist heute akut bedroht. Nur eine vollkommene Schonung kann diese eindrucksvollen Tiere vor der Ausrottung bewahren.

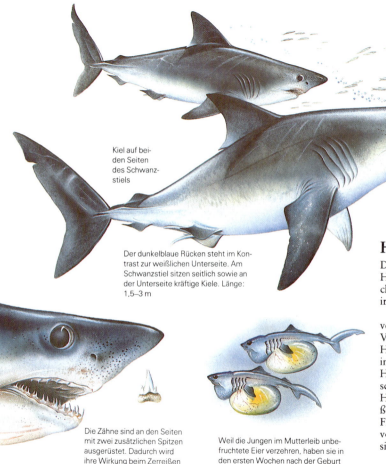

Kiel auf beiden Seiten des Schwanzstiels

Der dunkelblaue Rücken steht im Kontrast zur weißlichen Unterseite. Am Schwanzstiel sitzen seitlich sowie an der Unterseite kräftige Kiele. Länge: 1,5–3 m

Die Zähne sind an den Seiten mit zwei zusätzlichen Spitzen ausgerüstet. Dadurch wird ihre Wirkung beim Zerreißen der Beute verstärkt.

Weil die Jungen im Mutterleib unbefruchtete Eier verzehren, haben sie in den ersten Wochen nach der Geburt aufgetriebene „Dottermägen"

Heringshaie erbeuten Makrelen, Heringe, Tintenfische, Dorsche und sogar Dornhaie

Der räuberische Heringshai wird gelegentlich in den Gewässern um Helgoland gesichtet

Heringshai *Lamna nasus*

Der Heringshai hat zwar Verwandte, die zu den gefürchtetsten Haien gehören, er selbst aber ist harmlos. Er ist ein ausgesprochener Hochseehai, der sich nur selten in Küstengewässer verirrt. Für Badende stellt er deshalb auch keine Gefahr dar.

Heringshaie sind in britischen und norwegischen Gewässern verhältnismäßig häufig anzutreffen. In der Nordsee liegt ihr Verbreitungsschwerpunkt im nördlichen Teil. Wie viele ihrer Haiverwandten ziehen sie im Sommer in nördlichere Gewässer, im Winter dagegen in wärmere, südliche Meeresregionen. Der Heringshai ist ein hervorragender Schwimmer, eine Eigenschaft, die ihm sehr zugute kommt, wenn er Makrelen und Heringe jagt. Auch gefüllte Fischernetze üben auf ihn eine große Anziehungskraft aus. Er plündert sie und ist deshalb bei den Fischern ziemlich verrufen. Das Fleisch des Heringshais wird vor allem aus Norwegen importiert. Es kommt unter Phantasienamen wie Karbonaden- oder Kalbfisch in den Handel.

Das Weibchen trägt bis zu vier Junge aus. Sie reifen in der Gebärmutter heran.

Meerengel unterscheiden sich von ihren Haiverwandten durch den rochenähnlichen Vorderkörper, die breiten, flügelförmigen Brust- und Bauchflossen und das breite Maul. Ihre Oberseite ist sandfarben, die Unterseite hell. Länge: bis 2,2 m

Wie viele andere Haie bringt der Meerengel seine Jungen voll entwickelt zur Welt

Die Spritzlöcher hinter den Augen sind größer als die Augen selbst

Meerengel erinnern äußerlich an Rochen, sind aber Haie. In der Nordsee trifft man sie das ganze Jahr über

Gemeiner Meerengel *Squatina squatina*

Unser Gemeiner Meerengel gehört zu den Engelhaien und damit zu den Haien. Seine Körperform ähnelt aber viel eher der der Rochen. Seinen Namen verdankt er den breiten Brustflossen, die an Engelsflügel erinnern.

Die beiden Rückenflossen tragen keine Dornen. Der Hinterkörper ist zylinderförmig. Meerengel sind gute Schwimmer, die wie die „normal" geformten Haie durch Schlängelbewegungen vorwärts kommen. Ihr Leben spielt sich aber vorwiegend am Sandgrund ab, in den sie sich mitunter auch eingraben. Dort finden sie ihre Nahrung, nämlich Bodenfische, Krebse und Weichtiere. Im Winter leben sie in tieferem Wasser, im Sommer suchen sie flache Küstengewässer auf, wo sie sich auch paaren. Das Weibchen trägt 7 bis 25 Junge aus.

Meerengel sind ohne wirtschaftliche Bedeutung. Früher wurde lediglich ihre rauhe Haut zum Polieren von Holz und als Heilmittel gegen Hautkrankheiten verwendet. Große Exemplare angelt man heute gern. Die gebratenen Fleischstreifen sollen an Krebsfleisch erinnern.

GLATTROCHEN · Haie und Rochen

Die fünf Kiemenöffnungen auf der Unterseite sind deutlich sichtbar. Jungtiere haben einige Dornen in Augennähe

Bei Glattrochen findet eine innere Befruchtung statt. Die Männchen besitzen Begattungsorgane

Die sehr große, grünliche Eikapsel wird an Steinen oder Tangen befestigt. Sie kann bis zu 25 cm lang und 14 cm breit sein

Bis die Jungen aus den Eikapseln schlüpfen, vergehen zwei bis fünf Monate

Glattrochen sind Bewohner der Küstenzonen. Sie ernähren sich von Bodenfischen, Krebsen und Weichtieren

Die Zahnreihen sind so angeordnet, daß die Beute leicht zerkleinert werden kann

Beide Geschlechter tragen vereinzelt Dornen, meist in Augennähe. Eine Dornenreihe, mitunter auch drei, verläuft entlang der Mittellinie auf dem Schwanz. Die graubraune Oberseite ist dunkel gefleckt, die Unterseite ist blaugrau. Die Weibchen werden bis zu 2,5 m lang, die Männchen bleiben etwas kleiner

Glattrochen *Raja batis*

Der Glattrochen ist nur spärlich bedornt. Der Rücken ist dornenfrei, lediglich der Schwanz trägt ein oder zwei Dornenreihen. Auch in der Augengegend sitzen einige Dornen.

Der Glattrochen ist in den flachen Küstengewässern Europas zu Hause. Die intensive Befischung hat dazu geführt, daß seine Bestände vor allem in der Nordsee, im Skagerrak und vor der norwegischen Küste stark zurückgegangen sind. Wer in Deutschland „Seeforelle" ersteht, erhält Glattrochenfleisch in frischer, marinierter oder geräucherter Form. Kleine Fleischstücke werden als „Dosenhummer" angeboten.

Damit man rechtzeitig erkennen kann, ob eine Fischart wie der Glattrochen bedroht ist, führen Fischereibiologen gelegentlich Bestandsmessungen durch. Aus der Größenverteilung ergibt sich dann, ob und wie sehr die betreffende Fischart gefährdet ist. Wenn nachgewiesen ist, daß Schutzmaßnahmen notwendig sind, heißt das aber nicht, daß auch ein entsprechender Beschluß gefaßt wird. Oft werden die Belange der nationalen Fischereien über die ökologischen Erfordernisse gestellt.

Haie und Rochen · SCHWARZER ZITTERROCHEN

Die Färbung der Fische fällt sehr verschieden aus. Rotbraun und Grünschwarz sind gängige Farbtöne

Der Körper hat einen runden Umriß. Der Schwanz ist verhältnismäßig kurz, die Haut glatt und unbedornt. Die Oberseite ist normalerweise dunkel gefärbt, die Unterseite hell. Zwischen den beiden Rückenflossen liegt ein deutlicher Zwischenraum. Länge: 1,5–1,8 m

Auf jeder Kopfseite sitzt ein elektrisches Organ, mit dem Schläge zwischen 45 und 220 V erzeugt werden können

Zitterrochen bewegen sich gern auf sandigem Grund. In der Nordsee und im Ärmelkanal sind sie selten zu Gast

Schwarzer Zitterrochen *Torpedo nobiliana*

Zitterrochen sind mit elektrischen Organen ausgestattet, die beiderseits des Kopfes sitzen. Sie sind aus zahlreichen säulenförmigen Gebilden zusammengesetzt, die wie Bienenwaben angeordnet sind. Dabei handelt es sich um spezialisiertes Nerven- und Muskelgewebe. Jedes Organ erhält mehrere hundert solcher Säulen. Die Unterseite des elektrischen Organs ist negativ geladen, die Oberseite wirkt als Pluspol. Eine elektrische Entladung kann Stärken zwischen 45 und 220 V erreichen, genug, um einen erwachsenen Menschen zu lähmen. Zitterrochen nutzen ihre besondere Fähigkeit einerseits zur Verteidigung gegenüber Feinden, andererseits zur Betäubung ihrer Beute, die hauptsächlich aus Bodenfischen besteht.

Der Schwarze Zitterrochen und andere Vertreter seiner Gattung dringen nur selten bis in den Ärmelkanal und in die südliche Nordsee vor.

Zitterrochen sind lebendgebärend. In einem Muttertier wurden einmal 60 Embryos gezählt. Die Jungtiere kommen vermutlich in südlicheren Meeresgebieten zur Welt.

NAGELROCHEN · Haie und Rochen

Das Männchen hat verlängerte Bauchlappen, die es in die Geschlechtsöffnung des Weibchens einführt. Mit den Dornen an den Bauchflossen hält es das Weibchen fest

Die großen Dornen auf der Oberseite sitzen auf festen Basalplatten

Hinter jedem Auge befindet sich ein Spritzloch, durch das der Rochen Atemwasser aufnimmt, wenn er auf dem Boden liegt

Die Eikapsel mißt 4 × 6 cm. Die vier Ecken sind zu Dornen verlängert. Durch Öffnungen gelangt frisches Wasser zum Embryo

Nach etwa vier Monaten schlüpfen die Jungen. Sie tragen noch einige Zeit ihren Dottersack

Der Nagelrochen ist der häufigste Nordseerochen. Er sucht im Sand- oder Schlammboden nach Kleintieren

Auf der grau-braun marmorierten Oberseite sitzen die charakteristischen Dornen. Die Männchen erreichen eine Länge von 70 cm, die Weibchen werden mit maximal 120 cm deutlich größer

Nagelrochen *Raja clavata*

Die braune, oft marmorierte Oberseite des Nagelrochens ist mit zahlreichen Dornen besetzt, die ihm den Namen gaben. Die Männchen sind etwas sparsamer bedornt als die Weibchen.

Der Nagelrochen bewohnt alle europäischen Küstengewässer vom Mittelmeer bis nach Nordnorwegen und Island. In der Nordsee ist er der häufigste Rochen. Auch in die westliche Ostsee dringt er vor. Meist trifft man ihn in Tiefen zwischen 10 und 60 m. Er legt zwar keine großen Wanderungen zurück, wechselt aber im Frühjahr doch gern in flachere Küstengewässer über. Dabei machen die geschlechtsreifen Weibchen den Anfang, die Männchen folgen etwas später nach. Während des Sommers werden sporadisch bis zu 20 rechteckige Eikapseln abgelegt. Sie haben eine Größe von 4 × 6 cm. Die Kapselwand ist mit kleinen Öffnungen versehen, durch die Atemwasser ins Kapselinnere zu den Jungen gelangt. Bis diese schlüpfen, vergehen vier bis fünf Monate.

Nagelrochen trifft man häufig auf Fischmärkten in den britischen, niederländischen und französischen Küstenstädten.

Drei Rochen nördlicher Meere

Alle Vertreter der Rochenfamilie haben eine flache Körpergestalt und sind damit ihrem Bodenleben angepaßt. Wie die Haie sind sie Knorpelfische, besitzen also keine Knochen. Ihr rhombischer Umriß rührt von den breit ausgezogenen Brustflossen her. Viele Arten werden regelmäßig, andere nur gelegentlich kommerziell verwendet.

Rochen wachsen im allgemeinen langsam. Oft pflanzen sie sich erst nach sechs bis acht Jahren fort. Ein Nagelrochen legt in einem Sommer nur etwa 20 Eier, von denen zudem einige absterben. So kommt es nicht von ungefähr, daß die Rochen in manchen Meeresgebieten zu den bedrohten Tierarten zählen.

Giftstachel

Stechrochen
Dasyatis pastinaca
Der seltene Stechrochen hat eine blaugraue Oberseite. Am peitschenförmigen Schwanz befindet sich ein scharfer Giftstachel. Länge: 1,5–2,5 m.

Der mit Widerhaken besetzte Giftstachel verursacht schwer heilende Wunden

Die großen Dornen auf der Oberseite entspringen jeweils einer massiven gerifelten Platte

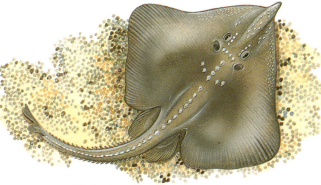

Sternrochen
Raja radiata
An Rücken und Schwanz sitzen in unregelmäßiger Anordnung grobe Dornen. Sternrochen leben in großen Tiefen (400–1000 m). Länge: 60–80 cm.

Weißrochen
Raja lintea
Weißrochen haben eine helle, stachelbesetzte Oberseite. Drei Dornenreihen laufen den Schwanz entlang. Länge: bis 2 m.

MEERAAL · Meeraale

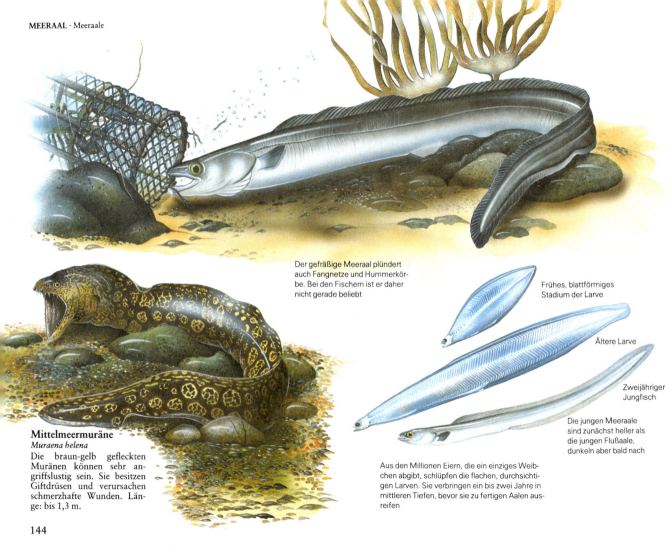

Der gefräßige Meeraal plündert auch Fangnetze und Hummerkörbe. Bei den Fischern ist er daher nicht gerade beliebt

Mittelmeermuräne
Muraena helena
Die braun-gelb gefleckten Muränen können sehr angriffslustig sein. Sie besitzen Giftdrüsen und verursachen schmerzhafte Wunden. Länge: bis 1,3 m.

Frühes, blattförmiges Stadium der Larve

Ältere Larve

Zweijähriger Jungfisch

Die jungen Meeraale sind zunächst heller als die jungen Flußaale, dunkeln aber bald nach

Aus den Millionen Eiern, die ein einziges Weibchen abgibt, schlüpfen die flachen, durchsichtigen Larven. Sie verbringen ein bis zwei Jahre in mittleren Tiefen, bevor sie zu fertigen Aalen ausreifen

Meeraale · **MEERAAL**

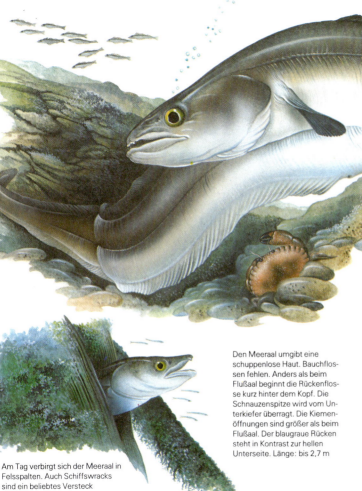

Der Meeraal fühlt sich an Felsküsten besonders wohl. Aber auch Wracks und Kunstbauten wie Wellenbrecher oder Molen bieten ihm Unterschlupf

Am Tag verbirgt sich der Meeraal in Felsspalten. Auch Schiffswracks sind ein beliebtes Versteck

Den Meeraal umgibt eine schuppenlose Haut. Bauchflossen fehlen. Anders als beim Flußaal beginnt die Rückenflosse kurz hinter dem Kopf. Die Schnauzenspitze wird vom Unterkiefer überragt. Die Kiemenöffnungen sind größer als beim Flußaal. Der blaugraue Rücken steht in Kontrast zur hellen Unterseite. Länge: bis 2,7 m

Meeraal *Conger conger*

Der Meeraal ist ein kräftiger Raubfisch, der sich auf alles stürzt, was sich am Meeresboden bewegt. Seine Opfer sind vor allem Tintenfische, Kraken, verschiedene Fische und Krebse. Er bewohnt die mittel- und westeuropäischen Küsten, kommt aber auch im Mittelmeer vor. Während sich die kleineren Meeraale eher in Küstennähe aufhalten, ziehen die großen tiefere Wasserschichten vor. Anders als ihre Verwandten, die Flußaale, meiden sie das Süßwasser.

Wenn die Tiere geschlechtsreif werden, nehmen sie keine Nahrung zu sich. Jetzt setzt die Entwicklung der Keimdrüsen ein. Die Meeraale unternehmen nun ausgedehnte Laichwanderungen. Man vermutet, daß sie im Nordatlantik zwischen der Sargassosee und dem Mittelmeer in Tiefen von rund 2500 m laichen. Danach sterben die Fische.

Meeraale werden mit Langleinen gefangen, fallen aber auch als Beifang bei der Schleppnetzfischerei an. Obwohl das Fleisch eigentlich nicht besonders schmackhaft ist, werden in Westeuropa jährlich 6000–9000 t angelandet.

HERING · Heringsfische

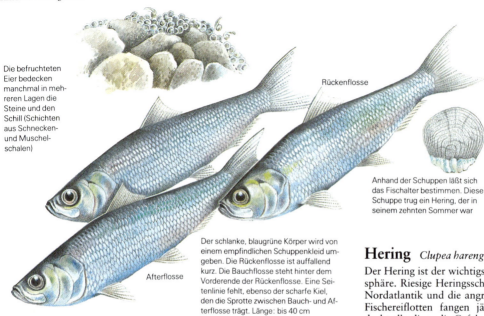

Die befruchteten Eier bedecken manchmal in mehreren Lagen die Steine und den Schill (Schichten aus Schnecken- und Muschelschalen)

Rückenflosse

Anhand der Schuppen läßt sich das Fischalter bestimmen. Diese Schuppe trug ein Hering, der in seinem zehnten Sommer war

Afterflosse

Der schlanke, blaugrüne Körper wird von einem empfindlichen Schuppenkleid umgeben. Die Rückenflosse ist auffallend kurz. Die Bauchflosse steht hinter dem Vorderende der Rückenflosse. Eine Seitenlinie fehlt, ebenso der scharfe Kiel, den die Sprotte zwischen Bauch- und Afterflosse trägt. Länge: bis 40 cm

Heringe haben feste Laichplätze, die sie in Schwärmen aufsuchen. Ihre Wanderwege hat man systematisch erforscht

Hering *Clupea harengus*

Der Hering ist der wichtigste Speisefisch der nördlichen Hemisphäre. Riesige Heringsschwärme durchstreifen den gesamten Nordatlantik und die angrenzenden Meere. Die europäischen Fischereiflotten fangen jährlich 600 000–700 000 t. Heute droht allerdings die Gefahr der Überfischung, denn man kennt das biologische Verhalten der Heringsschwärme inzwischen so genau, daß man sie sehr gezielt und gründlich abfischen kann. Früher fing man die Heringe überwiegend in Fischwehren und Reusen. Ein historischer Heringszaun aus Reisigbündeln kann noch heute in Kappeln an der Schlei besichtigt werden.

Auf ihren ausgedehnten Wanderungen durch das freie Wasser nehmen die Heringe winzige Planktontiere auf. Je nachdem, welches Laich- und Wanderverhalten die Fische an den Tag legen, werden sie von den Fischereibiologen in Rassen eingeteilt. Für die Fischerei hat der winterlaichende Norwegische Hering die größte Bedeutung. Auch die Ostsee beherbergt eine eigene Rasse, die im Frühjahr in die Buchten und Förden zieht, um zu laichen.

Kielschuppen

Sprotte
Sprattus sprattus
Die kleinere Sprotte ist leicht an den scharfen Kielschuppen zwischen Bauch- und Afterflosse zu erkennen. Sie ist ein wichtiger Fischereifisch. Länge: 12–16 cm.

Die frisch geschlüpften Heringe sind 7 bis 8 mm lang. Sie haben nach acht Tagen ihren Dotter verbraucht und machen dann Jagd auf mikroskopisch kleines Plankton

Dorschfische · **FRANZOSENDORSCH**

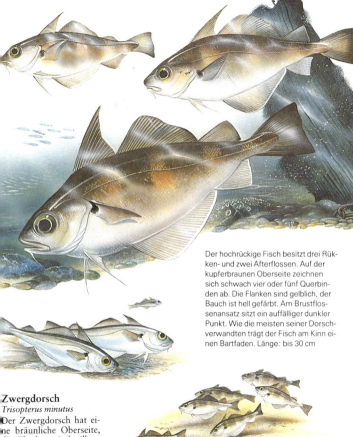

Franzosendorsche schließen sich in Küstengewässern über felsigem Untergrund zu Schulen zusammen

Der hochrückige Fisch besitzt drei Rücken- und zwei Afterflossen. Auf der kupferbraunen Oberseite zeichnen sich schwach vier oder fünf Querbinden ab. Die Flanken sind gelblich, der Bauch ist hell gefärbt. Am Brustflossenansatz sitzt ein auffälliger dunkler Punkt. Wie die meisten seiner Dorschverwandten trägt der Fisch am Kinn einen Bartfaden. Länge: bis 30 cm

Zwergdorsch
Trisopterus minutus
Der Zwergdorsch hat eine bräunliche Oberseite, die Flanken sind silbergrau. Am Kinn hängt ebenfalls ein langer Bartfaden. Länge: 20–23 cm.

Junge Franzosendorsche kommen in großer Zahl auf Sandgrund in küstennahen Gewässern vor

Franzosendorsch *Trisopterus luscus*

Mit seinem hohen Rücken und seiner Kupferfarbe ist der Franzosendorsch leicht von den anderen Vertretern der Dorschfamilie zu unterscheiden. Auch bleibt er kleiner als die meisten seiner Verwandten; nur selten wird er länger als 30 cm. Der Franzosendorsch verirrt sich nur gelegentlich in die freie Nordsee und in das Skagerrak. Man trifft ihn viel eher in Küstennähe, und zwar auf dem europäischen Schelf über Felsgrund. Franzosendorsche sind ausgeprägte Schwarmfische. Sie suchen gemeinsam nach kleinen Fischen und allerlei Krebsen, insbesondere Garnelen. Abgelaicht wird im Frühjahr in Wassertiefen zwischen 50 und 70 m. Die frei schwebenden Eier entwickeln sich innerhalb von zehn bis zwölf Tagen. Die Jungen gewinnen rasch an Größe. Die Größenzunahme läßt aber nach, sobald die Fische geschlechtsreif werden.

Der Zwergdorsch, *Trisopterus minutus*, bleibt ebenfalls zu klein, um als Nutzfisch eine große Rolle zu spielen. Nur in Spanien und Portugal genießt der etwas größere Franzosendorsch als Speisefisch ein recht hohes Ansehen.

DORSCH · Dorschfische

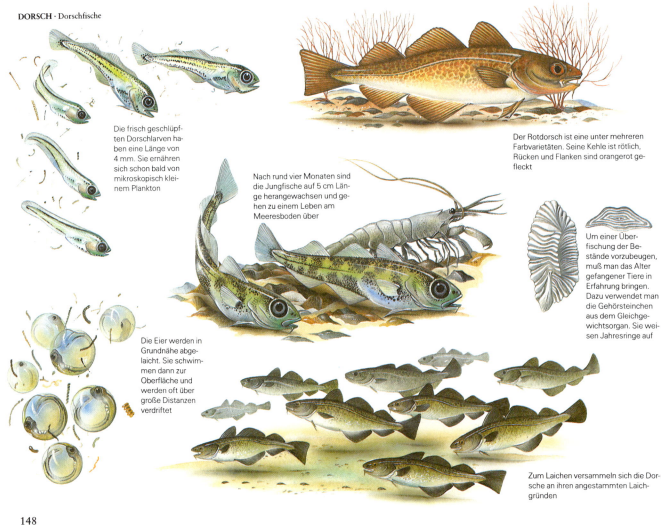

Die frisch geschlüpften Dorschlarven haben eine Länge von 4 mm. Sie ernähren sich schon bald von mikroskopisch kleinem Plankton

Der Rotdorsch ist eine unter mehreren Farbvarietäten. Seine Kehle ist rötlich, Rücken und Flanken sind orangerot gefleckt

Nach rund vier Monaten sind die Jungfische auf 5 cm Länge herangewachsen und gehen zu einem Leben am Meeresboden über

Um einer Überfischung der Bestände vorzubeugen, muß man das Alter gefangener Tiere in Erfahrung bringen. Dazu verwendet man die Gehörsteinchen aus dem Gleichgewichtsorgan. Sie weisen Jahresringe auf

Die Eier werden in Grundnähe abgelaicht. Sie schwimmen dann zur Oberfläche und werden oft über große Distanzen verdriftet

Zum Laichen versammeln sich die Dorsche an ihren angestammten Laichgründen

Dorschfische · **DORSCH**

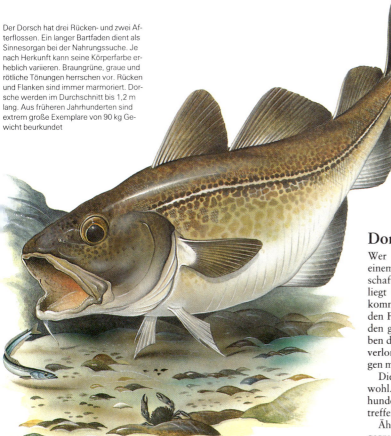

Der Dorsch hat drei Rücken- und zwei Afterflossen. Ein langer Bartfaden dient als Sinnesorgan bei der Nahrungssuche. Je nach Herkunft kann seine Körperfarbe erheblich variieren. Braungrüne, graue und rötliche Tönungen herrschen vor. Rücken und Flanken sind immer marmoriert. Dorsche werden im Durchschnitt bis 1,2 m lang. Aus früheren Jahrhunderten sind extrem große Exemplare von 90 kg Gewicht beurkundet

Dorsche unternehmen ausgedehnte Wanderungen durch den Atlantik. In Nord- und Ostsee werden sie von Fischkuttern aus geangelt

Dorsch *Gadus morhua*

Wer im Fischgeschäft Kabeljau einkauft, erhält Fleisch von einem geschlechtsreifen Dorsch. Er ist unser wichtigster Wirtschaftsfisch. Die Ausbeute der europäischen Fischereiflotten liegt bei rund 1,5 Millionen Tonnen im Jahr (1980). Oft kommt es wegen der Fischereirechte zu Spannungen zwischen den Fangländern. Nachdem die nationalen Fischereizonen auf den gesamten Schelf vor den Küsten ausgedehnt wurden, haben die Staaten mit kurzen Küstenlinien ihre alten Fischgründe verloren. Während langwieriger und schwieriger Verhandlungen müssen nun Fangquoten vereinbart werden.

Die Dorsche fühlen sich in kälteren Wasserzonen besonders wohl. Sie halten sich im allgemeinen in Tiefen von mehreren hundert Metern auf, sind aber auch in Küstengewässern anzutreffen. Zum Laichen bevorzugen sie Tiefen um 100 m.

Ähnlich wie bei den Heringen treten auch beim Dorsch abgegrenzte Stämme auf. So gibt es neben dem Barentsmeerkabeljau, dem Grönlandkabeljau und anderen Stämmen nördlicher Breiten auch einen Nordseekabeljau.

SCHELLFISCH · Dorschfische

Am unterständigen Maul hängt ein kurzer Bartfaden. Die silbrigen Flanken ziert ein auffallend großer, schwarzer Fleck. Er sitzt zwischen Brustflosse und Seitenlinie, die ebenfalls schwarz ist. Der Rücken ist graugrün, der Bauch hell

Die Jungfische gehen schon früh zum Bodenleben über. Sie fressen kleine wirbellose Tiere und Jungfische anderer Arten

Ein Weibchen produziert zwischen 100 000 und 1 Million Eier. Sie entwickeln sich pelagisch, d. h. frei im Wasser schwebend

Die Brut schwimmt gern zwischen den Tentakeln großer Quallen, wo sie vor Feinden geschützt ist

Der Schellfisch ist ein Bewohner grundnaher Wasserschichten. Zum Laichen zieht er in salzreiche Meeresgebiete

Schellfisch *Melanogrammus aeglefinus*

Der Schellfisch ist nach dem Dorsch der zweitwichtigste Nutzfisch aus der Dorschfamilie. In europäischen Gewässern werden jährlich etwa 300 000 t gefangen.

Der Schellfisch lebt als Bodenfisch im östlichen Nordatlantik. Am Meeresgrund findet er auch seine Nahrung, hauptsächlich Krebse, Muscheln, Borstenwürmer, Schlangensterne und Jungfische. Im Frühjahr suchen die Schellfische Wasserzonen mit einem höheren Salzgehalt auf, um zu laichen. Die Eier treiben nahe der Wasseroberfläche mit der Strömung. Nach 14 Tagen schlüpfen die Larven, die ebenfalls den Strömungen ausgesetzt sind. Wenn unter bestimmten Wetterverhältnissen salziges Nordseewasser in das Kattegat einströmt, ziehen die Schellfische zum Laichen auch dorthin. Das war zum Beispiel 1923 der Fall. Die Larven wurden bis in die Ostsee verfrachtet, wo sie gut heranwuchsen. In den beiden folgenden Jahren wurden ungewöhnlich ergiebige Schellfischfänge aus der Ostsee gemeldet. Die Situation wandelte sich jedoch rasch, als die laichreifen Fische wieder abwanderten.

Dorschfische · **POLLACK**

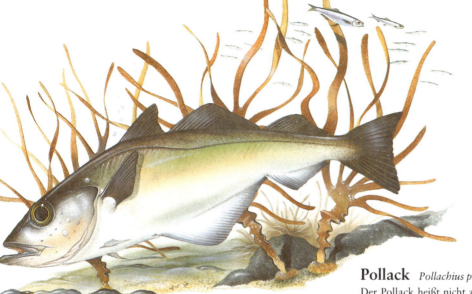

Der Pollack kommt in den europäischen Küstengewässern recht häufig vor. Er ist ein guter Schwimmer

Das Maul ist oberständig. Ein Bartfaden fehlt ebenso wie der schwarze Fleck der anderen Dorschfische. Die Seitenlinie beschreibt über der Brustflosse einen Bogen. Die Oberseite ist dunkelbraungrün gefärbt, die Flanken sind messingfarben, die Unterseite ist fast weiß. Länge: bis 1,3 m

Der Pollack jagt besonders gern roße Heringsschwärme, die ihm ine reiche Nahrungsausbeute ersprechen

Die Jungfische bilden Schwärme und suchen auf sandigem oder felsigem Grund nach Bodenlebewesen und kleinen Fischen

Pollack *Pollachius pollachius*

Der Pollack heißt nicht zu Unrecht auch Steinköhler, denn er hält sich mit Vorliebe über Steingrund auf. Er ist in Küstennähe zu Hause; nur die älteren Tiere verbringen den Winter in größeren Tiefen und fühlen sich auch sonst im freien Wasser wohl. Als Nahrung bevorzugt der Pollack Heringe und Sprotten, außerdem Sandaale und verschiedene Krebse.

An seinen drei Rückenflossen ist der Pollack leicht als Mitglied der Dorschfamilie auszumachen. Allerdings fehlt ihm der Bartfaden seiner Verwandten. Auch unterscheidet er sich von ihnen dadurch, daß die dunkle Seitenlinie über der Brustflosse nach oben ausgebuchtet ist. Ein zusätzliches Kennzeichen ist der Gelbstich in der Färbung seiner Flanken.

Als Nutzfisch hat der Pollack bei uns praktisch keine Bedeutung, obwohl sein Fleisch durchaus schmackhaft sein soll. In Großbritannien und Norwegen wird er als Beifang der Angel- und Schleppnetzfischerei angelandet und verwertet. Die Sportangler schätzen den Pollack vor allem wegen seiner Kampflust, die er an der Angel unter Beweis stellt.

WITTLING · Dorschfische

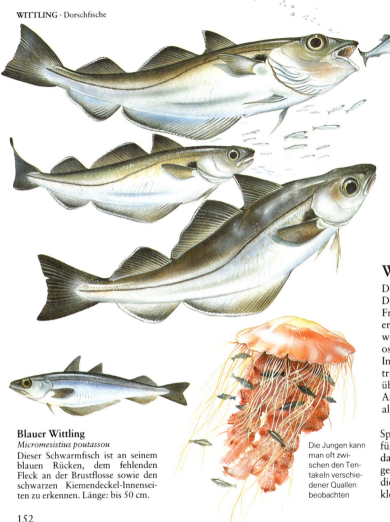

Der Rücken ist grünlichgelb. Die silbrigen Seiten ziert ein auffälliger schwarzer Fleck, der am Ansatz der Brustflossen sitzt. Nur die Jungfische tragen eine kurze Bartel am unterständigen Maul. Länge: 40–70 cm.

Besonders zur Laichzeit im Spätwinter begeben sich die Wittlinge in Flachwasserzonen mit Schlick- oder Sandgrund.

Wittling *Merlangius merlangus*

Der Wittling ist ein bedeutender Nutzfisch, allerdings nicht in Deutschland, sondern hauptsächlich in Großbritannien und Frankreich. Dort wird er gern gegessen, was man schon daran ersehen kann, daß jährlich etwa 200 000 t (1980) gefangen werden. Sein Verbreitungsgebiet umfaßt den gesamten Nordostatlantik von der spanischen Küste bis nach Nordnorwegen. Im Westen stößt er bis in die Gewässer um Island vor. Wittling trifft man meist im Flachwasser vor den Küsten, vorzugsweise über schlickigem Grund. Deshalb schätzen ihn gerade auch die Angler ganz besonders. Als Nahrungstiere sind dem Wittling vor allem kleine Fische, Krebse und Borstenwürmer willkommen.

Im Süden ihres Lebensraums laichen die Wittlinge bereits im Spätwinter, nach Norden zu im zeitigen Frühjahr. Mit vier bis fünf Jahren mißt das Weibchen etwa 40 cm. Es produziert dann bis zu 300 000 Eier. Die Larven werden mit den Strömungen verdriftet. Wenn die Jungfische größer sind, wandern sie in die Tiefe ab und suchen ihre Nahrung dann in Bodennähe. Der kleine Bartfaden verschwindet im Alter.

Blauer Wittling
Micromesistius poutassou

Dieser Schwarmfisch ist an seinem blauen Rücken, dem fehlenden Fleck an der Brustflosse sowie den schwarzen Kiemendeckel-Innenseiten zu erkennen. Länge: bis 50 cm.

Die Jungen kann man oft zwischen den Tentakeln verschiedener Quallen beobachten.

Dorschfische · **KÖHLER**

Die räuberischen Köhler sind Schwarmfische. Sie unternehmen weite Wanderungen durch das offene Meer

Der Köhler ähnelt in der Körperform dem Pollack. Er hat aber eine tiefer eingekerbte Schwanzflosse, einen weniger weit vorstehenden Unterkiefer und eine annähernd gerade, helle Seitenlinie. Der Bauch ist silbrigweiß gefärbt. Länge: 0,5–1 m

Auf ihren ausgedehnten Laichwanderungen durch die Weiten des Nordatlantiks schwimmen die Fische in großen Schwärmen. In dieser Zeit decken sie ihren Nahrungsbedarf mit anderen Schwarmfischen, z. B. Heringen, denen sie folgen.

Köhler *Pollachius virens*

Der Köhler ist unter den verschiedenen Bezeichnungen, die er im Handel trägt, sicher bekannter als unter seinem biologischen Artnamen. Bei uns kommt er frisch oder in Konserven auf den Markt und heißt dann Seelachs. Auch der gängige Lachsersatz wird aus ihm hergestellt. Aus den Fangerträgen geht hervor, daß der Köhler von großer wirtschaftlicher Bedeutung ist. In den europäischen Atlantikanrainerstaaten werden jährlich knapp 400 000 t (1980) angelandet.

Der Köhler lebt im freien Wasser. Er scheut auch vor größeren Tiefen nicht zurück. Als gefräßiger Räuber macht er Jagd auf Herings- und Sprottenschwärme, auf verschiedene Jungfische und pelagische, d. h. im freien Wasser lebende Krebse. Köhler können ein Alter von 20 Jahren erreichen und sind damit ausgesprochen langlebig.

Im Frühjahr ziehen sie zu ihren Laichgründen, die sich mit denen des Schellfischs überschneiden. Eier und Larven schweben frei im Wasser und werden über große Entfernungen verfrachtet, oft in die Küstengebiete.

LENG · Dorschfische

Der Leng trägt einen langen Bartfaden am Unterkiefer. Rücken und Flanken sind grünlichbraun und schwach marmoriert. Alle Flossen mit Ausnahme der ersten Rückenflosse sind weiß gerandet. Länge: bis 2 m

Seehecht
Merluccius merluccius

Der Seehecht besitzt keinen Bartfaden. After- und zweite Rückenflosse sind auffallend langgezogen. Die Oberseite ist gräulichbraun, die Unterseite hell silbrig. Länge: 50–100 cm.

Lenglarven haben einen nach unten gebogenen Kopf und stark verlängerte Brustflossen

Das Weibchen entwickelt Millionen kleiner Eier. Jedes Ei enthält einen winzigen Öltropfen, der ihm Auftrieb gibt, damit es frei im Wasser schwebt

Der Leng ist auf dem Schelf der europäischen Küsten anzutreffen. Er laicht in Tiefen von 100 bis 300 m

Leng *Molva molva*

Der Leng kann bis zu 2 m lang werden und ist damit der größte Dorschfisch. Die europäischen Gewässer beherbergen drei Lengfische: neben dem gewöhnlichen Leng noch den Blauleng, *Molva dipterygia,* und den Mittelmeerleng, *Molva elongata.* Als Speisefische sind sie alle sehr begehrt. Die europäische Fangmenge erreicht über 55 000 t im Jahr (1980). In Nordeuropa verarbeitet man die Fische zu Klippfisch; sie werden eingesalzen und getrocknet. Der Klippfisch wird nach Südeuropa und Afrika exportiert. An Holzgestellen getrocknete Dorschfische heißen Stockfisch. In dieser Form liebt man sie besonders in Portugal, wo es viele Rezepte für ihre Zubereitung gibt.

Auch der Seehecht, *Merluccius merluccius,* ist ein Dorschverwandter, der als Nutzfisch eine wichtige Rolle spielt. Er bewohnt die europäischen Küstenzonen einschließlich des gesamten Mittelmeergebiets. Seehechte halten sich tagsüber am Meeresboden auf, nachts steigen sie zur Oberfläche auf, um Schwarmfische wie Makrelen, Heringe, Sprotten und Sardinen zu jagen.

Dorschfische · **FÜNFBÄRTELIGE SEEQUAPPE**

Eier und Larven schweben als Plankton frei im Wasser

Der schlanke Fisch hat eine rotbraune Oberseite und einen hellen Bauch. Ein Bartfaden hängt am Unterkiefer, vier sitzen am Oberkiefer. Länge: 25–30 cm

Die schlanken Seequappen bewohnen die Algenzone im Flachwasser. Sie halten sich am Boden auf

Fünfbärtelige Seequappe *Onos mustelus*

Von den anderen Dorschfischen unterscheiden sich die Seequappen einmal dadurch, daß sie neben dem typischen Bartfaden am Unterkiefer noch weitere Barteln auf dem Oberkiefer tragen. Ferner ist die vordere Rückenflosse bis auf den ersten Flossenstrahl weitgehend zurückgebildet.

Unsere Gewässer beherbergen drei Arten von Seequappen: neben der Fünfbärteligen Seequappe die Dreibärtelige Seequappe, *Onos tricirratus*, und die Vierbärtelige Seequappe, *Onos cimbrius*. Sie stoßen zwar alle bis zum Schelfrand vor, ihr eigentlicher Lebensraum sind aber Flachwassergebiete. Besonders gern weilen sie auf felsigem Grund zwischen Algen.

Über Leben und Verhalten der Seequappen weiß man noch nicht viel, denn sie haben praktisch keine wirtschaftliche Bedeutung. Ihre Nahrung besteht zur Hälfte aus Bodenfischen, zu 20 % aus Garnelen und Krabben und zu 30 % aus anderen Krebstieren. Die Laichzeiten erstrecken sich über einen langen Zeitraum, bei der Vierbärteligen Seequappe beispielsweise vom Februar bis zum Spätsommer.

Mittelmeer-Seequappe
Onos mediterraneus

Dreibärtelige Seequappe
Onos tricirratus

Andere Seequappen
Die Mittelmeer-Seequappe ähnelt ihrer fünfbärteligen Verwandten, hat aber drei Barteln. Mit einer Höchstlänge von 60 cm ist die Dreibärtelige Seequappe die größte Art. Sie trägt ein braunes Fleckenmuster.

Fünfbärtelige Seequappe

Mittelmeer-Seequappe

GROSSE SEENADEL · Seenadeln

Mit dem Maul kann die Seenadel Kleinstlebewesen einsaugen

Wenn sie etwa 3 cm lang sind, verlassen die Jungen die Bruttasche des Männchens und gehen zum Leben am Boden über

Die Große Seenadel ist in flachen Küstengewässern zu Hause. Sie hält sich gern zwischen Algen und Seegras auf

Der Rücken ist unregelmäßig gebändert, die Färbung der Unterseite etwas heller. Die röhrenförmige Schnauze nimmt die halbe Kopflänge ein. Im Schwanzbereich gruppieren sich die Hautschilde in vier Reihen. Länge: bis 45 cm

Wie beim Seepferdchen tragen die Männchen die Eier in einer Bruttasche aus, die sich an der Bauchunterseite befindet

Große Seenadel *Syngnathus acus*

Wie alle Seenadeln trägt auch die Große Seenadel anstelle von Schuppen mehrere Reihen harter Schilde am dünnen Körper. Die Flossen sind bis auf die große Rückenflosse zurückgebildet. Das röhrenartig verlängerte Maul wirkt wie eine Pipette, mit der die Seenadel verschiedene Kleinlebewesen aufnimmt. Die Große Seenadel lebt im Flachwasser der europäischen Küsten von Mittelnorwegen bis nach Nordwestspanien. Wie ihre Verwandten tummelt sie sich am liebsten in der Algen- und Seegrasregion. Dort ist sie mit ihrer graugrünen Bänderung zwischen den Pflanzen bestens getarnt. Seenadeln schwimmen wie die bekannten Seepferdchen immer in Schräglage.

Seenadeln pflegen ihre Brut auf eigenartige Weise. Bei der Paarung, die im Frühjahr oder Sommer stattfindet, übertragen die Weibchen 200 bis 400 Eier in die Bruttasche des Männchens. Dort werden sie auch befruchtet. Etwa fünf Wochen später schlüpfen die 3 cm langen Jungfische und schwärmen dann heraus. Wenn man so will, bringt sie also das Männchen zur Welt.

Verschiedene Seenadeln

SEENADELN

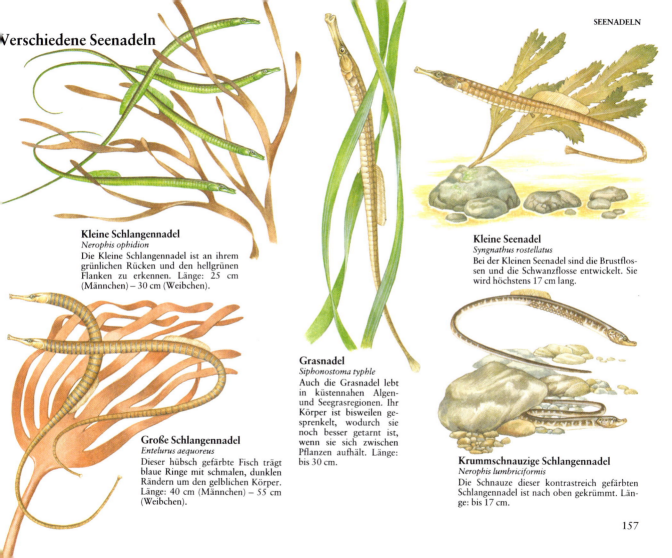

Kleine Schlangennadel
Nerophis ophidion
Die Kleine Schlangennadel ist an ihrem grünlichen Rücken und den hellgrünen Flanken zu erkennen. Länge: 25 cm (Männchen) – 30 cm (Weibchen).

Große Schlangennadel
Entelurus aequoreus
Dieser hübsch gefärbte Fisch trägt blaue Ringe mit schmalen, dunklen Rändern um den gelblichen Körper. Länge: 40 cm (Männchen) – 55 cm (Weibchen).

Grasnadel
Siphonostoma typhle
Auch die Grasnadel lebt in küstennahen Algen- und Seegrasregionen. Ihr Körper ist bisweilen gesprenkelt, wodurch sie noch besser getarnt ist, wenn sie sich zwischen Pflanzen aufhält. Länge: bis 30 cm.

Kleine Seenadel
Syngnathus rostellatus
Bei der Kleinen Seenadel sind die Brustflossen und die Schwanzflosse entwickelt. Sie wird höchstens 17 cm lang.

Krummschnauzige Schlangennadel
Nerophis lumbriciformis
Die Schnauze dieser kontrastreich gefärbten Schlangennadel ist nach oben gekrümmt. Länge: bis 17 cm.

Der Wolfsbarsch ist vor den Felsküsten West- und Südeuropas beheimatet, kommt aber auch in der Nordsee vor

Der Wolfsbarsch verrät durch seinen stromlinienförmigen Körper gute Schwimmeigenschaften. Sein Rücken ist graugrün, die Seiten glänzen silbrig. Typisch ist der dunkle Fleck auf den Kiemendeckeln. Länge: 60 cm (Norden) – 100 cm (Süden)

Stöcker
Trachurus trachurus
Der Stöcker ist an den gekielten Schuppen entlang der Seitenlinie leicht zu erkennen. Länge: bis 40 cm.

Wolfsbarsch *Roccus labrax*

Die beiden Rückenflossen, von denen die erste durch harte Strahlen gestützt wird, weisen diesen Fisch als Barschverwandten aus. Er ist leicht an seinem unregelmäßig geformten, dunklen Fleck auf den Kiemendeckeln zu erkennen.

Der Wolfsbarsch ist ein außerordentlich rühriger Raubfisch. Er jagt Schwarmfische wie Sprotten, Sardinen und Sandaale. Auch Krebse sind ihm willkommen. Sein Verbreitungsgebiet erstreckt sich auf alle europäischen Küsten von Südnorwegen über das Mittelmeer bis ins Schwarze Meer. Bei den Hochseeanglern ist der wohlschmeckende Wolfsbarsch außerordentlich begehrt. Weil die Überfischung seiner Bestände droht, hat man eine Mindestfanglänge von 32 cm festgelegt. Dadurch ist sichergestellt, daß sich auch die kleinsten unter den geangelten Fischen zumindest einmal fortgepflanzt haben.

Der verwandte Stöcker, *Trachurus trachurus,* gleicht in seiner Lebensweise eher der Makrele. Er bewohnt als Schwarmfisch das freie Wasser vor der Westküste Europas und Afrikas einschließlich der Mittelmeerküsten.

Drachenfische · **VIPERQUEISE**

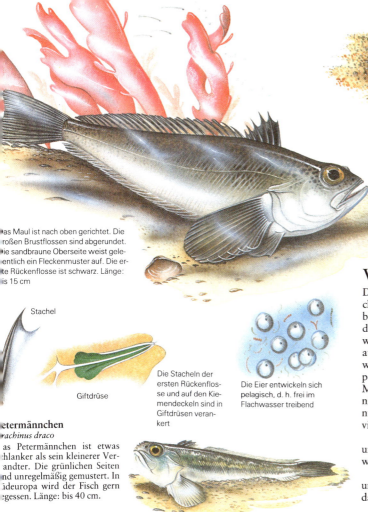

as Maul ist nach oben gerichtet. Die roßen Brustflossen sind abgerundet. ie sandbraune Oberseite weist gelegentlich ein Fleckenmuster auf. Die erte Rückenflosse ist schwarz. Länge: is 15 cm

Stachel

Giftdrüse

Die Stacheln der ersten Rückenflosse und auf den Kiemendeckeln sind in Giftdrüsen verankert

Die Eier entwickeln sich pelagisch, d. h. frei im Flachwasser treibend

etermännchen
rachinus draco

as Petermännchen ist etwas hlanker als sein kleinerer Verandter. Die grünlichen Seiten nd unregelmäßig gemustert. In ideuropa wird der Fisch gern gessen. Länge: bis 40 cm.

Viperqueisen vergraben sich im Sand. Wenn sie gestört werden, richten sie ihre Giftstacheln auf

Die plumpe Viperqueise verharrt meist im Sand vergraben. Sie ist dort zu finden, wo auch Garnelen häufig sind

Viperqueise *Trachinus vipera*

Den Namen Viperqueise verdankt dieser Fisch einigen Stacheln, die am Kiemendeckel sitzen sowie die erste Rückenflosse bilden. Sie sind gefurcht und stehen mit Giftdrüsen in Verbindung. So ist die Viperqueise bestens vor Feinden geschützt, wenn sie im Sand vergraben auf Beute lauert. Ihre Stiche sind auch für Menschen sehr schmerzhaft. Zudem heilen die Stichwunden schlecht, weil das Nervengift auch die roten Blutkörperchen schädigt. Viperqueisen werden zwar oft in großen Mengen von Krabbenkuttern aus gefangen, sind dann aber nicht allzugern gesehen, weil sie sich wegen ihrer Giftstacheln nur mit Mühe sortieren lassen. Die wenigsten werden gegessen, vielmehr verarbeitet man sie größtenteils zu Fischmehl.

Viperqueisen sind an den Küsten zwischen dem Kattegat und Südeuropa zu Hause. Ihr Revier sind die sandigen Flachwasserzonen. Dort erbeuten sie verschiedene Bodenlebewesen.

Das Petermännchen, *Trachinus draco*, ähnelt in Verbreitung und Lebensweise seiner Verwandten. Allerdings dringt es über das Kattegat bis in die westliche Ostsee vor.

GEFLECKTER LIPPFISCH · Lippfische

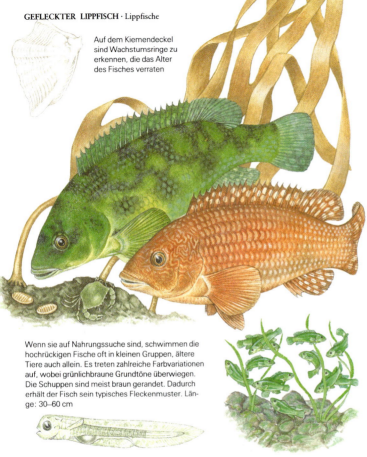

Auf dem Kiemendeckel sind Wachstumsringe zu erkennen, die das Alter des Fisches verraten

Wenn sie auf Nahrungssuche sind, schwimmen die hochrückigen Fische oft in kleinen Gruppen, ältere Tiere auch allein. Es treten zahlreiche Farbvariationen auf, wobei grünlichbraune Grundtöne überwiegen. Die Schuppen sind meist braun gerandet. Dadurch erhält der Fisch sein typisches Fleckenmuster. Länge: 30–60 cm

Die Larven schlüpfen nach etwa drei Wochen. Sie entwickeln sich nur langsam. Zunächst treiben sie im Plankton, später leben sie am Boden

Die Jungfische kommen oft in Gezeitentümpeln vor. Mit ihrer grünen Färbung sind sie zwischen den Algen gut getarnt

Der Gefleckte Lippfisch hat Schlundzähne, mit denen er verschiedene Weichtiere und Krebse zerkleinern kann

Der Gefleckte Lippfisch ist ein Bewohner felsiger Küsten. In der Deutschen Bucht kommt er nur um Helgoland vor

Gefleckter Lippfisch *Labrus bergylta*

Von den über 300 Lippfischarten kommen nur sieben in europäischen Gewässern vor. Die weit überwiegende Mehrheit is in subtropischen und tropischen Meeresregionen beheimatet Speziell die tropischen Arten entfalten oft eine ungeheure Farbenpracht. Gemeinsames Merkmal der Lippfische ist der lang gestreckte Körper, auch werden bei den meisten Arten die Rückenflossen durch Hartstrahlen gestützt.

Der Gefleckte Lippfisch ist ebenso hübsch wie variabel gefärbt. Die Schuppen sind bräunlich umsäumt, die Kehle träg ein unregelmäßiges Streifenmuster in Hell-Dunkel-Tönen. Di beiden Geschlechter sind äußerlich nicht zu unterscheiden.

Das Verbreitungsgebiet des Gefleckten Lippfischs erstreck sich auf felsige Küstenzonen zwischen Mittelnorwegen übe das westliche Mittelmeer bis Nordwestafrika. Bei uns finde man ihn nur bei der Felseninsel Helgoland. Er ernährt sich vor allerlei Weichtieren und Krebsen, die er zwischen Felsblöcker aufspürt. Gelaicht wird im Juni. Dann bauen die Weibchen ein Nest aus Algen, in das sie die Eier legen.

Verschiedene Lippfische

LIPPFISCHE

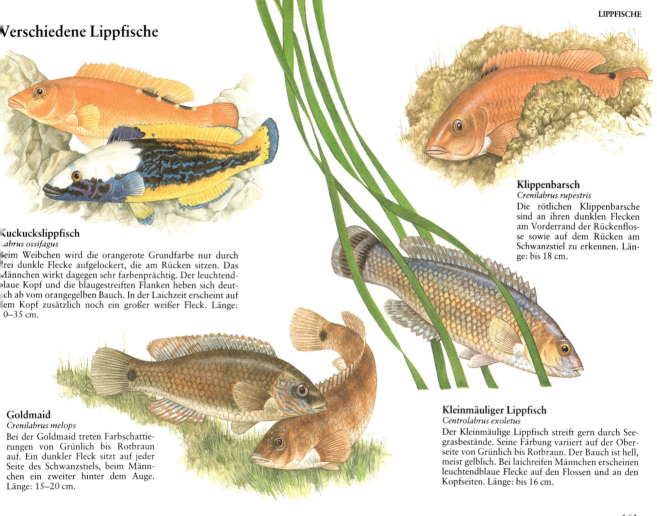

Kuckuckslippfisch
Labrus ossifagus

Beim Weibchen wird die orangerote Grundfarbe nur durch drei dunkle Flecke aufgelockert, die am Rücken sitzen. Das Männchen wirkt dagegen sehr farbenprächtig. Der leuchtendblaue Kopf und die blaugestreiften Flanken heben sich deutlich ab vom orangegelben Bauch. In der Laichzeit erscheint auf dem Kopf zusätzlich noch ein großer weißer Fleck. Länge: 30–35 cm.

Klippenbarsch
Crenilabrus rupestris

Die rötlichen Klippenbarsche sind an ihren dunklen Flecken am Vorderrand der Rückenflosse sowie auf dem Rücken am Schwanzstiel zu erkennen. Länge: bis 18 cm.

Goldmaid
Crenilabrus melops

Bei der Goldmaid treten Farbschattierungen von Grünlich bis Rotbraun auf. Ein dunkler Fleck sitzt auf jeder Seite des Schwanzstiels, beim Männchen ein zweiter hinter dem Auge. Länge: 15–20 cm.

Kleinmäuliger Lippfisch
Centrolabrus exoletus

Der Kleinmäulige Lippfisch streift gern durch Seegrasbestände. Seine Färbung variiert auf der Oberseite von Grünlich bis Rotbraun. Der Bauch ist hell, meist gelblich. Bei laichreifen Männchen erscheinen leuchtendblaue Flecke auf den Flossen und an den Kopfseiten. Länge: bis 16 cm.

KLEINER SANDAAL · Sandaale

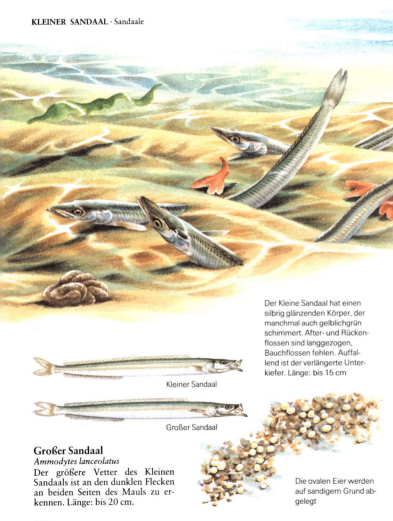

Gelegentlich kann man Schwärme des silbrigen Kleinen Sandaals im Flachwasser vor Sandstränden beobachten

Der Kleine Sandaal hat einen silbrig glänzenden Körper, der manchmal auch gelblichgrün schimmert. After- und Rückenflossen sind langgezogen, Bauchflossen fehlen. Auffallend ist der verlängerte Unterkiefer. Länge: bis 15 cm

Kleiner Sandaal

Großer Sandaal

Großer Sandaal
Ammodytes lanceolatus
Der größere Vetter des Kleinen Sandaals ist an den dunklen Flecken an beiden Seiten des Mauls zu erkennen. Länge: bis 20 cm.

Die ovalen Eier werden auf sandigem Grund abgelegt

Kleiner Sandaal *Ammodytes tobianus*

Die Gruppe der Sandaale ist bei uns mit zwei Arten vertreten, dem Kleinen Sandaal, *Ammodytes tobianus,* und dem Großen Sandaal, *Ammodytes lanceolatus*. Sie heißen auch Tobiasfische oder Spierlinge. Mit den Aalen sind sie nicht verwandt. Die Zoologen ordnen sie der großen Gruppe der Barschartigen zu, obwohl diese Verwandtschaft äußerlich kaum sichtbar wird. Mit ihrem langen Körper und dem zugespitzten Kopf sind die Sandaale den Anforderungen bestens gewachsen, die ihre Lebensweise mit sich bringt. Erst in der Nacht werden sie munter und streifen dann in Schwärmen umher. Beim Schwimmen beweisen sie große Gewandtheit. Sobald Gefahr droht, verschwinden sie blitzartig mit dem Kopf voraus im Sand.

Sandaale sind eine wichtige Nahrungsquelle für Nutzfische wie Lachse, Dorsche und Makrelen. Ihr Wert als Speisefisch ist dagegen begrenzt, vor allem, weil sie nur selten über 15 cm lang werden. Allerdings verwendet man Sandaale zur Fabrikation von Fischmehl. Zum Fang werden besonders engmaschige Schleppnetze eingesetzt, die sogenannten Tobiasnetze.

Schleimfische · **BUTTERFISCH**

Etwa sechs Wochen nach der Befruchtung schlüpfen die 5 mm langen Larven

Der Körper fühlt sich schlüpfrig an. Die Afterflosse ist etwa halb so lang wie die Rückenflosse

Nach der Eiablage drückt das Weibchen das Gelege mit dem Körper zu einem kompakten Klumpen

An der Basis der Rückenflosse verläuft eine Reihe markanter schwarzer Flecke, die weiß gesäumt sind. Die Grundfarbe ist meist braun bis grünlich. In regelmäßigen Abständen folgen dunklere Querbinden aufeinander. Länge: bis 25 cm

Der langgestreckte Butterfisch verbringt sein Leben in der Gezeitenzone auf steinigem Grund

Butterfisch *Pholis gunellus*

Der Butterfisch verdankt seinen Namen der schleimbedeckten, schlüpfrigen Körperoberfläche. Ein weiteres Kennzeichen, das ihn unverwechselbar macht, sind die schwarzen, hell umrandeten Flecke entlang der Rückenflosse.

Butterfische sind im Flachwasser der mittel- und nordeuropäischen Küste verbreitet. Ihr bevorzugter Aufenthaltsort ist die Gezeitenzone an felsigen und sandigen Küsten. Dort halten sie sich zwischen Algenbeständen, häufig in Gezeitentümpeln, auf. Auch zwischen Spuntwänden und Anlegebrücken kommen sie oft in großer Zahl vor. Sie leben von kleinen Meerestieren, die das Revier mit ihnen teilen, aber auch vom Laich anderer Fische. Als Speisefische taugen sie nicht, bilden aber ein wichtiges Glied in der Nahrungskette bedeutender Wirtschaftsfische.

Die Laichperiode reicht von November bis Februar. Die Eier werden in kleinen Klumpen am Boden zwischen Algen oder Steinen abgelegt. Während sie sich entwickeln, werden sie von den Elterntieren bewacht.

163

SCHAN · Schleimfische

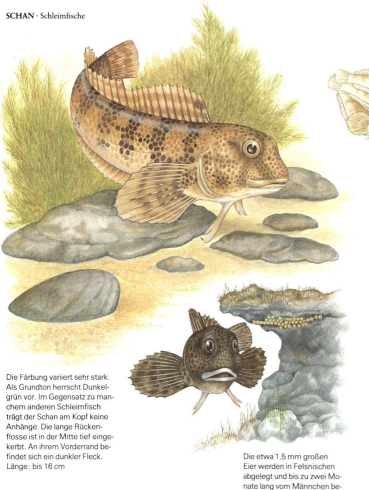

Die Jungfische ernähren sich von kleinen Wirbellosen. Sehr gern fressen sie Seepocken an.

Der Schan ist an Felsküsten beheimatet. Er hält sich gern zwischen Algen auf, die ihm Deckung bieten.

Die Färbung variiert sehr stark. Als Grundton herrscht Dunkelgrün vor. Im Gegensatz zu manchem anderen Schleimfisch trägt der Schan am Kopf keine Anhänge. Die lange Rückenflosse ist in der Mitte tief eingekerbt. An ihrem Vorderrand befindet sich ein dunkler Fleck. Länge: bis 16 cm.

Die etwa 1,5 mm großen Eier werden in Felsnischen abgelegt und bis zu zwei Monate lang vom Männchen bewacht.

Schan *Blennius pholis*

Unter den räuberischen Schleimfischen dringt der Schan am weitesten nach Norden vor. Man findet ihn an der Kanalküste, in den Gewässern um die Britischen Inseln und an der Küste Südnorwegens. Sein Lebensraum sind Felsgründe, die dem Einfluß der Gezeiten ausgesetzt sind. Dort versteckt er sich in Felsspalten, zwischen Algen und unter Steinen. Wird er von der Ebbe überrascht, zieht er sich in Gezeitentümpel zurück, die bei der nächsten Flut wieder überspült werden.

Der Schan laicht zwischen April und August. Das Männchen macht einen geeigneten Platz ausfindig, meist eine Felsspalte oder einen überhängenden Stein. Mehrere Weibchen deponieren dort ihre Eier, die an der Gesteinsoberfläche festkleben. Das Männchen bewacht das Gelege, während sich die Eier entwickeln. Es ist dabei nicht untätig, sondern sorgt für Frischwasser, indem es mit den Brustflossen fächelt. Außerdem entfernt es abgestorbene Eier. Bis die Larven schlüpfen, vergehen etwa zwei Monate. Sie schwimmen anfänglich frei im Wasser umher, später leben sie am Boden.

SCHLEIMFISCHE

Stachelrücken
Chirolophis ascanii
Dunkle Querbinden und Hautanhänge über den Augen und auf der Rückenflosse kennzeichnen den Stachelrücken, der bei Helgoland zu finden ist. Länge: bis 15 cm.

Seeschmetterling
Blennius ocellaris
Der Seeschmetterling ist ein hübscher kleiner Bodenfisch mit einem weiß beringten Fleck an der großen Rückenflosse. Er lebt vor der Atlantikküste in Tiefen zwischen 30 und 100 m. Länge: bis 18 cm.

Montaguscher Schleimfisch
Coryphoblennius galerita
Dieser kleine Schleimfisch trägt helle Tupfen auf schwärzlichem Grund. Er verläßt gelegentlich das Wasser und hängt sich dann an Felsen in der Spritzwasserzone an. Länge: bis 8 cm.

Gestreifter Schleimfisch
Blennius gattorugine
Dieser Flachwasserfisch ist an den dunklen Querbinden und den verästelten Hautanhängen über dem Auge zu erkennen. Länge: 15–30 cm.

Spitzschwänziger Bandfisch
Lumpenus lampretaeformis
Dieser Fisch hat eine lange Rücken- und eine etwas kürzere Afterflosse. Bei uns trifft man ihn nur in der Ostsee, wo er sich wohl als Überbleibsel einer früheren Eiszeit gehalten hat. Länge: bis 25 cm.

Aalmutter
Zoarces viviparus
Die Aalmutter bringt vollentwickelte, aalähnliche Junge zur Welt, daher der sonderbare Name. Rücken-, Schwanz- und Afterflosse schließen sich zu einem Saum zusammen. Länge: bis 45 cm.

SEEWOLF · Schleimfische

Der grimmig wirkende Seewolf lebt am Meeresgrund. Seine eigentliche Heimat ist das Nördliche Eismeer

Der katzenähnliche, plumpe Kopf macht den Seewolf zu einem unverwechselbaren Fisch. Besonders beeindruckend sind die kräftigen Zähne, mit denen er hartschalige Tiere mühelos zerbeißen kann. Der langgestreckte, muskulöse Körper ist meist grün- oder blaugrau. Quer über Leib und Flossensäume läuft ein dunkles Streifenmuster. Länge: 60–120 cm

Das Weibchen legt mehrere tausend klebrige Eier in faustgroßen Ballen am Boden ab. Nach zwei Monaten sprengen die Larven mit heftigen Bewegungen die Eihülle

Die frisch geschlüpften, 2 cm langen Larven zehren von ihrem Dottersack, bis sie selbst auf Nahrungssuche gehen können

Seewolf *Anarhichas lupus*

Die Seewölfe sind die größten Vertreter der Schleimfische. Unser Gestreifter Seewolf, auch Katfisch genannt, kann über 1 m lang werden und wirkt dann mit seinem hervortretenden Gebiß entsprechend furchterregend.

Die kräftige Bezahnung dient zum Zermalmen von Schneckenhäusern, Muschelschalen, Seeigeln und Einsiedlerkrebsen. Von den Fischern werden Seewölfe mit großem Respekt behandelt. Wenn sie gefangen werden, beißen sie wütend um sich und können ohne weiteres die Finger einer Hand oder einen ungeschützten Knöchel zerbeißen. Ihr Fleisch ist sehr wertvoll. Die Tiere kommen aber ohne Kopf auf den Markt, um die Kunden nicht abzuschrecken. Außerdem werden sie unter neutralen Namen wie Karbonadenfisch und Steinbeißer angeboten. Der europäische Gesamtfang beziffert sich auf immerhin 30 000 t im Jahr. Bei uns liegen die Fanggründe hauptsächlich in der Nordsee, daneben auch im Skagerrak. Wer lebendige Seewölfe beobachten will, sollte ein Meeresaquarium aufsuchen, wo die interessanten Fische gern gezeigt werden.

Panzerwangen · **ROTER KNURRHAHN**

Der Rote Knurrhahn ist vor der europäischen und afrikanischen Atlantikküste zu Hause. Er bevorzugt Sandgründe

Die drei Strahlen der großen Brustflossen sind zu Stelzbeinen umgebildet. Der Kopf ist mit Hautknochen gepanzert. Die leuchtendrote Oberseite kontrastiert zur weißlichen Unterseite. Die Brustflossen sind innen blau. Länge: bis 75 cm.

Roter Knurrhahn *Trigla lucerna*

Seinen Namen trägt der Knurrhahn nicht ohne Grund, er hat nämlich die für Fische seltene Fähigkeit, knurrende Geräusche zu erzeugen. Die kleine Schwimmblase steht mit Muskeln in Verbindung, die sich zusammenziehen und die Blase so in Schwingungen versetzen können. Über die biologische Bedeutung der Töne besteht noch keine Klarheit. Noch eine weitere Besonderheit zeichnet diesen Fisch aus. Mit seinen Brustflossenstrahlen, die zu Tast- und Schreitorganen umgewandelt sind, kann er regelrecht über den Sandboden stelzen.

Weit verbreitet ist auch ein naher Verwandter, der Graue Knurrhahn, *Eutrigla gurnardus*. Als Speisefische sind beide Arten gleichermaßen begehrt.

Ebenfalls zu den Panzerwangen gehört der Rotbarsch, *Sebastes marinus*. Er hat sich in den letzten Jahren zu einem wichtigen Wirtschaftsfisch entwickelt. Sein Verbreitungsgebiet liegt weit im Norden und reicht von der kanadischen Küste über Island bis ins Nördliche Eismeer. Gelegentlich stößt der Rotbarsch nach Süden bis zum Skagerrak vor.

Das Weibchen legt Tausende kleiner Eier, die im Plankton treiben. Auch die Larven bewegen sich anfänglich im freien Wasser

Mit seinen empfindlichen, fingerartigen Flossenstrahlen kann der Fisch über den Sandgrund stelzen

Gestreifter Leierfisch
Callionymus lyra

Der Leierfisch zählt zu den hübschesten Fischen unserer Meeresregionen. Das leuchtendblau gefärbte Männchen besitzt einen fahnenartig verlängerten ersten Flossenstrahl. Die Färbung des Weibchens ist weniger lebhaft. Länge: bis 30 cm.

STRANDKÜLING · Grundeln

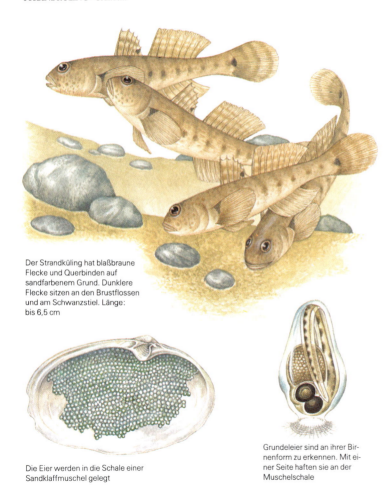

Der Strandküling hat blaßbraune Flecke und Querbinden auf sandfarbenem Grund. Dunklere Flecke sitzen an den Brustflossen und am Schwanzstiel. Länge: bis 6,5 cm

Die Eier werden in die Schale einer Sandklaffmuschel gelegt

Grundeleier sind an ihrer Birnenform zu erkennen. Mit einer Seite haften sie an der Muschelschale

Bei vielen Grundeln sind die Bauchflossen zu einer fächerförmigen Saugscheibe zusammengewachsen

Der Strandküling dringt weit ins Brackwasser vor. Besonders gern bewohnt er die Abflußrinnen in Salzwiesen

Strandküling *Pomatoschistus microps*

Die Grundeln bilden eine vielgestaltige Gruppe überwiegend kleiner Fische. Sie sind auf der ganzen Welt verbreitet, im Meer ebenso wie im Brack- und Süßwasser. Auch an unseren Stränden kommen mehrere Grundeln vor, die aber nur schwer voneinander zu unterscheiden sind. Eine davon ist der Strandküling, der Flußmündungen und Priele an der Nord- und Ostseeküste bewohnt. Die Fische streifen meist in kleinen Schwärmen durch flaches Wasser, immer auf der Suche nach kleinen Bodenorganismen. Der Name Küling soll eine Verballhornung von Keulchen sein, eine Anspielung auf die Gestalt des Fisches.

Die Laichzeit liegt im Frühjahr. Beim Männchen erscheinen nun einzelne blaue Flecke auf der Rückenflosse. Das Weibchen legt die birnenförmigen Eier meist in die leere Schale einer Sandklaffmuschel ab. Währenddessen verteidigt das Männchen das Revier. Anschließend bewacht es das Gelege.

Grundeln sind beliebte Aquarienfische. Ihre Pflege ist einfach, außerdem ziehen sie durch ihr eigentümliches Laichverhalten das Interesse der Aquarienfreunde auf sich.

Verschiedene Grundeln

Fleckengrundel
Pomatoschistus pictus
Der kompakte, bräunlichgefärbte Fisch trägt an den Seiten vier bis fünf dunklere Flecke. Über beide Rückenflossen zieht sich ein orangerotes Band. Länge: bis 9,5 cm.

Paganellgrundel
Gobius paganellus
Die dunkelbraune Paganellgrundel ähnelt der Schwarzgrundel, geht aber nicht in die Ostsee. Die erste Rückenflosse ist orangegelb gesäumt. Länge: 12 cm.

Sandgrundel
Pomatoschistus minutus
Der sandfarbene Körper ist an den Seiten und auf dem Rücken fein gemustert. Das Männchen trägt einen hell gesäumten Fleck an der ersten Rückenflosse. Länge: bis 9,5 cm.

Schwarzgrundel
Gobius niger
Von dieser Grundel gibt es viele Farbspielarten. Meist tritt ein grünlichbrauner Grundton auf. Länge: bis 17 cm.

Schwimmgrundel
Coryphopterus flavescens
Am Schwanzstiel der Schwimmgrundel sitzt ein schwarzer Fleck, beim Männchen ein zweiter hinter den Brustflossen. Länge: bis 6 cm.

Glasgrundel *Aphia minuta*
Die Glasgrundel und ihre Verwandte, die Kristallgrundel, *Crystallogobius nilssonii*, haben einen transparenten Körper. Länge: bis 5 cm.

EUROPÄISCHE MAKRELE · Makrelenartige

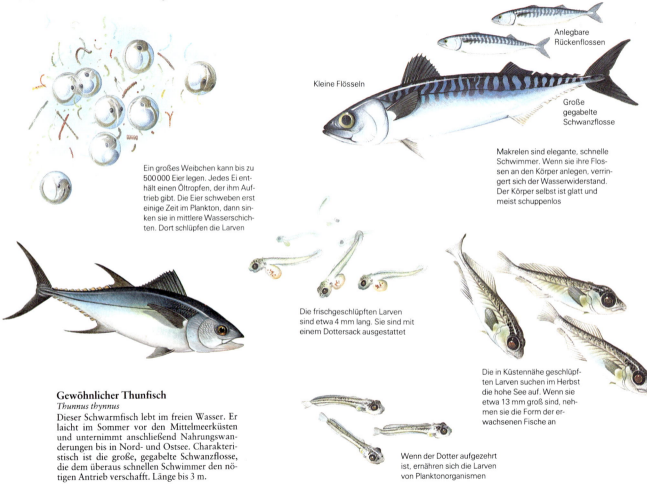

Anlegbare Rückenflossen

Kleine Flösseln

Große gegabelte Schwanzflosse

Makrelen sind elegante, schnelle Schwimmer. Wenn sie ihre Flossen an den Körper anlegen, verringert sich der Wasserwiderstand. Der Körper selbst ist glatt und meist schuppenlos

Ein großes Weibchen kann bis zu 500 000 Eier legen. Jedes Ei enthält einen Öltropfen, der ihm Auftrieb gibt. Die Eier schweben erst einige Zeit im Plankton, dann sinken sie in mittlere Wasserschichten. Dort schlüpfen die Larven

Die frischgeschlüpften Larven sind etwa 4 mm lang. Sie sind mit einem Dottersack ausgestattet

Die in Küstennähe geschlüpften Larven suchen im Herbst die hohe See auf. Wenn sie etwa 13 mm groß sind, nehmen sie die Form der erwachsenen Fische an

Wenn der Dotter aufgezehrt ist, ernähren sich die Larven von Planktonorganismen

Gewöhnlicher Thunfisch
Thunnus thynnus

Dieser Schwarmfisch lebt im freien Wasser. Er laicht im Sommer vor den Mittelmeerküsten und unternimmt anschließend Nahrungswanderungen bis in Nord- und Ostsee. Charakteristisch ist die große, gegabelte Schwanzflosse, die dem überaus schnellen Schwimmer den nötigen Antrieb verschafft. Länge bis 3 m.

Makrelenartige · **EUROPÄISCHE MAKRELE**

Mit ihrem blausilbrig-gelblich schillernden Streifenmuster ist die Makrele im freien Wasser der Hochsee gut getarnt. Hinter den beiden markanten Rückenflossen sitzt noch eine Reihe weiterer Flösseln, ebenso zwischen Schwanz- und Afterflosse. Länge: bis 50 cm

Gelegentlich haben Makrelen ein Fleckenmuster anstelle der üblichen Bänderung

Die stromlinienförmigen Makrelen sind schnelle Schwimmer. Im Sommer suchen sie in großen Schwärmen küstennahe Gewässer auf, um zu laichen

Europäische Makrele *Scomber scombrus*

Die Makrele ist einer unserer verbreitetsten Fische. Sie ist in allen europäischen Meeresgebieten heimisch, und überall ist sie ein beliebter Nutzfisch. Weil sich die Makrelen nahe der Wasseroberfläche zu dichten Schwärmen zusammenfinden, können in kurzer Zeit oft riesige Mengen abgefischt werden. Makrelen lassen sich aber auch gut angeln. Man „beködert" den Angelhaken zunächst mit einem Stückchen silbriger Folie, das die Makrelen mit einem Fisch verwechseln. Die erste gefangene Makrele liefert dann die nächsten Angelköder, nämlich Fetzen aus ihrer blausilbrigen Seitenhaut. Geangelte Makrelen kann man markieren und wieder aussetzen. Auf diese Weise werden Aufschlüsse über die ausgedehnten Wanderungen der Fische gewonnen. Die wirtschaftliche Bedeutung der Makrele wird an der europäischen Gesamtfangmenge ersichtlich, die zwischen 600 000 und 700 000 t im Jahr schwankt.

Auch der verwandte Thunfisch, *Thunnus thynnus,* ist ein wichtiger Nutzfisch. Die großen Fänge werden allerdings nicht bei uns, sondern in Südwesteuropa und Marokko angelandet.

DICKLIPPIGE MEERÄSCHE · Meeräschen

Links der engere Kehlraum der Dicklippigen Meeräsche, rechts der weite Kehlraum der Dünnlippigen Meeräsche

Sechs bis sieben graue Streifen laufen den torpedoförmigen Körper entlang. Der silbrigblaue Körper ist mit großen Schuppen besetzt. Die erste der beiden Rückenflossen spannt sich zwischen vier Hartstrahlen auf. Länge: bis 75 cm

Auf der Oberlippe sitzen warzige Anhänge, sogenannte Papillen. Das Maul enthält viele feine Bürstenzähne, der Kehlraum ist besonders eng

Dünnlippige Meeräsche
Mugil capito

Diese Meeräsche ist etwas bräunlicher als ihre nahe Verwandte. Ihre Oberlippe ist dünn und frei von Warzen. Der Kehlraum ist breit. Länge: bis 70 cm.

Ältere Larven stranden gelegentlich in Gezeitentümpeln

Im Sommer kann man in Küstennähe frisch geschlüpfte Larven beobachten

Meeräschen vertragen auch Brack- und Süßwasser. Zum Laichen sind sie aber auf Meerwasser angewiesen

Dicklippige Meeräsche *Mugil chelo*

Die Dicklippige Meeräsche ist in unseren Meeresbreiten nur ein Durchzugsgast. Ihr Hauptverbreitungsgebiet liegt an den Küsten der Iberischen Halbinsel, im Mittelmeer und vor Nordafrika. Man trifft die Fische vorzugsweise im Flachwasser, wo sie sich zu Schwärmen zusammenschließen. Man hat beobachtet, daß sie weit in Flußmündungen hineinwandern. Weil die Meeräschen als Speisefische sehr gefragt sind, werden sie mancherorts in abgeschlossenen Meer- oder Brackwasserteichen gefüttert. Sie nehmen rasch zu und können schon nach einigen Monaten vermarktet werden.

Der Fisch hat – sein Name sagt es – eine dicke Oberlippe, die mit lappigen Papillen besetzt ist. Wenn er Algen, Schnecken, Muscheln und Würmer aufsammelt, steht er schräg über dem Boden. Die Nahrung wird durchgekaut, unverdauliche Schalenteile werden anschließend wieder ausgestoßen. Der Nahrungsbrei gelangt zunächst in einen kräftigen Kaumagen, wo er weiter zerkleinert wird. Erst dann wird er dem extrem langen Darm zugeführt.

Scheibenbäuche · **SEEHASE**

Weibchen

Männchen

Der gedrungene Körper ist schuppenlos und mit warzigen Höckern übersät. Die Oberseite ist blaugrün, die Unterseite heller. Zur Laichzeit färbt sich das Männchen leuchtend rot oder orange. Länge: bis 60 cm (Weibchen)

Die Jungfische kann man an treibendem Tarig entdecken, an dem sie sich festsaugen. Sie erinnern äußerlich an Kaulquappen

Die zunächst gelblichen, später grünen Eier werden als Laichballen zwischen Felsen abgelegt

Die Bauchflossen sind zu wirkungsvollen Saugscheiben umgewandelt

Der Seehase ist in küstennahen Gewässern weit verbreitet. Er liefert den „Deutschen Kaviar"

Seehase *Cyclopterus lumpus*

Der Seehase gehört zur Familie der Scheibenbäuche. Bei diesen Fischen sind die Bauchflossen zu einer Saugscheibe verwachsen. Damit können sich die Tiere überaus fest am Untergrund ansaugen. Als Lebensraum bevorzugt der Seehase Bestände des Blasentangs, und zwar vor allen europäischen Küsten vom Polarkreis bis zur Biskaya.

Seehasen laichen im Frühjahr im Flachwasser. Das Weibchen gibt bis zu 200 000 Eier zwischen Wasserpflanzen oder in Felsspalten ab. Das Männchen verteidigt das Gelege energisch gegen Feinde und befächelt die Eier mit frischem Wasser. Die Larven sind etwa 7 mm lang, wenn sie schlüpfen. Die ersten Monate verbringen sie in der Algenregion. Erst im Winter wandern sie in tiefere Wasserzonen ab.

Am Fleisch des Seehasen sind vor allem Seehunde interessiert. Die Menschen hingegen ziehen die Eier vor. Sie werden mit Konservierungsstoffen, Salzlauge und schwarzen Farbstoffen behandelt, um sie dem echten Kaviar anzugleichen. Als Kaviarersatz kommen sie dann in den Handel.

SCHOLLE · Plattfische

Das Weibchen produziert je nach Größe 50 000 bis über 500 000 Eier, deren Durchmesser etwa 2 mm beträgt

Kurz bevor sie schlüpfen, entwickeln die Larven ein Ferment, mit dem sie die harte Eischale von innen her auflösen

Der erwachsene Fisch liegt auf der linken Körperseite. Das Maul bleibt aber fast in der ursprünglichen Lage

Wenn die Larve eine Länge von 10 mm erreicht hat, wandert ihr linkes Auge auf die rechte Körperseite. Dann beginnt sie mit der rechten Seite nach oben zu schwimmen

Die helle Unterseite macht die Farbänderungen der Oberseite nicht mit

Schon mit einer Länge von etwa 13 mm gehen die Jungfische zum Bodenleben über

Bei manchen Exemplaren ist auch die weiße Unterseite pigmentiert. Die Pigmentflecke haben keinen Einfluß auf die Fleischqualität

Plattfische · **SCHOLLE**

Anhand der Ringstrukturen auf dem Gehörsteinchen läßt sich das Alter der Scholle bestimmen. In diesem Fall war der Fisch in seinem fünften Sommer

Die Scholle paßt sich farblich vollständig dem Untergrund an. Sie ist in den europäischen Küstengewässern von Nordnorwegen bis Gibraltar zu Hause

Scholle *Pleuronectes platessa*

Die Scholle ist ein Bodenfisch, der sein Leben vorwiegend im küstennahen Flachwasser verbringt. Erwachsene Schollen finden sich für eine gewisse Zeit sogar mit brackigem Wasser ab. Zum Laichen benötigen sie allerdings einen Salzgehalt von mindestens 10‰. Ist der Salzanteil nämlich zu niedrig, sinken die Eier auf den Grund, wo sie für andere Fische eine leichte Beute sind. Deshalb meiden Schollen auch die stark ausgesüßte innere Ostsee.

Die Fische wurden so intensiv befischt, daß sich ihre Bestände in Nord- und Ostsee bedenklich verringert haben. Deshalb wurden Mindestfanggrößen erlassen. In der Nordsee müssen gefangene Schollen mindestens 25 cm lang sein.

Schollen haben die besondere Fähigkeit, ihre Färbung innerhalb weniger Stunden dem Untergrund anzupassen. Sie nehmen die Farbe der Umgebung als Lichtreize wahr und übertragen sie durch Hormone oder über Nerven auf ihre Farbträgerzellen in der Haut. Diese reagieren darauf, indem sie auseinanderfließen oder sich zusammenziehen.

Weil sie mit hellroten oder orangenen Flecken gesprenkelt ist, heißt die Scholle bei uns auch Goldbutt. Am Kopf reihen sich zwischen vier und sieben Höcker auf. An diese schließt sich die Seitenlinie an, die einen leichten Bogen beschreibt. Schollen werden nur selten über 50 cm lang

Verschiedene Plattfische

Plattfische sind mit ihrer abgeflachten Form für ein Leben am Boden geschaffen. Ihre Oberseite ist meist gut an Farbe und Struktur des Untergrunds angepaßt. Während die ebenfalls am Boden lebenden Rochen von vornherein ihre symmetrische, flache Gestalt besitzen, schlüpfen Plattfische als normal geformte, zweiseitige Fischchen. Wenn einige Monate vergangen sind, wandert ein Auge über den Kopf auf die künftige Oberseite. Die Fische schwimmen nun auf der Seite liegend. Die meiste Zeit verbringen sie jedoch im Sandboden vergraben, wobei die pigmentierte Oberseite die Färbung der Umgebung annimmt. Viele Plattfischarten sind nachtaktiv. Sie erjagen Muscheln, Schnecken, Borstenwürmer und verschiedene Krebstiere.

Lammzunge
Arnoglossus laterna
Der zierliche, durchscheinende Fisch verliert sehr leicht seine Schuppen. Er wird kaum über 18 cm lang und ist deshalb auch als Nutzfisch ohne Bedeutung.

Flunder
Platichthys flesus
Die Flunder ist sehr widerstandsfähig gegen Brackwasser und dringt deshalb weit in die Flußmündungen und die innere Ostsee ein. Ihre meist einfarbige Körperoberfläche weist höchstens schwach angedeutete rötliche Flecke auf. Länge: 40–50 cm.

Norwegischer Zwergbutt
Phrynorhombus norvegicus
Der unscheinbare Zwergbutt liebt steinigen Untergrund. Er bewohnt die Gewässer vor den Felsküsten Norwegens und der Britischen Inseln. Bei uns findet man ihn ausschließlich in der Umgebung von Helgoland. Die gelblichbraune Oberseite ist mit unregelmäßigen Flecken besetzt. Länge: 10–12 cm.

PLATTFISCHE

Haarbutt
Zeugopterus punctatus
Der Haarbutt ist mit seiner dunklen Marmorierung auf bräunlichem Grund gut an den steinigen Untergrund angepaßt, den er als Lebensraum bevorzugt. Wie beim Zwergbutt sind After- und Rückenflosse zum Schwanz hin verbreitert. Länge: bis 25 cm.

Glattbutt
Scophthalmus rhombus
Der Glattbutt ähnelt dem Steinbutt, hat aber eine glatte Oberfläche und einen dünneren Körper. Sein dunkles Fleckenmuster verschafft ihm eine gute Tarnung, wenn er sich auf steinigem Untergrund aufhält. Er ist ein wichtiger Speisefisch, der im Mittelmeerraum über 60 cm, in der Nordsee 40–50 cm lang wird, in der Ostsee noch ein Stück kleiner bleibt.

Steinbutt
Psetta maxima
Der Steinbutt fällt durch seinen nahezu kreisrunden Körper auf. Er ist ein wichtiger Nutzfisch. Allerdings befinden sich seine Bestände ständig in Gefahr, denn er wird erst mit fünf Jahren geschlechtsreif. Länge: selten bis 1 m, meist 30 bis 50 cm.

PLATTFISCHE

Heilbutt
Hippoglossus hippoglossus

Der Heilbutt ist mit Abstand der größte Plattfisch. Er ist ausgesprochen räuberisch veranlagt. Auf seinem Speiseplan stehen zahlreiche Meerestiere, u.a. Dorsche, Heringe, Sandaale, Tintenfische und Tiefseegarnelen. Es gibt Berichte, wonach sogar Seevögel im Magen des Steinbutts gefunden wurden. Er selbst ist ein wertvoller Speisefisch, der mit Angeln und speziellen Netzen gefangen wird. Der europäische Ertrag schwankt zwischen 3000 und 5000 t jährlich. Das Verbreitungsgebiet des Heilbutts zieht sich wie ein Band durch nördliche Meeresregionen. Der Fisch wandert nur gelegentlich vom Nordatlantik durch das Skagerrak ins Kattegat ein, die Nordsee meidet er. Länge: bis 4 m, im Durchschnitt 1–2 m.

Hundszunge
Glyptocephalus cynoglossus

Die schlanke Hundszunge lebt im tiefen Wasser auf Schlickgrund. Sie ist eintönig graubraun gefärbt und mit rauhen Schuppen besetzt. Ihr Lebensraum zieht sich von der norwegischen Fjordküste über die Nordsee bis in die Biskaya. Länge: bis 50 cm.

PLATTFISCHE

Seezunge
Solea solea

Die langgestreckte Seezunge hat ihren Namen von der zungenartigen Körperform erhalten. Sie ist im östlichen Atlantik, in der Nordsee und im Kattegat zu Hause, wo sie steinige Gründe bewohnt. Das wertvolle Fleisch kommt frisch auf den Markt. Weil die Gefahr der Überfischung besteht, wurde eine Mindestfanglänge von 24 cm festgesetzt. Länge: bis 50 cm.

Rotzunge
Microstomus kitt

Grünliche Flecke und ein dunkleres Muster verleihen dem rotbraunen Plattfisch eine hervorragende Tarnung, wenn er sich am steinigen Meeresgrund aufhält. Die wohlschmeckende Rotzunge ist in der Nordsee, im Skagerrak und Kattegat weit verbreitet. Länge: 50–60 cm.

Kliesche
Limanda limanda

Die sandfarbene Kliesche wird in unseren Gewässern zusammen mit Schollen, Flundern und Dorschen gefangen. Ihr Fleisch ist allerdings weniger begehrt als das der Scholle, doch erreichen die Fänge europaweit immerhin rund 15000 t im Jahr. Ein auffallendes Merkmal, das sie von der Scholle unterscheidet, ist die stark gebogene Seitenlinie. Länge: bis 40 cm.

Regen, Schneeschmelze und einsikkerndes Süßwasser können die hoch gelegenen Gezeitentümpel stark aussüßen. Außerdem unterliegen sie krassen Temperaturschwankungen. Nur widerstandsfähige Organismen können solche Bedingungen ertragen. Unter den Tieren sind es z. B. Strandkrabben und Strandflöhe, unter den Pflanzen einige Grünalgen

Tiefer gelegene Felstümpel, die auch bei Niedrigwasser nicht völlig vom Meer abgeschnitten sind, beherbergen typische Tier- und Pflanzengesellschaften. Hier gedeiht das rosarote Korallenmoos, das abstirbt, wenn es trockenfällt. Auf den Steinen breiten sich Kalkalgen der Gattung *Lithothamnion* aus. Im Wasser kann man Kleinfische beobachten, außerdem Garnelen, Krabben, Borstenwürmer und Seeanemonen

Zahlreiche Algen sind durch besondere Anpassungen vor dem Austrocknen geschützt, wenn sie bei Niedrigwasser trockenfallen. Viele der zierlichen Rotalgenarten überleben hingegen nur in Wasseransammlungen oder unter derben Braunalgen. Einige Seeanemonen widerstehen der Trockenheit, indem sie sich vorübergehend zusammenziehen

Die Welt der Gezeitentümpel

Wenn sich das Meer bei Niedrigwasser von einer Felsküste zurückzieht, hinterläßt es wassergefüllte Spalten und Vertiefungen. Es entstehen sogenannte Gezeitentümpel, die wie kleine Naturaquarien Einblick in eine reizvolle Tier- und Pflanzenwelt geben. Hier leben Arten, die eine gewisse Trockenzeit ebenso ertragen wie einen Salzgehalt, der unter dem Einfluß von Niederschlägen und Verdunstung erheblich schwankt. Auch plötzliche Temperaturänderungen können diesen Organismen nichts anhaben.

Je nach Standort, Größe und Beschaffenheit des Untergrunds bilden sich in einem Gezeitentümpel sehr verschiedenartige Lebensgemeinschaften heraus. Die am Oberrand der Gezeitenzone angesiedelten, oft nur vom Spritzwasser befeuchteten Nischen werden ausschließlich von einigen spezialisierten Arten bewohnt. Tiefer gelegene Tümpel, die ständig mit dem Meer verbunden sind, beherbergen dagegen ein besonders reichhaltiges Tier- und Pflanzenleben.

Die Fischwelt der Gezeitentümpel

Fische, die in Gezeitentümpeln leben, müssen sich den schwierigen Umweltbedingungen in kleinen, abgeschlossenen Wasseransammlungen anpassen. Einige sind zwischen den Braun- und Rotalgen gut getarnt, z. B. der Schan und die Schlangennadeln. Wieder andere suchen in Spalten und Höhlungen Schutz.

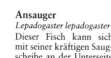

Ansauger
Lepadogaster lepadogaster
Dieser Fisch kann sich mit seiner kräftigen Saugscheibe an der Unterseite von Felsen ansaugen. Länge: bis 6,5 cm.

Butterfisch
Pholis gunellus
Der langgestreckte Butterfisch hält sich gern unter Steinen auf. Länge: bis 25 cm. (Siehe auch Seite 163.)

Kleiner Scheibenbauch
Liparis montagui
Dieser Verwandte des Seehasen hält sich mit einer Saugscheibe an Felsen fest. Länge: bis 6,5 cm.

Steinpicker
Agonus cataphractus
Dieser kleine Bodenfisch trägt Knochenplatten an Kopf und Körper. Länge: bis 15 cm.

Seeskorpion
Myoxocephalus scorpius
Die stachligen Seeskorpione sind an allen Küsten nördlich der Biskaya anzutreffen. Das Weibchen wird bis zu 30 cm lang.

Seebull
Taurulus bubalis
Der weitverbreitete Fisch trägt auf jedem Kiemendeckel einen langen, kräftigen Stachel. Länge: bis 18 cm.

Paganellgrundel *Gobius paganellus*
Diese Grundel sucht gern unter Steinen Unterschlupf. Länge: bis 12 cm. (Siehe auch Seite 169.)

Großer Scheibenbauch *Liparis liparis*
Bei dem rundlichen Fisch sind die Bauchflossen zu einer Saugscheibe umgewandelt. Mit ihr kann er sich am Felsuntergrund festhalten. Länge: bis 14 cm.

FISCHE IN GEZEITENTÜMPELN

Ährenfisch
Atherina presbyter
Gelegentlich trifft man kleine Schwärme mit jungen Ährenfischen. Sie sind an dem hellen Silberstreifen auf jeder Seite zu erkennen. Länge: bis 15 cm.

Schwimmgrundel
Coryphopterus flavescens
Der schlanke Fisch ist eine unter vielen Grundeln, die in Gezeitentümpeln vorkommen. Länge: bis 6 cm. (Siehe auch Seite 169.)

Seestichling
Spinachia spinachia
Der starre Körper des Seestichlings ist mit 14 bis 16 kurzen Stacheln bewehrt. Länge: bis 15 cm.

Montaguscher Schleimfisch
Coryphoblennius galerita
Dieser Schleimfisch trägt gelbliche Hautanhänge auf dem Kopf. Man findet ihn zwischen Rotalgen. Länge: bis 8 cm. (Siehe auch Seite 165.)

Krummschnauzige Schlangennadel
Nerophis lumbriciformis
Der schlanke Fisch ist zwischen Algen gut getarnt. Länge: bis 17 cm. (Siehe auch Seite 157.)

Goldmaid
Crenilabrus melops
Junge Exemplare der Goldmaid gehören zu den häufigen Bewohnern von Gezeitentümpeln. Sie halten sich bevorzugt zwischen dem Meersalat *Ulva* auf. Länge: 15–20 cm. (Siehe auch Seite 161.)

Schan *Blennius pholis*
Der Schan ist ein häufiger Fisch der Gezeitenzone. Er ernährt sich von Seepocken und anderen Kleinkrebsen. Länge: bis 16 cm. (Siehe auch Seite 164.)

Gestreifter Schleimfisch
Blennius gattorugine
Dieser Schleimfisch trägt ein undeutliches Streifenmuster, das ihn vom Montaguschen Schleimfisch unterscheidet. Länge: 15 bis 30 cm. (Siehe auch Seite 165.)

SCHWEINSWAL · Wale

Die Zähne sind spatelförmig, d. h., sie sind oben breiter als an der Wurzel

Der Schweinswal hat einen rundlichen Kopf und eine kurze, dreieckige Flosse in der Rückenmitte. Zwischen der schwarzen Oberseite und der weißen Unterseite liegt eine gräuliche Übergangszone. Das Tier wird im Durchschnitt 1,8 m lang, selten auch 2 m

Der Schweinswal atmet Luft, kann aber an Land nicht überleben. Ihm fehlt die Kraft, seinen Brustkorb zu weiten

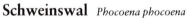

Im Spätsommer stößt man gelegentlich auf einzelne Tiere, die gestrandet sind

Das Weibchen bringt im Sommer ein Junges zur Welt. Jungtiere werden nur selten in Küstennähe beobachtet

Schweinswale tauchen bis auf den Meeresgrund, wo sie ihre Nahrungstiere finden

Schweinswal *Phocoena phocoena*

Der Schweinswal oder Kleine Tümmler ist der kleinste Wal, dem man in der Nord- und Ostsee begegnen kann. Mit seiner kurzen, stumpfen Rückenflosse und dem abgerundeten Kopf ohne den typischen Delphinschnabel unterscheidet er sich eindeutig von anderen Vertretern seiner Familie.

Schweinswale leben gern gesellig und bilden Schulen. Gemeinsam machen sie Jagd auf Heringe, Wittlinge, Plattfische, Krebse und Tintenfische. Oft dringen sie weit in Flüsse vor. Man hat die Tiere schon in der Elbe, der Maas, Schelde und in der Seine gesichtet. Auf ihren Ausflügen verirren sie sich kaum, denn wie alle Delphine verfügen sie über einen hochentwickelten, auf Schallwellen beruhenden Orientierungssinn.

Früher wurden Schweinswale häufig vor unseren Küsten gefangen. Heute verfolgt sie der Mensch nicht mehr, die Bestände sind aber trotzdem gefährdet. Schweinswale stehen nämlich am Ende einer langen Nahrungskette. Deshalb können sich bei ihnen Rückstände von giftigen Chemikalien und Schwermetallen in hohen Konzentrationen ansammeln.

Wale · GROSSER TÜMMLER

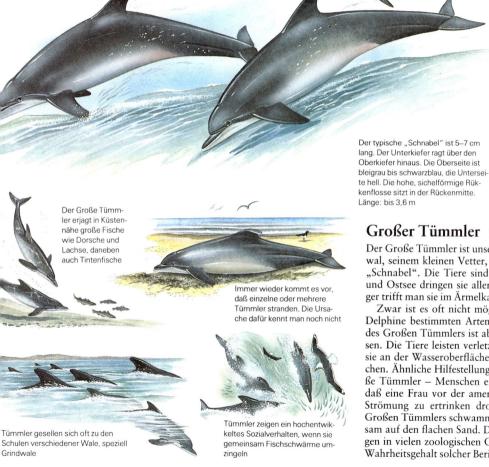

Der typische „Schnabel" ist 5–7 cm lang. Der Unterkiefer ragt über den Oberkiefer hinaus. Die Oberseite ist bleigrau bis schwarzblau, die Unterseite hell. Die hohe, sichelförmige Rückenflosse sitzt in der Rückenmitte. Länge: bis 3,6 m

Der Große Tümmler erjagt in Küstennähe große Fische wie Dorsche und Lachse, daneben auch Tintenfische

Immer wieder kommt es vor, daß einzelne oder mehrere Tümmler stranden. Die Ursache dafür kennt man noch nicht

Tümmler gesellen sich oft zu den Schulen verschiedener Wale, speziell Grindwale

Tümmler zeigen ein hochentwickeltes Sozialverhalten, wenn sie gemeinsam Fischschwärme umzingeln

Der Große Tümmler ist immer wieder in der Nordsee zu Gast. Meist bildet er kleine Schulen

Großer Tümmler *Tursiops truncatus*

Der Große Tümmler ist unser größter Delphin. Vom Schweinswal, seinem kleinen Vetter, unterscheidet er sich durch seinen „Schnabel". Die Tiere sind weltweit verbreitet. In die Nord- und Ostsee dringen sie allerdings nur gelegentlich vor. Häufiger trifft man sie im Ärmelkanal und in der Biskaya.

Zwar ist es oft nicht möglich, die vielen Erzählungen über Delphine bestimmten Arten zuzuordnen, die hohe Intelligenz des Großen Tümmlers ist aber durch Experimente nachgewiesen. Die Tiere leisten verletzten Artgenossen Hilfe und halten sie an der Wasseroberfläche, um ihnen das Atmen zu ermöglichen. Ähnliche Hilfestellungen sollen Delphine – so auch Große Tümmler – Menschen erwiesen haben. Es wird berichtet, daß eine Frau vor der amerikanischen Küste in einer starken Strömung zu ertrinken drohte. Mitglieder einer Schule des Großen Tümmlers schwammen zu ihr und schoben sie gemeinsam auf den flachen Sand. Die eindrucksvollen Dressurleistungen in vielen zoologischen Gärten sprechen in der Tat für den Wahrheitsgehalt solcher Berichte.

WALE

Der Grindwal
Globicephala melaena

Der Grindwal, ein Zahnwal, taucht gelegentlich im Ärmelkanal und in der Nordsee auf. Meist schwimmt er in Schulen von etwa 20 Tieren. Länge: bis 8 m.

Nördlicher Entenwal
Hyperoodon ampullatus

Der Nördliche Entenwal oder Dögling, ein Schnabelwal, sucht gelegentlich auch Nord- und Ostsee in Schulen auf. Länge: bis 9 m.

Rissos Delphin
Grampus griseus

Rissos Delphin ist auch als Rundkopfdelphin bekannt. Er ist durch seine hohe, sichelförmige Rückenflosse charakterisiert. Ein Schnabel fehlt ihm. Länge: 3,5–4 m.

Gewöhnlicher Delphin
Delphinus delphis

Dieser Zahnwal verirrt sich nur selten vom Mittelmeer aus in den Ärmelkanal. Länge: bis 2,5 m.

Wale – Säugetiere des Meeres

Die Wale sind die größten Erdbewohner. An unseren Küsten sieht man sie allerdings nur selten. Gelegentlich aber stranden diese Riesen und können dann aus der Nähe betrachtet werden. Die Bartenwale, zu denen auch der größte Wal, der Blauwal, gehört, ernähren sich nur von Plankton. Mit ihren großen Mäulern schlucken sie riesige Wassermengen. Die gefransten Bartenplatten dienen als Filter. Die großen Tiere bewegen sich sehr gemächlich. Die Zahnwale ernähren sich von Tintenfischen und verschiedenen Fischen, die sie gezielt erjagen. Sie haben meist einen stumpfen Kopf, oft auch eine kleine Schnauze. Die Zahnwale sind geschickte Schwimmer. Alle Wale atmen Luft und müssen dazu auftauchen.

Bei gestrandeten Tieren sind die langen Furchen auf der Bauchseite deutlich zu sehen

Zwergwale sind auf der Oberseite blaugrau, unten hell. Jede Seitenflosse ziert ein weißer Fleck. Auch die Bartenplatten sind weiß. Länge: bis 9 m

Zwergwale treten im allgemeinen einzeln auf. Auf Seereisen kann man ihnen auch in der Nordsee begegnen

Im Winter kommt das einzige Junge zur Welt

Der Blas des Zwergwals ist weniger auffällig als der anderer Furchenwale

Zwergwal *Balaenoptera acutorostrata*

Der Zwergwal ist der kleinste Vertreter der Furchenwale. Er wird selten länger als 9 m. Ihren Namen hat diese Walgruppe von den parallel angeordneten Falten vorn auf der Unterseite. Beim Zwergwal sind es etwa 50 an der Zahl. Man nimmt an, daß diese Furchen das Dehnungsvermögen des Mauls erheblich vergrößern. Furchenwale schwimmen nicht wie Glattwale mit geöffnetem Maul, sondern nehmen das planktonreiche Meerwasser in riesigen Schlucken zu sich. Auf jeder Kieferseite hängen über 200 mit Fransen bewehrte Bartenplatten, die das Plankton herausfiltern. Darüber hinaus frißt der Zwergwal auch verschiedene Fische wie z. B. Dorsche und Makrelen.

Wie alle Wale wandert auch der Zwergwal im Frühjahr in die kalten, nahrungsreichen Polargewässer. Im Winter paaren sich die Tiere. Nach einer Tragezeit von zehn Monaten wird ein Kalb geboren. Mit zwei bis drei Jahren werden die Tiere geschlechtsreif. Ihr Lebensalter beträgt 20 bis 30 Jahre. Auch Zwergwale werden von Zeit zu Zeit von ihrem Orientierungssinn im Stich gelassen und stranden dann an den Küsten.

KEGELROBBE · Robben

Das Weibchen gebärt ein Junges im Jahr. Es bleibt bis zum Haarwechsel bei der Mutter

Kegelrobben plündern auch Stellnetze, dabei geraten sie in die Gefahr, selbst gefangen zu werden und zu ertrinken

Die Kegelrobbe erbeutet große, langsame Fische wie Dorsche. Auch Heringe und Makrelen jagt sie, aber oft ohne Erfolg

Robben schlafen häufig senkrecht schwimmend. Wenn sie unter Wasser geraten, schließen sich die Nasenlöcher durch einen Reflex

Die Jungen haben ein weißes, wolliges Fell. Nach dem Haarwechsel unternehmen sie weite Wanderungen

Im Herbst gehen die Bullen an Land und versammeln einen Harem von sechs bis sieben Weibchen um sich

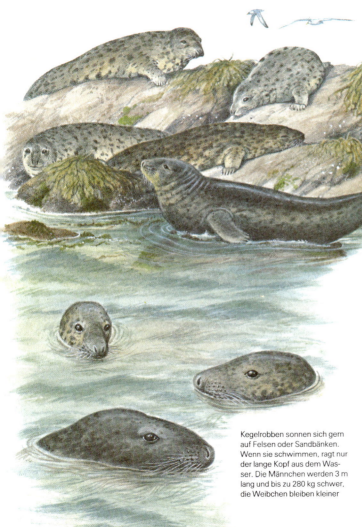

Kegelrobben sonnen sich gern auf Felsen oder Sandbänken. Wenn sie schwimmen, ragt nur der lange Kopf aus dem Wasser. Die Männchen werden 3 m lang und bis zu 280 kg schwer, die Weibchen bleiben kleiner

Die seltenen Kegelrobben tragen häufig einen kontrastreich gescheckten Pelz. Die Jungtiere sind an ihrem ungemusterten weißen Wollkleid zu erkennen

Kegelrobbe *Halichoerus grypus*

Die Kegelrobbe war früher an den Küsten des Nordatlantiks weit verbreitet. Heute gehört sie zu den stark gefährdeten Arten und steht unter Schutz. An unserer Nordseeküste kommt sie kaum vor, vielmehr gibt sie einsamen Felsküsten den Vorzug. Im Ostseegebiet schätzt man ihren Bestand auf ganze 5000 Tiere. Leider beeinträchtigt der Tourismus inzwischen auch die letzten unberührten Gegenden, wo sich die Kegelrobben fortpflanzen.

Im Herbst gehen die Bullen an Land und stecken Reviere für die Fortpflanzung ab. Nebenbuhler werden angegriffen und vertrieben. Die trächtigen Weibchen suchen später ebenfalls das Festland oder die Eisdecke auf, um jeweils ein Junges zu werfen. In der Ostsee kommen die Jungrobben im Februar oder März zur Welt, anderswo schon im November. Sie verbringen die ersten vier Wochen an Land, bis das weiße, wollige Jugendkleid durch den dichteren Pelz der älteren Tiere ersetzt ist. Dann begeben sie sich erstmals ins Wasser und beginnen mit dem Fischfang, während sich die Erwachsenen paaren.

SEEHUND · Robben

Aus der Ferne erinnern die rundlichen Seehundköpfe an Bälle, die auf dem Wasser treiben. Die Männchen werden 1,7–2 m lang, die Weibchen bleiben etwas kleiner

Die Jungen gehen bald nach der Geburt ins Wasser, wo sie sich als geschickte Schwimmer erweisen. Mitunter lassen sie sich auch von der Mutter tragen

Seehund *Phoca vitulina*

Der Seehund ist an unseren Küsten noch ziemlich verbreitet. Leider aber ist auch dieser Wattenmeerbewohner inzwischen in seiner Existenz bedroht. Seehunde leiden nicht nur unter Nahrungsmangel, eine Folge der intensiven Küstenfischerei, sondern immer mehr auch unter den Giften, die über die Flüsse und durch die Schiffahrt ins Wattenmeer gelangen. Glücklicherweise hat man die Lebensumstände der Seehunde in den letzten Jahrzehnten gut erforscht. Heute züchtet man sie erfolgreich in Gefangenschaft. Es glückt selbst, die sogenannten Heuler großzuziehen, das sind Seehundbabys, deren Mutter getötet wurde. Man schätzt den Seehundbestand im deutschen Wattenmeer auf 3000 Tiere.

Die Jungen kommen im Mai und Juni zur Welt. Sie verlieren sehr rasch ihren silbriggrauen Wollpelz und begeben sich dann ins Wasser. Auch im fortgeschrittenen Alter unternehmen sie keine größeren Wanderungen. Seehunde sind besonders gut von Schiffen aus zu beobachten, wenn sie auf den Sandbänken im Wattenmeer in der Sonne liegen.

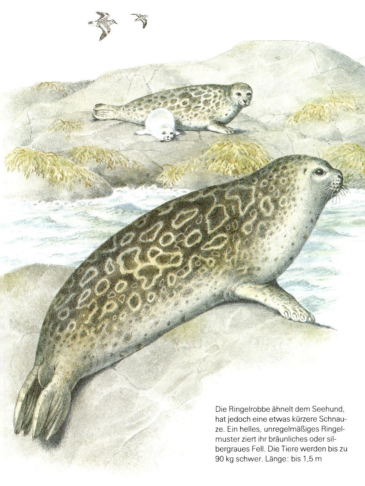

Die Ringelrobbe ähnelt dem Seehund, hat jedoch eine etwas kürzere Schnauze. Ein helles, unregelmäßiges Ringelmuster ziert ihr bräunliches oder silbergraues Fell. Die Tiere werden bis zu 90 kg schwer. Länge: bis 1,5 m

Ringelrobben sonnen sich gern auf kleinen Felsinseln. Im Winter legen sie im Schnee Schlafhöhlen an

Ringelrobbe   *Phoca hispida*

Ringelrobben bevölkerten ursprünglich nur das Eismeer. In früheren Zeiten drangen sie nach Nordeuropa und in Teile Asiens vor, wo sie in verschiedenen Gegenden heimisch wurden. Solche Bestände haben sich auch im Finnischen und Bottnischen Meerbusen angesiedelt. Von dort aus besuchen Ringelrobben gelegentlich auch die südliche Ostsee.

Seinen Namen verdankt das Tier dem kontrastreichen Flekkenmuster auf olivbraunem bis silbergrauem Grund. Die Jungen werden im Februar oder März geboren, oft in Eishöhlen, wo sie gut vor Verfolgern, Menschen oder Eisbären, geschützt sind. Wie alle Robbenkinder tragen sie zunächst noch ein helleres Wollkleid. Bis der Haarwechsel abgeschlossen ist und die Tiere ins Wasser gehen, vergeht etwa ein Monat. Die Erwachsenen paaren sich in dieser Zeit. Die Jungen haben zunächst nur einen begrenzten Spielraum für ihre Ausflüge. Sie bleiben in der Nähe der Atemlöcher, die ihre Mutter offenhält. Sie widmen sich ausgiebig ihrer Hauptaufgabe, nämlich zu lernen, wie man Krebse, Schnecken und kleine Fische jagt.

Raubmöwen beobachten die Kolonie und greifen kranke Jungrobben an. Sie stürzen sich auch auf die Nachgeburten, um sie zu verzehren

Wenn eine Mutter an Land kommt, muß sie ihr Junges finden. Zunächst sucht sie ihren Küstenabschnitt, dann erkennt sie ihr Junges an der Stimme, und schließlich wittert sie es auch

In einigen Gebieten herrscht zur Fortpflanzungszeit Platzmangel. Weibchen, die zu spät kommen, werden vertrieben und müssen weiter landeinwärts ihre Jungen werfen

Nach drei bis vier Wochen verlieren die Jungen ihr weißliches Babykleid. Erst jetzt unternehmen sie die ersten Schwimmversuche

Eine Kolonie der Kegelrobbe

An düsteren, nassen Spätjahrtagen begeben sich die Kegelrobben zu ihren Fortpflanzungsgebieten an einsamen Felsstränden. Die großen Bullen gehen zuerst an Land, um ihre Reviere abzustecken. Die stärksten Bullen, die Strandvögte, beanspruchen die ausgedehntesten Abschnitte und legen sich später auch die größten Harems zu, meist sechs bis sieben Kühe. Die meisten Jungrobben des folgenden Jahres stammen von diesen mächtigen Bullen ab. Die Weibchen gehen erst einige Tage später an Land und werfen bald ihre Jungen. Sie werden von ihrem Bullen eifersüchtig gegen Nebenbuhler verteidigt. Bald nach der Geburt paaren sich die Kegelrobben erneut. Das befruchtete Ei nistet sich erst nach etwa drei Monaten ein, so daß die Jungen erst im folgenden Winter zur Welt kommen. In vielen Gebieten verlassen die frisch geworfenen Jungen ihren Geburtsort, um für einige Jahre umherzuziehen. Die Kühe werden mit vier oder fünf Jahren geschlechtsreif und gebären jährlich ein Junges, bis sie etwa 30 Jahre alt sind. Die Bullen werden mit sechs Jahren fortpflanzungsfähig, erst mit neun Jahren können sie ein eigenes Territorium erfolgreich verteidigen. Sie paaren sich jährlich, und zwar vier bis fünf Jahre lang. Selten werden sie älter als 20.

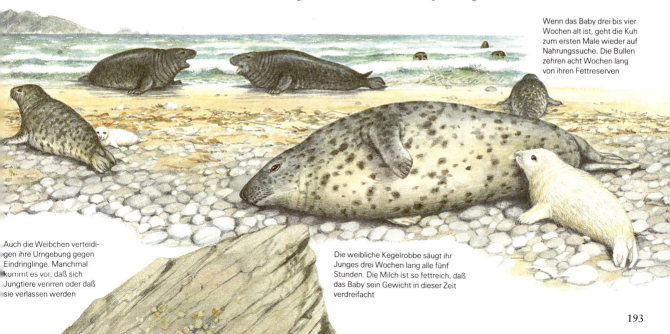

Die schwächeren Bullen gehen später an Land als die starken. Sie versuchen, den „Strandvögten" einige Weibchen abzujagen. Dann brechen lautstarke Konkurrenzkämpfe aus. Meist müssen die Nachkömmlinge aber mit einem Platz am Rand der Kolonie vorliebnehmen

Wenn das Baby drei bis vier Wochen alt ist, geht die Kuh zum ersten Male wieder auf Nahrungssuche. Die Bullen zehren acht Wochen lang von ihren Fettreserven

Auch die Weibchen verteidigen ihre Umgebung gegen Eindringlinge. Manchmal kommt es vor, daß sich Jungtiere verirren oder daß sie verlassen werden

Die weibliche Kegelrobbe säugt ihr Junges drei Wochen lang alle fünf Stunden. Die Milch ist so fettreich, daß das Baby sein Gewicht in dieser Zeit verdreifacht

Das Wattenmeer – ein artenreicher Lebensraum

Wo die Meeresströmung nur abgeschwächt wirkt, können sich feinste anorganische und organische Teilchen ablagern. So entstehen im Lauf der Zeit die gleichförmigen Wattflächen, die weite Teile der Nordseeküste einnehmen, vor allem zwischen dem Festland und den vorgelagerten Inselketten. Hier wechseln Schlickwattzonen mit Abschnitten, wo gröberer Sand vorherrscht. Auf den ersten Blick macht das Watt einen trostlosen, unbelebten Eindruck. In dem weichen Schlick hält sich aber auch bei Ebbe genügend Meerwasser, um einer Vielzahl kleinster tierischer Organismen ideale Lebensmöglichkeiten zu eröffnen. Von der Größe der Materialkörnchen hängt es ab, welche Arten jeweils heimisch sind. Muschelschalen und Steinchen dienen vielen Tieren und Pflanzen als Verankerung. Auch im feinsten Schlick, der nur wenige Tierarten beherbergt, können manche besonders gut angepaßte Lebewesen in Massen vorkommen. So verraten z. B. unzählige Kothäufchen, daß sich der von den Anglern als Köder geschätzte Sandpier hier durchaus wohl fühlt. Weniger auffällige Spuren hinterlassen die verschiedenen Meeresborstenwürmer der Gattung *Nereis*.

Einige Seeanemonen graben sich im Schlick ein. Nur ihre Tentakel sind an der Oberfläche sichtbar. Die Zylinderrose, *Cerianthus lloydii*, lebt von feinsten organischen Teilchen und Plankton. Der Borstenwurm, *Amphritite johnstoni*, baut sich Wohnröhren. Er streckt seine Tentakel heraus, um die Schlickoberfläche nach kleinen Nahrungsorganismen abzusuchen

Steine und Bruchstücke der verschiedensten Schalen, ob von Muscheln, Schnecken oder Krabben, dienen vielen Kleinlebewesen als Unterlage. Einige Seescheiden, Schwämme, Braun- und Grünalgen können überhaupt nur im Schlickwatt existieren, wenn sie sich an Grobmaterial festsetzen

Die langen, trockengefallenen Röhren gehören Schlickröhrenwürmern. Sie strecken bei Flut ihre Tentakelkronen heraus, um feine Nahrungsteilchen aus dem Wasser zu filtern

Eine Fülle von Bodentieren wird sichtbar, wenn man mit einer Grabgabel vorsichtig einen Klumpen Schlick aushebt. Es finden sich zahlreiche Borstenwürmer, vor allem aber auch Sandpiere, die u. a. den Schlick in ihren Wohnröhren fressen und die Reste in Form kleiner Kothäufchen auf der Oberfläche zurücklassen. Auch eine Reihe von Muscheln kann man entdecken

Strandschnecken und Strandkrabben sind weit verbreitete Küstenbewohner. Deckung und Halt finden sie an Steinschüttungen oder Faschinen, die zur Landsicherung angelegt wurden

Den aus Nordamerika eingeschleppten Pantoffelschnecken genügen Steine oder Schalen als Ankerplatz. Sie bilden zusammenhängende Ketten. Am Ende einer Kette sitzen die jüngsten männlichen Exemplare. Sie wechseln im Alter ihr Geschlecht

Der Schwamm bewohnt häufig auch die Stiele verschiedener Großalgen, z. B. des Zuckertangs. In diesem Lebensraum nimmt er eine gelbbraune Färbung an

Durch zahlreiche Öffnungen erhält der Schwamm nährstoffreiches Meerwasser. Durch große Öffnungen, die sogenannten Oscula, tritt es wieder aus

Der grünbraune Brotkrumenschwamm lebt an allen europäischen Küsten auf Steinen und Algen

Der Brotkrumenschwamm bildet Krusten, die im Durchmesser bis zu 20 cm groß und 2 cm dick werden können. Die Oberfläche ist mit erhaben liegenden Ausströmöffnungen besetzt, den Oscula

Brotkrumenschwamm *Halichondria panicea*

Erst zu Anfang des 19. Jh. erkannte man, daß Schwämme – wenn auch sehr einfach gebaute – Tiere sind. Echte Gewebe fehlen ihnen. Auch sind sie nicht in der Lage, sich fortzubewegen. Weltweit gibt es über 5000 verschiedene Schwammarten. Der größte Schwamm erreicht einen Durchmesser von 2 m, die meisten Arten bleiben weitaus kleiner, variieren aber beträchtlich in Form und Farbe. Nur wenige sind wirtschaftlich verwertbar, so z.B. der Badeschwamm des Mittelmeers. Ihre Festigkeit verdanken die Schwämme einem Gerüst aus Kalk-, Horn- oder Kieselsäureteilen.

Der Brotkrumenschwamm ist unser häufigster Schwamm. Seinen Namen hat er von der entfernten Ähnlichkeit mit dunklem Brot, außerdem zerbröckelt er wie Brot, wenn man mit ihm hantiert. Im frischen Zustand hat er einen scharfen Geruch. Einzellige Algen bewirken seine grünliche Färbung.

Der Brotkrumenschwamm hat wie alle Schwämme ein ausgezeichnetes Regenerationsvermögen. Kleinste Bruchstücke genügen, damit sich neue Schwämme entwickeln.

Verschiedene Schwämme

Die einzelnen Schwämme variieren stark in Form, Größe und Farbe, weshalb es auch dem Fachmann schwerfällt, sie zu bestimmen. Manche Arten lassen sich mit letzter Sicherheit nur unter dem Mikroskop identifizieren, wo man die Form der einzelnen Skelettelemente erkennen kann. Die abgebildeten Schwämme zählen zu den häufigsten Arten der europäischen Küstengewässer.

Korkschwamm
Suberites domuncula

Dieser Schwamm besiedelt fast immer große Schneckenschalen, die oft Einsiedlerkrebse beherbergen. Er bildet orangerote, elastische Knollen aus. Durchmesser: bis 30 cm.

Röhrenkalkschwämme
Leucosolenia-Arten

Diese Gattung ist bei uns mit sechs sehr variablen Arten vertreten. Ihr Skelett ist aus Kalknadeln aufgebaut. Die verzweigten Röhrchen besiedeln Steine und Weichtierschalen, seltener auch Algen. Höhe: bis 3 cm.

Blutschwamm
Hymeniacidon perleve

Der blut- bis orangerote Schwamm bildet bis zu 50 cm große Krustenüberzüge. Seine Oberfläche ist mit zahlreichen Ausströmöffnungen besetzt. Der Blutschwamm wächst auf Felsen und zwischen großen Tangen.

Beutelkalkschwamm
Scypha compressa

Der vasen- oder beutelförmige Schwamm kommt unter überhängenden Felsen vor. Länge: bis 5 cm.

Bohrschwamm
Cliona celata

Dieser Schwamm befällt Muschelschalen, durchbohrt sie und überzieht sie dann mit Krusten. Die Kammern enden in kleinen, erhöhten Öffnungen an der Schwammoberfläche.

Wimperkalkschwamm
Sycon ciliatum

Der vasenförmige, grau- bis gelblichweiße Schwamm trägt um seine Ausströmöffnung eine Krone langer Kalknadeln. Höhe: bis 5 cm.

OHRENQUALLE · Nesseltiere

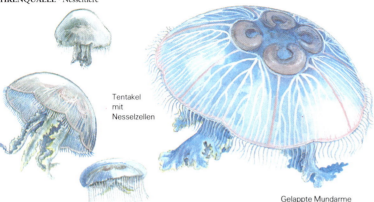

Tentakel mit Nesselzellen

Gelappte Mundarme

Deutlich zu erkennen sind die vier hufeisenförmigen Geschlechtsorgane, die sich um das Zentrum des Schirms gruppieren

Die bläulichen Ohrenquallen treiben oft in riesigen Schwärmen in Häfen und Buchten hinein

Die transparente, hellblaue Ohrenqualle trägt an ihrem Schirmrand kurze, mit Nesselzellen bewehrte Tentakel. Für den Menschen sind sie harmlos. Unter der Glocke hängen vier lange Mundarme. Durchmesser: bis 40 cm

Im Frühjahr schnüren sich die 3 mm großen Jungquallen ab. Sie haben acht Arme

Auf das Larvenstadium folgt das Polypenstadium. Die festsitzenden Polypen der Schirmquallen, zu denen auch die Ohrenqualle gehört, werden Scyphopolypen genannt. Sie sind rund 1 cm lang

Ohrenqualle *Aurelia aurita*

Wer einen Badeurlaub an der Nord- oder Ostseeküste verbringt, bekommt auch die großen Quallenschwärme zu Gesicht, die im Sommer in Buchten und Förden getrieben werden. Es lohnt sich, eines dieser zartblauen Tiere einmal genauer zu betrachten. Die schirmförmige Schwimmglocke besteht aus einer dicken Gallertschicht, die von zwei Zellagen umschlossen wird. Auf der Unterseite sitzt die Mundöffnung, die zu vier lappenförmigen Armen ausgezogen ist. Am Schirmrand hängen zarte Tentakel, die mit Nesselzellen besetzt sind. Mit ihnen fängt und betäubt die Qualle kleine Planktontiere.

Ohrenquallen können durch Zusammenziehen ihres Schirms langsam schwimmen. Ihre Energie reicht aber nicht aus, um Meeresströmungen zu widerstehen.

Quallen sind getrenntgeschlechtlich. Die Eier werden im Sommer im Zentralmagen befruchtet. Die Larven entwickeln sich nach einiger Zeit, im freien Wasser an Holz oder Steinen festsitzend, zu Polypen. Von jedem dieser Polypen schnüren sich im folgenden Frühjahr mehrere Miniaturquallen ab.

Nesseltiere · QUALLEN

Fünf verbreitete Quallen

Quallen besitzen auf der Unterseite ihres gallertigen, schirmförmigen Körpers eine Mundöffnung. Bei den meisten Arten ist sie zu langen, gelappten Mundarmen ausgezogen. Eine weitere Gemeinsamkeit sind die mit Nesselzellen bewehrten Tentakel, mit denen die Quallen andere Planktonorganismen greifen und betäuben.

Gelbe Haarqualle
Cyanea capillata
Die zahlreichen Tentakel dieser Qualle sind mit giftigen Nesselzellen besetzt. Durchmesser: bis 50 cm.

Kompaßqualle
Chrysaora hysoscella
Ein bräunliches Linienmuster, das an einen Kompaß erinnert, ziert den Schirm dieser harmlosen Qualle. Die Schirmglocke wird von 32 braunen Lappen gesäumt. Durchmesser: bis 30 cm.

Leuchtqualle
Pelagia nocticula
Die transparente Qualle schimmert rötlich. Die pilzförmige Glocke ist mit warzenähnlichen Pusteln übersät. Wie viele andere Quallen kann die Leuchtqualle bei Dunkelheit ein kaltes Licht ausstrahlen, wenn sie gestört wird. Durchmesser: bis 10 cm.

Blumenkohlqualle
Rhizostoma pulmo
Die harmlose Blumenkohl- oder Wurzelmundqualle ist an der bläulichen, halbkugelförmigen Schwimmglocke zu erkennen. An der Unterseite hängen acht zottige Mundarme. Durchmesser: bis 90 cm.

Blaue Nesselqualle
Cyanea lamarckii
Die stark nesselnde Blaue Nesselqualle ähnelt im Bau der Gelben Haarqualle. Durchmesser: bis 30 cm.

PORTUGIESISCHE GALEERE · Nesseltiere

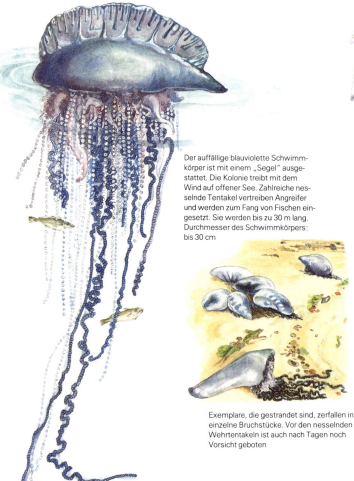

Der auffällige blauviolette Schwimmkörper ist mit einem „Segel" ausgestattet. Die Kolonie treibt mit dem Wind auf offener See. Zahlreiche nesselnde Tentakel vertreiben Angreifer und werden zum Fang von Fischen eingesetzt. Sie werden bis zu 30 m lang. Durchmesser des Schwimmkörpers: bis 30 cm

Die Tentakel sind unterschiedlich geformt, je nachdem, welche Funktion sie erfüllen

Bei anhaltendem Südwestwind werden diese Hochseebewohner gelegentlich an die europäischen Küsten verdriftet

Exemplare, die gestrandet sind, zerfallen in einzelne Bruchstücke. Vor den nesselnden Wehrtentakeln ist auch nach Tagen noch Vorsicht geboten

Portugiesische Galeere *Physalia physalis*

Obwohl dieses bizarre Tier an eine Qualle erinnert, gehört es doch zu einer anderen Gruppe von Nesseltieren, den kompliziert gebauten Staatsquallen. Eine Vielzahl von Einzelwesen schließt sich zu einer Kolonie zusammen, die einen gemeinsamen Schwimmkörper ausbildet. Damit er nicht austrocknet, benetzt ihn die Portugiesische Galeere in regelmäßigen Abständen mit Wasser. Manche Staatsquallen leben auch unter Wasser. Sie besitzen eine Gasblase, die verhindert, daß sie absinken.

Bei den Individuen, die an der Unterseite der Portugiesischen Galeere haften, handelt es sich um Polypen. Sie haben verschiedene Aufgaben, entsprechend unterscheiden sie sich im Bau. Es gibt Polypen mit langen, nesselnden Tentakeln, mit denen Fische gefaßt und gelähmt werden. Diese Fangfäden können sich verkürzen und die Beute in die Nähe der Freßpolypen bringen, die sie dann endgültig aufnehmen. Wieder andere Polypen sind für die Fortpflanzung zuständig. Von ihnen lösen sich mundlose Medusen, die weibliche und männliche Geschlechtszellen enthalten. Die befruchteten Eier entwickeln sich zu Larven.

Treibende Nesseltiere

Eine Reihe von Nesseltieren treibt mit den Strömungen des Nordatlantiks im offenen Meer umher. Bei bestimmten Wetterlagen werden sie an die europäischen Küsten verfrachtet und tauchen dann gelegentlich auch an Badestränden auf. Unter ihnen befinden sich mehrere Staatsquallen, die man wegen ihrer stark nesselnden Wirkung meiden sollte.

Segelqualle (Aufsicht)

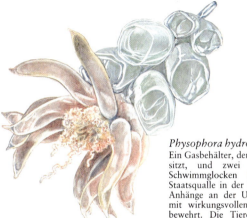

Segelqualle
Velella velella
Der blauviolette Schwimmkörper besteht aus konzentrisch angeordneten Röhren. Obenauf sitzt ein dreieckiges Segel. Besondere Tasterpolypen fangen die Planktonnahrung ein, ein zentraler Freßpolyp nimmt sie auf. Durchmesser: bis 10 cm.

Veilchenschnecke (ein Feind der Segelqualle)

Gestrandete Segelquallen erinnern an blaue Plastikscheiben

Physophora hydrostatica
Ein Gasbehälter, der an der Spitze sitzt, und zwei Reihen von Schwimmglocken halten diese Staatsqualle in der Schwebe. Die Anhänge an der Unterseite sind mit wirkungsvollen Nesselzellen bewehrt. Die Tiere bevorzugen wärmere Gewässer. Länge: bis 10 cm.

Tellerqualle
Porpita umbella
Am Rand der blaugrünen Scheibe sitzen keulenförmige, nesselnde Tentakel. Dazwischen befinden sich die Fortpflanzungskörper, Gonophoren genannt. In ihnen entwickeln sich die Eier zu Larven. Durchmesser: bis 10 cm.

Apolemia uvaria
Diese Staatsqualle besteht aus einem Strang mit zahlreichen Einzelpolypen. Ein relativ kleiner Schwimmkörper hält sie in der Schwebe. Länge: bis 20 cm.

SEESTACHELBEERE · Rippenquallen

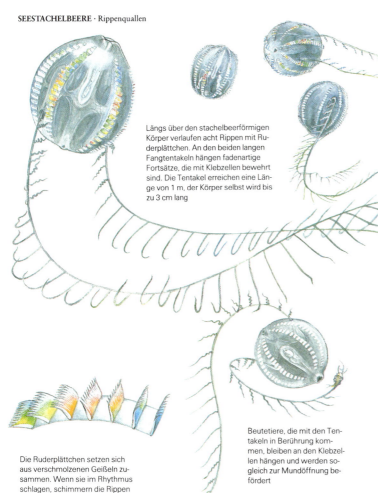

Längs über den stachelbeerförmigen Körper verlaufen acht Rippen mit Ruderplättchen. An den beiden langen Fangtentakeln hängen fadenartige Fortsätze, die mit Klebzellen bewehrt sind. Die Tentakel erreichen eine Länge von 1 m, der Körper selbst wird bis zu 3 cm lang

Die Ruderplättchen setzen sich aus verschmolzenen Geißeln zusammen. Wenn sie im Rhythmus schlagen, schimmern die Rippen in schillernden Farben

Beutetiere, die mit den Tentakeln in Berührung kommen, bleiben an den Klebzellen hängen und werden sogleich zur Mundöffnung befördert

Seestachelbeeren bewohnen das offene Meer. Auch in Nord- und Ostsee kann man ihnen begegnen

Seestachelbeere *Pleurobrachia pileus*

Die zierliche Seestachelbeere ähnelt einer kleinen Qualle, gehört aber zu den Kamm- oder Rippenquallen, einer anderen Tierklasse. Ihr Kennzeichen sind acht rippenartige Reihen, die längs über den Körper laufen. Sie sind dicht mit Ruderplättchen besetzt, die sich synchron bewegen und die Tiere so vorwärts bringen. Nesselnde Tentakel fehlen den Rippenquallen. Einige Arten, so auch die Seestachelbeere, besitzen dafür lange Tentakel mit fadenförmigen Anhängen, die Klebzellen tragen. Mit ihnen halten sie ihre Beute fest, die sie dann durch blitzartiges Einziehen der Tentakel zum Mund führen.

Die hübschen Seestachelbeeren werden oft nach Stürmen an die Strände gespült. Ihr feiner Körper ist aber sehr empfindlich gegen jede Berührung. In einigen Meeresaquarien, so z.B. auf Helgoland, werden Seestachelbeeren mit Erfolg gehalten.

Seestachelbeeren sind Zwitter; sie verfügen über männliche und weibliche Geschlechtsorgane. Im Spätsommer und Herbst geben sie ihre Geschlechtszellen ins Wasser ab. Aus den befruchteten Eiern bilden sich winzige Seestachelbeeren.

Verschiedene Rippenquallen

Obwohl die Rippenquallen zum Teil eine recht beachtliche Größe erreichen, gehören sie zum tierischen Plankton. Mit ihrem schwach entwickelten Schwimmvermögen sind sie nicht in der Lage, den Strömungen Widerstand entgegenzusetzen. Sie werden passiv verdriftet und gelegentlich an Land getrieben. Ihr eigentlicher Lebensbereich ist das offene Meer.

Venusgürtel
Cestus veneris

Der bandförmige Körper macht den Venusgürtel zu einer unverwechselbaren und zugleich ungewöhnlichen Rippenqualle. Die Mundöffnung sitzt in der Mitte. Venusgürtel benutzen zum Schwimmen ihre Ruderplättchen, außerdem vollziehen sie schlängelnde Bewegungen. Die Tentakel tragen Anhänge, mit denen kleine Planktonkrebse erbeutet werden. Länge: bis 1 m.

Mützenqualle
Beroe cucumis

Der mützenförmige, durchsichtige Körper schimmert rötlich. Acht Reihen mit Ruderplättchen ziehen sich von der Basis bis zur Spitze. Das verzweigte Kanalsystem ist von außen gut zu erkennen. Tentakel fehlen der Mützenqualle. Sie nimmt ihre planktische Nahrung direkt mit dem Mund auf. Höhe: bis 12 cm.

Glaslappenqualle
Bolinopsis infundibulum

Diese Rippenqualle hat einen ovalen Querschnitt. Neben den Mundwinkeln hängen zwei Schwimmlappen, die stoßweise bewegt werden konnen. Höhe: bis 15 cm.

PFERDEAKTINIE · Nesseltiere

Pferdeaktinien sind an allen felsigen Küsten recht häufig. Man bekommt sie bei Niedrigwasser leicht zu Gesicht.

Die rote Form der Pferdeaktinie ist am häufigsten, seltener treten auch bräunliche und grüne Farbvarietäten auf. Um die rund 200 Tentakel zieht sich ein Band mit nesselnden blauen Pusteln. Körperhöhe: bis 7 cm, Durchmesser: 6–7 cm

Pferdeaktinie *Actinia equina*

Wenn sich die roten oder auch grünlichen Pferdeaktinien in ihrer ganzen Schönheit entfalten, erinnern sie mehr an farbenprächtige Sommerblumen als an Tiere. Fallen sie aber bei Ebbe trocken oder werden sie gestört, ziehen sie sich zu unscheinbaren Klumpen zusammen.

Die Pferdeaktinie ist an allen europäischen Küsten verbreitet, benötigt jedoch felsigen Untergrund, auf dem sie sich festsetzt. Sie kann aber auch durch wellenartige Bewegungen langsam am Boden entlangkriechen. Am Tag legt sie so bis zu 50 cm zurück. Ihre Tentakel sind mit Batterien von Nesselzellen bewehrt, ebenso die blauen Pusteln, die den Tentakelkranz umgeben. Das Nesselgift kommt zur Wirkung, wenn das Tier seine Beute faßt oder Feinde abwehrt.

Pferdeaktinien sind getrenntgeschlechtlich. Die männlichen Tiere geben Samenwolken durch die Mundöffnung ins Wasser ab. Die Besamung der Eier erfolgt im Muttertier. Sind die Larven ausgewachsen, verlassen sie die Mutter, werden verdriftet und setzen sich nach einigen Tagen auf dem Boden fest.

Erdbeerrose
Actinia equina var. fragacea
Der zylindrische Körper ist mit gelbgrünen Punkten übersät. In Fachkreisen ist umstritten, ob es sich bei der Erdbeerrose um eine Unterart oder eine Lokalform der Pferdeaktinie handelt.

Wenn sich Pferdeaktinien bei Ebbe zusammenziehen, ähneln sie kleinen, schleimigen Klumpen

Verschiedene Seeanemonen

Form, Farbe und Anzahl der Tentakel fallen bei den Seeanemonen sehr unterschiedlich aus. Planktonfressende Arten haben zartere Tentakel als solche, die Krabben oder Fische erbeuten. Die abgebildeten Seeanemonen sind Bewohner felsiger Küstenabschnitte.

Wachsrose
Anemonia sulcata
Die grünliche Wachsrose hat bis zu 15 cm lange Tentakel. Kieler Biochemiker haben aus ihr ein Gift isoliert, das in verdünnter Form als Heilmittel verwendet wird. Höhe: bis 10 cm.

Seenelke
Metridium senile
Die hochwüchsige Seenelke besitzt zarte, fiederige Tentakel, mit denen sie tierisches Plankton fischt. Sie bewohnt Felsen, Hartböden und Hafenmolen. Höhe: bis 30 cm.

Becherkoralle
Cariophyllia smithii
Die sehr variabel gefärbte Becherkoralle hat ein festes Kalkskelett, das sie als Vertreter der Echten oder Steinkorallen ausweist. Die Tentakel sind am Ende knopfartig verdickt. Durchmesser: bis 2,5 cm.

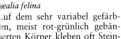

Seedahlie
Tealia felina
Auf dem sehr variabel gefärbten, meist rot-grünlich gebänderten Körper kleben oft Steinchen und Schalenbruchstücke. Höhe: bis 15 cm.

Edelsteinrose
Bunodactis verrucosa
Im zusammengezogenen Zustand erscheinen auf dem rötlichen Körper sechs Reihen weißer Pusteln. Die grüne Mundöffnung wird von festen, gebänderten Tentakeln umsäumt. Höhe: bis 3 cm.

Juwelenanemone
Corynactis viridis
Die lebhaft und zugleich völlig unterschiedlich gefärbten Juwelenanemonen haben Tentakel mit verdickten Enden. Ihr Lebensraum reicht bis in Tiefen von 100 m. Körperdurchmesser: 1 cm.

Die Schmarotzeraktinie bewohnt atlantische Küsten. Sie dringt bis in den Ärmelkanal, nicht aber in die Nordsee vor

Die rötlich bis braun gestreifte Schmarotzeraktinie haftet fest auf einem Gehäuse der Wellhornschnecke, das einen Einsiedlerkrebs beherbergt. Mitunter sitzen mehrere Tiere auf einer Schale. Der Krebs hat dann zwar eine schwere Last zu tragen, ist aber bestens vor Feinden geschützt. Höhe: bis 10 cm

Mantelaktinie
Adamsia palliata

Der weißliche Körper der Mantelaktinie trägt unregelmäßige rosarote Flecke. Die Fußscheibe umwächst das gesamte Schneckenhaus des Einsiedlerkrebses. Dabei produziert die Mantelaktinie eine hornartige Substanz, die das Gehäuse vergrößert. So wird verhindert, daß der Krebs seine Wohnung wechseln muß. Durchmesser der Fußscheibe: 5–7 cm.

Schmarotzeraktinie *Calliactis parasitica*

Der Name Schmarotzeraktinie ist eigentlich irreführend. Obwohl diese Seeanemone fast immer auf einer Schneckenschale lebt, die von einem Einsiedlerkrebs bewohnt wird, schädigt sie ihren Wirt nämlich nicht. Sie profitiert lediglich von den Resten, die der Krebs bei seiner Mahlzeit hinterläßt. Dabei braucht sie sich nur nach unten zu biegen und die Nahrungsteile, die hinter dem Krebs zurückbleiben, mit ihren Tentakeln aufzunehmen. Aber auch der Einsiedlerkrebs ist mit seinem Mieter zufrieden. Ihn schützen die Nesselzellen der Aktinie. Eine derartige Beziehung zum Nutzen zweier Organismen nennt man Kommensalismus. Von Zeit zu Zeit benötigt der Krebs ein größeres Schneckenhaus. Dann löst sich die Anemone ab und läßt sich vom Krebs auf ihr neues Haus verpflanzen.

Eine noch innigere Beziehung besteht zwischen einem kleinen Einsiedlerkrebs, *Eupagurus pridauxi*, und der Mantelaktinie, *Adamsia palliata*. Sie trennen sich überhaupt nie. Man hat sogar beobachtet, daß der Krebs Nahrungsbrocken direkt zwischen die Tentakel der Anemone legt.

Nesseltiere · **GRABENDE SEEANEMONEN**

Grabende Seeanemonen

Eine Reihe von Seeanemonen lebt tief vergraben im Sand- oder Schlammgrund. Oft haben sie sich an einem Stein oder einer Muschelschale angeheftet. Sie zu bestimmen fällt nicht immer leicht, nur die Tentakelscheiben können als Anhaltspunkt dienen.

Speeranemone
Peachia hastata

Von der wurmförmigen, bis zu 25 cm langen Speeranemone sieht man nur die zwölf Tentakel. Sie tragen ein weißes Pfeilmuster auf braunem Grund. Eine Basalscheibe ist nicht vorhanden. Durchmesser des Tentakelkranzes: bis 5 cm.

Zylinderrose
Cerianthus lloydi

Die fleischfarbene Zylinderrose steckt zum größten Teil in einer bis zu 40 cm langen, schleimigen Wohnröhre. Wird sie gestört, zieht sie sich hierhin zurück. Die Tentakel sind in zwei Ringen angeordnet, wobei die äußeren Tentakel weit länger als die inneren sind. Körperdurchmesser: 1,5–2 cm, Tentakellänge: 7 cm.

Chrysanthemenanemone
Halcampa chrysanthellum

Diese Seeanemone besitzt zwölf kräftige Tentakel, die an der Basis ein kontrastreiches Zickzackmuster tragen. Sie verbringt ihr Leben eingegraben im Weichboden, häufig in Seegrasbeständen. Durchmesser des Tentakelkranzes: bis 1 cm.

Schlangenhaar-Seerose
Sagartiogeton undatus

Die rund 100 durchsichtigen Tentakel werden 5–7 cm lang. Der gelbliche Körper trägt braungraue Längsstreifen, die Mundscheibe ist hellbraun gemustert.

Sonnenrose
Cereus pedunculatus

Die Sonnenrose besitzt mehrere hundert dicht nebeneinander sitzende Tentakel. Am oberen Körperrand weist sie weißliche, in Reihen angeordnete Saugwarzen auf. Die Grundfärbung ist graubraun, die Mundscheibe heller gemustert. Durchmesser des Tentakelkranzes: bis 15 cm.

Bei Störung werden die Tentakel rasch eingezogen

POLYPENSTÖCKCHEN UND STIELQUALLEN · Nesseltiere

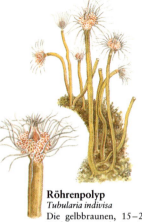

Glockenpolyp
Obelia geniculata

Die bis zu 4 cm hohen Stämmchen wurzeln auf Algen, Holz und anderem festem Untergrund. Die Tentakel entspringen in kleinen Bechern.

Stielquallen
Haliclystus- und *Lucernaria*-Arten

Eine besondere Gruppe bilden die Stielquallen, die ihr gesamtes Leben an Steinen, Schalen oder Algen festsitzend verbringen. Der Becher ist zu vier oder acht Armen ausgezogen. Höhe: 5–7 cm.

Röhrenpolyp
Tubularia indivisa

Die gelbbraunen, 15–20 cm langen Stielchen wurzeln in einem kriechenden Gewebe. An ihrem Ende sitzen rote Polypenköpfe mit weißen Tentakeln. Röhrenpolypen sind häufig zwischen Brauntangen anzutreffen.

Stachelpolyp
Hydractinia echinata

Die Kolonien des Stachelpolypen überziehen die Gehäuse von Einsiedlerkrebsen. Über den Wurzelfäden liegt eine hornartige, stachelige Schicht. Höhe: bis 1,5 cm.

Mehrhörniger Keulenpolyp
Clava multicornis

Die rosaroten Kolonien des Keulenpolypen wachsen aus einem weißlichen Wurzelgewebe. Jeder der keulenförmigen Einzelpolypen trägt feinste Tentakel. Höhe: 1–2 cm.

Federpolyp
Plumularia catharina

Die Wurzelfasern dieses Polypen breiten sich auf Steinen, Schalen und Seescheiden aus. Die Polypenbecher sitzen entlang dem Hauptstiel und an den Seitenzweigen, die sich gegenüberliegen. Höhe: 3–5 cm.

Polypenstöckchen und Stielquallen

Die pflanzenähnlichen Polypenkolonien bilden eine eigen Ordnung unter den Nesseltieren. Anders als die Quallen un Seeanemonen entwickeln sie kleine, verzweigte Stämmche die auf Steinen, Holz oder Algen festsitzen. Geeignete Stöck chen werden mancherorts gefärbt und zu kunstgewerbliche Artikeln und Andenken verarbeitet. Aus der großen Artenfül kann hier nur ein kleiner Ausschnitt vorgestellt werden.

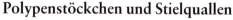

Nesseltiere · **TOTE MANNSHAND**

Die ausgewachsenen Tiere bilden fingerförmig verzweigte Kolonien. Wenn die gesamte Kolonie ungestört Planktonnahrung fängt, überdecken unzählige weißliche Polypen ihre orangerote Oberfläche. Die Auswüchse erreichen einen Durchmesser von 8 cm. Die Kolonie wird etwa 25 cm hoch

Die Tote Mannshand ist in Küstengewässern weit verbreitet. Am besten gedeiht sie in planktonreichem Wasser

Tote Mannshand *Alcyonium digitatum*

Angeschwemmte Teile dieser Koralle sind grau oder fleischfarben und erinnern an die Hände von ertrunkenen Seeleuten, was wohl zu dem merkwürdigen Namen geführt hat. Nicht nur an ihrem natürlichen Standort, sondern auch im Aquarium besticht die Tote Mannshand hingegen durch ihre Schönheit. Sie ist meist kräftig orangerot gefärbt und über und über mit winzigen weißlichen Polypen besetzt. Als Vertreterin der Weich- oder Lederkorallen hat sie kein zusammenhängendes Kalkskelett, sondern besteht aus einer ledrigen Masse, die ihre Festigkeit durch eingelagerte Kalknadeln erhält.

Die entfalteten Polypen erinnern im Bau an Miniaturseeanemonen. Ihr schlitzförmiger Mund ist von acht gegliederten Tentakeln umgeben

Die Grundfarbe ist meistens orangerot, die dicht nebeneinandersitzenden Polypen sind immer weiß. Zusammengezogen wirkt die Kolonie runzlig

Aus den Larven entwickeln sich winzige Kolonien, die Polster auf Steinen und Schalen bilden

Die Tote Mannshand ist in Küstengewässern zu Hause, auch in der Nordsee und westlichen Ostsee. Ihre Kolonien breiten sich nur auf festem Untergrund aus. Den Fang der Planktonnahrung übernehmen die mit Nesselzellen bewehrten Polypen. Durch ein Kanalsystem kann die Nahrung in der Kolonie verteilt werden. Besonders gut entwickeln sich die Kolonien im Bereich von Strömungen, die viel Plankton mitführen.

SEEFÄCHER · Nesseltiere

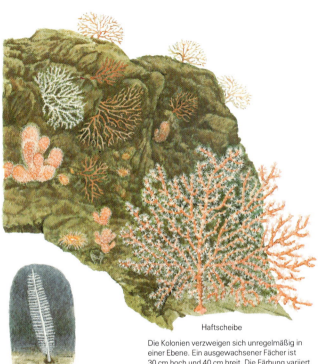

Stirbt ein Seefächer ab, bleicht sein bräunliches Hornskelett schnell aus

Dicht an dicht sitzen die kleinen Polypen auf den Stämmchen. Jeder Polyp streckt acht Tentakel heraus

Seefächer lieben wärmeres Wasser. Sie gedeihen in Tiefen unter 15 m auf felsigem Untergrund

Haftscheibe

Die Kolonien verzweigen sich unregelmäßig in einer Ebene. Ein ausgewachsener Fächer ist 30 cm hoch und 40 cm breit. Die Färbung variiert zwischen Rosa und Weißlich. Wenn sich die Einzelpolypen zurückziehen, sieht man auf den Zweigen nur noch kleine Pusteln. Eine Haftscheibe verankert die Kolonie im Felsgrund

Seefeder
Virgularia mirabilis

Die Seefedern stecken aufrecht im Schlick. Ein Skelettstab aus Kalk verleiht ihnen Festigkeit. Fast alle Seefedern können ein kaltes Licht erzeugen. Höhe: bis 60 cm.

Seefächer *Eunicella verrucosa*

Der bäumchenartig verzweigte Seefächer gehört zur Korallengruppe der Gorgonien, die vorwiegend in tropischen Meeren beheimatet sind. Ihr Skelett enthält Gorgonin, eine hornartige Substanz, die für Elastizität sorgt. Das Verbreitungsgebiet des Seefächers erstreckt sich von Süden her bis in den Ärmelkanal, was dem wärmeren Wasser des Golfstroms zu verdanken ist.

Die Seefächerstöckchen sind in einer Ebene verzweigt. Ihr Stützskelett besteht aus dem besagten Gorgonin und einzelnen Kalkeinlagen. Die polypenbesetzten Fächer wirken geradezu als Planktonfallen, vor allem, wenn sie sich einer Meeresströmung entgegenstellen. Seefächer wachsen sehr langsam. Eine 30 cm hohe Kolonie ist etwa 30 Jahre alt.

Auch die grazilen Seefedern gehören zu den Korallen. Im Gegensatz zu den fest im Felsgrund verankerten Seefächern stecken sie aber lose im Boden. Einige Arten der Gattungen *Pennatula* und *Virgularia* haben ihr Verbreitungsgebiet von Skagerrak bis ins Kattegat ausgedehnt, fehlen aber in der Ostsee. Einen Salzgehalt von weniger als 28 ‰ vertragen sie nicht.

STRUDEL-, FADEN-, SPRITZWÜRMER

Fadenwürmer
Nematoda-Arten

Die schlanken, ungegliederten Nematoden bewegen sich schlängelnd vorwärts. Die einzelnen Arten kann nur der Spezialist auseinanderhalten. Fadenwürmer leben im Bodensediment, zwischen Algen und nicht zuletzt als Parasiten. Länge: unter 2 cm.

Kolbenplanarie
Procerodes ulvae

Die braun gefärbte Kolbenplanarie hat einen plumpen Körper, der zum Kopf hin schmaler wird. Am Kopf trägt sie zwei tentakelartige Anhänge. Kolbenplanarien trifft man unter Steinen im Brackwasser von Flußmündungen. Länge: bis 6 mm.

Bandplanarie
Prosthecereaus vittatus

Dieser Strudelwurm hat einen gewellten Körperumriß. Charakteristisch sind die dunklen Längsstreifen auf cremefarbenem Grund. Am Kopf sitzen zwei tentakelartige Anhänge. Bandplanarien findet man im Flachwasser unter Steinen, auf Muschelbänken und zwischen Algen. Länge: bis 3 cm.

Sipunculus nudus

Der Körper dieses Spritzwurms setzt sich aus einem plumpen Rumpf und einem langen Rüssel zusammen, an dem die Mundöffnung sitzt. Wenn er sich zusammenzieht, erinnert er an eine Erdnuß. Der Wurm gräbt sich im Weichboden Gänge. Länge: bis 20 cm.

Blutfleckenplanarie
Oligocladus sanguinolentus

Der blattförmige, weißliche Körper ist rot und braun gemustert. Am Kopf befinden sich mehrere Augenpunkte. Die Würmer kommen unter Algen und Steinen vor. Länge: bis 1,3 cm.

Strudel-, Faden- und Spritzwürmer

Die drei Wurmgruppen haben wenig mehr gemeinsam als ihre äußere Ähnlichkeit. Strudelwürmer sind meist abgeplattet und farblich an ihre Umgebung angepaßt. Auf der Unterseite tragen sie eine Wimpernschicht, die sie zum Kriechen befähigt. Die umfangreiche Klasse der Fadenwürmer schließt auch zahlreiche mikroskopisch kleine Arten ein. Viel höher entwickelt sind die rüsseltragenden Spritzwürmer. Sie bewohnen selbstgebaute Wohnröhren und leere Schneckenhäuser.

SCHNURWÜRMER

Ringelnemertine
Tubulanus annulatus

Der leuchtendrote Körper trägt weiße Längs- und Querstreifen. Der Kopf ist spatelförmig, Augen fehlen. Ringelnemertinen leben im Sand, in Felsspalten und verlassenen Wurmröhren. Sie werden im Durchschnitt 12 bis 15 cm lang, selten bis zu 70 cm.

Roter Schnurwurm
Lineus ruber

Unter den Schnurwürmern, die an der Nord- und Ostseeküste vorkommen, ist diese Art am häufigsten. Farblich variiert er stark, es gibt rotbraune, dunkelolivfarbene und selbst grüne Exemplare. Am Kopf sitzen zwischen vier und zwölf einfache Augen. Länge: bis 20 cm.

Der Rüssel kann aus einer Scheide weit ausgestülpt werden

Zweistreifige Nemertine
Lineus bilineatus

Das Kennzeichen dieses Schnurwurms sind zwei schmale weiße Streifen, die den Rücken entlanglaufen. Der augenlose, breite Kopf weist zwei Schlitze auf. Zweistreifige Nemertinen halten sich zwischen Tangen, unter Steinen und in Gezeitentümpeln auf. Länge: bis 30 cm, meist 8–15 cm.

Lange Nemertine
Lineus longissimus

Dieser Schnurwurm trägt seinen Namen nicht zu Unrecht: Im Extremfall kann er die enorme Länge von 30 m erreichen, wird aber gewöhnlich nur 4 m lang. Seitlich am Kopf befinden sich zahlreiche kleine Augen. Der Wurm lebt im Schlamm und unter Steinen.

Verschiedene Schnurwürmer

Die Schnurwürmer bilden eine eigenständige Klasse unter den Meereswürmern. Das gemeinsame Merkmal der meisten Arten ist ein langgezogener, ungegliederter Körper, den sie stark zusammenziehen können. Mit ihrem Rüssel erbeuten sie verschiedene wirbellose Kleintiere, leben also ausgesprochen räuberisch. Die abgebildeten Arten halten sich in küstennahen Meereszonen auf. Sie führen ein recht verborgenes Dasein zwischen Algenbeständen, unter Steinen und im Weichboden.

WÜRMER DES MEERESBODENS

Priapswurm
Priapulus caudatus

Am Vorderende des zylindrischen Körpers befindet sich ein einziehbarer Rüssel, der dicht mit kleinen Häkchen besetzt ist. Zottige Schwanzanhänge markieren das Hinterende. Die räuberischen Priapswürmer erbeuten vorzugsweise langsame Borstenwürmer. Länge: bis 10 cm.

Quappwurm
Echiurus echiurus

Typisch ist der lappenartig ausgezogene Rüssel am Vorderende des ungegliederten Körpers. Hinten sitzt ein Borstenkranz. Die Ernährung besteht aus organischen Stoffen. Länge: bis 15 cm.

Priapswurm
Halicryptus spinulosus

Diese kleinere Art hat keine Schwanzanhänge und kommt bis weit in die Ostsee vor. Die Tiere werden in großen Mengen von Dorschen aufgestöbert und gefressen. Eine auffällige Eigenart ist ihre Widerstandsfähigkeit gegen Sauerstoffmangel. Länge: bis 5 cm.

Einige Würmer des Meeresbodens

Unter den Würmern gibt es einige Arten, denen die Vorliebe für tieferes Wasser gemeinsam ist. Man wird sie deshalb auch kaum in ihrer natürlichen Umgebung zu Gesicht bekommen, sondern eher etwa im Beifang der Krabbenfischerei. Auf dieser Seite werden zwei Vertreter der Priapswürmer, *Priapuliden*, vorgestellt, die Arten *Priapulus caudatus* und *Halicryptus spinulosus*. Die plumpen, walzenförmigen Tiere graben sich in Weichböden U-förmige Gänge. Der Quappwurm, der zu den Igelwürmern gehört, hat dieselbe Eigenart.

Geschütztes Leben in Felsspalten und unter Steinen

Für die Tiere der Küstenzone ist es lebenswichtig, sich vor dem Austrocknen zu schützen. Die Seepocken z. B. überstehen die Zeit bis zur nächsten Flut, indem sie einfach ihren Panzer schließen. Napfschnecken dagegen pressen sich fest an den Felsgrund. Vielen anderen Lebewesen aber fehlen solche Schutzvorrichtungen. Sie sind dazu gezwungen, in Felsspalten oder unter großen Steinbrocken Zuflucht zu suchen. Hier finden sie auch bei Ebbe genügend Wasser, um zu überleben. Einige Wassertiere, wie manche Krebse, Borstenwürmer oder Seesterne, verbergen sich nur vorübergehend bis zur nächsten Flut. Andere wieder, wie verschiedene Krebse der Gattung *Munida*, verstecken sich tagsüber und verlassen erst nachts ihren Zufluchtsort, wenn sie vor Feinden sicherer sind. Die kleinen Porzellankrabben können sich mit ihren kräftigen Beinen an Felsen festklammern und ungestört nach Nahrung suchen. Auch die Haftorgane der großen Tange beherbergen ein reiches Tierleben. Über 300 Tierarten hat man dort entdeckt.

Einige Schwämme, Seescheiden, Muscheln und Käferschnecken leben ständig unter überhängenden Felsen. Sie bieten ihnen Schutz vor Feinden und vor dem Austrocknen. Dort brauchen diese Kleinlebewesen auch nicht mit großen Algen, die bekanntlich Licht benötigen, um den Platz zu konkurrieren. Auch in Felsspalten überdauern etliche Tiere, z. B. manche Seeanemonen und Seegurken. Aus sicherer Position fischen sie mit ihren Tentakeln Plankton aus dem Wasser.

Das verzweigte Haftorgan großer Tange bietet vielen Kleintieren einen geschützten Lebensraum. Hier halten sich winzige Krebse wie Strandflöhe auf, ebenso kann man auf Borstenwürmer, Schwämme und Schlangensterne stoßen

Wenn das Wasser bei Ebbe abläuft, ziehen sich Schnecken und Seesterne unter Felsbrocken zurück. Sobald sie überflutet werden, nehmen sie ihre Nahrungssuche wieder auf

In großen Spalten nahe der Niedrigwasserlinie können sich die Eier von Nackt- und Wellhornschnecken gut entwickeln. Hier finden auch Seescheiden, Seeanemonen und Schwämme günstige Lebensbedingungen vor. In kleineren Spalten halten sich gern verschiedene Strandschnecken auf

Selbst auf der Unterseite größerer Felsbrocken entfaltet sich tierisches Leben. Hier stößt man auf Schwämme, Kalkröhrenwürmer, Moostierchen und Seescheiden. Die Kalkalgen der Gattung *Lithothamnion* überziehen das Gestein mit ihren rosaroten Krusten. In Vertiefungen, in denen genügend Wasser zurückbleibt, kann man gelegentlich auch einen Butterfisch finden

Der Borstenwurm, *Polymnia nebulosa*, baut sich unter Felsbrocken zerbrechliche Röhren aus Schalen und Steinchen. Sie zerfallen, wenn die Steine bei Sturmfluten in Bewegung geraten

Auf dem Weichboden unter Steinen kann man die Lange Nemertine entdecken, die mehrere Meter lang wird

GEMEINE NAPFSCHNECKE · Schnecken

Mit ihrer bezahnten Zunge, der Radula, nagt die Napfschnecke feine Algen von den Felsen ab. Dabei entsteht ein charakteristisches Muster

Die Gemeine Napfschnecke ist an der westeuropäischen Atlantikküste weit verbreitet

Grobe Napfschnecke
Patella aspera
Die weiß schimmernde Schaleninnenseite ist im Zentrum hellorange gefärbt. Durchmesser: bis 6 cm.

Flache Napfschnecke
Patella intermedia
Diese Art hat ein markant geripptes Gehäuse mit Streifenmuster. Durchmesser: bis 4 cm.

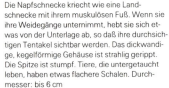

Die Napfschnecke kriecht wie eine Landschnecke mit ihrem muskulösen Fuß. Wenn sie ihre Weidegänge unternimmt, hebt sie sich etwas von der Unterlage ab, so daß ihre durchsichtigen Tentakel sichtbar werden. Das dickwandige, kegelförmige Gehäuse ist strahlig gerippt. Die Spitze ist stumpf. Tiere, die untergetaucht leben, haben etwas flachere Schalen. Durchmesser: bis 6 cm

Leere Schalen glänzen innen gelblich. Auffallend ist der hufeisenförmige Muskelabdruck

Gemeine Napfschnecke *Patella vulgata*

Es ist nahezu unmöglich, eine Napfschnecke vom Felsen zu lösen. Mit ihrem muskulösen Fuß saugt sie sich so fest an, daß sie auch der stärkste Wellenschlag nicht von ihrer Unterlage trennen kann. Napfschnecken haben feste Wohnplätze, die sie zum Ausgangspunkt für Ausflüge in die Umgebung nehmen. Auf diesen bis zu einem Meter weiten Wanderungen fressen sie Feinalgen ab. Gegen das Austrocknen bei Ebbe sind sie bestens geschützt, eben weil sie sich so fest an den Untergrund pressen, daß kein Wasser aus ihrem Körper entweichen kann.

Die Gemeinen Napfschnecken sind Bewohner der atlantischen Küsten. Während man ihnen auch noch an der niederländischen Küste häufig begegnen kann, fehlen sie in Nord- und Ostsee. Eine kleinere Verwandte, die Schildkröten-Napfschnecke, *Acmaea testudinalis*, kann man dagegen auch in der Kieler Bucht und bei Helgoland beobachten.

Wie zahlreiche andere Weichtiere sind auch Napfschnecken Zwitter. Die Jungtiere sind erst männlichen Geschlechts, im Alter verwandeln sie sich in Weibchen.

Verschiedene Schnecken felsiger Küsten

Eine Reihe von Napfschnecken sind an den europäischen Küsten weit verbreitet. Man findet sie auf Felsen und Steinbefestigungen. Zusammen mit den Meerohren gehören sie zu den Altschnecken, einer Ordnung mit sehr urtümlich gebauten Tieren. Sie besitzen ein oder zwei Kiemen.

Netznapfschnecke
Emarginula reticulata
Diese weißliche Schnecke ist an dem schmalen Schlitz vorn an der mützenförmigen Schale zu erkennen. Durchmesser: bis 2 cm.

Schildkröten-Napfschnecke
Acmaea testudinalis
Die kappenförmige Schale ziert ein braunes Fleckenmuster. Durchmesser: bis 2,5 cm.

Jungfräuliche Napfschnecke
Acmaea virginea
Die abgeflachte Schale ist rötlich gestreift. Durchmesser: bis 1,5 cm.

Durchscheinende Häubchenschnecke
Helcion (= Patella) pellucidus
Die dünne, durchscheinende Schale ziert ein strahlig angeordnetes blaues Muster. Länge: bis 2 cm.

Schlüsselloch-Napfschnecke
Diodora apertura
In der Mitte der grauen, gerippten Schale sitzt eine charakteristische Öffnung, in der die Atemröhre (Sipho) mündet. Der Mantel überzieht bisweilen den Rand der Schale. Länge: bis 4 cm.

Grünes Meerohr
Haliotis tuberculata
Diese Art dringt vom Mittelmeer bis zu den Kanalinseln vor. Die ohrenförmige Schale ist mit einer dicken Perlmuttschicht ausgekleidet. Länge: bis 8 cm.

Pantoffelschnecke
Crepidula fornicata
Diese Schnecken schließen sich zu langen Ketten zusammen. Sie machen auf Muschelbänken Austern und Miesmuscheln die Nahrung streitig. Länge: bis 5 cm.

GEMEINE STRANDSCHNECKE · Schnecken

Die derbe Schale ist kegelförmig. Bei jüngeren Tieren zeichnen sich die feinen, spiralig angeordneten Zuwachsstreifen deutlich ab, bei älteren sind sie oft schon abgeschliffen. Die Grundfarbe variiert zwischen Dunkelbraun und Schwarz, gelegentlich tritt eine spiralförmige Bänderung auf. Höhe: bis 3 cm

Strandschnecken sitzen oft dicht an dicht auf Felsen, Algen und in Gezeitentümpeln

Die eiförmige Schalenmündung kann mit einem hornigen Deckel, dem Operculum, verschlossen werden. Er schützt die Schnecke vor dem Austrocknen

Bei Ebbe kleben die Strandschnecken mit einem Schleimfilm auf Steinen fest. Ältere Tiere haben oft eine ausgebleichte Schale

Bei jungen Schnecken zeichnen sich die Zuwachsstreifen deutlicher ab als bei erwachsenen Tieren

Gemeine Strandschnecke *Littorina littorea*

Seit Jahrhunderten gilt diese unscheinbare Strandschnecke in vielen Küstengegenden Westeuropas als beliebtes Nahrungsmittel. Die Einheimischen sammeln die Strandschnecken nicht nur für den Eigenbedarf, sondern bieten sie auch heute noch auf Fischmärkten zum Verkauf an. Die Schnecken sind dadurch keineswegs seltener geworden, im Gegenteil, an manchen felsigen Küstenabschnitten treten sie eigentlich ständig in Massen auf. Die Gemeinen Strandschnecken sind übrigens an allen europäischen Küsten zu Hause. Auch gegen verschmutztes oder stark ausgesüßtes Wasser sind sie gewappnet.

Die Schnecken weiden in der Brandungszone verschiedene Algen ab. Gelegentlich setzt man sie auf Austernbänken aus, um so der unerwünschten Ausbreitung von Algen zu begegnen.

Nach der Befruchtung gibt das Weibchen linsenförmige Kapseln mit je bis zu neun Eiern ins Wasser ab. Einige Tage vergehen, bis die Larven schlüpfen. Sie treiben zunächst frei umher, dann setzen sie sich auf den Meeresgrund. Im Frühsommer machen sie sich langsam auf den Weg ins Flachwasser.

Strand- und andere Flachwasserschnecken

An unseren Küsten kann man mehrere Arten von Strandschnecken antreffen. Sie bevorzugen steinigen Untergrund, während die Halsbandschnecken und Drechselschnecken Sandbewohner sind.

Rauhe Strandschnecke
Littorina saxatilis

Die kegelförmige, kurze Schale ist mit Spirallinien überzogen, die in Furchen verlaufen. Die Oberfläche fühlt sich daher rauh an. Die Färbung fällt sehr unterschiedlich aus. Häufig treten gelbliche und gräuliche Tönungen auf. Im Brackwasser der Ostsee lebt eine kleinere Unterart, *L. s. tenebrosa*. Höhe: bis 1,1 cm.

Stumpfe Strandschnecke
Littorina obtusata

Das gelbbraune, stark verkürzte Gehäuse trägt gelegentlich ein braunes Spiralmuster. Die Schnecke lebt in der unteren Gezeitenzone auf Blasen-, Säge- und Zuckertangen. Höhe: bis 1,5 cm.

Große Halsbandschnecke
Natica catena

Das kugelige Gehäuse trägt eine Reihe länglicher, rotbrauner Flecke auf gelblichem Grund. Die Schnecken halten sich unter der Niedrigwasserlinie auf. Das Eigelege, im Hintergrund sichtbar, bildet ein unvollkommenes Spiralband. Höhe: bis 4 cm.

Halsbandschnecke
Natica alderi

Die Halsbandschnecken leben räuberisch. Mit ihrer bezahnten Zunge, der Radula, bohren sie andere Weichtiere an. Die rundliche Schale weist sieben Windungen auf. Ein rotbraunes Strichelmuster ziert den letzten Umgang. Höhe: bis 1,8 cm.

Kleine Strandschnecke
Littorina neritoides

Die kleinste unserer Strandschnecken hat eine graublaue, glatte Schale mit fünf Umgängen. Die Tiere bevölkern Felsspalten und -überhänge. Höhe: bis 6 mm.

Drechselschnecke
Actaeon tornatilis

Die faßförmige Schale der Drechselschnecke ist rosa, grau oder gelblich gefärbt. Das Tier gräbt sich mit seinem gelappten Fuß im Weichboden ein. Höhe: bis 2 cm.

WELLHORNSCHNECKE · Schnecken

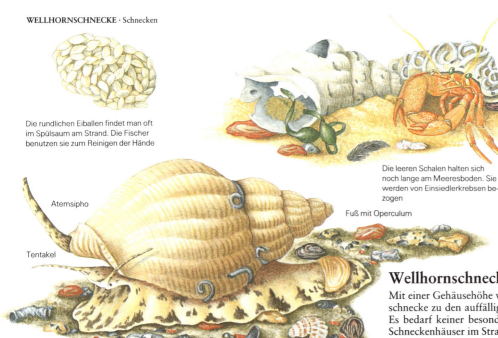

Die rundlichen Eiballen findet man oft im Spülsaum am Strand. Die Fischer benutzen sie zum Reinigen der Hände

Die leeren Schalen halten sich noch lange am Meeresboden. Sie werden von Einsiedlerkrebsen bezogen

Fuß mit Operculum

Atemsipho

Tentakel

Die dickwandige Schale besteht aus sechs bis acht Umgängen. Wenn die Schnecke vorwärts kriecht, wird das Operculum sichtbar, ein horniger Deckel, der zum Verschließen der Öffnung dient. An der Basis der Tentakel sitzen einfach gebaute Augen, mit denen die Schnecke Hell-Dunkel-Unterschiede wahrnehmen kann.
Schalenhöhe: bis 12 cm

Wenn die Schnecke durch den Schlickboden kriecht, richtet sie ihren langen Atemsipho steil auf, um frisches Wasser aufzunehmen

Wenn die jungen Wellhornschnecken aus den Eikapseln schlüpfen, sind sie bereits voll entwickelt

Wellhornschnecke *Buccinum undatum*

Mit einer Gehäusehöhe von bis zu 12 cm gehört die Wellhornschnecke zu den auffälligsten Schnecken in Nord- und Ostsee. Es bedarf keiner besonderen Ausdauer, um eines der großen Schneckenhäuser im Strandgut zu entdecken. Die Schalenoberfläche ist mit netzartig angeordneten Runzeln überzogen. Von der weiten Schalenöffnung profitieren auch die Einsiedlerkrebse, die gern die leeren Schneckenhäuser beziehen.

Wellhornschnecken sind wichtige Glieder in der Lebensgemeinschaft der Meeresbodenbewohner. Sie ernähren sich nämlich überwiegend von Aas, wobei sie ihr gut entwickelter Geruchssinn zuverlässig zur Nahrungsquelle führt. So überrascht es nicht, daß sich Wellhornschnecken leicht in beköderten Körben fangen lassen. In einigen Gegenden werden sie gegessen, obwohl ihr Fleisch zäh ist.

Die gelblichen Eiballen werden oft in großen Mengen an den Strand gespült. Jede dieser Kapseln stammt von mehreren Weibchen und enthält bis zu 1000 Eier. Davon reifen aber höchstens 30 aus, der Rest dient den Embryonen als Nahrung.

MEERESSCHNECKEN

Verschiedene Meeresschnecken

Die Wellhornschnecke und ihre Verwandten besitzen fast alle robuste, spiralig gewundene Schalen. An der ovalen Schalenmündung befindet sich ein rinnenartiger Einschnitt, der Siphonalkanal, durch den die Schnecke ihren langen Atemsipho ins freie Wasser streckt.

Dickschalige Netzreusenschnecke
Nassarius incrassatus
Die Umgänge sind durch Querrippen gegliedert. Oft treten farbige Spiralstreifen auf. Höhe: bis 1,5 cm.

Netzreusenschnecke
Nassa reticulata
Die Schale zeigt ein braunes Netzmuster. Netzreusenschnecken können sich tagelang im Sand eingraben. Schalenhöhe: bis 4 cm.

Gemeine Spindelschnecke
Neptunea antiqua
Sie heißt auch Dicke Hornschnecke und ist mit Abstand die größte unserer Schnecken. Durch ihre glatte Schale unterscheidet sie sich von der Wellhornschnecke. Schalenhöhe: bis 20 cm.

Stachelschnecke
Ocenebra erinacea
Die runzlige Schale besteht meist aus fünf Umgängen. Die Tiere fressen lebende Austern. Typisch sind die gelben, flaschenförmigen Eier. Schalenhöhe: bis 6 cm.

Nordische Purpurschnecke *Nucella lapillus*
Die gelbliche Schale ist dick und eiförmig. Die Tiere leben zwischen Muscheln und Seepocken. Höhe: bis 4,5 cm.

EUROPÄISCHE KAURISCHNECKE · Schnecken

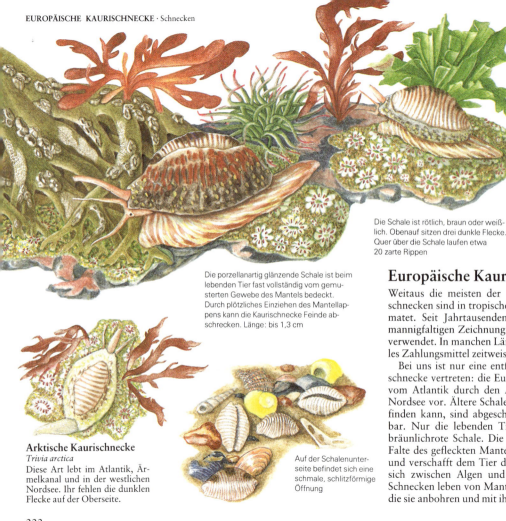

Die Schale ist rötlich, braun oder weißlich. Obenauf sitzen drei dunkle Flecke. Quer über die Schale laufen etwa 20 zarte Rippen

Kaurischnecken sind vor der Atlantikküste weit verbreitet. Sie bewohnen Felsgründe

Die porzellanartig glänzende Schale ist beim lebenden Tier fast vollständig vom gemusterten Gewebe des Mantels bedeckt. Durch plötzliches Einziehen des Mantellappens kann die Kaurischnecke Feinde abschrecken. Länge: bis 1,3 cm

Arktische Kaurischnecke
Trivia arctica
Diese Art lebt im Atlantik, Ärmelkanal und in der westlichen Nordsee. Ihr fehlen die dunklen Flecke auf der Oberseite.

Auf der Schalenunterseite befindet sich eine schmale, schlitzförmige Öffnung

Europäische Kaurischnecke *Trivia monacha*

Weitaus die meisten der fast 200 verschiedenartigen Kaurischnecken sind in tropischen und subtropischen Meeren beheimatet. Seit Jahrtausenden werden sie ihrer prächtigen und mannigfaltigen Zeichnung wegen gesammelt und als Schmuck verwendet. In manchen Ländern erlangten sie sogar als offizielles Zahlungsmittel zeitweise große Bedeutung.

Bei uns ist nur eine entfernte Verwandte der echten Kaurischnecke vertreten: die Europäische Kaurischnecke. Sie dringt vom Atlantik durch den Ärmelkanal bis in die südwestliche Nordsee vor. Ältere Schalen, die man im Spülsaum am Strand finden kann, sind abgeschliffen und dadurch recht unscheinbar. Nur die lebenden Tiere haben die typische glänzende, bräunlichrote Schale. Die Oberfläche wirkt wie poliert. Eine Falte des gefleckten Mantels verdeckt den Großteil der Schale und verschafft dem Tier dadurch eine gute Tarnung, wenn es sich zwischen Algen und Steinen aufhält. Die räuberischen Schnecken leben von Manteltieren, hauptsächlich Seescheiden, die sie anbohren und mit ihrem Rüssel aussaugen.

KREISELSCHNECKEN

Verschiedene Kreiselschnecken

Kreiselschnecken unterscheiden sich äußerlich durch ihr kreiselförmiges Gehäuse von den Strandschnecken. Die Schalenmündung hat eine angedeutete Viereckform. Der bevorzugte Aufenthaltsort sind felsige Küstengewässer.

Purpurkreiselschnecke
Gibbula umbilicalis

Die Purpurkreiselschnecke, auch als Genabelte Buckelschnecke bekannt, hat ein grünlichgraues Gehäuse mit breiten violetten Streifen. Die Schale ist flacher als bei der ähnlichen Grauen Kreiselschnecke. Schalenhöhe: bis 1,2 cm.

Graue Kreiselschnecke
Gibbula cineraria

Die Graue oder Aschfarbene Kreiselschnecke hat ein kegelförmiges, oft abgeflachtes Gehäuse mit einem feinen, rötlichen Streifenmuster. Bei uns ist diese Art im Helgoländer Felswatt recht häufig. Höhe: bis 2 cm.

Zauberbuckel
Gibbula magus

Das breite Gehäuse ist mit unregelmäßigen Höckern besetzt. Über die grünlichgraue Oberfläche laufen purpurrote Streifen. Die Schnecken graben sich in sandigen Weichboden ein. Höhe: bis 2 cm.

Bunte Kreiselschnecke
Calliostoma zizyphinus

Diese Art ist leicht an ihrem gleichmäßig kegelförmigen, geradlinig umrissenen Gehäuse zu erkennen. Charakteristisch ist auch das dunkelrosarote Streifenmuster. Höhe: bis 2 cm.

Gestrichelte Buckelschnecke

Gibbula lineata

Mit ihrer kegelförmigen Schale erinnert diese Art äußerlich an eine Strandschnecke. In der Mündung sitzt jedoch ein auffälliger Vorsprung, ein sogenannter Zahn, der ein untrügliches Unterscheidungsmerkmal abgibt. Ein rötliches Zickzackmuster überzieht die graugrüne Oberfläche. Höhe: bis 2,5 cm.

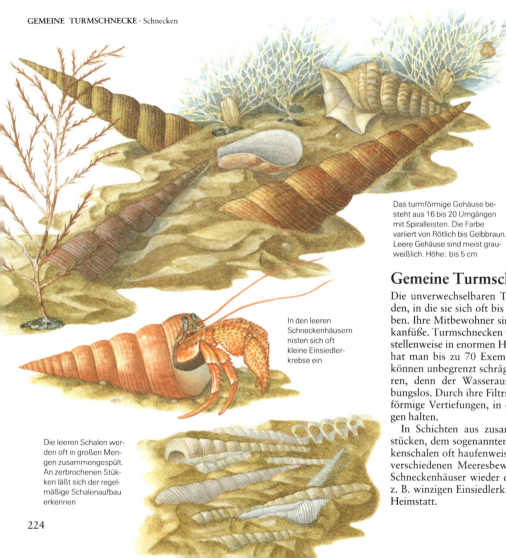

Das turmförmige Gehäuse besteht aus 16 bis 20 Umgängen mit Spiralleisten. Die Farbe variiert von Rötlich bis Gelbbraun. Leere Gehäuse sind meist grau-weißlich. Höhe: bis 5 cm

Turmschnecken leben in mittleren Meerestiefen. Oft treten sie in riesigen Ansammlungen auf

In den leeren Schneckenhäusern nisten sich oft kleine Einsiedlerkrebse ein

Die leeren Schalen werden oft in großen Mengen zusammengespült. An zerbrochenen Stücken läßt sich der regelmäßige Schalenaufbau erkennen

Gemeine Turmschnecke *Turritella communis*

Die unverwechselbaren Turmschnecken bewohnen Weichböden, in die sie sich oft bis dicht unter die Schalenspitze eingraben. Ihre Mitbewohner sind Seeigel, Schlangensterne und Pelikanfüße. Turmschnecken treten im deutschen Teil der Nordsee stellenweise in enormen Häufungen auf. In Bodengreiferfängen hat man bis zu 70 Exemplare pro 0,1 m^2 gezählt. Die Tiere können unbegrenzt schräg im Schlickboden vergraben ausharren, denn der Wasseraustausch funktioniert bei ihnen reibungslos. Durch ihre Filtriertätigkeit entstehen kleine, trichterförmige Vertiefungen, in die die Schnecken ihre Atemöffnungen halten.

In Schichten aus zusammengeschwemmten Schalenbruchstücken, dem sogenannten Schill, sind die leeren Turmschneckenschalen oft haufenweise anzutreffen. Wie so vieles, was die verschiedenen Meeresbewohner abwerfen, finden auch diese Schneckenhäuser wieder eine neue Verwendung. So geben sie z. B. winzigen Einsiedlerkrebsen und Spritzwürmern eine neue Heimstatt.

Drei turmförmige Schnecken und ein Kahnfüßer

Nadelschnecke
Bittium reticulatum
Die schlanke, unauffällige Nadelschnecke ist auch unter dem Namen Mäusedreck bekannt. Die gewölbten Umgänge weisen eine charakteristische Gitterskulptur auf. In Nord- und Ostsee findet man die Schnecken oft in großen Mengen, meist auf Algen. Höhe: bis 1 cm.

Gemeine Wendeltreppe
Clathrus clathrus
Über das turmförmige Gehäuse verlaufen stark hervortretende Längsrippen. Die Färbung ist wie bei vielen Schnecken variabel, meist weißlich mit bräunlicher Zeichnung. Höhe: bis 3,5 cm.

Elefantenzahn *Dentalium entale*
Die Kahnfüßer, zu denen auch der Elefantenzahn gehört, bilden eine eigene Klasse unter den Weichtieren. Sie haben lange, gebogene Schalen mit Öffnungen an beiden Enden. Mit ihrem Fuß graben sie sich schräg in den Sandboden ein. Höhe: bis 4 cm.

Pelikanfuß
Aporrhais pes-pelecani
Die Schale des Jungtiers ist turmförmig. Der gelappte Mundsaum, der an den Fuß eines Wasservogels erinnert, entwickelt sich erst später. Die höckrige Oberfläche ist unregelmäßig gerippt. Höhe: bis 5 cm.

SEEHASE · Schnecken

Über dem Rücken liegen die beiden zusammengefalteten Seitenlappen des Fußes. Der glatte Körper variiert farblich von Dunkelbraun über Olivgrün bis Dunkelviolett. Am Kopf sitzen zwei Tentakelpaare. Länge: bis 20 cm

Der Laich wird in langen Bändern an Algen abgelegt

Wenn ein Seehase gereizt wird, gibt er einen braunvioletten Saft ab, um den möglichen Feind zu täuschen

Rücken mit gefalteten Fußlappen

Kopf mit zwei Tentakelpaaren

Seehasen kriechen mit Vorliebe durch Algenbestände im flacheren Wasser. Sie können aber auch schwimmen

Grüne Samtschnecke
Elysia viridis
Zwischen Grünalgen ist diese weiche, mit nur einem Tentakelpaar ausgestattete Schnecke zu Hause. Ihr Körper ist leuchtend blau, rot oder hellgrün gepunktet. Länge: bis 3,3 cm.

Seehase *Aplysia punctata*
Der Seehase gehört zur Gruppe der Bedecktschaler. Ihre kleine Schale ist fast vollständig von den ausladenden Fußlappen bedeckt. Diese Seitenlappen können über dem Rücken einen Trichter formen, in den Wasser eingesaugt wird. Wird er vorne durch Zusammenziehen geschlossen, drückt das Wasser hinten hinaus, und der Körper bewegt sich nach dem Rückstoßprinzip vorwärts. Meist aber kriechen die Tiere gemächlich über den Meeresboden und auf Algen. Mit ihrem muskulösen Fuß erfassen sie die Algennahrung, schieben sie in den Schlund und zerkleinern sie anschließend mit ihrer Raspelzunge, der Radula. Wenn sie gereizt werden, können sie einen dunklen Saft ausstoßen, der ihre Feinde irritiert.

Bedecktschaler sind Zwitter. Jedes Tier hat weibliche und männliche Geschlechtsorgane. Zur Fortpflanzungszeit schließen sich mehrere laichreife Seehasen zu Ketten zusammen und befruchten sich gegenseitig. Die Eier, bis zu 26 Millionen an der Zahl, werden in Laichbändern abgelegt. Ein Laichband kann eine Länge von 20 m erreichen.

Verschiedene Nacktschnecken

Mit ihren bizarren Körperformen und ihren kontrastreichen, leuchtenden Farben gehören die Nacktschnecken zu den reizvollsten Meereslebewesen. Aus der Fülle atlantischer Nacktschnecken sind hier sechs verbreitete Arten herausgegriffen.

Graue Sternschnecke
Jorunna tomentosa
Diese Art ähnelt der Meerzitrone, hat aber weniger ausgeprägte Warzen. Der gelblichbraune Körper ist dunkel gefleckt. Die Grauen Sternschnecken trifft man meist auf ihrer Nahrungsquelle an, nämlich auf Brotkrumenschwämmen. Länge: bis 6 cm.

Meerzitrone
Archidoris pseudoargus
Der gelblichbraune, mit Warzen besetzte Körper ist gelegentlich rot, braun, grün oder weiß getupft. Länge: bis 10 cm.

Breitwarzige Fadenschnecke
Aeolidia papillosa
Bei dieser Art fallen die langen, fleischigen Rückenanhänge auf. Die Körperfarbe ist blaß gelblichbraun. Die Breitwarzige Fadenschnecke ist in felsigen Küstengewässern zu Hause. Länge: bis 10 cm.

Gestreifte Hörnchenschnecke
Polycera quadrilineata
Die Schnecke trägt vier spitze Anhänge am Kopf, zwei weitere bei der Kiemenrosette. Über den Körper ziehen sich zwei Reihen gelblicher oder orangener Flecke. Länge: bis 3 cm.

Lamellidoris bilamellata
Diese Schnecke ist über und über mit keulenförmigen, hellen Höckern besetzt. Länge: bis 4 cm.

Braunrosa Fadenschnecke
Facelina drummondi
Die Rückenanhänge am schlanken braunrosa Körper sind rötlich und haben weiße Enden. Vorn erkennt man dünne Tentakel. Diese Art frißt bevorzugt kleine Nesseltiere wie z. B. Polypen. Länge: bis 4 cm.

Nach Stürmen werden regelmäßig große Mengen von Seegras und Algen angespült. In diesem Gewirr kann man die verschiedensten Lebewesen finden, leider aber auch den unverwüstlichen Müll, der irgendwo im Meer versenkt worden ist: Plastiktüten, Getränkedosen, Kunststoffbehälter, Nylontaue und anderes mehr

Das Angespül enthält oft auch Tierleichen. So verrät ein starker Verwesungsgeruch eine tote Robbe oder einen kleineren Wal. Leider tauchen immer häufiger auch ölverklebte Seevögel auf und künden so von dem bedenklichen Ausmaß der Meeresverschmutzung

Leben im Spülsaum

Mit jeder Flut wird eine Fülle von Material an die Strände getrieben. Zurück bleibt ein mehr oder weniger breiter Streifen mit angeschwemmten Gegenständen, der sogenannte Spülsaum. Diese unsortierte Ansammlung organischer Stoffe wie Algen und tierischer Überreste, aber auch aller Arten menschlichen Mülls wird oft auch als Angespül bezeichnet.

Neben den Überresten menschlicher Gedankenlosigkeit finden sich darin oft zahlreiche interessante Gegenstände und Lebewesen. Besonders ergiebig sind Strandausflüge im Winter, der Zeit tagelang anhaltender Sturmwetterlagen. Auch braucht man dann die Konkurrenz anderer Sammler kaum zu fürchten. Wer den unangenehmen Geruch des Treibguts nicht scheut, kann auf angetriebenen Balken verschiedene Seepocken, Entenmuscheln, aber auch den Pfahlwurm, *Teredo navalis,* entdecken. Zwischen angeschwemmten Tangbüscheln liegen die ausgeblichenen Panzer von Krebsen neben unzähligen Muschel- und Schneckenschalen.

Im Spülgut fallen zunächst unzählige Weichtierschalen auf. Dazwischen tauchen Panzer und Gliedmaßen verschiedener Krebstiere auf. Immer wieder stößt man auch auf Überreste von Seeigeln, von Wurmröhren und auf die Schulpe von Tintenfischen. Oft hebt sich innerhalb des Spülsaums ein schmaler Streifen ab, der aus Muschelschill, also kleinsten Schalenbruchstücken, besteht

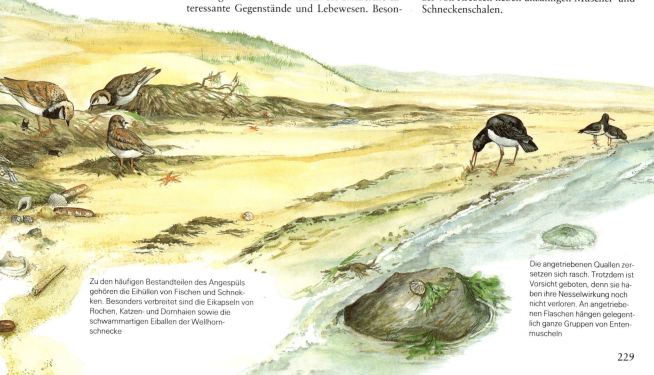

Zu den häufigen Bestandteilen des Angespüls gehören die Eihüllen von Fischen und Schnecken. Besonders verbreitet sind die Eikapseln von Rochen, Katzen- und Dornhaien sowie die schwammartigen Eiballen der Wellhornschnecke

Die angetriebenen Quallen zersetzen sich rasch. Trotzdem ist Vorsicht geboten, denn sie haben ihre Nesselwirkung noch nicht verloren. An angetriebenen Flaschen hängen gelegentlich ganze Gruppen von Entenmuscheln

MIESMUSCHEL · Muscheln

Eine kleine Krabbe, der Muschelwächter, *Pinnotheres pisum,* bewohnt lebende Miesmuscheln. Er ernährt sich von ihren Exkrementen, schadet den Muscheln also nicht. Länge: bis 1 cm

Die einzelnen Tiere schließen sich oft zu dichten Klumpen zusammen. Mit ihren Byssusfäden spinnen sie sich auf Steinen, Pflanzen oder untereinander fest. So entstehen ganze Muschelbänke, die für Seesterne, Wellhorn- und Pantoffelschnecken ideale Weidegründe abgeben. Länge: bis 10 cm

Unter Wasser nimmt die Miesmuschel ihre Filtriertätigkeit auf. Die Einströmöffnung wird von kurzen, fiederigen Tentakeln umgeben

Die dunkelblaue oder schwarze Schale läuft am einen Ende spitz zu, am anderen ist sie stumpf. Die Byssusfäden entspringen an der geraden Seite. Innen zeigt die Schale einen matten Perlmuttglanz

Miesmuscheln setzen sich auf aller harten Unterlagen fest, auch auf der Schalen ihrer Artgenossen

Miesmuschel   *Mytilus edulis*

Wer die fast weltweit verbreitete Miesmuschel noch an keinem Strand gesehen hat, kennt sie sicherlich als schmackhafte Delikatesse, wird sie doch bis weit in das Binnenland hinein gehandelt. In Frankreich ging man vermutlich schon im 13. Jh. dazu über, sie in Kulturen zu halten. Bei der Miesmuschelzucht bietet man zunächst der Brut eine geeignete Unterlage zum Festsetzen. Besonders leicht wachsen die Jungmuscheln an hölzernen Hürden an, aber auch Hanfseile, die ins Wasser hängen, haben sich als vorteilhaft erwiesen. Unsere Nordsee-Miesmuscheln stammen übrigens noch immer zu einem großen Teil von natürlichen Muschelbänken.

Beim Muschelsammeln zum eigenen Verzehr muß man Vorsicht walten lassen. Weil Miesmuscheln große Mengen an planktonreichem Wasser filtrieren, können sich in ihnen auch Bakterien anreichern. Deshalb sollte man nie Muscheln essen, die in der Nähe von Abwasserzuleitungen gedeihen. Wenn man Miesmuscheln öffnen will, muß man den Schließmuskel nahe am stumpfen Ende mit einem Messer durchtrennen.

Muscheln aus tieferem Wasser

Wenn man die angespülten Muscheln am Strand der offenen See durchsucht, wird man gelegentlich auf Schalen stoßen, die von Muscheln aus tieferen Meeresregionen stammen. Die leeren Schalen genügen völlig, um die jeweilige Muschelart zu bestimmen.

Wenn die äußere braune Schalenschicht abgerieben ist, tritt die untere, purpurviolette Schicht zutage

Pferdemuschel
Modiolus modiolus
Ihre Schalen sind schwerer als die der verwandten Miesmuschel. Die Tiere bilden dichte Bänke bis in Tiefen von 300 m. Länge: bis 20 cm.

Bärtige Pferdemuschel
Modiolus barbatus
Diese Miesmuschelverwandte kann man leicht für eine Jugendform der Pferdemuschel halten. Ihre äußere Schalenschicht ist aber immer zottig. Länge: bis 5 cm.

Grüne Bohnenmuschel
Musculus discors
Die olivgrün bis bräunlich gefärbte Schale ist vorne mit 30 bis 40 feinen Rippen überzogen, hinten verlaufen 11 bis 12 gröbere. Länge: bis 1,3 cm.

Fächermuschel
Pinna fragilis
Die zartschalige Muschel steckt immer aufrecht im Sandgrund, verankert an einem Stein. Länge: bis 30 cm.

EUROPÄISCHE AUSTER · Muscheln

Die flache, unregelmäßig geformte Schale hat eine grob aufgerauhte Oberfläche mit konzentrischen Wachstumslinien. Die linke, untere Schale ist gewölbt. Länge: bis 10 cm

Die kostbare Auster hat viele Feinde. Kleine Exemplare kann der Gewöhnliche Seestern öffnen und verdauen. Auch verschiedene Schnecken durchbohren die Austernschalen

Austern kitten sich auf einer festen Unterlage an. Den Kulturaustern bietet man alte Austernschalen an Tauen oder gekalkte Dachpfannen an

Die Schale ist mit einer matt glänzenden Perlmuttschicht ausgekleidet. Auf ihr zeichnet sich der Abdruck des Schließmuskels ab

Austern setzen sich auf hartem Grun fest. Die Ostsee meiden sie wegen de niedrigen Salzgehalts

Europäische Auster *Ostrea edulis*

Die Auster war schon in prähistorischen Zeiten ein begehrte Nahrungsmittel, und auch die Römer schätzten ihren Wohlge schmack. Bis 1925 hielten sich vor der nordfriesischen Küst ergiebige Austernbänke, wie noch heute die vielen angespülte Schalen verraten. Die übermäßige Befischung, extreme Winter Krankheiten und die aus Amerika eingeschleppten Pantoffel schnecken, die als Nahrungskonkurrenten auftreten, habe zum drastischen Rückgang der Austern beigetragen. Heut werden in vielen Ländern Austernzuchten betrieben. Weithi bekannt sind holländische Saataustern, die als dreijährige Tier nach England, Dänemark und Frankreich ausgeführt werden Dort werden sie bis zur Marktreife gemästet.

Die Europäischen Austern sind Zwitter. Als Jungtiere erzeu gen sie Samen. Mit zunehmendem Alter entwickeln sich dan weibliche Geschlechtsorgane. Die Eier werden im weibliche Tier befruchtet. Nach etwa acht Tagen Reifezeit haben sie sic zu Schwimmlarven entwickelt, verlassen das Muttertier un setzen sich nach weiteren zwei Wochen auf festem Grund fest.

Muscheln · **PORTUGIESISCHE AUSTER**

Die Portugiesischen Austern hat man nördlich der Biskaya zu Zuchtzwecken ausgesetzt

r Amerikanische Austernbohrer, osalpinx cinerea, bohrt mit seiner spelzunge Löcher in die Schale

Die kräftige Schale hat im allgemeinen eine längliche, seltener auch eine unregelmäßige Form. Die flache obere Schale ist trogartig in die gewölbte untere Schale eingesenkt. Länge: bis 16 cm

Die amerikanische Pantoffelschnecke wurde unbeabsichtigt mit Saataustern aus Amerika eingeschleppt. Sie konkurriert mit den Zuchtaustern um Raum und Nahrung

Die Schale ist innen perlmutterweiß. Der Muskelabdruck zeichnet sich rotbraun ab

attelmuschel
nomia ephippium

ie schuppigen Schalen sind kleiner nd zerbrechlicher als die der Au- ter. An der unteren Schale befindet ich eine Öffnung für die Byssusfä- n, mit denen sich das Tier an Stei- n festheftet. Länge: bis 6 cm.

Portugiesische Auster *Crassostrea angulata*

Die Portugiesische Auster stammt – wie ihr Name verrät – von den Küsten Portugals. Ende des 19. Jh. setzte man sie in den südenglischen Küstengewässern aus und legte so den Grundstock für eine einträgliche Zucht. Auch an der deutschen Nordseeküste hat man sie zeitweilig kultiviert. Ihre Qualität reicht jedoch nicht an die der Europäischen Auster heran, dafür ist sie anspruchsloser und großwüchsiger.

Zum Laichen benötigt die Portugiesische Auster eine Wassertemperatur von rund 20°C. Diese Voraussetzung ist an unseren Küsten kaum gegeben, weshalb der Austernnachwuchs von südlicher gelegenen Zuchtanlagen bezogen werden muß. Diese sogenannten Saataustern werden dann meist auf gekalkten Dachpfannen angesiedelt und gemästet.

Leider ist der Bestand infolge verschiedenster Infektionen in den letzten zehn Jahren stetig zurückgegangen. So hat eine Kiemenerkrankung die französischen Zuchtbestände fast völlig vernichtet. Man hat verschiedentlich versucht, die Verluste durch amerikanische und japanische Arten auszugleichen.

ESSBARE HERZMUSCHEL · Muscheln

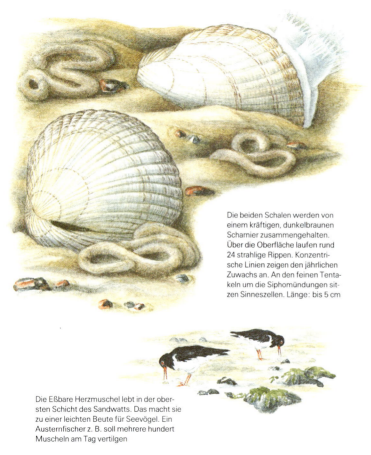

Um den Außenrand der Schaleninnenseite scharen sich kurze Furchen

Die Eßbaren Herzmuscheln sind in Küstengewässern mit Sandboden oft in großen Mengen anzutreffen

Die beiden Schalen werden von einem kräftigen, dunkelbraunen Scharnier zusammengehalten. Über die Oberfläche laufen rund 24 strahlige Rippen. Konzentrische Linien zeigen den jährlichen Zuwachs an. An den feinen Tentakeln um die Siphomündungen sitzen Sinneszellen. Länge: bis 5 cm

Die Eßbare Herzmuschel lebt in der obersten Schicht des Sandwatts. Das macht sie zu einer leichten Beute für Seevögel. Ein Austernfischer z. B. soll mehrere hundert Muscheln am Tag vertilgen

Eßbare Herzmuschel *Cerastoderma edule*

Die wohlgeformten Herzmuschelschalen sind sicher jedem vertraut, der einmal an einer europäischen Küste seine Ferien verbracht hat. Die Eßbaren oder Gewöhnlichen Herzmuscheln besiedeln flache, sandige Meereszonen. Auch das Brackwasser der Ostsee suchen sie auf, bleiben dort allerdings kleiner.

Unter günstigen Bedingungen bevölkern Hunderte von Herzmuscheln einen einzigen Quadratmeter. Allerdings bekommt man sie kaum lebendig zu Gesicht, sie graben sich nämlich mit ihrem Fußmuskel in den Sandboden ein. Die Verbindung zum Wasser stellen sie dann mit ihren beiden Siphonen her. Diese sind nur wenige Millimeter lang, so daß sich die Tiere dicht unter der Bodenoberfläche aufhalten müssen, um Planktonorganismen filtrieren zu können. Hier bilden sie bei Ebbe eine leichte Beute für Möwen, Austernfischer und Muschelsammler. Bei Flut stellen ihnen vor allem Plattfische und Seesterne nach. Gelegentlich gelingt den Muscheln die Flucht. Entweder graben sie sich kurzfristig tiefer ein, oder sie schnellen davon, indem sie ihren Fuß ruckartig ausstrecken.

Herzmuscheln und Meermandel

Viele Herzmuscheln leben im Weichboden vergraben unterhalb der Niedrigwasserlinie. Die verschiedenen Arten lassen sich gut anhand der Schalengröße und der Rippen auf der Schalenoberfläche bestimmen.

Kleine Herzmuschel
Parvicardium exiguum
Die rund 25 Radiärrippen sind teilweise mit kleinen Knoten versehen. Der Wirbel biegt sich weit nach innen um. Die glatten Innenseiten sind weißlichgrün gefärbt.
Länge: bis 1,3 cm.

Igelherzmuschel
Acanthocardia echinata
Die Schale hat 18 bis 24 mit Stacheln besetzte Radiärrippen. Die Innenfurchen sind in ganzer Länge ausgebildet.
Länge: bis 7,5 cm.

Lagunenherzmuschel

Cerastoderma glaucum
Diese Art hat eine ziemlich ausgeprägte Dreiecksform. Die ganze Innenseite ist gefurcht.
Länge: bis 5 cm.

Meermandel
Glycimeris glycimeris
Die Meermandel gehört zur Familie der Samtmuscheln. Die rundliche Schale ziert ein bräunliches Zickzackmuster, Rippen fehlen. Meermandeln graben sich im Sandboden ein; im Ärmelkanal treten sie auch auf Hartböden auf.
Länge: bis 6,5 cm.

Teppichmuscheln sind in allen Küsten gewässern weit verbreitet. Sie grabe sich im Sand- oder Kiesboden ein

Mit ihrem kräftigen, beilförmigen Fuß gräbt sich die Teppichmuschel im Boden ein. Ein- und Ausströmsipho ragen kaum über die Oberfläche hinaus. Die fein gefurchte Schale ist cremefarben, gelblich oder rosa-bräunlich und weist eine braune Zeichnung auf. Länge: bis 6 cm

Auf der zartweißen Schaleninnenseite zeichnet sich deutlich die Kontur des Tierkörpers ab. Diese Körperabdrücke sind bei der Artenbestimmung hilfreich

Gestreifte Venusmuschel
Venus striatula

Die Schalen sind am Innenrand leicht gesägt. Die Oberfläche zeigt feine konzentrische Streifen und mehrere breite bräunliche Strahlen. Länge: bis 4,5 cm.

Gebänderte Teppichmuschel
Venerupis rhomboides

Die Teppichmuscheln und Venusmuscheln gehören zur um fangreichen Überfamilie der Venusmuscheln, von denen welt weit über 400 verschiedene Arten nachgewiesen sind. Aller dings hat sich inzwischen herausgestellt, daß manche Arte wohl mehrfach beschrieben wurden. Die Verwirrung unter der Zoologen ist entsprechend groß. An unseren Küsten sind ledig lich 19 Arten vertreten. Allen gemeinsam sind die kräftige ovalen bis länglichen Schalen, die oft mit hübschen Zickzack streifen verziert sind. Ihre Unterscheidung ist schwierig. A Anhaltspunkt kann die Faustregel gelten, daß die Schalenfor der Venusmuscheln einem Dreieck gleicht, bei den Teppich muscheln eher länglich-rhomboid ausfällt.

Die Gebänderten Teppichmuscheln besiedeln kiesige Gründe manchmal auch Grobsand. Die meiste Zeit verleben sie an ei und derselben Stelle vergraben. Eier und Spermien werden in Wasser abgegeben, wo es zur Befruchtung kommt. D Schwimmlarven werden mit der Strömung oft weit abgetriebe

Muscheln · DÜNNE PLATTMUSCHEL

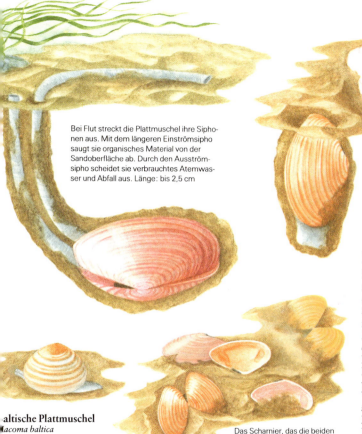

Bei Flut streckt die Plattmuschel ihre Siphonen aus. Mit dem längeren Einströmsipho saugt sie organisches Material von der Sandoberfläche ab. Durch den Ausströmsipho scheidet sie verbrauchtes Atemwasser und Abfall aus. Länge: bis 2,5 cm

Bei Ebbe gräbt sich die Muschel mit ihrem Fuß tiefer ein und zieht ihre beiden Siphonen zurück

Die Dünne Plattmuschel lebt im Feinsand vor der Nordseeküste, die Baltische Plattmuschel auch an der Ostsee

Baltische Plattmuschel *Macoma baltica*
Wegen ihrer zartrosa Schale heißt diese Muschel auch Rote Bohne. Sie dringt weit in das Brackwasser der Ostsee vor. Länge: bis 3 cm.

Das Scharnier, das die beiden Schalenhälften verbindet, ist sehr widerstandsfähig und hält auch die Schalen abgestorbener Tiere noch lange zusammen

Dünne Plattmuschel *Tellina tenuis*

Die hübsch gefärbten Schalen der Dünnen Plattmuschel finden sich oft in größeren Mengen am Spülsaum sauberer Sandstrände. Die lebenden Tiere sind hingegen schwer zu beobachten. Sie graben sich nämlich tief in den Sandboden ein und strecken nur ihre beiden schnorchelartigen Siphonen an die Oberfläche. Mit dem langen, beweglichen Einströmsipho tasten sie den Boden nach abgelagertem organischem Feinmaterial ab. Frische Nahrung erhalten sie mit jeder Flut. Unbrauchbare Teilchen können sie, in Schleim verpackt, durch ihren Ausströmsipho wieder „ausspucken". Plattmuscheln dringen kaum über 6 m Wassertiefe vor. Nicht selten treten sie in einer hohen Dichte auf. Auf einem Quadratmeter hat man schon mehrere tausend Exemplare gezählt. In manchen Jahren erscheinen die jungen Plattmuscheln besonders zahlreich. Dann ist der Tisch für viele Fische reich gedeckt. Extrem strenge Winter können den Muschelbestand wiederum stark dezimieren.

Die nahe verwandte Gerippte Plattmuschel, *Tellina fabula*, ist an der etwas gestreckteren Schale zu erkennen.

SANDKLAFFMUSCHEL · Muscheln

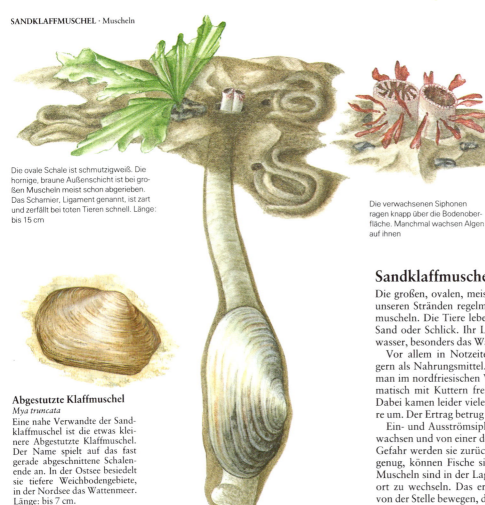

Die ovale Schale ist schmutzigweiß. Die hornige, braune Außenschicht ist bei großen Muscheln meist schon abgerieben. Das Scharnier, Ligament genannt, ist zart und zerfällt bei toten Tieren schnell. Länge: bis 15 cm.

Die verwachsenen Siphonen ragen knapp über die Bodenoberfläche. Manchmal wachsen Algen auf ihnen.

Die Sandklaffmuschel gräbt sich tie[f] in das Sandwatt ein. Nur ihre Sipho[-]nen streckt sie heraus.

Sandklaffmuschel *Mya arenaria*

Die großen, ovalen, meist ausgebleichten Schalen, die man a[n] unseren Stränden regelmäßig findet, stammen von Sandklaff[-]muscheln. Die Tiere leben bis über 20 cm tief eingegraben i[n] Sand oder Schlick. Ihr Lebensraum ist das küstennahe Flach[-]wasser, besonders das Wattenmeer.

Vor allem in Notzeiten nutzt man die Sandklaffmuschel gern als Nahrungsmittel. Nach dem Zweiten Weltkrieg spült[e] man im nordfriesischen Wattenmeer Sandklaffmuscheln syste[-]matisch mit Kuttern frei, um sie dann bei Ebbe abzuernte[n]. Dabei kamen leider viele kleinere, noch nicht marktfähige Tie[-]re um. Der Ertrag betrug 1948 immerhin um die 5000 t.

Ein- und Ausströmsipho sind bei der Sandklaffmuschel ve[r]wachsen und von einer derben, gerunzelten Haut umgeben. B[ei] Gefahr werden sie zurückgezogen. Geschieht das nicht schne[ll] genug, können Fische sie abbeißen. Nur die jungen, leichte[n] Muscheln sind in der Lage, sich einzugraben oder ihren Stand[-]ort zu wechseln. Das erwachsene Tier kann sich nicht me[hr] von der Stelle bewegen, dazu ist sein kleiner Fuß zu schwach.

Abgestutzte Klaffmuschel
Mya truncata

Eine nahe Verwandte der Sandklaffmuschel ist die etwas kleinere Abgestutzte Klaffmuschel. Der Name spielt auf das fast gerade abgeschnittene Schalenende an. In der Ostsee besiedelt sie tiefere Weichbodengebiete, in der Nordsee das Wattenmeer. Länge: bis 7 cm.

Muscheln · GERADE MESSERSCHEIDE

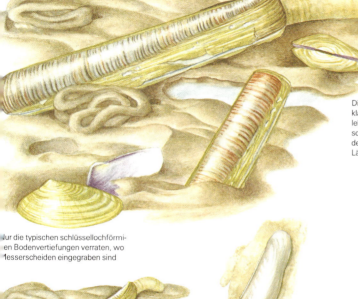

Die abgestutzten Schalenenden klaffen etwas auseinander. Beim lebenden Tier kann man den elastischen weißlichen Fuß und die beiden kurzen Siphonen beobachten. Länge: bis 20 cm

Die Gerade Messerscheide lebt eingegraben in sauberen Sandgründen unterhalb der Niedrigwasserlinie

Nur die typischen schlüssellochförmigen Bodenvertiefungen verraten, wo Messerscheiden eingegraben sind

Schwertförmige Scheidenmuschel
Ensis ensis

Die Schale dieser etwas kleineren Scheidenmuschel ist deutlich gebogen. Länge: bis 16 cm.

Durchsichtige Messerscheide
Phaxas pellucidus

Diese Muschel gräbt sich nur flach ein. Ihre zarten, transparenten Schalen können leicht von Fischen geknackt werden. In manchen Gebieten bildet sie die Hauptnahrung für Dorsche und Plattfische. Länge: bis 3,5 cm.

Gerade Messerscheide *Ensis siliqua*

Die Scheidenmuscheln, zu denen die vorgestellte Art gehört, unterscheiden sich durch ihre auffällige Schalenform klar von anderen Muscheln. Am Spülsaum sandiger Strandabschnitte kann man den langgestreckten, schmalen Schalen manchmal in großer Zahl begegnen. Die Tiere selbst graben sich mit ihrem langen, beweglichen Fuß behend in den Sandboden ein und verharren dort in aufrechter Stellung. Eine knopfartige Verdickung am Fußende wirkt als Verankerung.

Durch die empfindliche Einströmröhre versorgt sich die Muschel mit Frischwasser und Nahrung. Auch Erschütterungen werden mit ihr wahrgenommen, die das Tier dazu veranlassen, seine Siphonen einzuziehen. Sind die Strömungen stärker, gräbt es sich rasch tiefer ein. Auf diese Weise schützt es sich vor bodenbewohnenden Fischen und räuberischen Schnecken.

Im Frühjahr laichen die Scheidenmuscheln. Eier und Samen gelangen durch die Ausströmöffnung ins freie Wasser, wo die Befruchtung stattfindet. Der Verlust an Eiern ist enorm hoch, wird aber durch die große Anzahl meist ausgeglichen.

GROSSE PILGERMUSCHEL · Muscheln

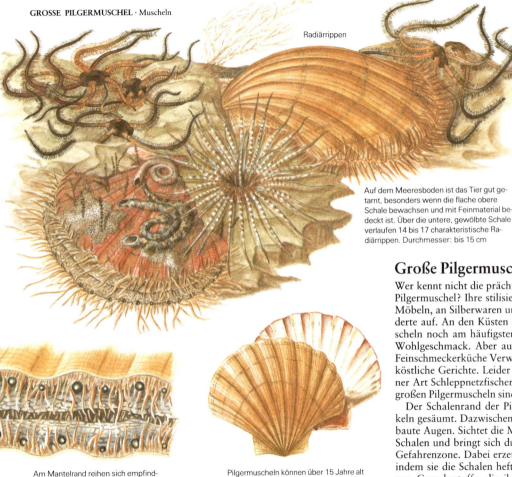

Radiärrippen

Auf dem Meeresboden ist das Tier gut getarnt, besonders wenn die flache obere Schale bewachsen und mit Feinmaterial bedeckt ist. Über die untere, gewölbte Schale verlaufen 14 bis 17 charakteristische Radiärrippen. Durchmesser: bis 15 cm

Am Mantelrand reihen sich empfindliche Tentakel auf. Dazwischen sitzen zahlreiche primitiv gebaute Augen

Pilgermuscheln können über 15 Jahre alt werden, was sich an den konzentrischen Zuwachsstreifen ablesen läßt

Pilgermuscheln bevorzugen Tiefen zw schen 10 und 40 m. Sie besiedeln d verschiedensten Böden

Große Pilgermuschel *Pecten maximus*

Wer kennt nicht die prächtige, regelmäßig geformte Schale de Pilgermuschel? Ihre stilisierte Form taucht an Bauwerken un Möbeln, an Silberwaren und in Wappen vergangener Jahrhun derte auf. An den Küsten des östlichen Atlantiks, wo die Mu scheln noch am häufigsten zu finden sind, schätzt man ihre Wohlgeschmack. Aber auch die leeren Schalen finden in de Feinschmeckerküche Verwendung, nämlich als Servierteller fü köstliche Gerichte. Leider hat die Technik des Dredschens, e ner Art Schleppnetzfischerei, viele Muschelbänke zerstört. D großen Pilgermuscheln sind deshalb sehr selten geworden.

Der Schalenrand der Pilgermuscheln ist von kurzen Tenta keln gesäumt. Dazwischen befinden sich zahlreiche einfach g baute Augen. Sichtet die Muschel einen Feind, schließt sie ihr Schalen und bringt sich durch ruckartige Bewegungen aus de Gefahrenzone. Dabei erzeugt sie den erforderlichen Rücksto indem sie die Schalen heftig aufeinanderschlägt. Auch die fe nen Geruchsstoffe, die ihr Hauptfeind, der Seestern, abgib können die Pilgermuscheln wahrnehmen.

Einige Kammuscheln und die Feilenmuschel

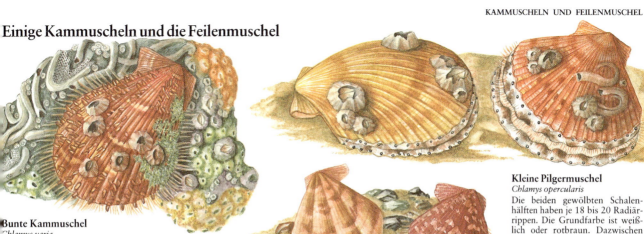

Bunte Kammuschel
Chlamys varia
Die Schale ist verschiedenfarbig gemustert. Rote, braune und gelbe Töne herrschen vor. Die schmalen Radiärrippen tragen schuppenartige Zähnchen. Die „Ohren" sind ungleich groß. Länge: bis 6 cm.

Kleine Pilgermuschel
Chlamys opercularis
Die beiden gewölbten Schalenhälften haben je 18 bis 20 Radiärrippen. Die Grundfarbe ist weißlich oder rotbraun. Dazwischen treten viele Nuancen auf. Länge: bis 9 cm.

Getigerte Kammuschel
Chlamys tigerina
Die Schalenoberfläche ist bei den meisten Exemplaren glatt, seltener treten einige kaum erhabene Rippen auf. Charakteristisch ist die helle Querzeichnung auf violett- bis ziegelrotem Grund. Länge: bis 2,5 cm.

Siebenstreifige Kammuschel
Pecten septemradiatus
Mit ihren fast runden Schalen und den fünf bis neun breiten Rippen ist diese Muschel leicht von verwandten Arten zu unterscheiden. Sie lebt im Kattegat in Tiefen zwischen 30 und 60 m auf Weichböden und Muschelschill, im Atlantik geht sie bis in Tiefen von 600 m. Länge: bis 4,5 cm.

Klaffende Feilenmuschel
Lima hians
Wenn diese Muschel ihre Schalen zusammenlegt, bleibt ein Spalt offen, daher der Name. Die rötlichen Tentakel können nicht eingezogen werden. Die Tiere bauen sich oft Nester aus Haftfäden und Steinchen. Länge: bis 2,5 cm.

DATTELMUSCHEL · Muscheln

Die weißliche Schalenoberfläche ist durch strahlig und konzentrisch angeordnete Riefen aufgerauht. Wo sich die Riefen kreuzen, treten scharfe Spitzen hervor. Die Schale ist vorne zugespitzt.
Länge: bis 9 cm

Der Fuß ist zu einer Saugscheibe umgebildet, mit der sich die Muschel in ihrer Höhle verankern kann

Schalenbruchstücke liegen oft lose an Stränden

Die Dattelmuscheln bohren ihre Wohnlöcher in den Felsgrund. Man trifft sie am Atlantik und bei Helgoland

Dattelmuschel *Pholas dactylus*

Die Dattelmuschel gehört zu den Bohrmuscheln, die sich Wohnhöhlen in Stein, Holz und anderem Material anlegen. Ihre Schalenoberfläche ist raspelartig aufgerauht, so daß sie die Höhlenwand durch stetige Bewegungen mit den Schalenklappen langsam abtragen können. Dabei hat der vordere Schließmuskel die Aufgabe, die Schalen hebelartig zu öffnen, der hintere Muskel ist auf das Schließen der Klappen spezialisiert.

Die Jungmuschel beginnt mit der Bohrtätigkeit, sobald sie ihr Dasein als Schwimmlarve beendet hat. Mit zunehmendem Wachstum vergrößert sie auch das Wohnloch, in dem sie ihr ganzes Leben zubringt. Nur die zusammengewachsenen Siphonen kann das Tier zur Öffnung herausstrecken, um Atemwasser und Planktonnahrung aufzunehmen. Die unverdaulichen Reste, aber auch abgeraspeltes Feinmaterial, gelangen über das Ausströmsipho ins freie Wasser.

Noch nicht geklärt ist die biologische Bedeutung eines interessanten Phänomens: Mantel und Siphonen der Muscheln können ein leuchtendes Sekret abscheiden.

Verbreitete Bohrmuscheln

Runde Bohrlöcher in hölzernen Hafen- und Küstenschutzbauten sowie in Sandstein- und Kreidefelsen sind fast immer das Werk bohrender Muschelarten. Diese Weichtiere besitzen scharfkantige Schalen, die beim Aushöhlen ihrer Wohngänge zum Einsatz kommen.

Weiße Bohrmuschel
Barnea candida
Diese Art bohrt waagrechte Gänge in weiches Gestein, Ton, Torf oder Holz. Die Schale klafft vorn und hinten auseinander. Länge: bis 7 cm.

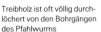

Treibholz ist oft völlig durchlöchert von den Bohrgängen des Pfahlwurms

Felsbohrmuschel
Saxicava arctica
Diese Art bewohnt vorhandene Felsspalten oder Hohlräume zwischen Algen, legt aber auch flaschenförmige Bohrgänge in weichem Gestein an. Die trapezförmigen Schalen klaffen auseinander. Auffallend sind die rosarot gefärbten Siphonenenden. Länge: bis 3 cm.

Pfahlwurm
Teredo navalis
Die wurmartigen Tiere haben kleine zurückgebildete Schalen. Sie stecken in langen, nach hinten verengten Kalkröhren. Länge der Wohnröhre: bis über 20 cm.

Die Schalenklappen von *Z. crispata* klaffen vorn auseinander

Rauhe Bohrmuschel
Zirfaea crispata
Der Vorderabschnitt der Schale ist stachelbesetzt, der Hinterabschnitt glatt. Länge: bis 9 cm.

ISLANDMUSCHEL · Muscheln

Die schweren Schalenklappen der Islandmuschel sind außen dunkelbraun bis schwarz mit feinen konzentrischen Streifen, innen weißlich. Die Tiere stecken dicht an der Oberfläche im Weichboden. Länge: bis 12 cm

Die große Islandmuschel trifft man in nordeuropäischen Breiten ebenso wie in der Nordsee und der westlichen Ostsee

Elliptische Astartemuschel
Astarte elliptica
Die dicke, schwarzbraune Schale trägt 20 bis 40 konzentrische Streifen. Das Verbreitungsgebiet erstreckt sich von der westlichen Ostsee über die Beltsee bis zur nördlichen Nordsee. Länge: bis 3 cm.

Pfeffermuschel
Scrobicularia plana
Die Pfeffermuschel gräbt sich bis zu 10 cm tief in den Schlickgrund ein. Mit ihrem dünnen Einströmsipho nimmt sie feinste Sedimentteilchen von der Oberfläche auf. Pfeffermuscheln sind in den Nordseewatten und im küstennahen Flachwasser der Ostsee weit verbreitet. Länge: bis 5 cm.

Islandmuschel *Arctica islandica*

Die dickschalige Islandmuschel lebt halb oder auch ganz vergraben im Weichboden, bevorzugt im Schlick. Ihre kurzen ovalen Atemsiphonen ragen kaum über die geöffnete Schale hinaus, deshalb braucht man als Taucher einen geübten Blick um ein lebendes Tier ausfindig zu machen.

Nur die unbeschädigten Schalen junger Tiere zeigen die typische gelbbraune Außenschicht. Bei älteren Muscheln sind die Schalen fast schwarz. Nicht nur bei angespülten Schalen ist die Außenschicht häufig zu einem mehr oder weniger großen Teil abgerieben, so daß die innere weiße Kalkschicht sichtbar wird. In lebenden Muscheln nistet sich gern ein weißlicher Schnurwurm der Gattung *Malacobdella* ein.

Für viele Bodenfische sind die Islandmuscheln eine wichtige Nahrungsquelle. Gerade kleine Muscheln werden von Dorschen, Schellfischen und verschiedenen Plattfischen oft in Mengen erbeutet. Aber auch die älteren, hartschaligen Tiere sind keineswegs ungefährdet. Sie knackt der Seewolf mit seinem überaus kräftigen Gebiß.

KÄFERSCHNECKEN

Rändelkäferschnecke
Lepidochiton cinereus
Diese Käferschnecke ist bei uns am häufigsten. Die Schalenplatten sind variabel gefärbt, meist graugrün oder rötlich. Länge: bis 2 cm.

Stachelkäferschnecken
Acanthochiton-Arten
Diese Käferschnecken erkennt man an den Stachelbüscheln, die die Schalenplatten umranden. Länge: bis 1,5 cm.

Rote Käferschnecke
Tonicella rubra
Diese Art fällt durch die leuchtendrote bis braunrote Färbung und den fein gekörnten Gürtel auf. Länge: bis 1,3 cm.

Glänzende Käferschnecke
Callochiton achatinus
Die glatten Rückenplatten glänzen rotbraun. Der breite Gürtel ist mit Körnchen besetzt. Länge: bis 1,5 cm.

Asselkäferschnecke
Lepidopleurus asellus
Die Schalenplatten sind meist einfarbig grau bis olivgrün. Die Oberfläche der mittleren Platten ist körnig aufgerauht. Länge: bis 2 cm.

Marmorierte Käferschnecke
Tonicella marmorea
Diese Art hat einen glatten Gürtel, was sie von *T. rubra* unterscheidet. Länge: bis 2,5 cm.

Die gepanzerten Käferschnecken

Käferschnecken sind Bewohner felsiger Küsten. Wer bei ruhigem Wetter mit einem Schnorchel ausgerüstet zwischen Algen und unter Steinen nach den urtümlichen Tieren sucht, wird sie mit ziemlicher Sicherheit finden. Mit ihrem flachen, länglichen Körper sind sie ideal an die Lebensbedingungen in der Brandungszone angepaßt. Die Schale besteht aus acht Einzelplatten und ist deshalb beweglich. Sie ist in einen fleischigen Rand eingebettet, den sogenannten Gürtel. Ein Blick auf die Unterseite des Tieres gibt die Kiemenbüschel am Schalenrand zu erkennen. Mit ihrem muskulösen Fuß kann die Käferschnecke langsam über Felsen kriechen. Ihre Raspelzunge benutzt sie, um den Algenaufwuchs abzuschaben.

GEMEINER TINTENFISCH · Kopffüßer

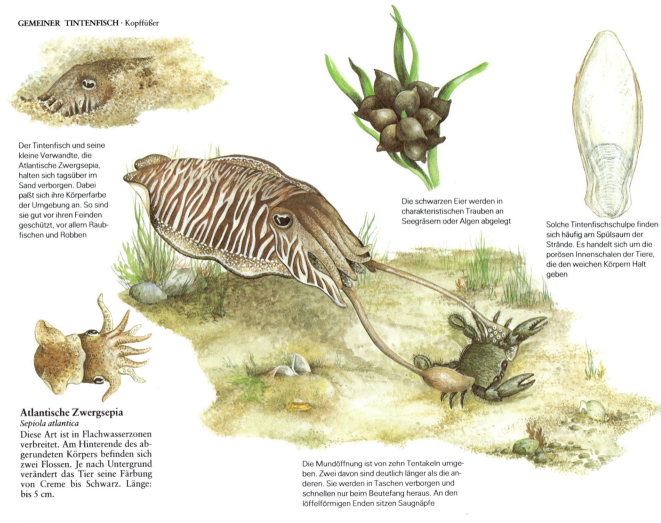

Der Tintenfisch und seine kleine Verwandte, die Atlantische Zwergsepia, halten sich tagsüber im Sand verborgen. Dabei paßt sich ihre Körperfarbe der Umgebung an. So sind sie gut vor ihren Feinden geschützt, vor allem Raubfischen und Robben

Die schwarzen Eier werden in charakteristischen Trauben an Seegräsern oder Algen abgelegt

Solche Tintenfischschulpe finden sich häufig am Spülsaum der Strände. Es handelt sich um die porösen Innenschalen der Tiere, die den weichen Körpern Halt geben

Atlantische Zwergsepia
Sepiola atlantica

Diese Art ist in Flachwasserzonen verbreitet. Am Hinterende des abgerundeten Körpers befinden sich zwei Flossen. Je nach Untergrund verändert das Tier seine Färbung von Creme bis Schwarz. Länge: bis 5 cm.

Die Mundöffnung ist von zehn Tentakeln umgeben. Zwei davon sind deutlich länger als die anderen. Sie werden in Taschen verborgen und schnellen nur beim Beutefang heraus. An den löffelförmigen Enden sitzen Saugnäpfe

Kopffüßer · **GEMEINER TINTENFISCH**

Der breite, abgeflachte Körper ist von einem Flossensaum umgeben, mit dem der Tintenfisch langsam schwimmen kann. Will er pfeilschnell rückwärts davonjagen, stößt er einen scharfen Wasserstrahl aus einem Trichter an der Kopfunterseite aus. Typisch ist das farblich wandelbare Zebramuster. Länge: bis 30 cm

Im Sommer suchen die Tintenfische gern Flußmündungen, Buchten und küstennahe Seegraswiesen auf

Gemeiner Tintenfisch *Sepia officinalis*

Die Tintenfische gehören zur Weichtierklasse der Kopffüßer. Sie verdanken ihren Namen den acht und mehr Tentakeln am Vorderende, die natürlich keine Füße sind. Tintenfische sind hochentwickelte Tiere. Sie können ausgezeichnet sehen, hervorragend schwimmen und ihre Farbe schnell dem Untergrund anpassen. Wie die Kraken haben sie die Fähigkeit, ihre Verfolger durch eine dunkle „Tintenwolke" zu täuschen. Die Innenschale, Schulp genannt, besteht aus zahlreichen kleinen Luftkammern. Sie geben dem Tier beim Schwimmen Auftrieb. Die Gas- bzw. Flüssigkeitsmenge im Schulp kann reguliert werden.

Tagsüber vergräbt sich der Tintenfisch im Weichboden. Erst in der Nacht unternimmt er Raubzüge. Wenn er sich an seine Beute heranpirscht, gleitet er durch schwache Schläge seiner Flossensäume langsam vorwärts. Kurz bevor er sein Opfer, Fisch oder Krebs, erreicht hat, schnellen die beiden langen Fangarme nach vorn, ergreifen die Beute und führen sie den acht Mundarmen zu. Mit seinen schnabelartigen Kiefern kann der Tintenfisch mühelos Garnelen und Krabben zerkleinern.

Gemeiner Kalmar
Loligo vulgaris
Kalmare haben einen torpedoförmigen Körper mit zwei Stabilisierungsflossen am Hinterende. Die schnellen Rückstoßschwimmer sind meist weißlich mit braunroten Flecken. Länge: bis 50 cm.

GEMEINER KRAKE · Kopffüßer

Das Weibchen befestigt die Eiballen in Spalten, die es vorher sorgfältig gereinigt hat. Bevor die Larven zum Leben am Boden übergehen, treiben sie drei Monate im Plankton

Auf der Flucht kann der Krake blitzschnell davonjagen, indem er schubweise Wasser aus seinem Trichter ausstößt

Zwei Reihen mit Saugnäpfen

Tentakel

Auf jedem der acht Arme verlaufen zwei Saugnapfreihen. Die Arme sind an der Basis mit einer Haut verbunden. Die Färbung kann schnell wechseln, gelbbraune bis grünliche Töne herrschen vor. Das Tier wird selten über 60 cm lang

Der Gemeine Krake ist auf wärmeres Wasser angewiesen. In der Nordsee taucht er deshalb nur selten auf

Gemeiner Krake *Octopus vulgaris*

Der Gemeine Krake ist nur dann in der Nordsee zu Gast, wenn die Wassertemperaturen besonders hoch sind. Normalerweise bildet der Ärmelkanal die Nordgrenze seines Lebensraums. Vor allem die Fischer leiden darunter, wenn Kraken nach einem milden Winter besonders zahlreich auftreten – eine Dezimierung der Hummer- und Krebsbestände ist die Folge.

Wie der Tintenfisch zieht sich auch der Krake tagsüber in einen Unterschlupf zurück. Erst wenn die Nacht anbricht, beginnt er seine Beutezüge. Die Schwimmhäute zwischen seinen Armen bilden einen Trichter, den er geschickt über seine Opfer stülpt, meist Krebse. Anschließend zerbeißt er die Schale mit seinen schnabelartigen Kiefern, um den Gegner dann mit seinem giftigen Sekret zu lähmen.

Vor der Paarung vollführen die männlichen Kopffüßer oft ein besonderes Ritual. Das Männchen imponiert dabei der Partnerin mit einem intensiven Farbenspiel und zeigt ihr außerdem demonstrativ seinen Begattungsarm. Bei der Paarung führt es diesen in die Mantelhöhle des Weibchens ein.

Kopffüßer · **KLEINER KRAKE**

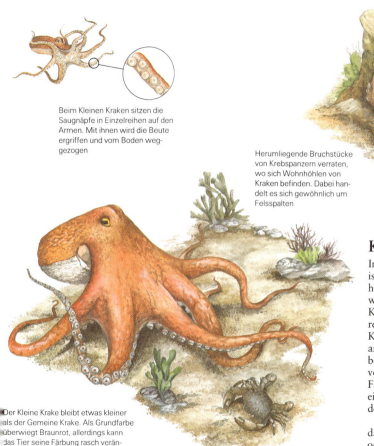

Beim Kleinen Kraken sitzen die Saugnäpfe in Einzelreihen auf den Armen. Mit ihnen wird die Beute ergriffen und vom Boden weggezogen.

Herumliegende Bruchstücke von Krebspanzern verraten, wo sich Wohnhöhlen von Kraken befinden. Dabei handelt es sich gewöhnlich um Felsspalten

Der Kleine Krake bleibt etwas kleiner als der Gemeine Krake. Als Grundfarbe überwiegt Braunrot, allerdings kann das Tier seine Färbung rasch verändern. Länge: bis 50 cm

Der Kleine Krake ist vor den europäischen Atlantikküsten, in der Nordsee und im Kattegat beheimatet

Kleiner Krake *Eledone cirrhosa*

Im Gegensatz zu seinem Verwandten, dem Gemeinen Kraken, ist der Kleine Krake ein fester Bewohner der Nordsee. Er wird häufig bei der Schleppnetzfischerei gefangen, ist jedoch ohne wirtschaftliche Bedeutung. Experimente haben gezeigt, daß Kraken erstaunlich lernfähig sind. Unter den wirbellosen Tieren gehören sie zu denen mit den höchsten Gehirnleistungen. Kraken sind in der Lage, sich rasch der Farbe ihrer Umgebung anzupassen. Ihr hochentwickeltes Auge nimmt die Außenfarben zuverlässig wahr. Die Farbinformation wird über die Nerven an die Farbzellen in der Haut weitergegeben. So geht die Farbanpassung bei den Kraken weit schneller vonstatten als bei einigen Fischen, die ihre Pigmentzellen über Hormone zur Ausdehnung oder zur Schrumpfung veranlassen.

Einen zusätzlichen Schutz verschaffen sich die Kraken durch das Ausstoßen farbiger Wolken. Die Verfolger, etwa Meeraale oder Robben, werden verwirrt. Außerdem beeinträchtigt sie die chemische Reizwirkung des Farbstoffs. Der Krake kann inzwischen die Flucht ergreifen.

SANDPIER · Borstenwürmer

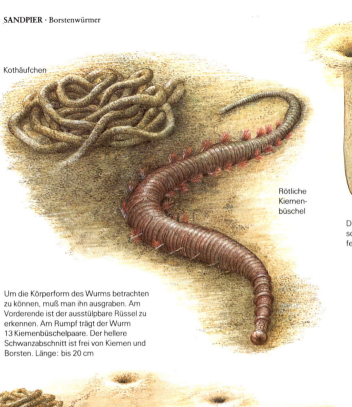

Kothäufchen

Rötliche Kiemenbüschel

Um die Körperform des Wurms betrachten zu können, muß man ihn ausgraben. Am Vorderende ist der ausstülpbare Rüssel zu erkennen. Am Rumpf trägt der Wurm 13 Kiemenbüschelpaare. Der hellere Schwanzabschnitt ist frei von Kiemen und Borsten. Länge: bis 20 cm

Bei Ebbe erkennt man die trichterförmigen Röhreneingänge. Die Ausgänge sind durch Kothäufchen markiert

Die Wohnröhre wird mit abgeschiedenem Schleim etwas verfestigt

Die Kothäufchen des Sandpiers überziehen weite Teile unserer Wattflächen. Auch an der Ostseeküste trifft man sie

Sandpier *Arenicola marina*

Die Kothäufchen des Sandpiers sind auf den eintönigen Wattflächen oft die einzigen Anzeichen dafür, daß im Boden Leben existiert. In der Lebensweise ähnelt der Sandpier seinem allbekannten entfernten Verwandten, dem Regenwurm. Beide ernähren sich von den organischen Stoffen in den obersten Bodenschichten. Sie fressen das Sediment in sich hinein und scheiden die Abfallstoffe dann wieder auf der Oberfläche aus. Wo der Wattboden mit Nährstoffen besonders reich gesegnet ist, können die Sandpiere in großer Dichte vorkommen.

Die Tiere leben in U-förmigen Wohnröhren. Am Röhreneingang, wo der Wurm frißt, bildet sich ein flacher Trichter, in den laufend neuer Sand nachrutscht. Am anderen Ende der Röhre sammelt sich der Kot. Der Wurm leitet durch peristaltische Körperbewegungen, die wie eine Kolbenpumpe wirken, ständig einen Wasserstrom durch seine Wohnröhre. Mit seinen Kiemenbüscheln nimmt er den im Wasser gelösten Sauerstoff auf. Das Wasser enthält außerdem feinstes Plankton, das dem Sandpier als zusätzliche Nahrung willkommen ist.

Am Kopf sitzen vier Blasenaugen, mehrere Fühler und ein zangenartiges Kieferpaar. Diese Kiefer zeigt der Wurm, wenn man ihn vorsichtig hinter dem Kopf drückt.

Borstenwürmer · **GEM. MEERESBORSTENWURM**

Parapodium (Scheinfüßchen)

Die Form der Parapodien ist ein wichtiges Bestimmungsmerkmal für die Borstenwurmarten.

In Flußmündungen kann man oft Scharen von Watvögeln beobachten, die im Schlick nach Borstenwürmern suchen.

Der abgeplattete Körper ist gelblichbraun bis grünlich gefärbt. Das Rückenblutgefäß ist als feine rote Linie zu erkennen. An den 90 bis 120 Segmenten sitzen die Scheinfüßchen mit den Borstenanhängen. Länge: bis 12 cm

Pelagischer Meeresborstenwurm (Nereis pelagica)

Großer Meeresborstenwurm (Nereis virens)

Gemeiner Meeresborstenwurm

Nereis diversicolor

Der Name Gemeiner Meeresborstenwurm ist eigentlich nur eine Behelfsbezeichnung, denn obwohl dieser Wurm sehr häufig vorkommt, hat er keinen allgemein anerkannten deutschen Namen. Als Räuber, der im Weichboden nach tierischer Beute sucht, bewohnt er keine festen Wohnröhren, sondern gräbt an wechselnden Stellen bis 30 cm tiefe Gänge mit Seitenröhren. Am Eingang legt er mitunter ein Schleimnetz, in dem sich kleine Planktonlebewesen verfangen. Die Würmer fressen kleine Krebse und beschädigte Muscheln ebenso wie Stücke von Grünalgen und allerlei organische Teilchen. Wenn sie auf Jagd gehen, kriechen sie wie Tausendfüßer gewandt über den Boden oder schwimmen mit schlängelnden Bewegungen. Dabei benutzen sie ihre kurzen Stummelfüßchen, die Parapodien.

Man hat festgestellt, daß die Borstenwürmer den Salzgehalt im Blut regulieren und sich so auf ihre jeweilige Umgebung einstellen können. Deshalb sind sie in der Lage, weit in Flußmündungen und ins Ostseebrackwasser vorzudringen.

Andere Meeresborstenwürmer

Unser größter Borstenwurm ist die Art *N. virens*. Er wird bis zu 50 cm lang und besteht aus 100 bis 175 Segmenten, an denen große plattförmige Parapodien sitzen. Der grünliche Körper schillert violett. Der Pelagische Meeresborstenwurm, *N. pelagica*, fühlt sich auf Hartboden zwischen Algen am wohlsten. Im Aussehen ähnelt er dem Gemeinen Meeresborstenwurm. Länge: bis 12 cm.

Räuberische Borstenwürmer

Im Weichboden, zwischen Steinen und auf Algen finden sich viele verschiedene Borstenwürmer, die auf Kleinlebewesen Jagd machen, aber auch Aas nicht verschmähen. Um sie sicher zu bestimmen, kommt man oft nicht ohne Lupe aus.

Nephtyswurm
Nephtys hombergi
Der rosafarbene Körper hat einen irisierenden Perlmuttglanz. Die Scheinfüßchen sind mit dichten, kurzen Borsten besetzt. Der Schwanz endet in einem Faden. Die Würmer sind im Sand- oder Schlickboden zu Hause, können aber auch schwimmen. Länge: bis 10 cm.

Schuppenwurm
Harmothoë impar
Diese Art steht zusammen mit der Seemaus stellvertretend für die Familie der Schuppenwürmer, deren Rücken mit Schildchen oder Schuppen bedeckt sind. Allerdings verlieren die Würmer ihre Schuppen, wenn man sie fängt. Die Tiere leben zwischen Steinen und Algen. Länge: bis 3 cm.

Grüner Blattwurm
Eulalia viridis
Dieser tiefgrün gefärbte Wurm lebt in Felsspalten und auf Steinen. Auf dem kleinen Kopf sitzen zwei auffällige dunkle Punkte, die Augen. Kiefer fehlen. Mit ihren blattförmigen Scheinfüßchen (Parapodien) können die Tiere schwimmen. Länge: bis 15 cm.

Seemaus
Aphrodite aculeata
Ein dichtes Borstenkleid verdeckt die einzelnen Körpersegmente. Die Seitenborsten schillern in Grün- und Goldtönen. Seemäuse bewohnen Weichböden im flachen Wasser. Sie können sich kopfüber in den Untergrund eingraben. Länge: bis 20 cm.

Blutkieferwurm
Marphysa sanguinea
Der rötlich schimmernde Wurm besteht aus rund 300 Segmenten, die rote Büschelkiemen tragen. Am Hinterende sitzen zwei Schwanzfäden. Die Tiere kommen in Felsspalten und zwischen Algen vor. Länge: bis 30 cm.

Röhrenbauende Borstenwürmer

Einige Borstenwürmer bauen sich schützende Wohnröhren, in denen sie sich ganz oder nur teilweise im Boden vergraben aufhalten. Die Röhren werden mit verklebten Sandkörnchen, Schlick oder Kalk ausgekleidet.

Johnston-Amphitrite
Amphitrite johnstoni
Diese Würmer bewohnen mit Schleim verkittete Schlickröhren. Mit ihren langen orangeroten Tentakeln suchen sie die Bodenoberfläche nach Nahrung ab. Nur 24 der 90 bis 100 Segmente tragen Borsten. Länge: bis 25 cm.

Pergamentwurm
Chaetopterus variopedatus
Dieser Wurm kommt in größeren Tiefen vor. Die U-förmige, pergamentartige Röhre ragt mit beiden Enden aus dem Boden. Mit drei besonders großen Scheinfüßchen erzeugt das Tier einen Atemwasserstrom durch seine Röhre. Länge: bis 40 cm.

Köcherwurm
Lagis koreni
Die Köcherwürmer stellen sich Röhren aus schleimverklebten Sandkörnchen her. In ihnen stecken sie kopfunter im Sand. Länge: bis 5 cm.

Bäumchenröhrenwurm
Lanice conchilega
Die Wohnröhren stecken aufrecht im Boden. Sie sind aus Sandkörnchen und Schalenstückchen aufgebaut. Die bäumchenartigen Verzweigungen unterstützen die Tentakelfäden bei der Nahrungssuche. Länge der Röhre: bis 25 cm.

Schlicksabelle
Myxicola infundibulum
Von der Schlicksabelle sieht man gewöhnlich nur die becherartige Tentakelkrone. Das Tier selbst steckt in einer papierartigen grauen Röhre, die kaum aus dem Boden herausragt. Länge der Röhre: bis 15 cm.

PFAUENFEDERWURM · Borstenwürmer

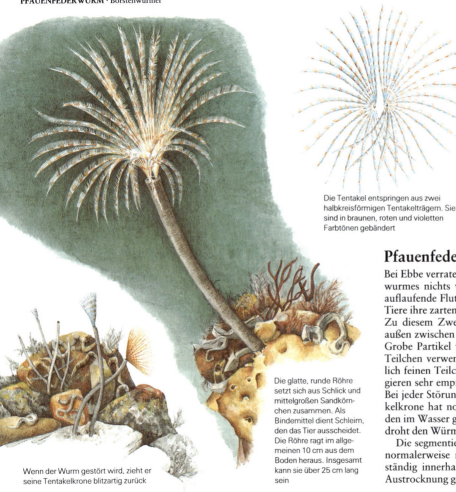

Die Tentakel entspringen aus zwei halbkreisförmigen Tentakelträgern. Sie sind in braunen, roten und violetten Farbtönen gebändert

Pfauenfederwürmer bauen ihre Wohnröhren im feinen Sand, Schlick oder zwischen schlammüberzogenen Steinen

Die glatte, runde Röhre setzt sich aus Schlick und mittelgroßen Sandkörnchen zusammen. Als Bindemittel dient Schleim, den das Tier ausscheidet. Die Röhre ragt im allgemeinen 10 cm aus dem Boden heraus. Insgesamt kann sie über 25 cm lang sein

Wenn der Wurm gestört wird, zieht er seine Tentakelkrone blitzartig zurück

Pfauenfederwurm *Sabella pavonina*

Bei Ebbe verraten die schlickfarbenen Röhren des Pfauenfederwurmes nichts von ihrer wahren Schönheit. Sobald aber die auflaufende Flut wieder Wasser herangeführt hat, strecken die Tiere ihre zarten Tentakelfächer aus, um Plankton zu filtrieren. Zu diesem Zweck erzeugen sie einen Wasserstrom, der von außen zwischen den ausgestreckten Tentakeln hindurchdringt. Grobe Partikel werden sofort wieder abgegeben. Mittelgroße Teilchen verwenden die Tiere zum Röhrenbau, nur die wirklich feinen Teilchen strudeln sie zum Mund. Die Tentakel reagieren sehr empfindlich auf Erschütterungen und Beschattung. Bei jeder Störung zieht sie der Wurm blitzartig ein. Die Tentakelkrone hat noch eine weitere wichtige Aufgabe: Sie nimmt den im Wasser gelösten Sauerstoff zum Atmen auf. Im Sommer droht den Würmern bei Ebbe der Hitzetod.

Die segmentierten, graugrünen Wurmkörper bekommt man normalerweise nicht zu Gesicht, das Tier hält sich nämlich ständig innerhalb seiner Röhre auf, wo es vor Feinden und Austrocknung geschützt ist.

Einige festsitzende Borstenwürmer

Viele Borstenwürmer bringen ihr Leben in Röhren zu, die an Steinen, Muscheln oder Algen befestigt sind. Ihre Tentakel strecken sie nur heraus, wenn ihr Standort unter Wasser gesetzt ist. Die abgebildeten Arten leben in der Gezeitenzone.

Posthörnchenwurm
Spirorbis borealis
Diese Würmer bauen sich winzige weiße Kalkröhren, die im Uhrzeigersinn gewunden sind. Man findet sie auf Braunalgen oder Steinen. Durchmesser des Röhrchens: bis 5 mm.

Sandkoralle
Sabellaria alveolata
Die Röhren der Sandkorallen bestehen aus Sandkörnchen. Sie bilden wabenförmige Kolonien, die eine Ausdehnung von 1 m erreichen können. Häufig entstehen sie auf Felsen, zwischen denen sich Schwemmsand anlagert. Länge des Wurms: bis 4 cm.

Fächerröhrenwurm
Bispira volutacornis
Die Tentakel dieses Wurms sind in zwei Spiralen angeordnet. Meist ragen sie aus einer Spalte im Untergrund hervor. Die Wohnröhre besteht aus Schlick und Schleim. Länge der Röhre: bis 20 cm.

Eupolymnia nebulosa
Dieser Wurm bewohnt Röhren, die auf schlickigem Sand liegen. Sein orangefarbener Körper zeigt helle Tupfen. Zum Hinterende hin verjüngt er sich. Die feinen, klebrigen Tentakel nehmen Nahrungsorganismen vom Boden auf. Länge: bis 30 cm.

Dreikantwurm
Pomatoceros triqueter
Die unregelmäßigen weißen Kalkröhren des Dreikantwurms finden sich oft in dichten Ansammlungen auf Steinen, Pferdemuschelschalen, Wellhornschnecken, ja sogar auf alten Krabben. Die Röhren sind im Querschnitt dreieckig und können mit einem trompetenförmigen Verschluß abgedichtet werden. Länge der Röhre: bis 3 cm.

Filigranwurm
Filograna implexa
Die unregelmäßig gedrehten Kalkröhren dieses Wurms bilden zarte, filigranähnliche Kolonien. Die Röhrenmündungen sind vielfach glockenförmig. Das Tier selbst wird nur etwa 5 mm lang, die Röhrenkolonien aber erreichen einen Durchmesser von 20 cm.

Das Leben auf Molen und Wellenbrechern

Kunstbauten wie Molen, Anlegebrücken und Wellenbrecher bieten Tieren und Pflanzen einen Lebensraum, die sonst nur auf Hartböden oder Felsen vorkommen. Meist sind es planktische Larven, die solche Anlagen als erste besiedeln. Auf Kunstbauten an felsigen Küstenabschnitten entfaltet sich ein weit größerer Artenreichtum als auf Bauten, die an Sandstränden errichtet worden sind. Welche Arten im einzelnen heimisch werden, hängt von der genauen Lage der Bauwerke ab. Wenn sie weit aus dem Wasser ragen, kann man auf ihnen oft eine deutliche Zonierung erkennen. In der oberen Spritzwasserzone gedeihen gerade noch einige Grünalgen. Auch unter den Seepocken gibt es ausgesprochene Freiluftspezialisten, die auch dann überleben, wenn sie tagelang trockenfallen. Etwas tiefer spinnen sich Miesmuscheln fest. Auch ihnen kann eine vorübergehende Trockenperiode nichts anhaben, sie sind aber auf die Zufuhr von Plankton angewiesen. Seeanemonen, Moostierchen und die Tote Mannshand siedeln sich im allgemeinen unterhalb der Niedrigwasserlinie an.

Grün- und Braunalgen wachsen an Stellen, die viel Licht empfangen. An schattigen, tief gelegenen Standorten herrschen dagegen Rotalgen vor. Sie gedeihen auch noch unter sehr ungünstigen Lichtverhältnissen.

Die verschiedenen Seeanemonen und Polypenkolonien siedeln sich meist unter der Niedrigwasserlinie an. Auch Moostierchen, Seescheiden und einige röhrenbewohnende Borstenwürmer finden hier Schutz und Nahrung.

Hölzerne Pfosten sind oft von den Gängen der Bohrassel durchlöchert. Weitaus stärkere Schäden richtet der Pfahlwurm an. Nach Norden hin nehmen seine Bestände ab, deshalb sind historische Schiffswracks in nördlichen Gewässern auch meist besser erhalten als Wracks aus dem Mittelmeer. In Wasseransammlungen unter Molen kann man bei Flut Ohrenquallen beobachten. Sie werden mit der Strömung dorthin verfrachtet.

Miesmuscheln spinnen sich mit ihren Byssusfäden zu dichten Polstern zusammen. Sie haften so fest, daß sie auch starkem Seegang widerstehen.

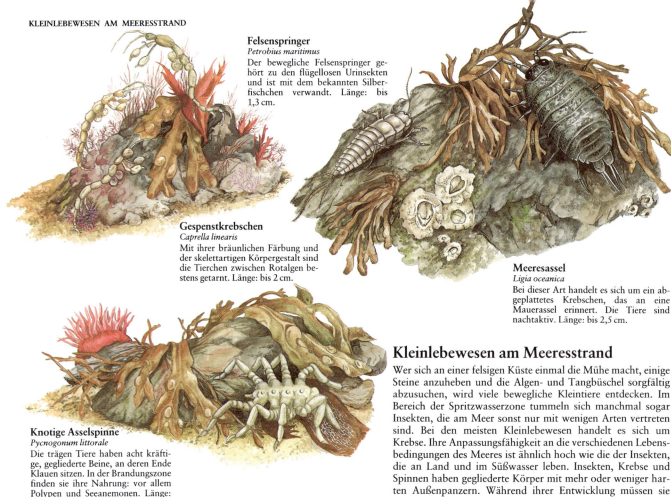

Felsenspringer
Petrobius maritimus
Der bewegliche Felsenspringer gehört zu den flügellosen Urinsekten und ist mit dem bekannten Silberfischchen verwandt. Länge: bis 1,3 cm.

Gespenstkrebschen
Caprella linearis
Mit ihrer bräunlichen Färbung und der skelettartigen Körpergestalt sind die Tierchen zwischen Rotalgen bestens getarnt. Länge: bis 2 cm.

Meeresassel
Ligia oceanica
Bei dieser Art handelt es sich um ein abgeplattetes Krebschen, das an eine Mauerassel erinnert. Die Tiere sind nachtaktiv. Länge: bis 2,5 cm.

Knotige Asselspinne
Pycnogonum littorale
Die trägen Tiere haben acht kräftige, gegliederte Beine, an deren Ende Klauen sitzen. In der Brandungszone finden sie ihre Nahrung: vor allem Polypen und Seeanemonen. Länge: bis 2 cm.

Kleinlebewesen am Meeresstrand

Wer sich an einer felsigen Küste einmal die Mühe macht, einige Steine anzuheben und die Algen- und Tangbüschel sorgfältig abzusuchen, wird viele bewegliche Kleintiere entdecken. Im Bereich der Spritzwasserzone tummeln sich manchmal sogar Insekten, die am Meer sonst nur mit wenigen Arten vertreten sind. Bei den meisten Kleinlebewesen handelt es sich um Krebse. Ihre Anpassungsfähigkeit an die verschiedenen Lebensbedingungen des Meeres ist ähnlich hoch wie die der Insekten, die an Land und im Süßwasser leben. Insekten, Krebse und Spinnen haben gegliederte Körper mit mehr oder weniger harten Außenpanzern. Während ihrer Entwicklung müssen sie sich mehrfach häuten.

KLEINLEBEWESEN AM MEERESSTRAND

Baltische Meeresassel
Idotea baltica
Die abgeflachten Krebschen fühlen sich auf Seegrasblättern und Algen wohl. Sie sind auch gute Schwimmer. Typisch für alle Asseln sind die beiden Antennenpaare. Länge: bis 3 cm.

Zierliche Asselspinne
Nymphon gracile
Bei dieser Art handelt es sich um ein zartes Tier, das fast nur aus Beinen zu bestehen scheint. Gesamtdurchmesser: bis 2,5 cm.

Strandfloh
Talitrus saltator
Der Strandfloh, ein Vertreter der Flohkrebse, kann durch Ausstrecken seines nach unten eingeschlagenen Hinterleibs springen. Er lebt zwischen angespülten Algen. Länge: bis 1,6 cm.

Küstenhüpfer
Orchestia gammarellus
Der Küstenhüpfer gehört wie der Strandfloh zur großen Gruppe der Flohkrebse. Das Männchen trägt am zweiten Beinpaar auffällige Klauen. Küstenhüpfer trifft man zwischen Geröll unter angeschwemmten Algen. Länge: bis 1,7 cm.

Felskriecher
Lipura maritima
Die winzigen Felskriecher sind Insekten. Sie beleben die Oberfläche von Gezeitentümpeln, kommen aber auch auf Steinen und Algen vor. Länge: bis 3 mm.

SEEPOCKEN · Rankenfüßer

Gemeine Seepocke
Balanus balanoides
Sechs Platten bauen die kegelförmige Schale dieser verbreiteten Seepocke auf. Die diamantförmige Öffnung kann durch vier Innenplatten verschlossen werden. Die Tiere sitzen auf allen harten Unterlagen in der Spritzwasserzone. Durchmesser: bis 1,5 cm.

Sternseepocken
Chthamalus stellatus und *Ch. montagui*
Die beiden fast identischen Arten besiedeln die Spritzwasserzone über der Gemeinen Seepocke. Die Öffnung ist drachenförmig. Durchmesser: bis 1,5 cm.

Meerwarze
Verruca stroemia
Die vier graubraunen, gerippten Platten sind miteinander verwachsen. Meerwarzen leben als Einzelwesen auf Muschelschalen unterhalb der Niedrigwasserlinie. Durchmesser: bis 7 mm.

Australische Seepocke
Elminius modestus
Die abgeflachte Seepocke hat vier Außenplatten. Die Tiere wurden von Australien in unsere Breiten verschleppt. Durchmesser: bis 1 cm.

Gekerbte Seepocke
Balanus crenatus
Die konische Schale besteht aus sechs Platten. Die Tiere besiedeln auch Muschelschalen und Schiffsrümpfe. Durchmesser: bis 2 cm.

Entenmuschel
Lepas anatifera
Fünf dünne Platten schützen den Körper, der mit einem Stiel auf Treibgut oder Schiffsrümpfen angewachsen ist. Länge des Panzers: bis 5 cm, Stiellänge: bis 20 cm.

Verschiedene Seepocken

Viele Meerestiere haben sich ihrem Lebensraum so weit angepaßt, daß ihr Körperbau kaum mehr eine Ähnlichkeit mit ihren Verwandten aus derselben Tiergruppe aufweist. Wer würde z. B. bei den bizarr geformten, festsitzenden Seepocken vermuten, daß sie zu den Krebsen gehören, die uns als Garnelen oder Krabben vertraut sind? Bei Ebbe können die Seepocken ihre Panzer schließen, nur bei Flut filtrieren sie mit ihren Rankenfüßen Nahrung aus dem Wasser.

Zehnfüßige Krebse · **TIEFSEEGARNELE**

Der leuchtend hellrote Panzer der Tiefseegarnele ist vorn zu einem langen, leicht nach oben gebogenen Rostrum ausgezogen. Seine Oberkante weist zwischen 12 und 16 Einkerbungen auf, die Unterkante zwischen sechs und acht. Länge: bis 10 cm

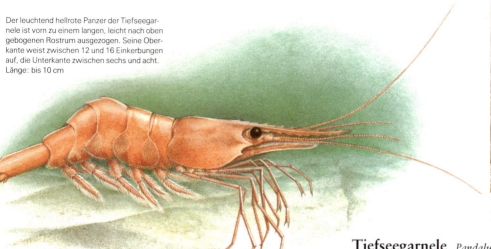

Tiefseegarnelen bekommt man eher in den Auslagen von Fischhandlungen zu Gesicht als in freier Natur

Tiefseegarnele *Pandalus borealis*

Wer Gelegenheit hat, einen Fischer auf einer größeren Fangfahrt in nördlichen Gewässern zu begleiten, kann die leuchtend hellrot gefärbte Tiefseegarnele zu Gesicht bekommen. Am Strand wird man sie nämlich kaum entdecken. Ihr Verbreitungsgebiet erstreckt sich vom Nordatlantik über die nördliche Nordsee bis ins Skagerrak. Die Tiere bewohnen weiche Schlickböden in Tiefen zwischen 20 und 900 m. Sie gesellen sich oft zu Schwärmen zusammen, weshalb sich der kommerzielle Fang bei ihnen lohnt. Die skandinavischen Länder landen jährlich immerhin zwischen 15 000 und 20 000 t Tiefseegarnelen an. Das schmackhafte Fleisch erscheint meist unter der Sammelbezeichnung Shrimps in unseren Fischhandlungen.

Die Junggarnelen sind zunächst männlichen Geschlechts. Zwischen dem zweiten und dem vierten Lebensjahr verwandeln sie sich in weibliche Tiere, die dann von den jüngeren begattet werden. Die Weibchen tragen die befruchteten Eier bis zu neun Monate lang an den kurzen Schwimmfüßchen des Hinterleibs. Die Larven treiben als Plankton frei im Wasser.

Die Weibchen tragen die befruchteten Eier bis zu neun Monate lang zwischen den Schwimmfüßchen am Hinterleib – die typische Art der Brutpflege bei vielen Krebsen

Die Larven treiben die erste Zeit als Planktonlebewesen frei im Wasser umher

261

NORDSEEGARNELE · Zehnfüßige Krebse

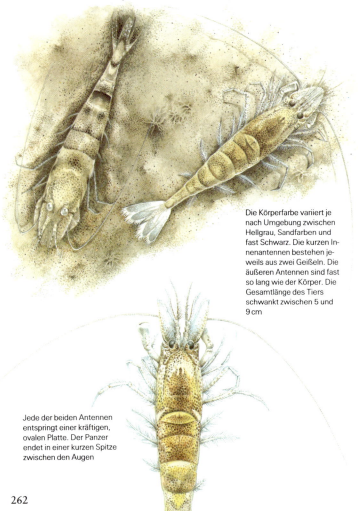

Die Körperfarbe variiert je nach Umgebung zwischen Hellgrau, Sandfarben und fast Schwarz. Die kurzen Innenantennen bestehen jeweils aus zwei Geißeln. Die äußeren Antennen sind fast so lang wie der Körper. Die Gesamtlänge des Tiers schwankt zwischen 5 und 9 cm

Jede der beiden Antennen entspringt einer kräftigen, ovalen Platte. Der Panzer endet in einer kurzen Spitze zwischen den Augen

Am vordersten Schreitbeinpaar sitzt jeweils eine kräftige Zange, mit der die Garnele ihre Beute gezielt greifen kann

Die Nordseegarnelen treten im Wattenmeer oft in großer Dichte auf. Auch in Flußmündungen dringen sie ein

Nordseegarnele *Crangon crangon*

Die Nordseegarnele, auch Granat oder Porre genannt, ist eine schmackhafte Spezialität unserer Küstengewässer. Im Wattenmeer werden die Tiere in riesigen Mengen von den bekannten Krabbenkuttern aus gefischt. In der Ostsee bleiben sie kleiner und sind dort auch ohne kommerzielle Bedeutung.

Tagsüber ruhen die Tiere zusammen mit kleinen Schollen im Sand. Ihre Körperfärbung ist dem Untergrund bestens angepaßt, so daß sie kaum zu erkennen sind. Erst in der Nacht machen sie sich auf die Suche nach Borstenwürmern, beschädigten Muscheln und anderen Krebsen, möglichst im Stadium nach der Häutung, wenn ihr Panzer noch weich ist. Die Garnelen stelzen dann auf ihren Schreitbeinen über den Sand. Mit ihren langen Antennen wittern sie die Beute. Während sich die Tiere den Sommer über in Flachwasserzonen aufhalten, ziehen sie sich im Herbst für einige Monate in tieferes Wasser zurück.

Nordseegarnelen ertragen problemlos Temperatur- und Salzgehaltsschwankungen. Deshalb kann man sie leicht in einem Seewasseraquarium mit Sandboden halten.

Zehnfüßige Krebse · GEWÖHNLICHE FELSGARNELE

Die beiden vorderen Schreitbeinpaare sind mit Scheren bewehrt

Diese unscheinbare Garnele lebt an den Küsten des Ostatlantiks. Man findet sie häufig in Gezeitentümpeln

Der schmale Körper ist fast durchsichtig. Nur die rotbraunen Bänder und Punktmarkierungen heben sich deutlich ab. Die Antennen sind länger als der Körper und werden nach hinten umgeschlagen. Außerdem sind je ein Paar kurze und lange Innenantennen vorhanden. Länge: bis 10 cm

Große Felsgarnele
Palaemon elegans
Bei dieser Art sind Panzer und Hinterleib gelbbraun gebändert. Die Tiere leben in Gezeitentümpeln und im Flachwasser der Küsten. Länge: bis 6 cm.

Der Panzer endet vorn in einem langgezogenen, nach oben gebogenen Fortsatz, dem Rostrum. Auf der Oberseite sitzen sieben bis neun Zähnchen, unten vier bis fünf

Gewöhnliche Felsgarnele *Palaemon serratus*

Die Felsgarnele ist stellenweise zwar recht häufig, wird aber dennoch gern übersehen, weil ihr Körper fast durchsichtig ist. Darüber hinaus trägt sie auf Panzer und Hinterleib braunrote Bänder und Punktmarkierungen, die ihr eine zusätzliche Tarnung in ihrem Lebensraum verschaffen. Man findet sie an Fels- und Sandküsten, häufig in Gezeitentümpeln und Seegrasbeständen. Eine verwandte Art ist die Ostseegarnele, *Palaemon adspersus,* die bis zum Finnischen Meerbusen vordringt. An ihrem Kopfdorn, dem Rostrum, sitzen oben fünf bis sechs Zähnchen, drei weitere an der Unterseite.

Die Garnelen der Gattung *Palaemon* ernähren sich vor allem von Grünalgenstückchen, kleinen Krebstieren, Weichtieren und Borstenwürmern. Wenn sie auf Futtersuche gehen, stelzen sie auf den drei hinteren Schreitbeinpaaren über den Meeresboden. Mit ihren empfindlichen Antennen wittern sie die Nahrung. Außerdem verfügen sie über bewegliche Augen, die wichtige Dienste leisten, wenn sich Feinde nähern. Um sie davonzujagen, schlagen die Garnelen heftig mit dem Hinterleib.

KAISERGRANAT · Zehnfüßige Krebse

Der Kaisergranat ähnelt dem Hummer, ist aber leuchtend rot bis orangerot gefärbt. Das erste Schreitbeinpaar hat schlanke, bedornte Scheren. Länge: Weibchen bis 18 cm, Männchen bis 24 cm

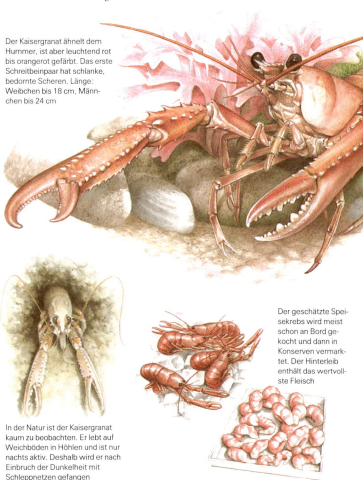

Die Heimat des Kaisergranats reicht von der norwegischen Küste über Teile der Nordsee bis ins Mittelmeer

In der Natur ist der Kaisergranat kaum zu beobachten. Er lebt auf Weichböden in Höhlen und ist nur nachts aktiv. Deshalb wird er nach Einbruch der Dunkelheit mit Schleppnetzen gefangen

Der geschätzte Speisekrebs wird meist schon an Bord gekocht und dann in Konserven vermarktet. Der Hinterleib enthält das wertvollste Fleisch

Kaisergranat *Nephrops norvegicus*

Die vielen Fischkutter, die während der Nacht im Skagerrak unterwegs sind, haben es nicht auf Fische abgesehen, sondern auf den Kaisergranat. Die Tiere verlassen nämlich erst nachts ihre Wohnhöhlen im Weichboden, um nach Borstenwürmern, Muscheln, Flohkrebsen und anderen Kleintieren zu suchen. In europäischen Gewässern werden jährlich um die 40 000 t dieses Krebses mit Grundschleppnetzen gefangen. Unter der Bezeichnung Scampi erscheinen die Tiere dann auch in der deutschen Feinschmeckerküche. Gegessen wird allerdings nur der schmackhafte Hinterleib. Leider ist dieser wertvolle Speisekrebs durch Überfischung bedroht. Deshalb hat man ein Mindestmaß von 16 cm festgelegt. So soll verhindert werden, daß im Sommer zu viele eiertragende Weibchen gefangen werden. Die Eier wären sonst für die Bestandsergänzung verloren.

Der Kaisergranat ist recht gut zu halten und wird in mehreren Aquarien gezeigt. Es ist zu hoffen, daß die Schutzmaßnahmen Erfolg haben und der attraktive hellrote Krebs auch in der Natur erhalten bleibt.

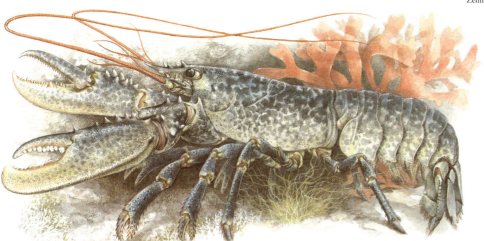

Die Europäischen Hummer sind an felsigen Küsten beheimatet, wo sie sich unter Steinen ihre Schlupfwinkel anlegen.

Die Grundfarbe des Körpers ist blauschwarz. Scheren und Rumpf sind orange gemustert. Länge: bis 50 cm.

Die blauen Larven erreichen nach mehreren Häutungen im ersten Lebensjahr eine Länge von 3 cm. Die Scheren sind dann noch nicht voll ausgebildet.

Am Tag zieht sich der Hummer in seine Höhle zurück. Seine Scheren hält er stets verteidigungsbereit.

Europäischer Hummer *Homarus gammarus*

Für die Hummer sind Felsspalten und Höhlen lebenswichtig, weil sie ihnen tagsüber Unterschlupf bieten. Im Bereich der Deutschen Bucht finden sie diese Bedingungen nur bei Helgoland erfüllt. Hier wie auch an anderen europäischen Felsküsten haben die Hummerbestände in den letzten Jahren drastisch abgenommen. Die Ursachen dafür sind noch nicht bis ins letzte geklärt, sicher aber spielt die Überfischung eine Hauptrolle. So erlebt man es leider in einigen Ländern heute noch, daß Hummer vor dem Ablaichen in den Handel gelangen. Zum Fang der Tiere werden Hummerkörbe verwendet, die tote Fische als Köder enthalten. Nachts werden die Tiere rührig und machen sich auf die Suche nach Weichtieren, Borstenwürmern und langsameren Krebsen. Auch Aas verschmähen sie nicht. Ihre Beute packen und knacken sie mit den kräftigen Scheren.

Im Alter von sieben Jahren paaren sich die Weibchen zum erstenmal. Die Eiklumpen werden vom Weibchen an den Schwimmfüßchen getragen. Die kleinen Hummer gehen schon nach der dritten Häutung zum Bodendasein über.

EUROPÄISCHE LANGUSTE · Zehnfüßige Krebse

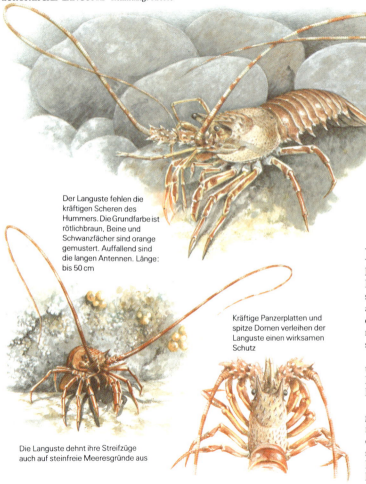

Der Languste fehlen die kräftigen Scheren des Hummers. Die Grundfarbe ist rötlichbraun, Beine und Schwanzfächer sind orange gemustert. Auffallend sind die langen Antennen. Länge: bis 50 cm

Die Languste dehnt ihre Streifzüge auch auf steinfreie Meeresgründe aus

Kräftige Panzerplatten und spitze Dornen verleihen der Languste einen wirksamen Schutz

Mit ihren zarten Scheren kann die Languste nur kleine Nahrungstiere aufnehmen

Langusten sind auf wärmere Küstengewässer mit Felsgrund angewiesen. Sie leben in Tiefen unter 40 m

Europäische Languste *Palinurus elephas*

Die Languste gehört zu den wertvollsten Speisekrebsen. Ihr Lebensraum sind felsige, warme Küstengewässer, deshalb fehlt sie auch in der eigentlichen Nordsee. Ein kleines Vorkommen an der norwegischen Südwestküste existiert nur dank der Beeinflussung durch verhältnismäßig warme atlantische Strömungen. Zum Langustenfang werden beköderte Körbe eingesetzt, wie sie auch für den Hummerfang Verwendung finden.

Vom Hummer ist die Languste schon auf den ersten Blick zu unterscheiden. Sie hat nämlich nicht die großen Scheren des Hummers, dafür aber einen bedornten Panzer, der sie wirkungsvoll schützt.

Im Winter begeben sich die Langusten in tieferes und zugleich wärmeres Wasser, um sich zu paaren. Wenn die Larven im folgenden Frühjahr schlüpfen, sind sie etwa 3 mm lang. Ihr erstes Entwicklungsstadium verbringen sie frei im Wasser schwimmend. Die Strömungen verfrachten viele von ihnen in kalte Meeresregionen, wo sie eingehen. Andere wiederum fallen verschiedenen Fischen zum Opfer.

Zehnfüßige Krebse · **BUNTER FURCHENKREBS**

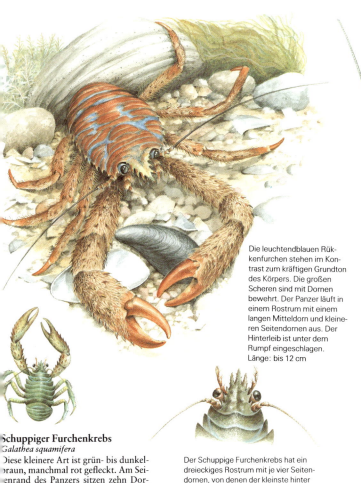

Zwischen den Augen bildet der Panzer ein Rostrum mit einem langen Mitteldorn und drei kleineren Dornen an jeder Seite

Der Bunte Furchenkrebs lebt an felsigen Küsten, wo er sich tagsüber leicht verstecken kann

Die leuchtendblauen Rückenfurchen stehen im Kontrast zum kräftigen Grundton des Körpers. Die großen Scheren sind mit Dornen bewehrt. Der Panzer läuft in einem Rostrum mit einem langen Mitteldorn und kleineren Seitendornen aus. Der Hinterleib ist unter dem Rumpf eingeschlagen. Länge: bis 12 cm

Schuppiger Furchenkrebs
Galathea squamifera
Diese kleinere Art ist grün- bis dunkelbraun, manchmal rot gefleckt. Am Seitenrand des Panzers sitzen zehn Dornen. Länge: bis 7 cm, selten bis 10 cm.

Der Schuppige Furchenkrebs hat ein dreieckiges Rostrum mit je vier Seitendornen, von denen der kleinste hinter dem Auge sitzt

Bunter Furchenkrebs *Galathea strigosa*

Nur selten wird man das Glück haben, den farbenfrohen Furchenkrebs im Flachwasser zu entdecken. Aussichtsreicher ist es, einen Fischer auf einer Fahrt zu begleiten und den Beifang im Schleppnetz zu untersuchen. Furchenkrebse benötigen geröllbedeckte Sand- oder Felsgründe, möglichst mit Algenbewuchs. Dort finden sie tagsüber leicht Unterschlupf. Mit ihrem flachen Körper haben sie keine Mühe, sich unter Steine, in Spalten oder unter Felsüberhänge zurückzuziehen.

Im Gegensatz zum Hummer trägt der Furchenkrebs seinen Hinterleib unter den Rumpf eingeschlagen. Er kann ihn abwechselnd ausstrecken und wieder einziehen. Auf diese Weise kann er sich in Sprüngen fortbewegen, wenn er flieht. Fühlt er sich bedroht, setzt er sich mit seinen langen Scheren energisch zur Wehr. In erster Linie aber sind die Mundwerkzeuge bei der Nahrungsbeschaffung von Nutzen. Mit ihnen wirbelt der Krebs Kleinlebewesen vom Boden auf, um sie mit dem Mund aufzunehmen. Aber auch Aasbrocken, Borstenwürmer und manches andere Tier sind ihm willkommen.

267

RUNZLIGER FURCHENKREBS · Zehnfüßige Krebse

Der Taucher bekommt meist nur die Vorderbeine mit den Scheren zu Gesicht, denn der Krebs lebt versteckt unter Felsen

Die Scherenbeine sind mehr als doppelt so lang wie der abgeflachte, breite Körper. Die Antennen sind kaum kürzer. Länge: bis 8 cm

Der gesamte Panzer ist bedornt. Besonders auffallend sind die drei Dornen zwischen den Augen

Der Runzlige Furchenkrebs bewohnt Felsküsten. Besonders häufig ist er im östlichen Skagerrak

Runzliger Furchenkrebs *Munida intermedia var. sarsi*

Dieser kleine Furchenkrebs kommt in der nördlichen Nordsee und im Skagerrak zuweilen recht häufig vor. Er ist unter verschiedenen wissenschaftlichen Namen beschrieben worden, so z. B. *M. bamffica* und *M. rugosa*. Wie die anderen Furchenkrebse wird man auch diesen Krebs kaum in Strandnähe finden. Schon eher kommt er im Beifang der Schleppnetzfischerei vor. Die Tiere führen ein verborgenes Dasein in selbstgegrabenen Höhlen unter Steinen. Dort harren sie tagsüber aus und strecken Scheren und Antennen abwehrbereit zur Öffnung hinaus. Nur bei Nacht gehen sie auf Nahrungssuche. Sie fressen kleine wirbellose Tiere wie Borstenwürmer, Weichtiere und Krebschen. Man vermutet, daß sie auch Mikroorganismen aufnehmen können. Ihre schlanken Scheren sind als Waffen längst nicht so wirkungsvoll wie die des Bunten Furchenkrebses.

Das Laichverhalten ähnelt dem anderer Furchenkrebse. Das Weibchen trägt die Eier unter dem umgeschlagenen Hinterleib. Im Frühjahr oder Sommer schlüpfen die Larven. Nach mehreren Häutungen gehen sie zum Leben am Boden über.

Zehnfüßige Krebse · STRANDKRABBE

Man findet zu jeder Jahreszeit Weibchen, die unter dem eingeschlagenen Hinterleib Massen von Eiern tragen

Bei den Männchen ist der Hinterleib schmal. Manchmal sitzt hier eine aufgetriebene Blase. Sie wird von dem parasitischen Rankenfüßer *Sacculina* verursacht

Die bekannten Strandkrabben fühlen sich im Flachwasser der Küste wohl. Oft treten sie in Massen auf

Olivgrün und Dunkelbraun sind die häufigsten Färbungen der Strandkrabbe. Am Vorderrand des Panzers sitzen auf jeder Seite fünf größere Zähne. Drei weitere abgerundete Zähne befinden sich an der Stirn. Breite: bis 8 cm

Junge Krabben zeigen oft ein symmetrisches Muster in Weiß, Rot oder Schwarz

Fühlt sich die Krabbe bedroht, richtet sie ihre Scheren abwehrbereit auf

Strandkrabbe *Carcinus maenas*

Die Strandkrabbe ist unsere häufigste Krabbe. Sie kommt an allen Küsten Europas vor, dringt aber auch weit in Flußmündungen und in die innere Ostsee ein. Besonders oft bekommt man die angespülten leeren Panzer zu Gesicht. Sie sind keineswegs immer Anzeichen für ein großes Krabbensterben. Vielmehr müssen sich Strandkrabben wie alle Krebse während ihrer Entwicklung mehrmals häuten. Unter dem alten, zu eng gewordenen Panzer hält sich immer schon ein neuer bereit. Das Tier schlüpft mit allen Gliedmaßen aus dem alten Panzer, der dann an Land geschwemmt wird. Strandkrabben leben zwischen Buhnen, Seegras und Algen.

Strandkrabben fressen sowohl lebende Tiere als auch Aas. Sie selbst werden von Fischen und Möwen stark dezimiert, wenn sie frisch gehäutet sind.

Die Tiere sind leicht zu sammeln und auch gut in Aquarien zu halten. Deshalb gehören sie zu den wichtigsten Forschungstieren der Meeresbiologen. Viele Erkenntnisse über die Lebensweise der Krebse wurden an Strandkrabben gewonnen.

TASCHENKREBS · Zehnfüßige Krebse

Der Hinterleib des Männchens ist schmal, der des Weibchens deutlich breiter

Auf den ersten Blick sieht man vom Krebs nur den rotbraunen Panzer. Der kleine Hinterleib wird unter dem Panzer getragen. Die großen Scheren sind mit schwarzen Spitzen bewehrt. Breite: bis 20 cm

Taschenkrebse besiedeln felsige und sandige Gründe. Sie fressen Muscheln, Fische und kleinere Krebse

Borstenkrabbe
Pilumnus hirtellus
Die winzige Krabbe ist dicht mit Borsten besetzt. Breite: bis 2 cm.

Der wehrhafte Krebs sucht gern Unterschlupf unter Steinen und in Felsspalten

Taschenkrebs *Cancer pagurus*

Der Taschenkrebs ist unsere größte kurzschwänzige Krabbe. Ausgewachsene Tiere können einige Kilogramm wiegen. Die Jungen gehen zwischen Tangen und Steinen auf Nahrungssuche, ältere Tiere bevorzugen tiefere Wasserzonen, hauptsächlich zwischen 40 und 100 m.

Unmittelbar nach der Häutung im Alter von fünf oder sechs Jahren paaren sich die Tiere zum erstenmal. Sie sind dann auf eine Breite von 12 cm herangewachsen. Von den unzählig vielen Eiern – man schätzt die Eizahl eines alten Weibchens auf rund 3 Millionen – gehen die meisten ein oder werden zur Beute anderer Tiere. Die frisch geschlüpften Larven leben zunächst planktisch. Nach zwei Monaten sind sie nach mehreren Häutungen auf 4 mm herangewachsen und begeben sich nun auf den Meeresboden, ihren endgültigen Lebensraum.

Taschenkrebse werden an allen Küsten gern gegessen. Speziell die kräftigen Scheren gelten als Delikatesse. Zum Fang werden wie beim Hummer beköderte Körbe eingesetzt. Der europäische Gesamtfang schwankt um 20 000 t jährlich.

Zehnfüßige Krebse · **SCHWARZER PORZELLANKREBS**

Die kleinen Porzellankrebse bewohnen flache Küstengewässer. Man findet sie unter Steinen und zwischen Tangen

Die feinen Antennen und die Scheren sind jeweils fast doppelt so lang wie der unbehaarte braunrote oder schwarze Panzer. Die kleinen Hinterbeine sind unter dem Körper verborgen. Länge: bis 1 cm

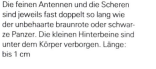

Schere des Schwarzen Porzellankrebses

Schere des Grauen Porzellankrebses

Grauer Porzellankrebs
Porcellana platycheles
Diese Art unterscheidet sich vom Schwarzen Porzellankrebs durch die dichte Behaarung der Scheren, der Beine und des Panzers. Länge: bis 1,2 cm.

Schwarzer Porzellankrebs *Pisidia longicornis*

Obwohl der Schwarze Porzellankrebs ausgesprochen klein ist, kann man ihn stellenweise doch ganz leicht finden. Das braunrote, oft auch schwarze Krebschen kann sich mit seinen dornenbesetzten Beinen gut an Steinen festhalten, unter denen es sich versteckt hält. Gern hält sich der Krebs auch zwischen den Haftorganen großer Tange auf, wo er ebenso gut vor der Einwirkung des Seegangs geschützt ist. Wird er gestört, schwimmt er nicht weg, sondern bewegt sich seitwärts am Boden davon.

Die Porzellankrebse verdanken ihren Namen dem zarten Glanz ihres Panzers. Sie gehören nicht zu den echten Krabben, sondern sind Verwandte der Furchenkrebse. Mit ihnen haben sie die langen Antennen und das kleine hintere Schreitbeinpaar gemeinsam, das vom Körper verdeckt wird.

Im Gegensatz zu den räuberischen Strand- und Schwimmkrabben ernähren sich die Porzellankrebse von organischen Schwebstoffen. Mit ihren Scheren erzeugen sie einen Wasserstrom, durch den feinstes Material aufgewirbelt wird. Zum Ausfiltern dienen die Härchen an den Mundwerkzeugen.

271

Der zarte Körper steckt vollständig im Schneckenhaus. Kopf, Scheren und die beiden vorderen Schreitbeinpaare streckt der Krebs heraus

Die rechte, größere Schere ist mit kleinen Höckern übersät

Einsiedlerkrebse begegnet man an allen Küstenabschnitten. Sie bewohnen verschiedene Schneckenhäuser

Anemonen-Einsiedler
Pagurus prideauxi

Dieser kleine Krebs trägt fast immer eine Mantelaktinie auf seinem Schneckenhaus. An den fein gekörnten Scheren befinden sich Borsten.

Auch außerhalb des Schneckenhauses behält der weichhäutige Hinterleib seine gewundene Form. Die kleinen Beine halten ihn im Gehäuse fest. Länge: bis 10 cm

Gewöhnlicher Einsiedlerkrebs
Pagurus bernhardus

Wer aufmerksam die Weichtierschalen am Strand untersucht, wird häufig auf Einsiedlerkrebse stoßen. Sie bewohnen die leeren Gehäuse verschiedener Schnecken, besonders die von Turm- und Wellhornschnecken. Die Krebse selbst sind durch ihre Häuschen so gut geschützt, daß sie es wagen können, sogar bei Tag auf Nahrungssuche zu gehen. Gefahr droht ihnen nur von Möwen und anderen Seevögeln.

Der Gewöhnliche Einsiedlerkrebs ist der häufigste unter den sieben Einsiedlerkrebsarten, die bei uns vorkommen. Sie alle müssen sich mehrmals häuten, während sie heranwachsen. Bevor der weichhäutige Krebs seinen Panzer ablegt, sucht er sich ein geeignetes Haus, das er anschließend blitzschnell bezieht. Übrigens läßt er sich leicht dabei beobachten, wie er eine neue Unterkunft aussucht. Man entfernt ihn vorsichtig aus seinem Haus und bietet ihm eine Auswahl verschiedener Unterkunftsmöglichkeiten an. Nun testet er in großer Eile mit seinem Hinterleib die Öffnungsweiten, bis die Hausgröße paßt.

Zehnfüßige Krebse · **SCHWIMMKRABBE**

Das hintere Beinpaar ist als paddelartiges Schwimmbein ausgebildet. Sämtliche Beine tragen ein auffallendes Linienmuster. Rote Markierungen zieren die Gelenke

Schwimmkrabben der Art *M. puber* bevorzugen felsige Küstengewässer mit reichen Tangbeständen

Ein dunkler, samtartiger Pelz bedeckt den Panzer. Die Scheren sind auffallend kräftig. Der Panzerrand ist zwischen den Augen gezähnt. Breite des Panzers: bis 9 cm.

Oft sieht man, wie eine männliche Krabbe ein Weibchen umherträgt. Dann steht die Paarung bevor

Ruderkrabbe *Macropipus depurator*
Einige helle Flecke sind in zwei symmetrischen Bogen auf dem gelbbraunen Panzer angeordnet. Ruderkrabben bevorzugen Flachwasser mit sandigem Grund. Breite des Panzers: bis 5 cm.

Schwimmkrabbe *Macropipus puber*

Die Schwimmkrabbe wird in einigen Gegenden auch Samtkrabbe genannt, eine Anspielung auf die feine dunkle Behaarung ihres Panzers. Auffallend sind auch die dunkelblauen und dunkelroten Markierungen an den unbehaarten Abschnitten der Schreitbeine, ebenso die leuchtendroten Augen. Mit ihren abgeflachten hinteren Schreitbeinen kann die Krabbe recht schnell in seitlicher Richtung schwimmen. Ist ihr der Fluchtweg versperrt, stellt sie sich. Drohend streckt sie nun ihre Scheren dem vermeintlichen Feind entgegen. So wirkt sie größer und flößt manchen Tieren tatsächlich Furcht ein. Wird sie im Kampf am Bein verletzt, kann sie dieses ohne größeren Blutverlust an der Bruchstelle ablösen. Bei den anschließenden Häutungen bildet sich dann ein neues Beinglied.

In Nord- und Ostsee ist die Art *M. holsatus* am häufigsten. Auch sie hat die für Schwimmkrabben typischen zu Schwimmfüßen umgewandelten Hinterbeine. Ihr graugrüner Rückenpanzer ist aber glatt und unbehaart. Die Tiere treten oft in Scharen auf.

SEERINDE · Kranzfühler

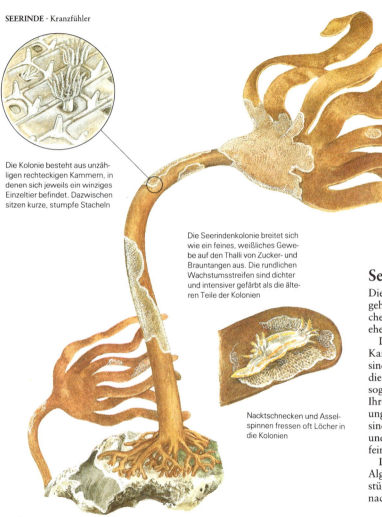

Die Kolonie besteht aus unzähligen rechteckigen Kammern, in denen sich jeweils ein winziges Einzeltier befindet. Dazwischen sitzen kurze, stumpfe Stacheln

Die Seerindenkolonie breitet sich wie ein feines, weißliches Gewebe auf den Thalli von Zucker- und Brauntangen aus. Die rundlichen Wachstumsstreifen sind dichter und intensiver gefärbt als die älteren Teile der Kolonien

Nacktschnecken und Asselspinnen fressen oft Löcher in die Kolonien

Die Kolonien der Seerinde bilden Überzüge auf Tangen. Sie sterben ab, wenn die Tange an Land gespült werden

Seerinde *Membranipora membranacea*

Die verschiedenen Moostierchen, zu denen auch die Seerinde gehört, bilden äußerst vielgestaltige Kolonien aus. Neben flachen Krusten und harten Ballen gibt es auch zarte Gebilde, die eher Pflanzen ähneln als Tieren.

Die Einzeltiere der Seerindenkolonie sitzen in rechteckigen Kammern. Sie übernehmen jeweils bestimmte Aufgaben und sind dementsprechend unterschiedlich gebaut. So gibt es Tiere, die hauptsächlich für die Ernährung zuständig sind, daneben sogenannte Wehrtiere und auch geißeltragende Einzelwesen. Ihre Tentakelkränze strecken sie nur aus, wenn die Kolonie ungestört und vollständig mit Wasser bedeckt ist. Die Tentakel sind dicht mit Wimpern besetzt, die synchron schlagen können und so einen Wasserstrom erzeugen. Mit der Strömung wird feinstes Plankton zur Mundöffnung gestrudelt.

Die Seerinde bildet Krusten auf den Thalli – so werden die Algenkörper genannt – von Zucker- und Brauntangen. Bruchstücke von Tangen mit Seerindenüberzügen finden sich oft nach Stürmen am Spülsaum unserer Strände.

Verschiedene Moostierchen

Kranzfühler · **MOOSTIERCHEN**

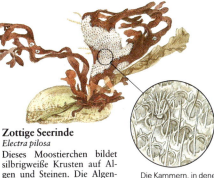

Die länglich-ovalen Einzeltiere werden bis zu 1 mm lang

Zottige Seerinde
Electra pilosa
Dieses Moostierchen bildet silbrigweiße Krusten auf Algen und Steinen. Die Algenäste werden oft vollständig umhüllt. Die einzelnen Kammern sind mit dem bloßen Auge zu erkennen.

Die Kammern, in denen die Einzeltiere leben, haben abgerundete Ecken und lange Borsten. Länge: bis 0,5 mm

Alcyonidium-Arten
Die *Alcyonidium*-Arten bilden glatte, gelatinöse, oft gelappte oder fingerartig verzweigte Kolonien. Sie setzen sich auf Steinen und Tangen fest. Manche Kolonien werden bis zu 30 cm hoch.

Büscheliges Moostierchen
Bowerbankia imbricata
Diese Art entwickelt büschelig verzweigte Kolonien vorzugsweise auf Braunalgen. Die Einzeltiere sitzen in Gruppen um die Achse herum. Höhe: bis 7 cm.

Blättermoostierchen
Flustra foliacea
Die buschartigen Kolonien wachsen auf Steinen. Sie bestehen aus blattförmigen, grauen bis grünlichbraunen Lappen. Auffallend ist der Duft nach Bergamottöl. Höhe der Kolonie: bis 15 cm.

Die länglichen Kammern befinden sich auf beiden Seiten der blattförmigen Koloniesprosse. Länge: bis 0,5 mm

Bugula-Arten
Bei manchen *Bugula*-Arten, wie *B. turbinata*, sind die Zweige spiralig angeordnet. So entstehen Kolonien, die an Nadelbäumchen erinnern. Oft hängen sie an überhängenden Felsen zwischen Algen. Höhe der Kolonie: bis 5 cm.

Bandmoostierchen
Pentapora foliacea
Die rosafarbenen Kolonien sind hart, spröde und bilden gewellte Lappen. Sie sind zwar zerbrechlich, können an geschützten Standorten aber doch eine Höhe von 30 cm erreichen.

GEMEINER SEESTERN · Stachelhäuter

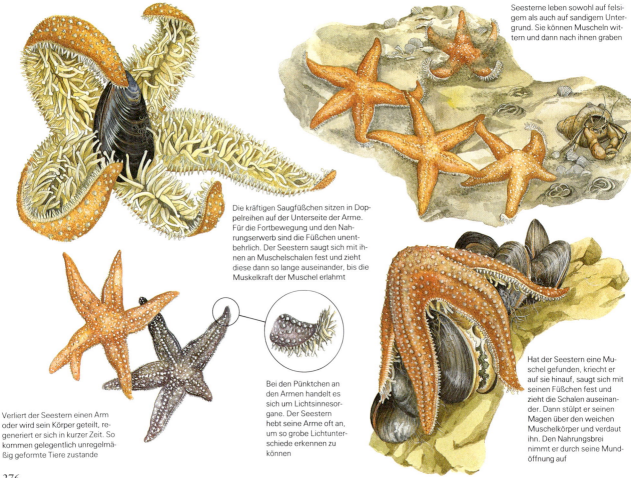

Seesterne leben sowohl auf felsigem als auch auf sandigem Untergrund. Sie können Muscheln wittern und dann nach ihnen graben

Die kräftigen Saugfüßchen sitzen in Doppelreihen auf der Unterseite der Arme. Für die Fortbewegung und den Nahrungserwerb sind die Füßchen unentbehrlich. Der Seestern saugt sich mit ihnen an Muschelschalen fest und zieht diese dann so lange auseinander, bis die Muskelkraft der Muschel erlahmt

Verliert der Seestern einen Arm oder wird sein Körper geteilt, regeneriert er sich in kurzer Zeit. So kommen gelegentlich unregelmäßig geformte Tiere zustande

Bei den Pünktchen an den Armen handelt es sich um Lichtsinnesorgane. Der Seestern hebt seine Arme oft an, um so grobe Lichtunterschiede erkennen zu können

Hat der Seestern eine Muschel gefunden, kriecht er auf sie hinauf, saugt sich mit seinen Füßchen fest und zieht die Schalen auseinander. Dann stülpt er seinen Magen über den weichen Muschelkörper und verdaut ihn. Den Nahrungsbrei nimmt er durch seine Mundöffnung auf

Stachelhäuter · **GEMEINER SEESTERN**

Die fünf plumpen Arme sind symmetrisch um die zentrale Scheibe angeordnet. In der Färbung variieren die Seesterne von Gelborange über Braun bis Dunkelviolett. Die Oberfläche ist dicht mit Stacheln besetzt und fühlt sich deshalb rauh an. Durchmesser: bis 50 cm; in der westlichen Ostsee kaum über 20 cm.

Der Gemeine Seestern ist in Nordsee und westlicher Ostsee weit verbreitet. Auf Muschel- und Austernbänken ist er ein gefürchteter Schädling

Gemeiner Seestern *Asterias rubens*

Der bekannte Seestern gehört zum Stamm der Stachelhäuter, *Echinodermata*. Diese Tiere tragen in ihrer Körperwand ein Skelett, das aus Kalkplatten aufgebaut ist. Einige davon sind mit Stacheln bewehrt, die aus der Haut herausragen.

Seesterne haben keinen Kopf. Wenn sie sich vorwärts bewegen, übernimmt einer der Arme die Führung. Zum Kriechen benutzen sie ihre muskulösen Saugfüßchen an der Unterseite der Arme. Sie stehen mit einem komplizierten Wassergefäßsystem im Körperinnern in Verbindung, funktionieren also nach einem hydraulischen Prinzip. Welche Kräfte der Seestern mit seinen Saugfüßchen entwickeln kann, zeigt sich besonders eindrucksvoll, wenn er eine Muschel überwältigt. Er zieht so lange an den Schalen, bis die Muschel nachgibt und sich einen Spaltbreit öffnet. Das genügt dem Seestern, um seinen Magen hineinzustülpen und das lebende Weichtier zu verdauen.

Verliert der Seestern einen Arm, wächst dieser wieder nach. Selbst wenn ihm nur ein einziger Arm bleibt, bilden sich die anderen Arme wieder neu.

SEESTERNE · Stachelhäuter

Verschiedenartige Seesterne

Die vielgestaltigen, oft farbenprächtigen Muschelräuber besitzen verschiedene Unterscheidungsmerkmale. Für die Bestimmung sind Anzahl und Form der Arme, Färbung, Größe, Stachelanordnung und der jeweilige Lebensraum ausschlaggebend. Man kann eine Grobeinteilung vornehmen nach Arten mit fünf Armen, mit mehr als fünf Armen sowie nach fünfeckigen, also kurzarmigen Seesternen.

Fünfeckstern
Asterina gibbosa
Dieser kleine, grünliche Seestern lebt unter Felsen in seichten Küstengewässern. Er dringt kaum über den Ärmelkanal hinaus nach Norden vor. Durchmesser: bis 5 cm.

Eisseestern
Marthasterias glacialis
Über die braungelben Arme laufen Reihen mit kurzen, kräftigen Stacheln, die in Platten verankert sind. Stacheln und Platten sind graugrün gefärbt. Das derbe Tier bewohnt steinige Böden bis in Tiefen von rund 180 m. Durchmesser: selten bis 70 cm.

Jeder Stachel ist von kleinen Zangen umgeben, den Pedizellarien. Mit ihnen reinigt sich das Tier von Fremdkörpern

Blutseestern
Henricia sanguinolenta
Der anschauliche Name spielt auf die blutrote bis purpurne Färbung der Oberseite an. Die steifen Arme haben einen runden Querschnitt und werden zum Ende hin dünner. Der Blutseestern kommt in der Nordsee und im Skagerrak recht häufig vor. Durchmesser: bis 10 cm.

Nordischer Kammstern
Astropecten irregularis
Dieser Seestern besticht durch seine ausgeprägte fünfstrahlige Symmetrieform. Die Oberseite ist rötlichbis grünlichbraun, die steifen, abgeflachten Arme werden von zwei Stachelreihen gesäumt. Das Tier bevorzugt sandige Böden. Durchmesser: bis 12 cm.

Stachelhäuter · **SEESTERNE**

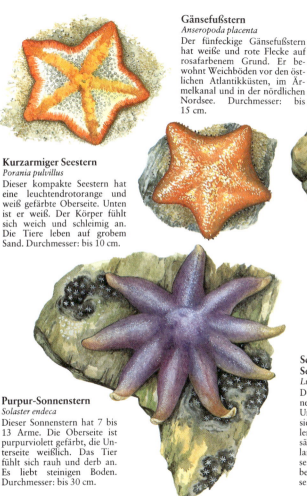

Gänsefußstern
Anseropoda placenta
Der fünfeckige Gänsefußstern hat weiße und rote Flecke auf rosafarbenem Grund. Er bewohnt Weichböden vor den östlichen Atlantikküsten, im Ärmelkanal und in der nördlichen Nordsee. Durchmesser: bis 15 cm.

Sonnenstern
Solaster papposus
Dieser rötlichbraune Seestern besteht aus einer großen runden Scheibe mit 8 bis 13 kurzen Armen. Die Oberfläche ist dicht mit kleinen Stacheln besetzt. Sonnensterne trifft man häufig auf Muschelbänken. Ihr Verbreitungsgebiet erstreckt sich vom Nordatlantik über die Nordsee und das Skagerrak bis ins südliche Kattegat. Durchmesser: bis 25 cm.

Kurzarmiger Seestern
Porania pulvillus
Dieser kompakte Seestern hat eine leuchtendrotorange und weiß gefärbte Oberseite. Unten ist er weiß. Der Körper fühlt sich weich und schleimig an. Die Tiere leben auf grobem Sand. Durchmesser: bis 10 cm.

Purpur-Sonnenstern
Solaster endeca
Dieser Sonnenstern hat 7 bis 13 Arme. Die Oberseite ist purpurviolett gefärbt, die Unterseite weißlich. Das Tier fühlt sich rauh und derb an. Es liebt steinigen Boden. Durchmesser: bis 30 cm.

Schmalarmiger Seestern
Luidia ciliaris
Der große Seestern hat eine orangerote Oberseite. Unten ist er weißlich. Die sieben Arme sind mit hellen Stachelreihen gesäumt. Diese Art ist in atlantischen Küstengewässern und in der Nordsee beheimatet. Durchmesser: bis 40 cm.

ZERBRECHLICHER SCHLANGENSTERN · Stachelhäuter

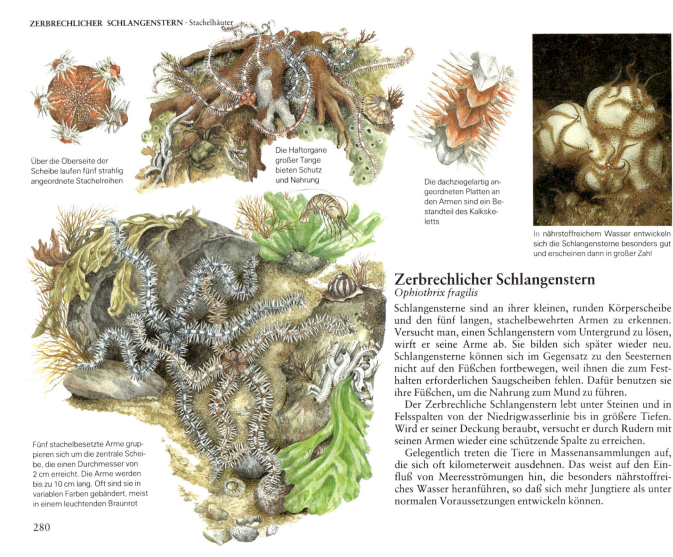

Über die Oberseite der Scheibe laufen fünf strahlig angeordnete Stachelreihen

Die Haftorgane großer Tange bieten Schutz und Nahrung

Die dachziegelartig angeordneten Platten an den Armen sind ein Bestandteil des Kalkskeletts

In nährstoffreichem Wasser entwickeln sich die Schlangensterne besonders gut und erscheinen dann in großer Zahl

Fünf stachelbesetzte Arme gruppieren sich um die zentrale Scheibe, die einen Durchmesser von 2 cm erreicht. Die Arme werden bis zu 10 cm lang. Oft sind sie in variablen Farben gebändert, meist in einem leuchtenden Braunrot

Zerbrechlicher Schlangenstern
Ophiothrix fragilis

Schlangensterne sind an ihrer kleinen, runden Körperscheibe und den fünf langen, stachelbewehrten Armen zu erkennen. Versucht man, einen Schlangenstern vom Untergrund zu lösen, wirft er seine Arme ab. Sie bilden sich später wieder neu. Schlangensterne können sich im Gegensatz zu den Seesternen nicht auf den Füßchen fortbewegen, weil ihnen die zum Festhalten erforderlichen Saugscheiben fehlen. Dafür benutzen sie ihre Füßchen, um die Nahrung zum Mund zu führen.

Der Zerbrechliche Schlangenstern lebt unter Steinen und in Felsspalten von der Niedrigwasserlinie bis in größere Tiefen. Wird er seiner Deckung beraubt, versucht er durch Rudern mit seinen Armen wieder eine schützende Spalte zu erreichen.

Gelegentlich treten die Tiere in Massenansammlungen auf, die sich oft kilometerweit ausdehnen. Das weist auf den Einfluß von Meeresströmungen hin, die besonders nährstoffreiches Wasser heranführen, so daß sich mehr Jungtiere als unter normalen Voraussetzungen entwickeln können.

Schlangensterne und Federstern

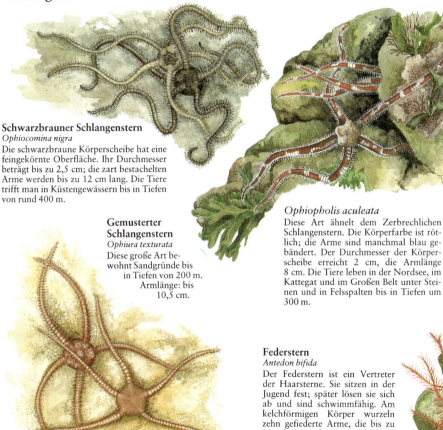

Schwarzbrauner Schlangenstern
Ophiocomina nigra
Die schwarzbraune Körperscheibe hat eine feinegekörnte Oberfläche. Ihr Durchmesser beträgt bis zu 2,5 cm; die zart bestachelten Arme werden bis zu 12 cm lang. Die Tiere trifft man in Küstengewässern bis in Tiefen von rund 400 m.

Gemusterter Schlangenstern
Ophiura texturata
Diese große Art bewohnt Sandgründe bis in Tiefen von 200 m. Armlänge: bis 10,5 cm.

Ophiopholis aculeata
Diese Art ähnelt dem Zerbrechlichen Schlangenstern. Die Körperfarbe ist rötlich; die Arme sind manchmal blau gebändert. Der Durchmesser der Körperscheibe erreicht 2 cm, die Armlänge 8 cm. Die Tiere leben in der Nordsee, im Kattegat und im Großen Belt unter Steinen und in Felsspalten bis in Tiefen um 300 m.

Heller Schlangenstern
Ophiura albida
Der kleine Schlangenstern fühlt sich auf festem und weichem Grund wohl. Weil er Brackwasser gut verträgt, findet man ihn sogar in der Kieler Bucht. Die dünnen Arme sind mit dornenartigen Zähnchen besetzt. Gesamtdurchmesser: bis 5 cm.

Federstern
Antedon bifida
Der Federstern ist ein Vertreter der Haarsterne. Sie sitzen in der Jugend fest; später lösen sie sich ab und sind schwimmfähig. Am kelchförmigen Körper wurzeln zehn gefiederte Arme, die bis zu 8 cm lang werden. Die Färbung ist sehr uneinheitlich, doch sind rotbraune Töne am häufigsten.

ESSBARER SEEIGEL · Stachelhäuter

Seeigel tarnen sich oft, indem sie Algenstücke, ja sogar Kunststoffteile auf ihrem Stachelkleid tragen

Kernstück des komplizierten Mundapparats sind fünf Zähne, mit denen der Aufwuchs auf Steinen abgeschabt werden kann

Mit einem Durchmesser von bis zu 20 cm sind ausgewachsene Seeigel auffallend groß. Die regelmäßig geformten, lebhaft rot oder violett gefärbten Panzer sind als Andenken beliebt. Auch die Stacheln tragen häufig violette Spitzen

Die Seeigelpanzer zeigen die für alle Stachelhäuter typische fünfstrahlige Symmetrie. Weiße Erhebungen markieren den Sitz der Stacheln. In den feinen Öffnungen sitzen beim lebenden Tier die Saugfüßchen

Felsige Küstengewässer sind die Heimat des Eßbaren Seeigels. In Deutschland kommt er nur bei Helgoland vor

Eßbarer Seeigel *Echinus esculentus*

Die schmackhaften Geschlechtsorgane dieses purpurroten Seeigels werden in manchen Gegenden als Bereicherung der Speisekarte geschätzt. Ansonsten ist er vor allem der leeren Kalkschale wegen begehrt, die Corona genannt wird. Seeigelschalen werden an allen Küsten als Andenken angeboten, was in einigen Gebieten zu einer Gefährdung der Bestände geführt hat.

Die Eßbaren Seeigel fühlen sich auf Felsgrund zwischen Algenbeständen wohl. Man trifft sie bis in Tiefen von etwa 50 m. Als typische Allesfresser weiden sie den Algenbewuchs auf den Felsen ab, fressen Aas genauso wie festsitzende Kleinlebewesen, z. B. Moostierchen. Die Nahrung zerkleinern sie mit ihrem komplizierten Kauapparat aus Kalkteilen und Zähnchen. Die kräftigen, bis zu 1,5 cm langen Stacheln bieten einen wirksamen Schutz gegen Fische, die den Seeigeln nachstellen.

Im Frühjahr laichen die Seeigel. Durch feine Schalenöffnungen geben sie Samen und Eier in dichten Wolken ins Wasser ab. Nach der Befruchtung entwickeln sie sich zu kleinen Larven, die von den Meeresströmungen oft weit verdriftet werden.

Stachelhäuter · **SEEIGEL**

Drei verschiedene Seeigel

Der Panzer ist grünlich bis braun gefärbt. Er wird bis zu 6 cm im Durchmesser

Steinseeigel *Paracentrotus lividus*
Diese Art ist an den bis zu 3 cm langen, kräftigen Stacheln zu erkennen. Neben dunkelgrünen und dunkelbraunen Exemplaren treten auch violette Tiere auf. Steinseeigel sind auf felsigem Grund in höchstens 30 m Wassertiefe zu Hause. Sie können sich in das Gestein einbohren, tarnen sich aber auch mit Algenteilen. Die Nordgrenze ihres Verbreitungsgebiets verläuft bei den Kanalinseln.

Rundstachliger Seeigel
Strongylocentrotus drobachiensis
Der grünliche Seeigel hat bis zu 2 cm lange, häufig mit violetten Spitzen versehene Stacheln. Er bewohnt Felsen und Algenbestände im Atlantik und in der nördlichen Nordsee, wobei er bis in Tiefen von rund 1200 m vorstößt.

Der grüne Panzer erreicht einen Durchmesser von 8 cm

Der Panzer ist grünlich, aber matter getönt als der des Rundstachligen Seeigels

Strandseeigel
Psammechinus miliaris
Der kleine Strandseeigel ist in unseren Küstengewässern recht häufig. Selbst im Brackwasser der westlichen Ostsee ist er anzutreffen. Der flache Panzer trägt kurze, kräftige Stacheln, oft mit violetten Spitzen. Durchmesser: bis 5 cm.

283

HERZIGEL · Stachelhäuter

Herzigel, die sich zu nahe an die Oberfläche wagen, werden leicht zur Beute der wachsamen Möwen

Stirbt ein Herzigel ab, bleibt von ihm nur die zerbrechliche Schale übrig. Die in Reihen angeordneten Pünktchen zeigen, wo die Füßchen saßen. Bruchstücke von Schalen findet man oft am Spülsaum des Meeres

Kleine, bewegliche Füßchen befördern die organischen Nahrungsteilchen zum Mund, der auf der Unterseite sitzt

Herzigel sind im Flachwasser der Nordsee verbreitet. Sie graben sich tief in den Sand ein

Wenige Millimeter groß ist die Kleine Mondmuschel, *Montacuta ferruginosa*, die sich gern an den Borsten des Herzigels festspinnt

Sternförmige Vertiefungen im Sand verraten, wo Herzigel graben

Der Herzigel ist dicht mit kurzen Borsten besetzt. Eine Rinne, in der längere Stacheln sitzen, markiert die Vorderseite. Vier flachere Rinnen ziehen von der Mitte nach außen. Länge der Schale: bis 5 cm

Herzigel *Echinocardium cordatum*

Es gibt zahlreiche Seeigelarten, bei denen die fünfstrahlige Symmetrie nicht mehr sichtbar ist. Sie sind eher zweiseitig symmetrisch; ihr ovaler Körper besteht aus zwei spiegelgleichen Hälften. Ihrer abweichenden Form wegen bezeichnet man sie als irreguläre Seeigel. Zu ihnen gehört auch der Herzigel. Er lebt gesellig, so daß es eher zur Befruchtung kommt, wenn Eier und Samen ins Wasser abgegeben werden.

Der Herzigel legt sich tiefe Wohngänge im Sand an, die er mit Schleim auskleidet. Deshalb wird man selten einem lebendigen Tier begegnen, dafür aber gelegentlich eine leere Schale finden, die so zerbrechlich ist, daß sie rasch zerfällt.

Zum Graben benutzt das Tier seine spatenförmigen Stacheln auf der Unterseite. Im Boden findet es genügend organische Nahrungsteilchen, die es mit speziell dafür vorgesehenen Füßchen zur Mundöffnung befördert. Übrigens fehlt ihm der komplizierte Kauapparat der regulär gebauten Seeigel. Auch die anderen, längeren Füßchen dienen nicht der Fortbewegung. Sie benutzt das Tier, um seine Wohngänge in Ordnung zu halten.

Drei irreguläre Seeigel

Die großen Höcker auf der gräulichen Schale zeigen, wo beim lebenden Tier die langen Stacheln wurzelten

Purpurherzigel
Spatangus purpureus
Dieser auffallend große Herzigel trägt ein violettes Stachelkleid. Auf der Oberseite sitzen einige hellere und längere Stacheln. Die Tiere graben sich im sandigen Schill (Schichten aus Schalenbruchstücken) der Nordsee und des Atlantiks ein. Länge: bis 12 cm.

Die leere Schale ist gelblichgrau. Die Kalkplatten sind in einem charakteristischen Muster angeordnet

Leierherzigel
Brissopsis lyrifera
Der Leierherzigel ist dicht mit kurzen, rotbraunen Stacheln besetzt, die auf der Oberseite in Bändern angeordnet sind. Diese bilden ein leierförmiges Muster, daher der Name. Die Tiere leben im östlichen Atlantik, in der Nordsee und im Skagerrak im Schlick vergraben. Länge: bis 7 cm.

Zwergseeigel
Echinocyamus pusillus
Der kleine Seeigel ist an seinem dichten grünen Stachelkleid zu erkennen. Man findet ihn im Flachwasser wie in Tiefen von bis zu 800 m auf grobem Sand. Länge: bis 1 cm.

Die weißlichgraue Schale ist eiförmig; ihr fehlt aber die für andere irreguläre Seeigel typische Einbuchtung

SCHWARZE SEEGURKE · Stachelhäuter

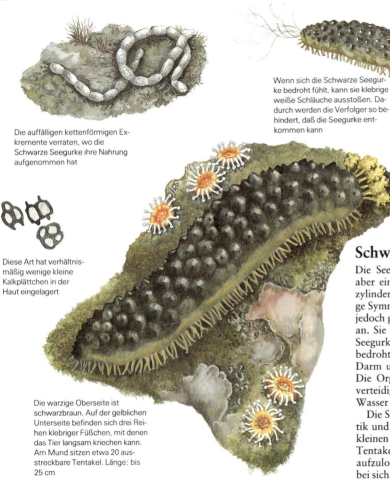

Die auffälligen kettenförmigen Exkremente verraten, wo die Schwarze Seegurke ihre Nahrung aufgenommen hat

Wenn sich die Schwarze Seegurke bedroht fühlt, kann sie klebrige weiße Schläuche ausstoßen. Dadurch werden die Verfolger so behindert, daß die Seegurke entkommen kann

Diese Art hat verhältnismäßig wenige kleine Kalkplättchen in der Haut eingelagert

Die warzige Oberseite ist schwarzbraun. Auf der gelblichen Unterseite befinden sich drei Reihen klebriger Füßchen, mit denen das Tier langsam kriechen kann. Am Mund sitzen etwa 20 ausstreckbare Tentakel. Länge: bis 25 cm

Die Schwarze Seegurke bewohnt felsige Küstengewässer des Ostatlantiks und Ärmelkanals

Schwarze Seegurke *Holothuria forskali*

Die Seegurken gehören zwar zu den Stachelhäutern, haben aber eine eher untypische Gestalt. Bei vielen Arten zeigt der zylinder- oder walzenförmige Körper aber doch die fünfstrahlige Symmetrie der Stachelhäuter; um sie zu erkennen, muß man jedoch genau hinsehen. Die Haut der Seegurken fühlt sich derb an. Sie verdankt ihre Festigkeit eingelagerten Kalkelementen. Seegurken wehren sich auf eine eigentümliche Weise, wenn sie bedroht oder gereizt werden. Manche Arten stoßen ihren Darm und ihre Kiemen aus, um ihren Verfolger abzulenken. Die Organe bilden sich wieder neu. Die Schwarze Seegurke verteidigt sich, indem sie weiße Fäden ausstülpt, die sich im Wasser zu einer klebrigen Masse verdichten.

Die Schwarze Seegurke ist die größte Art im östlichen Atlantik und im Ärmelkanal. Sie wird bis zu 25 cm lang. Mit ihren kleinen Saugfüßchen kriecht sie langsam über den Boden. Die Tentakel um die Mundöffnung benutzt sie, um das Sediment aufzulockern und aufzunehmen. Organische Stoffe behält sie bei sich, die unverdaulichen Reste werden ausgeschieden.

Stachelhäuter · **SEEGURKEN**

Vier verbreitete Seegurken

Seegurken verbergen sich in Felsspalten oder leben eingegraben im Schlick oder Sand. Oft strecken sie nur ihre Tentakel ins Wasser. Viele kleinere Seegurkenarten lassen sich nur durch eine mikroskopische Untersuchung ihrer Skelettplättchen bestimmen. Die gezeigten Seegurken bewohnen Küstengewässer.

Spindelholothurie
Thyone fusus
Das gedrungene, weißlichrosafarbene Tier maskiert sich gern mit Schalenbruchstücken. Länge: bis 20 cm.

Königsholothurie
Stichopus regalis
Das Verbreitungsgebiet dieser großen Seegurke erstreckt sich vom Mittelmeer über den Atlantik bis ins Kattegat. Sie ist auf Sand- und Schlammgründen zu Hause. Die rotbraune Oberseite ist hell gefleckt. Länge: bis 30 cm.

Wurmholothurie
Leptosynapta inhaerens
Die dünne, durchscheinend rötliche Haut ist mit winzigen Häkchen besetzt, so daß sie sich klebrig anfühlt. Um die Mundöffnung gruppieren sich zwölf Tentakel mit mehreren Seitenastpaaren. Länge: bis 18 cm.

Normans Holothurie
Cucumaria normani
Diese Art hat eine bräunliche, ledrige Haut. Um die Mundöffnung sitzen gefiederte Tentakel. Auf der Unterseite verlaufen zwei Reihen mit Saugfüßchen. Länge: bis 15 cm.

SCHLAUCHASCIDIE · Manteltiere

Gelbumränderte Ausströmöffnung

Die gelblichen Ränder um die Ein- und Ausströmöffnung sind auch beim zusammengezogenen Tier sichtbar

Der zylindrische Körper ist durchscheinend gelblichgrün. Im Inneren zeichnen sich die orangeroten Organe ab. Besonders deutlich sieht man den großen Kiemensack. Höhe: bis 12 cm

Die Einströmöffnung gliedert sich in acht Mantellappen; bei der seitlichen Ausströmöffnung sind sechs Mantellappen zu erkennen

Manche Exemplare haben einen orangeroten, durchsichtigen Mantel

Schlauchascidien sitzen gelegentlich in dichten Ansammlungen an Felsen, Spundwänden und Anlegebrücken

Schlauchascidie *Ciona intestinalis*

Die Vertreter der Seescheiden oder Ascidien sind fast in allen Meeresregionen der Welt zu finden. Vermutlich wurden sie an Schiffsrümpfen festsitzend in viele Gebiete verschleppt, wo sie ursprünglich nicht vorkamen. Die Schlauchascidie besiedelt Hartböden, aber ebenso trifft man sie auf Spundwänden, auf der Leeseite von Wellenbrechern und auf Algen.

Ein durchscheinender, derber Mantel umhüllt den Körper der Schlauchascidie. Im Innern erzeugen zahllose feine Wimpern einen Sog, der dafür sorgt, daß ständig Wasser durch die Einströmöffnung von oben in das Tier hineingesaugt wird. Es gelangt in das Kiemensystem, in dem der Sauerstoff vom Blut aufgenommen wird. Dann trifft es auf eine Schleimschicht, an der Kleinstlebewesen hängenbleiben. Schleim und Nahrungsteilchen werden zu einer wurstförmigen Masse vermengt und dann vom Schlund aufgenommen. Durch die seitliche Ausströmöffnung gelangen die Exkremente und das verbrauchte Atemwasser wieder hinaus. Große Tiere können so an einem Tag 150–170 l Meerwasser filtrieren.

Verbreitete Seescheiden

Seescheiden sind nur zu bestimmen, wenn sie sich unter Wasser in voller Größe entfalten. Bei einigen Arten ist sogar eine anatomische Untersuchung der inneren Organe notwendig, um sie sicher zu identifizieren. Die abgebildeten Arten leben auf Steinen, Schalen, im Sand oder auf Algen.

Kugelascidien
Molgula-Arten
Dieser Gattung gehören meist kugelige Arten an. Man findet sie einzeln, oft auch in Ansammlungen, angewachsen oder freilebend. Durchmesser: bis 1,5 cm.

Tangbeere
Dendrodoa grossularia
Diese Art bildet dichte Bestände auf Braun- oder Zuckertangen; daher der eigentümliche Name. Die geschlossenen Öffnungen haben von oben gesehen die Form eines Kreuzes, geöffnet sind sie quadratisch. Das Verbreitungsgebiet erstreckt sich vom Atlantik über die Nordsee bis zur westlichen Ostsee. Durchmesser: bis 2 cm.

Stumpenascidie
Ascidia mentula
Der äußere Mantel ist durchscheinend grau, manchmal rosa. Die Ausströmöffnung ist weit nach unten versetzt. Die Tiere sind an allen atlantischen Küsten von Norwegen bis zum Mittelmeer verbreitet. Höhe: bis 10 cm.

Keulen-Synascidie
Clavelina lepadiformis
Die zarten, durchscheinenden Einzeltiere sind durch Ausläufer miteinander verbunden. Der Mantel zeigt oft ein weißliches, gelbes oder rosafarbenes Linienmuster. Höhe: bis 2 cm.

Gehörnte Ascidie
Styela coriacia
Diese Art kommt einzeln auf Steinen oder Muschelschalen vor. Sie hat eine lederartige, gerunzelte Oberfläche. Die Siphonen sind warzenförmig. Höhe: bis 6 cm.

Spritzascidie
Ascidiella aspersa
Der rauhe Mantel ist schmutzig weißgrau. Die Ausströmöffnung sitzt etwa ein Drittel der Körperhöhe unterhalb der endständigen Einströmöffnung. Höhe: bis 10 cm.

Ascidiella scabra
Bei dieser kleinen Ascidie sitzen Ein- und Ausströmöffnung dicht nebeneinander. Sie wächst auf Algen und Muschelschalen. Höhe: bis 4 cm.

Sternascidie
Botryllus schlosseri

Die 2 mm langen Einzeltiere bilden sternförmige Muster in den lebhaft grün oder gelblichbraun gefärbten Kolonien. Das Vorderende der Einzeltiere wird oft durch einen roten Punkt markiert. Sternascidien breiten sich auf Algen, Steinen, Schalen und anderen Seescheiden aus.

Mäander-Ascidie
Botryllus leachi

Bei der Mäander-Ascidie sind die bis zu 1 mm langen Einzeltiere in Doppelreihen angeordnet, die oft mäanderartige Kurven beschreiben. Die Färbung variiert zwischen Orangegelb und Grau.

Sproß-Synascidien
Aplidium-Arten

Die Vertreter dieser Gattung bilden keulenförmige Kolonien auf Steinen. Die Einzeltiere gruppieren sich in unregelmäßiger Anordnung um die gemeinsamen Ausströmöffnungen. Die Färbung ist recht variabel. Am häufigsten sind rötliche und weißliche Tönungen. Die Kolonie wird bis zu 5 cm hoch.

Lanzettfischchen
Branchiostoma lanceolatum

Dieses durchscheinende Lebewesen gehört zur Gruppe der Schädellosen. Weil es in seinem Körperbau den ersten Wirbeltieren gleicht, liefert es den Wissenschaftlern wichtige Hinweise auf die Entwicklungsgeschichte der höheren Tiere. Länge: bis 6 cm.

Sidnyum turbinatum

Die Kolonien ähneln denen der *Aplidium*-Arten, bilden jedoch keine stielartigen Einzelsprosse aus, sondern eiförmige Sprosse, die an der Basis miteinander verbunden sind. Höhe: bis 2 cm.

Koloniebildende Seescheiden und Lanzettfischchen

Viele Seescheiden vermehren sich ungeschlechtlich durch Knospung. Auf diese Weise entstehen dichte Kolonien, die weiche, gallertartige Überzüge bilden. Die Einzeltiere sitzen bei jeder Art in einer charakteristischen Anordnung.

Einige Tiere des Planktons

Als Plankton bezeichnet man jene Unzahl kleiner und kleinster Organismen, die mit den Meeresströmungen treiben und zu keiner oder nur zu geringfügigen Eigenbewegungen fähig sind. Sie bilden die Grundlage der Nahrungskette im Meer. Einige weitverbreitete Planktontiere werden hier vorgestellt.

Pfeilwürmer
Sagitta-Arten

Meist schwimmen die glasigen Pfeilwürmer passiv. Beim Fang von Larven können sie aber pfeilschnell vorstoßen. Rund 80 Arten sind bekannt. Länge: bis 3 cm.

Salpen
Salpa-Arten

Die faßförmigen, transparenten Tiere mit den neun typischen Muskelbändern bilden manchmal lange Ketten. Länge des Einzeltiers bei der gezeigten Art *S. maxima*: bis 10 cm.

Ruderfußkrebse *Copepoda*-Arten

Im Süßwasser und in den Meeren leben etwa 4000 verschiedene Ruderfußkrebse oder Hüpferlinge. Sie haben oft lange Antennen. Länge: bis 2 mm.

GRÜNALGEN · Meerespflanzen

Borstenhaar
Chaetomorpha-Art
Das Borstenhaar besteht aus einzelnen unverzweigten, dünnen Fäden. Die großen Einzelzellen sind perlschnurartig aneinandergereiht. Diese Alge wächst in Büscheln unterhalb der Gezeitenlinie. Die Fäden werden 8–15 cm lang.

Felsen-Cladophora
Cladophora rupestris
Die dunkelgrünen, dicht verzweigten Büschel gedeihen auf Felsen im mittleren und unteren Gezeitenbereich, oft unter Blasen- und Sägetang. Länge: bis 12 cm.

Grüner Federtang
Bryopsis plumosa
Der zierliche Grüne Federtang bildet regelmäßig gebaute Büschel. Das Laub ist gefiedert. Diese weit verbreitete Alge gedeiht unterhalb der Niedrigwasserlinie. Länge: bis 10 cm.

Meersalat
Ulva lactuca
Der Meersalat ist auch an den Küsten von Nord- und Ostsee weithin bekannt. Die großen, leuchtendgrünen Lappen wachsen auf Steinen im Flachwasser. Oft werden sie auch an die Strände gespült. Die Lappen werden bis über 20 cm hoch.

Grüne Gabelalgen
Codium-Arten
Die gabelartig verzweigten Büsche fühlen sich schwammartig an. Man findet sie in Gezeitentümpeln unterhalb der Niedrigwasserlinie, auf Helgoland auch an Hafenbauten. Höhe: bis 40 cm.

Darmtang
Enteromorpha intestinalis
Die Büschel aus dünnen Schläuchen wachsen an Anlegebrücken und Uferbefestigungen, wo sie im Niveau der Hochwasserlinie charakteristische grüne Säume bilden. Oft sind die Schläuche abschnittsweise mit Luft aufgebläht und wirken dann silbrig. Länge: bis 30 cm.

Sechs verbreitete Grünalgen

Viele Grünalgenarten ähneln sich so sehr, daß ihre Bestimmung auch für Fachleute sehr schwierig ist. Man sollte sich daher damit begnügen, die Hauptformen zu unterscheiden. Besonders gut lassen sich Algen übrigens betrachten, wenn man sie in eine flache Wasserschale legt.

Meerespflanzen · **GROSSTANGE**

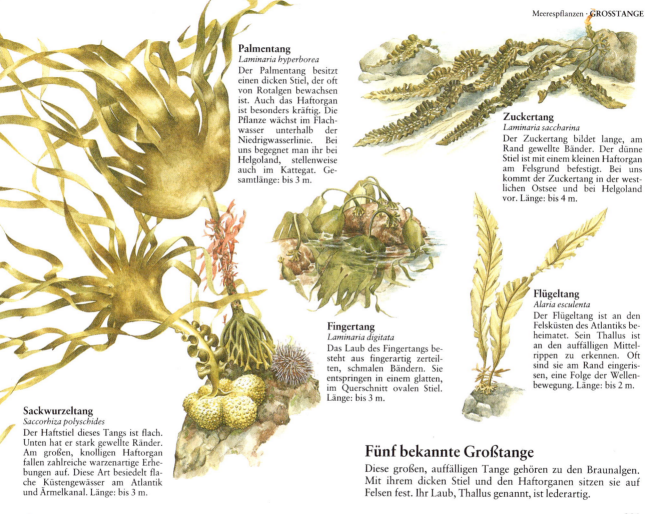

Palmentang
Laminaria hyperborea
Der Palmentang besitzt einen dicken Stiel, der oft von Rotalgen bewachsen ist. Auch das Haftorgan ist besonders kräftig. Die Pflanze wächst im Flachwasser unterhalb der Niedrigwasserlinie. Bei uns begegnet man ihr bei Helgoland, stellenweise auch im Kattegat. Gesamtlänge: bis 3 m.

Zuckertang
Laminaria saccharina
Der Zuckertang bildet lange, am Rand gewellte Bänder. Der dünne Stiel ist mit einem kleinen Haftorgan am Felsgrund befestigt. Bei uns kommt der Zuckertang in der westlichen Ostsee und bei Helgoland vor. Länge: bis 4 m.

Fingertang
Laminaria digitata
Das Laub des Fingertangs besteht aus fingerartig zerteilten, schmalen Bändern. Sie entspringen in einem glatten, im Querschnitt ovalen Stiel. Länge: bis 3 m.

Flügeltang
Alaria esculenta
Der Flügeltang ist an den Felsküsten des Atlantiks beheimatet. Sein Thallus ist an der auffälligen Mittelrippen zu erkennen. Oft sind sie am Rand eingerissen, eine Folge der Wellenbewegung. Länge: bis 2 m.

Sackwurzeltang
Saccorhiza polyschides
Der Haftstiel dieses Tangs ist flach. Unten hat er stark gewellte Ränder. Am großen, knolligen Haftorgan fallen zahlreiche warzenartige Erhebungen auf. Diese Art besiedelt flache Küstengewässer am Atlantik und Ärmelkanal. Länge: bis 3 m.

Fünf bekannte Großtange

Diese großen, auffälligen Tange gehören zu den Braunalgen. Mit ihrem dicken Stiel und den Haftorganen sitzen sie auf Felsen fest. Ihr Laub, Thallus genannt, ist lederartig.

BRAUNALGEN · Meerespflanzen

Rinnentang
Pelvetia canaliculata

Der Rinnentang besiedelt felsige Standorte in der obersten Gezeitenzone der Atlantikküsten. Der Thallus weist auf einer Seite eine rinnenartige Vertiefung auf. An den Enden sitzen keulenförmige Vermehrungskörper. Länge: bis 15 cm.

Sägetang *Fucus serratus*

Der Sägetang wird nach Stürmen oft in großen Mengen an unsere Strände gespült. Er ist an den gezähnten Rändern zu erkennen. Länge: bis 60 cm.

Knotentang
Ascophyllum nodosum

Das Laub dieses großen Tangs ist olivgrün oder gelbbraun. An den Seitenzweigen sitzen gelbliche Vermehrungskörper. Die verzweigten Thalli weisen einzelne ovale Blasen auf, die den Auftrieb verbessern. Mittelrippen fehlen. Länge: bis 1,5 m.

Spiraltang *Fucus spiralis*

Der Name Spiraltang spielt auf das spiralig gedrehte Laub der Pflanze an. Die verzweigten, lederartigen Thalli haben Mittelrippen. An den Enden sitzen rundliche Vermehrungskörper. Der Spiraltang ist an die obere Gezeitenzone gebunden. Länge: bis 40 cm.

Blasentang
Fucus vesiculosus

Diese weit verbreitete Braunalge ist mit Luftblasen ausgestattet, die rechts und links der Mittelrippen sitzen. Die Enden der glattrandigen „Blätter" sind verdickt; hier befinden sich die Vermehrungskörper. Länge: bis 1 m.

Verbreitete Braunalgen

Braunalgen enthalten Farbstoffe, die das Blattgrün überdecken. Die Mehrheit dieser vielgestaltigen Pflanzen sind mit einem Haftorgan auf Felsen, an Pfählen oder auf Schalen festgewachsen.

Meerespflanzen · **BRAUNALGEN**

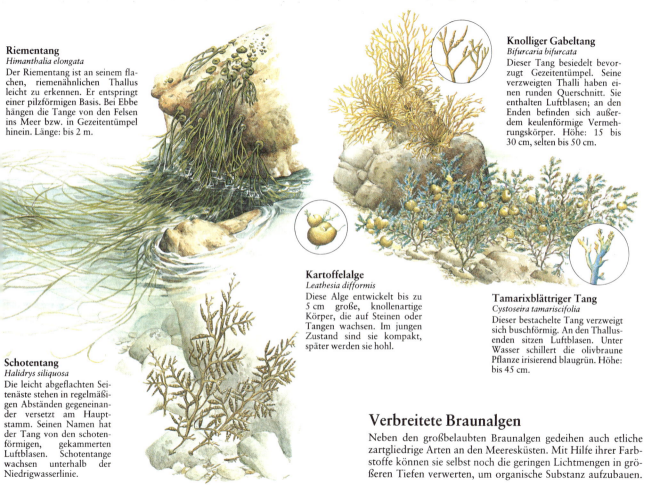

Riementang
Himanthalia elongata

Der Riementang ist an seinem flachen, riemenähnlichen Thallus leicht zu erkennen. Er entspringt einer pilzförmigen Basis. Bei Ebbe hängen die Tange von den Felsen ins Meer bzw. in Gezeitentümpel hinein. Länge: bis 2 m.

Knolliger Gabeltang
Bifurcaria bifurcata

Dieser Tang besiedelt bevorzugt Gezeitentümpel. Seine verzweigten Thalli haben einen runden Querschnitt. Sie enthalten Luftblasen; an den Enden befinden sich außerdem keulenförmige Vermehrungskörper. Höhe: 15 bis 30 cm, selten bis 50 cm.

Kartoffelalge
Leathesia difformis

Diese Alge entwickelt bis zu 5 cm große, knollenartige Körper, die auf Steinen oder Tangen wachsen. Im jungen Zustand sind sie kompakt, später werden sie hohl.

Tamarixblättriger Tang
Cystoseira tamariscifolia

Dieser bestachelte Tang verzweigt sich buschförmig. An den Thallusenden sitzen Luftblasen. Unter Wasser schillert die olivbraune Pflanze irisierend blaugrün. Höhe: bis 45 cm.

Schotentang
Halidrys siliquosa

Die leicht abgeflachten Seitenäste stehen in regelmäßigen Abständen gegeneinander versetzt am Hauptstamm. Seinen Namen hat der Tang von den schotenförmigen, gekammerten Luftblasen. Schotentange wachsen unterhalb der Niedrigwasserlinie.

Verbreitete Braunalgen

Neben den großbelaubten Braunalgen gedeihen auch etliche zartgliedrige Arten an den Meeresküsten. Mit Hilfe ihrer Farbstoffe können sie selbst noch die geringen Lichtmengen in größeren Tiefen verwerten, um organische Substanz aufzubauen.

BRAUNALGEN · Meerespflanzen

Zungenblättrige Desmarestie
Desmarestia ligulata
Am abgeflachten Thallus sitzen wechselständige Seitenzweige, die zu beiden Enden hin spitz zulaufen. Fällt dieser Tang trocken, wird er hellgrün und zerfällt rasch. Er gedeiht auf Felsen und in Gezeitentümpeln nahe der Niedrigwasserlinie. Länge: bis 1,8 m.

Meersaite
Chorda filum
Die runden Fäden der Meersaite sitzen mit kleinen Haftscheiben auf Gestein, Holz oder Muschelschalen fest. Die einjährigen Algen bilden oft dichte Bestände, auch im Flachwasser der Nordsee und westlichen Ostsee. Länge: bis 5 m.

Wolliger Seequirl
Cladostephus spongiosus
Um die gabelartig verzwergten Äste stehen wie Quirle kurze, stachelige Zweige. Die Pflanzen finden auf Gestein den notwendigen Halt. Ihr Lebensraum liegt in der unteren Gezeitenzone und tiefer. Höhe: bis 25 cm.

Eingeschnürter Schlauchtang
Scytosiphon lomentaria
Dieser Tang bildet Schläuche aus, die in Abständen eingeschnürt sind. Sie wachsen in kleinen Gruppen in der mittleren und unteren Gezeitenzone, wo sie sich mit ihren scheibenförmigen Haftorganen auf Steinen festsetzen. Länge: bis 40 cm.

Gabelzunge
Dictyota dichotoma
Die flachen Thalli dieser Alge sind regelmäßig gegabelt. Auffallend ist die braungelb irisierende Färbung. Die Gabelzunge besiedelt Felsen und Algen in der untersten Gezeitenzone. Höhe: bis 15 cm.

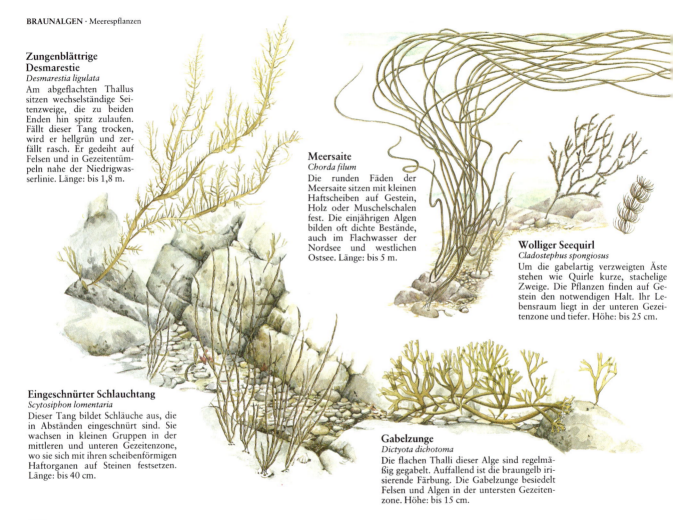

Meerespflanzen · ROTALGEN

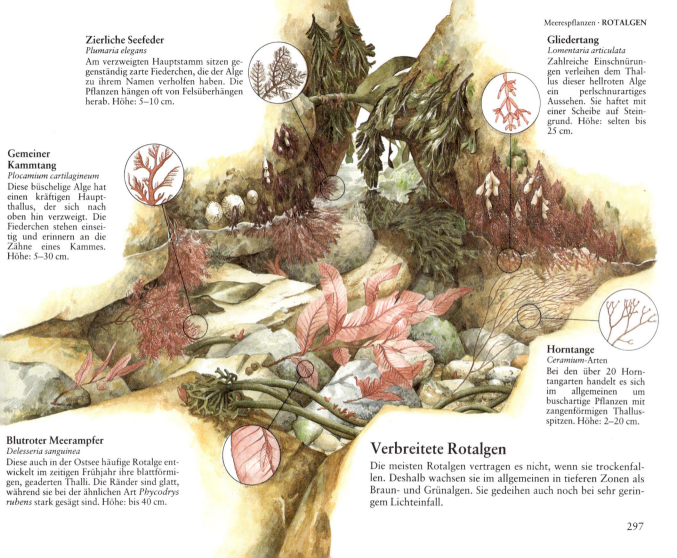

Zierliche Seefeder
Plumaria elegans
Am verzweigten Hauptstamm sitzen gegenständig zarte Fiederchen, die der Alge zu ihrem Namen verholfen haben. Die Pflanzen hängen oft von Felsüberhängen herab. Höhe: 5–10 cm.

Gliedertang
Lomentaria articulata
Zahlreiche Einschnürungen verleihen dem Thallus dieser hellroten Alge ein perlschnurartiges Aussehen. Sie haftet mit einer Scheibe auf Steingrund. Höhe: selten bis 25 cm.

Gemeiner Kammtang
Plocamium cartilagineum
Diese büschelige Alge hat einen kräftigen Hauptthallus, der sich nach oben hin verzweigt. Die Fiederchen stehen einseitig und erinnern an die Zähne eines Kammes. Höhe: 5–30 cm.

Horntange
Ceramium-Arten
Bei den über 20 Horntangarten handelt es sich im allgemeinen um buschartige Pflanzen mit zangenförmigen Thallusspitzen. Höhe: 2–20 cm.

Blutroter Meerampfer
Delesseria sanguinea
Diese auch in der Ostsee häufige Rotalge entwickelt im zeitigen Frühjahr ihre blattförmigen, geaderten Thalli. Die Ränder sind glatt, während sie bei der ähnlichen Art *Phycodrys rubens* stark gesägt sind. Höhe: bis 40 cm.

Verbreitete Rotalgen

Die meisten Rotalgen vertragen es nicht, wenn sie trockenfallen. Deshalb wachsen sie im allgemeinen in tieferen Zonen als Braun- und Grünalgen. Sie gedeihen auch noch bei sehr geringem Lichteinfall.

ROTALGEN · Meerespflanzen

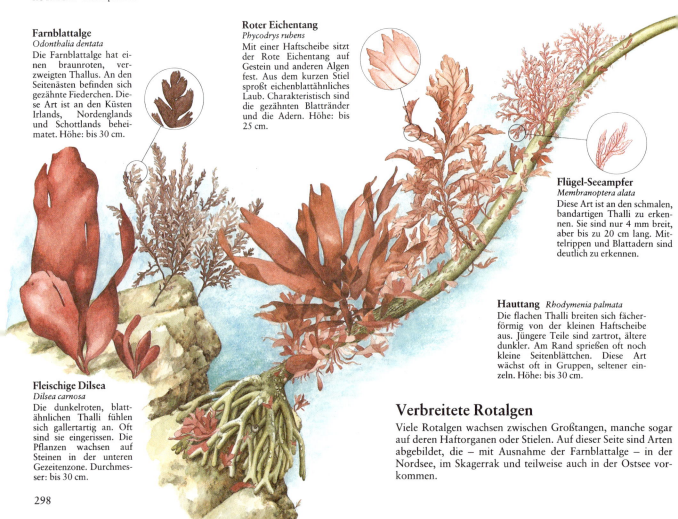

Farnblattalge
Odonthalia dentata
Die Farnblattalge hat einen braunroten, verzweigten Thallus. An den Seitenästen befinden sich gezähnte Fiederchen. Diese Art ist an den Küsten Irlands, Nordenglands und Schottlands beheimatet. Höhe: bis 30 cm.

Roter Eichentang
Phycodrys rubens
Mit einer Haftscheibe sitzt der Rote Eichentang auf Gestein und anderen Algen fest. Aus dem kurzen Stiel sproßt eichenblattähnliches Laub. Charakteristisch sind die gezähnten Blattränder und die Adern. Höhe: bis 25 cm.

Flügel-Seeampfer
Membranoptera alata
Diese Art ist an den schmalen, bandartigen Thalli zu erkennen. Sie sind nur 4 mm breit, aber bis zu 20 cm lang. Mittelrippen und Blattadern sind deutlich zu erkennen.

Hauttang *Rhodymenia palmata*
Die flachen Thalli breiten sich fächerförmig von der kleinen Haftscheibe aus. Jüngere Teile sind zartrot, ältere dunkler. Am Rand sprießen oft noch kleine Seitenblättchen. Diese Art wächst oft in Gruppen, seltener einzeln. Höhe: bis 30 cm.

Fleischige Dilsea
Dilsea carnosa
Die dunkelroten, blattähnlichen Thalli fühlen sich gallertartig an. Oft sind sie eingerissen. Die Pflanzen wachsen auf Steinen in der unteren Gezeitenzone. Durchmesser: bis 30 cm.

Verbreitete Rotalgen

Viele Rotalgen wachsen zwischen Großtangen, manche sogar auf deren Haftorganen oder Stielen. Auf dieser Seite sind Arten abgebildet, die – mit Ausnahme der Farnblattalge – in der Nordsee, im Skagerrak und teilweise auch in der Ostsee vorkommen.

Meerespflanzen · ROTALGEN

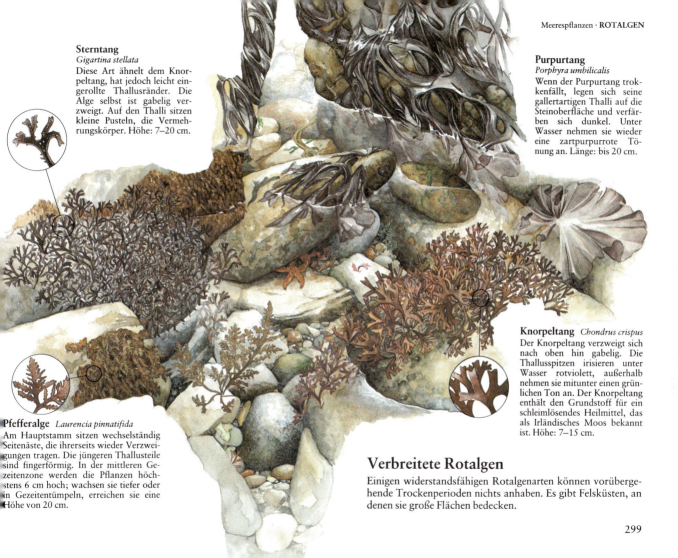

Sterntang
Gigartina stellata
Diese Art ähnelt dem Knorpeltang, hat jedoch leicht eingerollte Thallusränder. Die Alge selbst ist gabelig verzweigt. Auf den Thalli sitzen kleine Pusteln, die Vermehrungskörper. Höhe: 7–20 cm.

Purpurtang
Porphyra umbilicalis
Wenn der Purpurtang trockenfällt, legen sich seine gallertartigen Thalli auf die Steinoberfläche und verfärben sich dunkel. Unter Wasser nehmen sie wieder eine zartpurpurrote Tönung an. Länge: bis 20 cm.

Knorpeltang *Chondrus crispus*
Der Knorpeltang verzweigt sich nach oben hin gabelig. Die Thallusspitzen irisieren unter Wasser rotviolett, außerhalb nehmen sie mitunter einen grünlichen Ton an. Der Knorpeltang enthält den Grundstoff für ein schleimlösendes Heilmittel, das als Irländisches Moos bekannt ist. Höhe: 7–15 cm.

Pfefferalge *Laurencia pinnatifida*
Am Hauptstamm sitzen wechselständig Seitenäste, die ihrerseits wieder Verzweigungen tragen. Die jüngeren Thallusteile sind fingerförmig. In der mittleren Gezeitenzone werden die Pflanzen höchstens 6 cm hoch; wachsen sie tiefer oder in Gezeitentümpeln, erreichen sie eine Höhe von 20 cm.

Verbreitete Rotalgen
Einigen widerstandsfähigen Rotalgenarten können vorübergehende Trockenperioden nichts anhaben. Es gibt Felsküsten, an denen sie große Flächen bedecken.

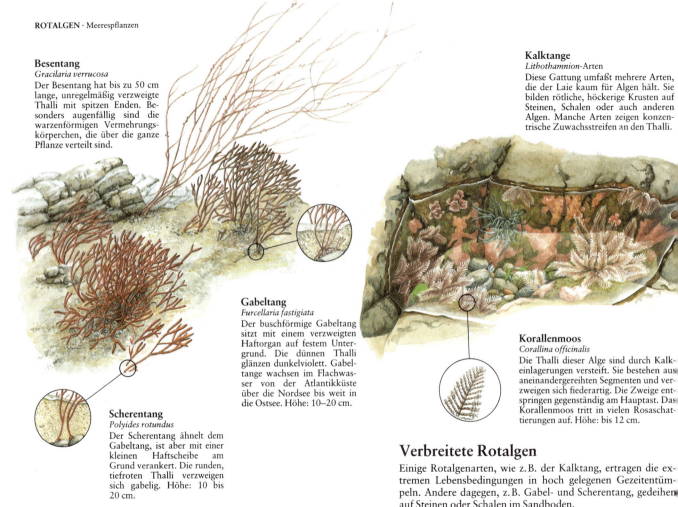

Besentang
Gracilaria verrucosa
Der Besentang hat bis zu 50 cm lange, unregelmäßig verzweigte Thalli mit spitzen Enden. Besonders augenfällig sind die warzenförmigen Vermehrungskörperchen, die über die ganze Pflanze verteilt sind.

Kalktange
Lithothamnion-Arten
Diese Gattung umfaßt mehrere Arten, die der Laie kaum für Algen hält. Sie bilden rötliche, höckerige Krusten auf Steinen, Schalen oder auch anderen Algen. Manche Arten zeigen konzentrische Zuwachsstreifen an den Thalli.

Gabeltang
Furcellaria fastigiata
Der buschförmige Gabeltang sitzt mit einem verzweigten Haftorgan auf festem Untergrund. Die dünnen Thalli glänzen dunkelviolett. Gabeltange wachsen im Flachwasser von der Atlantikküste über die Nordsee bis weit in die Ostsee. Höhe: 10–20 cm.

Korallenmoos
Corallina officinalis
Die Thalli dieser Alge sind durch Kalkeinlagerungen versteift. Sie bestehen aus aneinandergereihten Segmenten und verzweigen sich fiederartig. Die Zweige entspringen gegenständig am Hauptast. Das Korallenmoos tritt in vielen Rosaschattierungen auf. Höhe: bis 12 cm.

Scherentang
Polyides rotundus
Der Scherentang ähnelt dem Gabeltang, ist aber mit einer kleinen Haftscheibe am Grund verankert. Die runden, tiefroten Thalli verzweigen sich gabelig. Höhe: 10 bis 20 cm.

Verbreitete Rotalgen

Einige Rotalgenarten, wie z.B. der Kalktang, ertragen die extremen Lebensbedingungen in hoch gelegenen Gezeitentümpeln. Andere dagegen, z.B. Gabel- und Scherentang, gedeihen auf Steinen oder Schalen im Sandboden.

Meerespflanzen · GEMEINES SEEGRAS

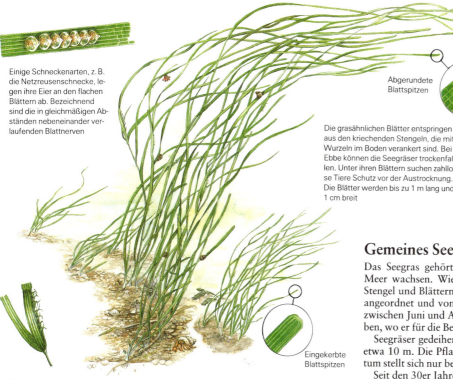

Einige Schneckenarten, z. B. die Netzreusenschnecke, legen ihre Eier an den flachen Blättern ab. Bezeichnend sind die in gleichmäßigen Abständen nebeneinander verlaufenden Blattnerven

Abgerundete Blattspitzen

Die grasähnlichen Blätter entspringen aus den kriechenden Stengeln, die mit Wurzeln im Boden verankert sind. Bei Ebbe können die Seegräser trockenfallen. Unter ihren Blättern suchen zahllose Tiere Schutz vor der Austrocknung. Die Blätter werden bis zu 1 m lang und 1 cm breit

Im Sommer entwickeln sich die unscheinbaren Blüten. Staubgefäße und Fruchtblätter sind im Wechsel angeordnet

Eingekerbte Blattspitzen

Zwergseegras *Zostera nana*

Die Blätter des Zwergseegrases sind kürzer und schmaler als die des Gemeinen Seegrases. Darüber hinaus sind die Blattspitzen eingekerbt und die Blattnerven in unregelmäßigen Abständen angeordnet. Das Zwergseegras wächst in stillen Nordseebuchten auf Schlickboden. Die Blätter werden höchstens 15 cm lang und 2 mm breit.

Das Seegras breitet sich auf verschlammten Sandböden in geschützten Küstengewässern aus

Gemeines Seegras *Zostera marina*

Das Seegras gehört zu den wenigen Blütenpflanzen, die im Meer wachsen. Wie die Landgräser besteht es aus Wurzeln, Stengel und Blättern. Die unscheinbaren Blüten sind zweizeilig angeordnet und von einem Hüllblatt umgeben. Sie erscheinen zwischen Juni und August. Der Pollen wird ins Wasser abgegeben, wo er für die Befruchtung der weiblichen Blüten sorgt.

Seegräser gedeihen in geschützten Buchten bis in Tiefen von etwa 10 m. Die Pflanzen sind temperaturempfindlich; Wachstum stellt sich nur bei 10–20 °C ein.

Seit den 30er Jahren sind die früher ausgedehnten Seegrasbestände stark zurückgegangen, vermutlich infolge einer Krankheit. In vielen Gebieten haben sie sich jedoch allmählich wieder erholt. Das kommt zahlreichen Tieren zugute, denen die Seegraswiesen einen geschützten Lebensraum bieten. Manche Fisch- und Krebsarten verbringen hier einen Teil ihrer Jugend. Weil die Seegraswiesen ständigen Gefahren ausgesetzt sind, sei es Stürme, Wasserverschmutzung und die um sich greifende Sportschiffahrt, sind sie auf unseren Schutz angewiesen.

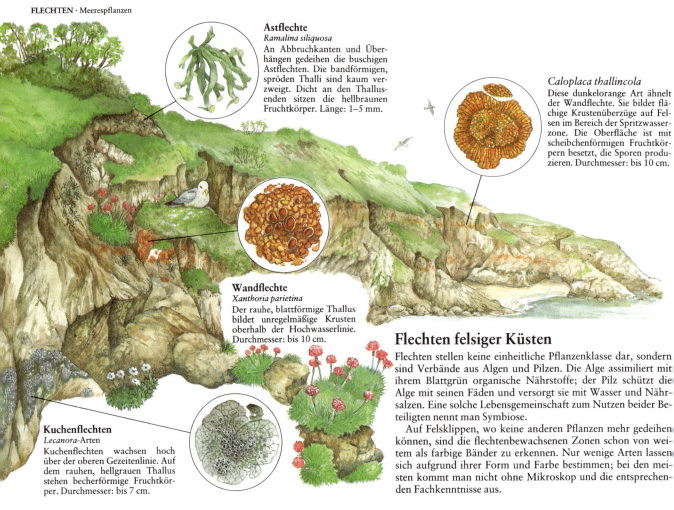

Meerespflanzen · **FLECHTEN**

Zwergflechte
Lichina pygmaea
Diese Flechte erinnert an eine kleine, buschförmige Alge. Man findet sie nahe der Hochwasserlinie, oft zwischen Braunalgen. Die dunkelbraunen Büsche werden selten über 1 cm hoch.

Warzenflechte
Verrucaria maura
Die Warzenflechte überzieht oft ausgedehnte Felsflächen mit ihren flachen, schwarzen Krusten. Die dünnen Pflanzenkörper erinnern an Öl- oder Teerklumpen.

Schönflechte
Caloplaca marina
Die Schönflechte gleicht der nahe verwandten Art *C. thallincola*. Ihre Färbung hat aber einen kräftigeren Roteinschlag. Die Thalli bilden rauhe, lappige Krusten. Die Fruchtkörper sind hell gerandet. Durchmesser: bis 10 cm.

Lichina confinis
Diese Verwandte der Zwergflechte kommt an exponierten Stellen von Steilküsten hoch oberhalb der Hochwasserlinie häufig vor. Die spröden Ästchen werden nur bis zu 5 mm lang.

Verrucaria mucosa
Diese eng mit der Warzenflechte verwandte Art bildet flache, im Durchmesser bis zu 30 cm große Krustenüberzüge in der mittleren Gezeitenzone. Der Pflanzenkörper schimmert grünschwarz.

SÜSSWASSERWEICHTIERE · Schalen

Schnecken- und Muschelschalen bestimmen

Anhand der folgenden Schautafeln können Sammler von Muschel- und Schneckenschalen ihre Funde bestimmen. Bei jeder Schale wird angegeben, wo das Tier vorkommt, wie groß es wird und außerdem die Seite, wo die jeweilige Art und Gattung beschrieben ist.

Süßwasserschnecken

**Weiße Posthorn-
schnecke**
Planorbis albus
In allen Gewässerarten.
Durchmesser: 6 mm.
Seite 85.

**Gerippte
Tellerschnecke**
Armiger crista
Auf Pflanzen in Teichen,
Gräben und Sümpfen.
Verbreitet. Durchmesser:
3 mm. Seite 85.

Ohrschlammschnecke
*Lymnaea (Radix)
auricularia*
In stehenden und langsam fließenden Gewässern. Nur im nördlichen Mitteleuropa. Höhe: 3,5 cm. Seite 84.

*Theodoxus
fluviatilis*
Unter Steinen oder
Pflanzen in kalkhaltigen Gewässern, auch
im Brackwasser. Weit
verbreitet. Höhe: 1 cm.
Seite 85.

**Echte Sumpf-
deckelschnecke**
Viviparus viviparus
In langsamen, pflanzenreichen Fließgewässern.
Höhe: 4 cm. Seite 85.

**Gemeine Sumpf-
deckelschnecke**
Viviparus contectus
In langsam fließenden
und stehenden Gewässern, auch im Brackwasser. Höhe: 4 cm.
Seite 85.

*Potamopyrgus
jenkinsi*
Im Süß- und Brackwasser, auch im Schlickwatt.
Verbreitet. Höhe: 5 mm.
Seite 85.

Posthornschnecke
Planorbis corneus
In Seen und verkrauteten Fließgewässern.
Durchmesser: 3,3 cm.
Seite 85.

Bithynia
Bithynia tentaculata
In kalkhaltigen stehenden und langsam fließenden Gewässern. Stellenweise sehr häufig. Höhe: 1,2 cm. Seite 85.

**Federkiemen-
schnecke**
Valvata piscinalis
Auf Wasserpflanzen
in allen Gewässerarten. Verbreitet. Höhe: 7 mm. Seite 85.

*Bithynia
leachii*
In langsamen
Fließgewässern
und großen
Seen. Höhe:
6 mm. Seite 85.

**Scheibenförmige
Federkiemenschnecke**
Valvata cristata
In stehenden und fließenden Gewässern zwischen
Pflanzen. Höhe: 4 mm.
Seite 85.

Spitzhornschnecke
Lymnaea stagnalis
In Teichen, Seen und
langsamen Fließgewässern. Verbreitet. Höhe:
6 cm. Seite 84.

**Flache
Tellerschnecke**
Tropidiscus planorbis
In stehenden und träge fließenden Gewässern. Durchmesser: 1,7 cm. Seite 85.

**Wandernde
Schlammschnecke**
Lymnaea ovata
In allen Gewässerarten. Höhe: 2,4 cm. S. 84.

Blasenschnecke
Physa fontinalis
In klaren, pflanzenreichen Gewässern. Häufig. Höhe: 1,1 cm. Seite 85.

Teichnapfschnecke
Acroloxus lacustris
Auf Pflanzen in stehenden Gewässern. Länge: 6 mm. Seite 86.

Flußnapfschnecke
Ancylus fluviatilis
Auf Steinen und Pflanzen in Flüssen und Seen. Länge 6 mm. Seite 86.

Schalen · **SÜSSWASSERWEICHTIERE**

Süßwassermuscheln

Congeria cochleata
In einigen Flüssen und Kanälen, auch im Brackwasser. Länge: 2,2 cm. Seite 90.

Wandermuschel
Dreissena polymorpha
In Flüssen und Kanälen, seltener in Seen. Verbreitet. Länge: 4 cm. Seite 90.

Häubchenmuschel
Sphaerium lacustre
In sauerstoffreichen Weihern, Teichen und Gräben. Länge: 1,5 cm. Seite 87.

Kugelmuscheln
Sphaerium-Arten
In Fließgewässern und Teichen. Länge: 1,5 cm. Seite 87.

Flußperlmuschel
Margaritifera margaritifera
In schnell fließenden, klaren, kalkarmen Bächen. Selten. Länge: 14 cm. Seite 89.

Blasige Flußmuschel
Unio tumidus
In stehenden und langsam fließenden Gewässern nördlich der Alpen. Länge: 8 cm. Seite 90.

Malermuschel
Unio pictorum
Überall nördlich der Alpen in sauberen Fließgewässern, Teichen und Seen. Länge: 9 cm. Seite 90.

Erbsenmuscheln
Pisidium-Arten
Auf dem Grund stehender und fließender Gewässer. Länge: 8 mm. Seite 87.

SÜSSWASSER- UND MEERESWEICHTIERE · Schalen

Meeresschnecken

Nordische Purpurschnecke
Nucella lapillus
In der oberen Gezeitenzone auf festem Grund, meist zwischen Seepocken und Miesmuscheln. Höhe: 4,5 cm. Seite 221.

Netzreusenschnecke
Nassa reticulata
Im Flachwasser auf Sand. An allen europäischen Küsten. Höhe: 4 cm. Seite 221.

Wellhornschnecke
Buccinum undatum
Auf sandigem, festem oder schlickigem Grund. Im Flachwasser und tiefer. Häufig. Höhe: 12 cm. Seite 220.

Teichmuschel
Anodonta anatina
In Flüssen mit sandigem Grund in Norddeutschland, im Rheingebiet und in der oberen Donau. Länge: 10 cm. Seite 88.

Teichmuschel
Anodonta cygnea
In ruhigen Gewässern mit schlammigem Grund. Länge: 20 cm. Seite 88.

Schalen · MEERESWEICHTIERE

Halsbandschnecke
Natica alderi
Auf Sand in der unteren Gezeitenzone und tiefer. Verbreitet. Höhe: 1,8 cm. Seite 219.

Veilchenschnecke
Janthina janthina
Hochseeform. Tote Tiere gelegentlich am Spülsaum. Höhe: 1,5 cm. Seite 201.

Kleine Strandschnecke
Littorina neritoides
In Felsspalten der Spritzwasserzone. Höhe: 6 mm. Seite 219.

Purpurkreiselschnecke
Gibbula umbilicalis
Auf Felsen der oberen und mittleren Gezeitenzone. Höhe: 1,2 cm. Seite 223.

Graue Kreiselschnecke
Gibbula cineraria
Im Felswatt, bis in Tiefen von 100 m. Höhe: 2 cm. Seite 223.

Dicklippige Reusenschnecke
Nassarius incrassatus
Unter Steinen und auf schlickigem Sand im Flachwasser. Verbreitet. Höhe: 1,5 cm. Seite 221.

Wattschnecke
Hydrobia ulvae
Im Watt und im Brackwasser. Sehr häufig. Höhe: 6 mm. Seite 219.

Rauhe Strandschnecke
Littorina saxatilis
In Felsspalten der oberen Gezeitenzone. Weit verbreitet. Höhe: 1,1 cm. Seite 219.

Gestrichelte Buckelschnecke
Gibbula lineata
Auf Felsen der Gezeitenzone. Im Ärmelkanal und südlicher. Höhe: 2,5 cm. Seite 223.

Große Halsbandschnecke
Natica catena
Im Sand der unteren Gezeitenzone, wo sie sich eingräbt. Höhe: 4 cm. Seite 219.

Gemeine Strandschnecke
Littorina littorea
Auf Steinen und Algen in der Gezeitenzone und im Watt. Sehr häufig. Höhe: 3 cm. Seite 218.

Zauberbuckel
Gibbula magus
Auf Sand, Weichböden und Geröll in der unteren Gezeitenzone. Im Ärmelkanal und südlicher. Höhe: 2 cm. Seite 223.

Gemeine Spindelschnecke
Neptunea antiqua
Im tieferen Wasser auf Sand und Schlick. Höhe: 20 cm. Seite 221.

Stachelschnecke
Ocenebra erinacea
Auf Sand und Felsen in der unteren Gezeitenzone. Höhe: 6 cm. Seite 221.

Bunte Kreiselschnecke
Calliostoma zizyphinus
Auf Algen und Felsen in der unteren Gezeitenzone und tiefer. Höhe: 2 cm. Seite 223.

Stumpfe Strandschnecke
Littorina obtusata
Auf Algen in der unteren Gezeitenzone. Höhe: 1,5 cm. Seite 219.

Drechselschnecke
Actaeon tornatilis
Im Sand und Schlick der unteren Gezeitenzone. Höhe: 2 cm. Seite 219.

MEERESWEICHTIERE · Schalen

Grobe Napfschnecke
Patella aspera
Auf Felsen im mittleren und oberen Gezeitenbereich. Durchmesser: 6 cm. Seite 216.

Gemeine Napfschnecke
Patella vulgata
Auf Felsen und Steinen im oberen und mittleren Gezeitenbereich. Weit verbreitet. Durchmesser: 6 cm. Seite 216.

Flache Napfschnecke
Patella intermedia
An atlantischen Felsküsten in der Gezeitenzone. Im Ärmelkanal und südlicher. Durchmesser: 4 cm. Seite 216.

Schildkröten-Napfschnecke
Acmaea testudinalis
Auf Felsen in der Gezeitenzone und tiefer. Weit verbreitet. Durchmesser: 2,5 cm. Seite 217.

Lochnapfschnecke
Diodora apertura
An felsigen Küsten im unteren Gezeitenbereich. Länge: 4 cm. Seite 217.

Jungfräuliche Napfschnecke
Acmaea virginea
Auf Steinen zwischen Zuckertangen in Tiefen unter 10 m. Durchmesser: 1,5 cm. Seite 217.

Grünes Meerohr
Haliotis tuberculata
Zwischen Steinen im unteren Gezeitenbereich. Ärmelkanal und südlichere Atlantikküsten. Länge: 8 cm. Seite 217.

Durchscheinende Häubchenschnecke
Helcion pellucidus
Auf Großtangen im Gezeitenbereich und tiefer. Länge: 2 cm. Seite 217.

Innenansicht   Seitenansicht

Netznapfschnecke
Emarginula reticulata
Auf Felsen und unter Steinen, in der unteren Gezeitenzone und tiefer. Länge: 2 cm. Seite 217.

Elefantenzahn
Dentalium entale
In großen Tiefen eingegraben in Sand und Schlick. Weit verbreitet. Länge: 4 cm. Seite 225.

Pelikanfuß *Aporrhais pes-pelecani*
Auf Schlamm und Sand, im unteren Gezeitenbereich und tiefer. Höhe: 5 cm. Seite 225.

Pantoffelschnecke
Crepidula fornicata
Im Flachwasser, in Ketten an Schalen oder Steinen festsitzend. Weit verbreitet. Länge: 5 cm. Seite 217.

Meeresmuscheln

Europäische Kaurischnecke
Trivia monacha
Auf Felsen und Seescheiden in der Gezeitenzone. Selten in der westlichen Nordsee, nach Süden hin häufiger. Länge: 1,3 cm. Seite 222.

Arktische Kaurischnecke
Trivia arctica
Auf Felsen und Seescheiden, unterhalb der Niedrigwasserlinie. Länge: 1 cm. Seite 222.

Gemeine Turmschnecke
Turritella communis
Eingegraben in Schlick in mittleren Tiefen. Häufig. Höhe: 5 cm. Seite 224.

Gebänderte Spaltenschnecke
Lacuna vincta
Auf Algen in der unteren Gezeitenzone und im Flachwasser. Höhe: 1 cm. Seite 219.

Gemeine Wendeltreppe
Clathrus clathrus
In Tiefen bis über 80 m, im Frühjahr im Flachwasser. Höhe: 3,5 cm. Seite 225.

Nadelschnecke
Bittium reticulatum
Auf Felsen und Algen im Flachwasser und unteren Gezeitenbereich. Verbreitet. Höhe: 1 cm. Seite 225.

Portugiesische Auster
Crassostrea angulata
Auf künstlichen Austernbänken im Flachwasser, vorwiegend am Atlantik. Länge: 16 cm. Seite 233.

Ovale Venusmuschel
Venus ovata
Im Sand grabend. Küsten- und Hochseeform. Länge: 2 cm. Seite 236.

Gebänderte Venusmuschel
Venus fasciata
Vom Flachwasser bis in mittlere Tiefen, im Sand grabend. Länge: 2,5 cm. Seite 236.

Europäische Auster
Ostrea edulis
Auf Hartböden im Flachwasser, überwiegend auf künstlichen Austernbänken. Länge: 10 cm. Seite 232.

Sattelmuschel
Anomia ephippium
Im mittleren Gezeitenbereich und tiefer. Obere Schale mit Byssusfäden an Steinen oder Schalen verankert. Länge: 6 cm. Seite 233.

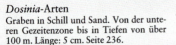

Dosinia-Arten
Graben in Schill und Sand. Von der unteren Gezeitenzone bis in Tiefen von über 100 m. Länge: 5 cm. Seite 236.

Gebänderte Teppichmuschel
Venerupis rhomboides
Im Grobsand grabend. Vom unteren Gezeitenbereich bis in größere Tiefen. Länge: 6 cm. Seite 236.

Getupfte Teppichmuschel
Venerupis pullastra
Vom Flachwasser an abwärts auf Grobsand und Hartböden. Länge: 5 cm. Seite 236.

Schalen · **MEERESWEICHTIERE**

Ottermuschel
Lutraria lutraria
In Weichböden und Sand grabend. In der unteren Gezeitenzone und tiefer. Länge: 12 cm. Seite 238.

Warzige Venusmuschel
Venus verrucosa
Im Sand grabend, vom unteren Gezeitenbereich an abwärts. Länge: 6,3 cm. Seite 236.

Geriffelte Teppichmuschel
Venerupis decussata
In Weichböden grabend. Im östlichen Atlantik, aber nicht in der Deutschen Bucht. Länge: 8 cm. Seite 236.

Gestreifte Venusmuschel
Venus striatula
Im Sand grabend, vom unteren Gezeitenbereich an abwärts. Länge: 4,5 cm. Seite 236.

Braune Venusmuschel *Callista chione*
Küstenfern auf sauberen Sandböden. Von Irland bis zum Mittelmeer, auch im westlichen Ärmelkanal. Länge: 9 cm. Seite 236.

Große Nußmuschel
Nucula nucleus
In Schlick- und Sandböden grabend, nur in größeren Tiefen. Länge: 1,3 cm.

MEERESWEICHTIERE · Schalen

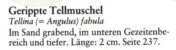

Meermandel
Glycimeris glycimeris
In Weichböden grabend, küstenfern. Länge: 6,5 cm. Seite 235.

Gerippte Tellmuschel
Tellina (= Angulus) fabula
Im Sand grabend, im unteren Gezeitenbereich und tiefer. Länge: 2 cm. Seite 237.

Sandklaffmuschel
Mya arenaria
Im küstennahen Flachwasser, eingegraben im Sand oder Schlick. Weit verbreitet. Länge: 15 cm. Seite 238.

Gebänderte Dreieckmuschel
Donax vittatus
Auf sauberen Sandböden im mittleren Gezeitenbereich und tiefer. Länge: 3,5 cm.

Dünne Plattmuschel
Tellina (= Angulus) tenuis
Im Feinsand in Küstennähe grabend. Sehr häufig. Länge: 2,5 cm. Seite 237.

Abgestutzte Klaffmuschel
Mya truncata
Küstennah eingegraben im Weichboden. Verbreitet. Länge: 7 cm. Seite 238.

Elliptische Trogmuschel
Spisula elliptica
Im schlickigen Sand grabend, unterhalb der Niedrigwasserlinie. Länge: 4 cm.

Baltische Plattmuschel
Macoma baltica
Im Sand oder Schlick eingegraben, auch im Brackwasser. Weit verbreitet. Länge: 3 cm. Seite 237.

Schalen · **MEERESWEICHTIERE**

Islandmuschel
Arctica (= Cyprina) islandica
In Weichböden grabend. Vom unteren Gezeitenbereich abwärts. Länge: 12 cm. Seite 244.

Plumpe Tellmuschel
Tellina crassa
In Sand- und Weichböden grabend. Länge: 6,3 cm. Seite 237.

Bunte Trogmuschel
Mactra corallina
In sandigen und schlickigen Böden im unteren Gezeitenbereich und tiefer. Verbreitet. Länge: 5 cm.

Ovale Trogmuschel
Spisula solida
In sandigen Böden grabend, in Tiefen von 10 bis 50 m. Weit verbreitet. Länge: 5 cm.

Gedrungene Trogmuschel
Spisula subtruncata
Auf Sandgrund vom unteren Gezeitenbereich an abwärts. Stellenweise sehr häufig. Länge: 2,5 cm.

Weiße Pfeffermuschel
Abra alba
In Weichböden grabend. Im küstennahen Flachwasser und tiefer. Länge: 2 cm. Seite 244.

MEERESWEICHTIERE · Schalen

Große Sandmuschel
Gari depressa
Im Sand grabend. Von der unteren Gezeitenzone an abwärts. Länge: 6 cm.

Violettgestreifte Sandmuschel
Psammobia ferroensis
Auf Sandböden im unteren Gezeitenbereich und tiefer. Östlicher Atlantik und Beltsee. Länge: 5 cm.

Fächermuschel
Pinna fragilis
Aufrecht im Sand steckend, küstenfern in tieferem Wasser. Länge: 30 cm. Seite: 231.

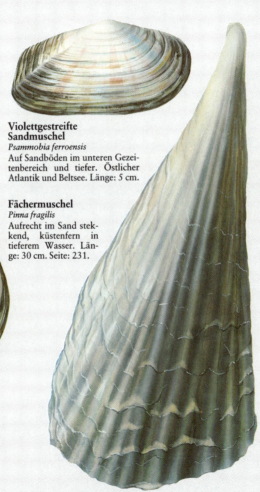

Pfeffermuschel
Scrobicularia plana
In Schlickböden der Gezeitenzonen grabend, auch im Brackwasser. Weit verbreitet. Länge: 5 cm. Seite 244.

Durchsichtige Messerscheide
Phaxas pellucidus
In Sandböden der Gezeitenzone grabend. Verbreitet in der Deutschen Bucht. Länge: 3,5 cm. Seite 239.

Gerade Messerscheide
Ensis siliqua
Im Sand grabend, bis in Tiefen von 40 m. Weit verbreitet. Länge: 20 cm. Seite 239.

Schalen · MEERESWEICHTIERE

Große Pilgermuschel
Pecten maximus
Küstenfern auf Weichböden und steinigen Gründen. Durchmesser: 15 cm. Seite 240.

Schwertförmige Scheidenmuschel
Ensis ensis
Senkrecht im Sand grabend, im Flachwasser. Weit verbreitet. Länge: 16 cm. Seite 239.

Gefurchte Messerscheide
Solen marginatus
Im Sand grabend bis in Tiefen von 40 m. Weit verbreitet. Länge: 14 cm. Seite 239.

Getigerte Kammuschel
Chlamys tigerina
Auf sandigen und steinigen Gründen vom Flachwasser bis in größere Tiefen. Länge: 2,5 cm. Seite 241.

Siebenstreifige Kammuschel
Pecten septemradiatus
Auf küstenfernen Weichböden. Im Kattegat in Tiefen zwischen 30 und 60 m, im Atlantik tiefer. Länge: 4,5 cm. Seite 241.

MEERESWEICHTIERE · Schalen

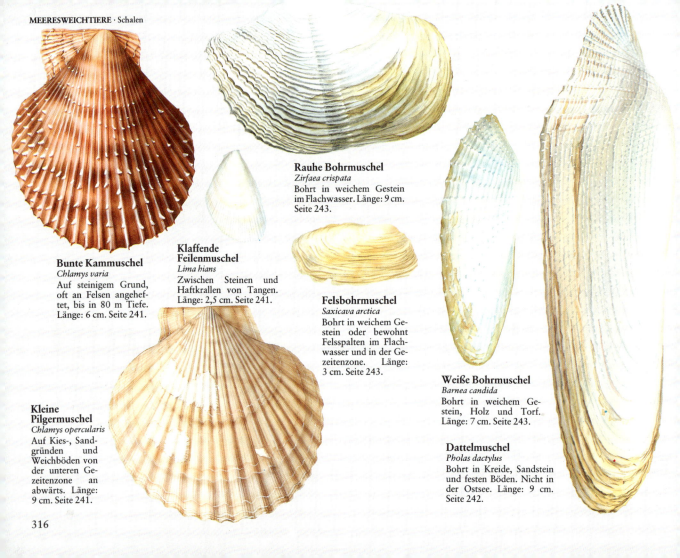

Rauhe Bohrmuschel
Zirfaea crispata
Bohrt in weichem Gestein im Flachwasser. Länge: 9 cm. Seite 243.

Bunte Kammuschel
Chlamys varia
Auf steinigem Grund, oft an Felsen angeheftet, bis in 80 m Tiefe. Länge: 6 cm. Seite 241.

Klaffende Feilenmuschel
Lima hians
Zwischen Steinen und Haftkrallen von Tangen. Länge: 2,5 cm. Seite 241.

Felsbohrmuschel
Saxicava arctica
Bohrt in weichem Gestein oder bewohnt Felsspalten im Flachwasser und in der Gezeitenzone. Länge: 3 cm. Seite 243.

Weiße Bohrmuschel
Barnea candida
Bohrt in weichem Gestein, Holz und Torf. Länge: 7 cm. Seite 243.

Kleine Pilgermuschel
Chlamys opercularis
Auf Kies-, Sandgründen und Weichböden von der unteren Gezeitenzone an abwärts. Länge: 9 cm. Seite 241.

Dattelmuschel
Pholas dactylus
Bohrt in Kreide, Sandstein und festen Böden. Nicht in der Ostsee. Länge: 9 cm. Seite 242.

Schalen · **MEERESWEICHTIERE**

Miesmuschel
Mytilus edulis
Festgeheftet an harten Unterlagen im Flachwasser. Sehr verbreitet. Länge: 10 cm. Seite 230.

Pferdemuschel
Modiolus modiolus
Auf Hartböden von der Gezeitenzone an abwärts bis in größere Tiefen. Länge: 20 cm. Seite 231.

Eßbare Herzmuschel
Cerastoderma edule
Im Sand der Gezeitenzone grabend, oft in großer Dichte. Länge: 5 cm. Seite 234.

Lagunenherzmuschel
Cerastoderma glaucum
Im Sand und Schlamm grabend, auch im Brackwasser. Länge: 5 cm. Seite 235.

Kleine Herzmuschel
Parvicardium exiguum
Auf Sand und Schlamm im Flachwasser und tiefer. Auch im Brackwasser. Länge: 1,3 cm. Seite 235.

Bärtige Pferdemuschel
Modiolus barbatus
Zwischen Steinen und Algen von der Gezeitenzone an abwärts. Ostatlantik. Länge: 5 cm. Seite 231.

Igelherzmuschel
Acanthocardia echinata
In Sand- und Schlickgründen, küstenfern. Länge: 7,5 cm. Seite 235.

Grüne Bohnenmuschel
Musculus discors
Auf Steingrund in der Gezeitenzone und tiefer. Länge: 1,3 cm. Seite 231.

Die Stämme des Tierreichs

Generationen von Biologen waren und sind auch heute noch damit beschäftigt, die Vielfalt des irdischen Lebens systematisch zu ordnen. Ausschlaggebend für die Zusammenfassung bestimmter Tier- und Pflanzenarten sind die Verwandtschaftsverhältnisse. Diese sind keineswegs immer leicht nachzuweisen. Vielmehr gibt es viele Zweifelsfälle, bei denen zunächst von vermuteten Verwandtschaftsbeziehungen ausgegangen werden muß.

Das Einteilungsschema des Tierreichs ist hierarchisch aufgebaut. Ganz unten stehen die einzelnen Arten, die zu Gattungen zusammengefaßt werden. Darüber folgen in aufsteigender Reihenfolge die Familien, die Ordnungen, die Klassen und schließlich die Stämme. Diese Unterteilung beruht auf Übereinstimmungen im Körperbau der Tiere. Man weiß heute, daß verwandte Lebewesen ursprünglich einen gemeinsamen Vorfahren hatten. Die Arten, die heute unsere Erde beleben, haben sich durch Selektion aus einfacheren Organismen entwickelt. Im Lauf von Jahrmillionen vollzog sich eine Auslese, bei der immer diejenigen Arten überlebten, die sich den veränderten Umweltverhältnissen besser angepaßt haben. Solche Entwicklungen lassen sich in vielen Fällen durch Fossilienfunde überzeugend belegen. Speziell von wirbellosen Tieren ohne harte Skelette gibt es nur wenig Fossilien, so daß man andere Belege heranziehen muß. Bei den Weichtieren und Ringelwürmern z. B. vergleicht man die Larvenentwicklung, um nachzuweisen, daß die beiden so verschiedenen Stämme auf einen gemeinsamen Vorfahren zurückgehen. Selbst die chemische Struktur bestimmter Eiweißverbindungen wertet man aus, um die verwandtschaftlichen Beziehungen zwischen manchen Arten zu klären.

Bei einigen Stämmen, z. B. den Stachelhäutern, sind die Gemeinsamkeiten im Körperbau so offensichtlich, daß sie auch der Laie leicht erkennt. Den Klassen Haarsterne, Seesterne, Seeigel, Schlangensterne und Seegurken ist die Verwandtschaft nicht nur an der fünfstrahligen Radiärsymmetrie anzusehen, sondern auch an dem mehr oder weniger deutlich ausgebildeten inneren Kalkskelett. Äußerlich macht es sich durch kalkige Höcker bzw. Stacheln bemerkbar. Ihrer rauhen Körperoberfläche verdanken diese Tiere denn auch den treffenden Namen Stachelhäuter.

Das Tierreich wird in die beiden Unterreiche Einzeller und Vielzeller aufgeteilt. Sie umfassen über 20 Tierstämme, von denen im vorliegenden Band 18 vertreten sind. Im folgenden wird im Überblick über sämtliche Stämme und Klassen gegeben. Da die Bezeichnungen dieser Gruppen oft nur den Fachleuten bekannt sind, wird jeweils eine charakteristische Art als Beispiel angeführt, allerdings nur, wenn die betreffende Tierklasse auch in diesem Band vertreten ist.

UNTERREICH: Einzeller

Stamm:	Einzeller *(Protozoa)*
Klasse:	Geißeltierchen *(Flagellata)*, *Euglena*, Seite 124
	Wurzelfüßer *(Rhizopoda)*, *Amoeba*, Seite 124
	Sporentierchen *(Sporozoa)*
	Wimpertiere *(Ciliata)*, Pantoffeltierchen, Seite 124

UNTERREICH: Vielzeller

Stamm:	*Mesozoa*
Stamm:	Schwämme *(Porifera)*
Klasse:	Kalkschwämme *(Calcarea)*, Wimperkalkschwamm, Seite 197
	Kiesel- und Hornschwämme *(Silicospongia)*, Brotkrumenschwamm, Seite 196
Stamm:	Nesseltiere *(Cnidaria)*
Klasse:	Hydropolypen *(Hydrozoa)*, Süßwasserpolyp, Seite 82
	Quallen *(Scyphozoa)*, Ohrenqualle, Seite 198
	Blumenpolypen *(Anthozoa)*, Tote Mannshand, Seite 209
Stamm:	*Acnidaria*
Klasse:	Rippenquallen *(Ctenophora)*, Seestachelbeere, Seite 202
Stamm:	Plattwürmer *(Plathelminthes)*
Klasse:	Strudelwürmer *(Turbellaria)*, Bandplanarie, Seite 211
	Saugwürmer *(Trematodes)*
	Bandwürmer *(Cestoda)*
	Kiefermündchen *(Gnathostomulida)*
Stamm:	Schnurwürmer *(Nemertini)*, Roter Schnurwurm, Seite 212
Stamm:	Kelchwürmer *(Kamptozoa)*
Stamm:	Schlauchwürmer *(Aschelminthes)*
Klasse:	Rädertierchen *(Rotatoria)*, *Asplanchna*, Seite 124

					idea), Zerbrechlicher Schlangenstern, Seite 280
	Bauchhaarlinge (*Gastrotricha*)	Unterklasse:	Wenigborster (*Oligochaeta*), Gemeiner Schlammröhrenwurm, Seite 94		Seeigel (*Echnoidea*), Eßbarer Seeigel, Seite 282
	Hakenrüßler (*Kinorhyncha*), Fadenwürmer (*Nematoda*), Seite 311	Unterklasse:	Egel (*Hirudinea*), Medizinischer Blutegel, Seite 96		Seewalzen (*Holothuroidea*), Schwarze Seegurke, Seite 286
	Saitenwürmer (*Nematomorpha*), Wasserkalb, Seite 95	Stamm:	Stummelfüßer (*Onychophora*)		
	Kratzer (*Acanthocephala*)	Stamm:	Zungenwürmer (*Linguatulida*)	Stamm:	Kragentiere (*Branchiotremata*)
Stamm:	Priapswürmer (*Priapulida*), *Halicryptus spinulosus*, Seite 213	Stamm:	Bärtierchen (*Tardigrada*), *Echiniscus scrofa*, Seite 83	Klasse:	Eichelwürmer (*Enteropneusta*)
Stamm:	Weichtiere (*Mollusca*)	Stamm:	Gliederfüßer (*Arthropoda*)		Flügelkiemer (*Pterobranchia*)
Klasse:	Wurmschnecken (*Solenogastres*)	Klasse:	Schwertschwänze (*Merostomata*)	Stamm:	Chordatiere (*Chordata*)
	Käferschnecken (*Polyplacophora*), Rändelkäferschnecke, Seite 245		Spinnentiere (*Arachnida*), Wasserspinne, Seite 91	Klasse:	Geschwänzte Manteltiere (*Appendicularia*)
	Einschaler (*Monoplacophora*)		Asselspinnen (*Pantopoda*), Knotige Asselspinne, Seite 258		Salpen (*Thaliacea*), Seite 291
	Schnecken (*Gastropoda*), Wellhornschnecke, Seite 220		Krebse (*Crustacea*), Strandkrabbe, Seite 269		Seescheiden (*Ascidia*), Schlauchascidie, Seite 288
	Kahnfüßer (*Scaphopoda*), Elefantenzahn, Seite 225		Insekten (*Insecta*), Große Königslibelle, Seite 112		Schädellose (*Acrania*), Lanzettfischchen, Seite 290
	Muscheln (*Bivalvia*), Miesmuschel, Seite 230	Stamm:	Kranzfühler (*Tentaculata*)		Rundmäuler (*Cyclostomata*), Flußneunauge, Seite 31
	Kopffüßer (*Cephalopoda*), Gemeiner Tintenfisch, Seite 247	Klasse:	Moostierchen (*Bryozoa*), Seerinde, Seite 274		Knorpelfische (*Chondrichthyes*), Kleingefleckter Katzenhai, Seite 131
Stamm:	Spritzwürmer (*Sipunculida*), *Sipunculus nudus*, Seite 211		Hufeisenwürmer (*Phoronidea*)		Knochenfische (*Osteichthyes*), Lachs, Seite 35
Stamm:	Igelwürmer (*Echiurida*), Quappwurm, Seite 213	Stamm:	Armfüßer (*Brachiopoda*)		Lurche (*Amphibia*)
Stamm:	Bartwürmer (*Pogonophora*)	Stamm:	Borstenkiefer (*Chaetognatha*), Pfeilwurm, Seite 291		Kriechtiere (*Reptilia*)
Stamm:	Ringelwürmer (*Annelida*)	Stamm:	Stachelhäuter (*Echinodermata*)		Vögel (*Aves*)
Klasse:	Saugmünder (*Myzostomida*)	Klasse:	Haarsterne (*Crinoidea*), Federstern, Seite 281		Säugetiere (*Mammalia*), Blauwal, Seite 187
	Borstenwürmer (*Polychaeta*), Sandpier, Seite 250		Seesterne (*Asteroidea*), Gemeiner Seestern, Seite 277		
	Gürtelwürmer (*Clitellata*)		Schlangensterne (*Ophiuro-*		

Die Wanderungen der Wassertiere

Wenn Wassertiere Wanderungen unternehmen, dann drängt es sie entweder in ihre Fortpflanzungsgebiete, oder sie befinden sich auf Nahrungssuche. Manche Tiere weichen auch in andere Wasserschichten aus, um extremen Temperaturen zu entgehen. Sie bewegen sich in regelmäßigen Abständen vertikal, wechseln also zwischen hellem, verhältnismäßig warmem Oberflächenwasser und tieferen Wasserschichten. Man hat durch Echolotortung festgestellt, daß sich zahllose Kleinlebewesen, die ganz verschiedenen Tiergruppen angehören, am Tag in rund 300 m Tiefe zu einer Schicht verdichten. Mit Einbruch der Dunkelheit bewegt sich diese Schicht zur Oberfläche hin, in der Morgendämmerung verlagert sie sich wieder abwärts. Man kann also zwischen Tieren unterscheiden, die täglich, saisonal oder vielleicht auch nur ein- bis zweimal in ihrem Leben wandern.

Laichwanderungen

Der Großteil unserer wichtigen Nutzfische unternimmt Laichwanderungen. In der Nordsee gibt es verschiedene Populationen der Scholle, die im Winter immer dieselben Laichgebiete aufsuchen. Die planktischen Larven treiben dann in die Küstengewässer. Wenn sie sich in kleine Bodenfische verwandelt haben, wandern sie in ihre „Kinderstube", das Wattenmeer oder andere Flachwasserzonen. Dort ist der Tisch für sie besonders reich gedeckt. Im ersten Herbst ziehen sie in tieferes Wasser. Wenn dann im folgenden Frühsommer die Wassertemperaturen wieder ansteigen, kehren sie ins Flachwasser zurück. Mit zwei oder drei Jahren werden sie geschlechtsreif und schwimmen in die Laichgründe, wo sie einst selbst geschlüpft sind.

Auch vom Dorsch oder Kabeljau gibt es im Nordatlantik mehrere getrennte Populationen. Die Angehörigen der isländischen Population laichen vor der Südwestküste Islands. Die Jungfische treiben mit der Strömung an die Südküste Grönlands. Jahre später suchen die Fische wieder ihre Laichgründe vor der isländischen Küste auf. Danach unternehmen sie jedes Jahr eine solche Laichwanderung.

Einige Fische überwinden auf ihren Wanderungen sogar die Grenze zwischen Meer- und Süßwasser. Das bekannteste Beispiel ist wohl der Atlantische Lachs. Er laicht auf Kiesgründen im Oberlauf sauberer Flüsse. Die Jungen ernähren sich zunächst im Süßwasser, bis sie zu sogenannten Fingerlingen herangewachsen sind. Dann verlassen sie ihre Laichflüsse und ziehen zu ihren Jagdgründen im Meer. Man vermutet, daß sie dabei ganz bestimmte Wege einhalten. Ein bis vier Jahre lang führen sie im Meer ein räuberisches Leben. Sobald sie geschlechtsreif werden, wandern sie wieder in die Küstengewässer zurück. Ihr Spürsinn führt sie zuverlässig an die Mündung ihres Heimatflusses. Der amerikanische Biologe Hasler und seine Mitarbeiter haben durch viele komplizierte Versuche nachgewiesen, daß die heimkehrenden Fische vom charakteristischen Duft der Vegetation, des Gesteins und des Wassers geleitet werden. Auf dem Weg flußaufwärts überwinden die Lachse Stromschnellen und kleinere Wehre, was ihre Kräfte ganz enorm beansprucht. Leider wurden viele Laichflüsse in der jüngeren Vergangenheit durch Stauanlagen und andere Bauten blockiert. Heute errichtet man vermehrt Fischtreppen, damit die Lachse auch größere Hindernisse umgehen können und so wieder an ihre angestammten Laichplätze gelangen.

Vom Meer ins Süßwasser und zurück

Auch der Flußaal unternimmt ausgedehnte Laichwanderungen – allerdings in umgekehrter Richtung zum Lachs. Aale laichen in der Sargassosee im Westatlantik, wahrscheinlich in größeren Tiefen. Die Eier treiben nahe der Wasseroberfläche. Nach einer gewissen Zeit geben sie die durchsichtigen, weidenblattähnlichen Larven frei. Diese sogenannten Leptocephaluslarven unterscheiden sich so grundlegend von erwachsenen Aalen, daß man sie früher für eine eigene Tierart hielt. Große Larvenschwärme treiben mit dem Golfstrom über den Atlantik. Nach zweieinhalb Jahren erscheinen sie vor den europäischen Flußmündungen als durchsichtige Glasaale. Allmählich nehmen sie dann eine gelbliche Pigmentierung an, wandern als „Steigaale" die Flüsse hinauf und gelangen durch Wassergräben und nasse Wiesen selbst in kleine, isolierte Gewässer. Mehrere Jahre verbringen sie im Süßwasser, bis sie – von einem starken Wandertrieb erfaßt – ihre lange Reise zurück in die Tiefen der Sargassosee antreten.

Die weiten Wanderungen der Wale

Viele der großen Bartenwale legen jährlich beachtliche Strecken zurück. Ihre Jungen werden in gemäßigten oder sogar subtropischen

Breiten geboren. Danach ziehen die Tiere, oft in Schulen vereint, in die polaren Gewässer, wo sie ihren enormen Nahrungsbedarf decken können. Wenn auch die Artenvielfalt in den kalten Meeresgebieten geringer ist, so kommen doch bestimmte planktische Krebse, insbesondere die als Krill bekannten Vertreter der Gattung *Euphausia* und verwandte Arten, oft in riesigen Schwärmen vor. Dieser Nahrungsüberfluß ermöglicht es den Walen, sich die notwendigen Fettreserven für die wärmeren Meeresregionen zuzulegen, wo ungünstigere Nahrungsverhältnisse herrschen.

Wale legen auf ihren Wanderungen eindrucksvolle Entfernungen zurück. Buckelwale kommen auf rund 15000 km; ähnliche Strecken bewältigen Blauwale. Dabei erreichen sie eine Geschwindigkeit von durchschnittlich 15 Knoten (28 km/h). In diesem Tempo überqueren auch schnelle Frachter die Ozeane.

Vertikalwanderungen

Man hat herausgefunden, daß viele Planktonorganismen regelmäßig Vertikalwanderungen, also Wanderungen zwischen unterschiedlichen Tiefen, unternehmen. Dieses Phänomen wurde durch Zufall während des Zweiten Weltkriegs entdeckt. Als man Methoden zur Ortung von getauchten Unterseebooten erprobte, zeigten die Echolote wandernde, reflektierende Schichten in einer Tiefe von rund 300 m an, obwohl der Atlantik dort über 2000 m tief war. Als Auslöser dieses Echos erwiesen sich dichte Wolken winziger Lebewesen. Nachmittags bewegte sich die Echoschicht zur Oberfläche, während der Nacht löste sie sich weitgehend auf. Mit der morgendlichen Dämmerung erschien sie erneut und sank im Verlauf des Vormittags wieder auf 300 m. Planktonfänge in diesem Meeresgebiet haben gezeigt, daß Angehörige der unterschiedlichsten Tiergruppen an der Bildung der wandernden Schicht beteiligt sind, nämlich Quallen, Staatsquallen, Rippenquallen, Borstenkiefer, Ruderfußkrebse, Krill, Garnelen, Tintenfische und verschiedene Jungfische. Für diese ausgeprägten Vertikalwanderungen müssen gerade die Kleinstlebewesen eine gewaltige Energie aufbringen. Man hat beobachtet, daß der winzige Ruderfußkrebs *Calanus finmarchicus* in einer Stunde einen Höhenunterschied von 15 m überwindet. Mit einer Geschwindigkeit von rund 50 m in der Stunde sinkt er im Morgengrauen wieder hinab. Bei vielen Arten ändert sich die Wandergeschwindigkeit im Verlauf des Lebens. In einigen Fällen unterscheidet sich auch die Geschwindigkeit der Weibchen von der der Männchen.

Warum Wassertiere wandern

Jede Wanderung bringt einen Wechsel des Nahrungsangebots mit sich. Wenn ein Tier im Lauf seiner Entwicklung den Lebensraum mehrfach wechselt, nutzt es jedesmal wieder andere Nahrungsquellen. Junglachse z. B. können sich anfänglich von Süßwasserorganismen ernähren; den erwachsenen Tieren stehen die reichen Nahrungsreserven des Meeres zur Verfügung. Auf diese Weise wird vermieden, daß die Jungen mit den älteren Artgenossen in Nahrungskonkurrenz treten. Bartenwale folgen mit ihren Wanderungen dem saisonal schwankenden Nahrungsangebot. Wenn sich die Krillbestände in den polaren Gewässern verringern, ziehen die Wale in das wärmere Wasser der gemäßigten Breiten.

Die Bedeutung der Vertikalwanderungen ist dagegen noch nicht völlig geklärt. Unter anderem vermutet man, daß die Tiere bei Tag in der Finsternis der Tiefe vor Feinden Schutz suchen. Nachts gehen sie dann in den algenreichen, oberflächennahen Wasserschichten selbst auf Nahrungssuche. In diese Theorie paßt allerdings nicht, daß viele dieser Kleinlebewesen ein schwaches Licht ausstrahlen und somit von ihren Feinden leicht erkannt werden können. Eine andere, ebenfalls plausible Theorie besagt, daß sich die Tiere durch ihr rhythmisches Auf und Ab relativ gleichmäßig über einen ausgedehnten Raum verteilen. Auf diese Weise nutzen sie das Angebot an Phytoplankton bestmöglich aus, ohne daß sich die Vorräte erschöpfen.

Wie sich Wassertiere orientieren

Um sicher an ihr Ziel zu gelangen, müssen sich die Wassertiere auf ihren Wanderungen orientieren können. Trotz vieler gründlicher Untersuchungen ist unser Wissen darüber noch recht lückenhaft. Einige Walarten prägen sich möglicherweise die Konturen der Küsten ein. Fische orientieren sich vermutlich an einer Vielzahl von Sinneseindrücken. Dazu gehören der Stand der Sonne und der Sterne, das Magnetfeld der Erde, die Meeresströmungen, aber auch Temperatur und Salzgehalt des Wassers. Wahrscheinlich nutzen die Tiere mehrere Orientierungshilfen zugleich. Daß Lachse mit großer Wahrscheinlichkeit ihr Laichgewässer mit ihren chemischen Sinnen „wittern", konnte experimentell nachgewiesen werden. Für ihre langen Wanderungen im Meer benötigen sie aber zusätzliche Orientierungshilfen. Man nimmt an, daß sie sich in erster Linie auf den Stand der Sonne und anderer Gestirne verlassen.

Wassertiere und Wasserpflanzen selber erforschen

Wer sich für das Leben in Seen, Flüssen, Bächen und an den Meeresküsten interessiert, sollte Pflanzen und Tiere unbedingt an ihrem natürlichen Standort erforschen. Es ist weitaus sinnvoller, Beobachtungen anzustellen, zu fotografieren und zu registrieren, als Lebewesen zu sammeln und isoliert von ihrer natürlichen Umgebung zu betrachten. Zugegeben, gerade bei Wassertieren ist das oft schwieriger als bei Vögeln oder Insekten, die an Land zu Hause sind.

Meereslebewesen, die bei Ebbe trockenfallen oder in flachen Gezeitentümpeln zurückbleiben, lassen sich leicht beobachten. Dagegen sind Tiere und Pflanzen, die unterhalb der Niedrigwasserlinie leben, schwerer zu sehen und zu bestimmen. Es gibt allerdings ein paar Möglichkeiten, die den Naturliebhaber auch im Flachwasser auf seine Kosten kommen lassen. In manchen Küstenarten werden Boote mit verglastem Boden für Ausfahrten angeboten. Man kann sich aber auch mit einer einfacheren Lösung behelfen und einen viereckigen Holzkasten, der die Form eines Kegelstumpfes hat, mit einer Grundplatte aus Glas versehen. Diesen „Guckkasten" taucht man einige Zentimeter weit ins Wasser ein und hat dann eine recht gute Sicht auf den Boden bewegter Gewässer. Am eindrucksvollsten erlebt die Welt unter Wasser freilich der Sporttaucher. Schon Maske und Schnorchel reichen aus, um die verschiedenen Flachwasserbewohner beobachten zu können. Wer in Flüssen und Binnenseen tauchen will, muß zuvor die Einwilligung des Besitzers bzw. der zuständigen Behörde einholen. Eine gesonderte Genehmigung ist erforderlich, wenn man beabsichtigt, Tiere auf irgendeine Weise zu fangen und zu sammeln. Fast alle unsere Teiche und Seen werden von einem Besitzer oder Pächter, oft einem Angelverein, bewirtschaftet, an den man sich wenden muß. Zu beachten ist auch, daß die Benutzung von Zugnetzen, Reusen und ähnlichen Fanggeräten im allgemeinen verboten ist.

Wie man Wassertiere fängt

Kleine Wirbellose wie Garnelen, Asseln, Wasserkäfer, aber auch kleine Fische lassen sich gut mit einem Handnetz fangen. Die Netze, die man in Fremdenverkehrsorten an der Küste erhält, sind allerdings zu schwach und versagen bald ihren Dienst. Deshalb ist es ratsam, sich selbst ein kräftiges Netz anzufertigen. Der Holzstiel sollte etwa 2 m lang und nach Möglichkeit zusammenklappbar sein. Als Verbindungsstück verwendet man ein Metallrohr mit Bajonettverschluß. Für das Netz eignet sich im Handel erhältliches Dralongewebe mit einer Maschenweite von 2 bis 4 mm. Man befestigt es an einem rundgebogenen, verzinkten Draht, der ziemlich kräftig sein muß. Dieses Netz kann in zwei weiteren Versionen gebaut werden, als Pfahlkratzer und als Schiebehamen. Beim Pfahlkratzer verwendet man einen noch stärkeren Metallrahmen mit einer scharfen Kante. Darunter bringt man ein Netz an. Mit diesem Gerät kann man Holzpfähle und Spundwände abkratzen und so Strandkrabben, Flohkrebse, Seepocken, Nesseltiere u. a. einsammeln. Schiebehamen wurden früher für den Fang der bekannten „Nordseekrabben" benutzt. Das einfache Gerät besteht aus einem kräftigen, etwa 1,6 m langen Stiel und einem halbkreisförmigen Metallrahmen mit einer rund 60 cm breiten, scharfen Kante. Man schiebt diese Kante in einem Winkel von 45° schnell über den Sand und wühlt so Garnelen, Flohkrebse, Herzmuscheln und Jungfische auf, die im Netzbeutel gefangen werden. Es ist erstaunlich, wie viele Lebewesen aus einem Streifen scheinbar sterilen Sandes ans Tageslicht kommen. Man sollte aber immer bedenken, daß eine kleine Auswahl von Tieren genügt, um interessante Beobachtungen anzustellen. Alle anderen Tiere sollten so schnell wie möglich wieder in ihren natürlichen Lebensraum ausgesetzt werden. Schon wenige Minuten an der warmen Luft schädigen die meisten Wirbellosen und Fische.

Viele Muscheln und Meeresborstenwürmer leben im Sand vergraben. Zum Ausgraben eignet sich eine kräftige Gabel besonders gut, weil man mit ihr den Tieren den geringsten Schaden zufügt. Wer während eines Urlaubsaufenthalts an der See einen Fischer auf einer Ausfahrt begleitet, bekommt Tiere zu Gesicht, die im Küstenflachwasser kaum zu finden sind. Der anfallende Beifang enthält regelmäßig interessante Tiere wie Wellhornschnecken, Taschenkrebse und Bodenfische.

Viele Kleinlebewesen treiben als Plankton im Meer, in Tümpeln, Seen und Flüssen. Um sie zu fangen, genügt ein selbstgefertigtes, kegelförmiges Netz mit einer sehr kleinen Maschenweite, möglichst unter 1 mm. Der Durchmesser der Netzöffnung sollte mindestens 30 cm betragen. Den Rahmen kann man aus gebogenem Draht herstellen. Es empfiehlt sich, am spitzen Ende des Netzes ein abnehmbares Gefäß anzubringen. Man zieht die Netzgaze über einen kleinen Plastikbecher, in den zuvor Schlitze eingeschnitten werden. Mit einem Drahtring, der durch die Schlitze geschoben wird, befestigt man den Becher am Netz. Dieses Netz läßt sich leicht mit einem Tau vom Ufer aus durch das Oberflächenwasser ziehen. Das Zoo- und Phytoplankton sammelt sich in dem Becher am Netzende.

Betrachten und Fotografieren

Erste Erkenntnisse über die gefangenen Tiere kann man bereits mit bloßem Auge sammeln. Will man aber Klein- und Kleinstorganismen näher betrachten oder gar bestimmen, kommt man nicht ohne Lupe mit acht- bis zehnfacher Vergrößerung aus. Man trägt sie am besten an einer Schnur um den Hals. Unvergleichbar genauer und eindrucksvoller sind die Einblicke, die ein Mikroskop mit einer 20- bis 100facher Vergrößerung eröffnet. Mit einem Stereomikroskop, das einen plastischen Eindruck vermittelt, wird eine unbekannte, neue Welt sichtbar. Je kleiner das untersuchte Lebewesen ist, desto kleiner sollte auch die Schale sein, auf die man das Objektiv richtet. Naturwissenschaftliche Fachgeschäfte und Glasbläsereien bieten gläserne Petrischalen in verschiedenen Größen an.

Der wissenschaftlich ambitionierte Sammler wird seine Funde fotografieren und ein Bildarchiv anlegen. Für Spiegelreflexkameras bietet der Fachhandel eine große Auswahl an Zubehör für Nahaufnahmen an, aber auch einfachere Unterwasserkameras sind schon zu erschwinglichen Preisen erhältlich.

Konservieren von Algen

Algen sind besonders schwer zu bestimmen. Ohne Spezialkenntnisse, die man aus der Fachliteratur gewinnt, lassen sich allenfalls die großen, auffälligen Formen bis zum Niveau der Gattung bestimmen. Eine Sammlung gepreßter Algen, ein Herbarium, bietet den Vorteil, daß man zum Vergleich heranziehen kann, wenn man neue Algenfunde bestimmt. Was für alle Wildpflanzen gilt, sollte auch bei den Wasserpflanzen berücksichtigt werden: kein wahlloses Abpflücken und Einsammeln. An Stränden finden sich nach stürmischen Tagen immer angeschwemmte Algen, die meist gut erhalten sind. Dieses Material genügt völlig, um ein reichhaltiges Herbarium aufzubauen. Vorsicht ist bei den Pflanzen des Süßwassers geboten. Viele Arten sind nämlich vom Aussterben bedroht. Welche das sind, läßt sich aus der aktuellen Roten Liste ersehen, der offiziellen Bilanz der gefährdeten Tiere und Pflanzen in der Bundesrepublik Deutschland. Der wirkliche Naturliebhaber geht mit gutem Beispiel voran und bringt lieber den Mut zur Lücke auf, bevor er eines der letzten Vorkommen einer seltenen Art schädigt oder gar vernichtet.

Zur Grundausstattung des Algensammlers gehört kräftiger, weißer Karton. Auf ihm werden – falls bekannt – Art, Gattung, Familie, Fundort und -datum mit Bleistift oder Tusche vermerkt. Jede Alge wird in einer flachen, mit Meereswasser gefüllten Schale ausgebreitet. Dann schiebt man den Karton vorsichtig unter die Pflanze und überprüft nochmals die Anordnung. Dabei ist darauf zu achten, daß sich das Laub nicht überlappt. Mit einem Schlauch kann man nun das Wasser vorsichtig absaugen. Anschließend bedeckt man die feuchte Alge mit einem glatten Leinentuch, das man mit mehreren Lagen von saugfähigem Papier – am besten Zeitungen – abdeckt. Während des Trocknungsvorgangs, der etwa eine Woche dauert, muß die Papierauflage mehrfach gewechselt werden. Danach bleibt die Alge fest auf dem Karton und erfreut den Betrachter viele Jahre lang mit ihrer kräftigen, dauerhaften Farbe. Die getrockneten Algen bewahrt man in Klarsichthüllen auf, die man in Ordnern abheftet.

Weichtierschalen sammeln

Auch mit den Muschel- und Schneckenschalen, die an unsere Strände gespült werden, kann man eine reichhaltige Sammlung anlegen. Die leeren Schalen müssen zunächst gereinigt werden, am besten mit einer Wurzelbürste. Sämtliche Reste des Tierkörpers muß man sorgfältig entfernen. Wenig sinnvoll ist es, die Schalen abzuschleifen und zu lackieren. Sie verlieren dadurch ihre typische Färbung und somit ihren Wert als wissenschaftlich verwertbares, naturgetreues Sammlermaterial.

Zur Aufbewahrung von Muschel- und Schneckenschalen eignen sich Kästen aus durchsichtigem Kunststoff, wie sie üblicherweise für Schrauben und Nägel benutzt werden. Für besonders kleine, zarte Schalen sind Röhrchen mit Plastikdeckel vorteilhaft. Damit der Inhalt nicht beschädigt wird, kommt ein Wattebausch zwischen Schalen und Deckel. In oder auf jedes Kästchen bzw. Röhrchen gehört ein Zettel mit genauen Angaben über die Art (siehe Bestimmungstafeln S. 304–317), den Fundort und das Funddatum. Auf die gleiche Weise kann man übrigens auch Seeigelgehäuse, Wurmröhren, Krebspanzer und Eiballen katalogisieren.

Wasserverschmutzung und Naturschutz

Im Jahr 1877 prägte der Kieler Zoologe Karl Möbius nach Untersuchungen der Austernbänke im deutschen Wattenmeer den Begriff der Biozönose, der die Lebensgemeinschaft zwischen Pflanzen und Tieren bezeichnet. Möbius hatte beobachtet, daß die Lebewesen in einem Gleichgewichtszustand mit den physikalischen Verhältnissen an ihrem Standort stehen. Wenn sich nur ein einziges Umweltelement ändert, wird das Gleichgewicht gestört, und die Zusammensetzung der Lebensgemeinschaft pendelt sich neu ein. Ein derartiger Vorgang muß sich in den 70er und 80er Jahren des vorigen Jahrhunderts auf den Austernbänken abgespielt haben. In der Saison 1877/1878 erntete man auf der östlich von Helgoland gelegenen Austernbank etwa 500 000 Tiere. Innerhalb von zwei Jahren ging der Ertrag auf rund 15 000 Austern zurück. Nach einer Schonzeit steigerte sich der Ertrag zwar vorübergehend wieder auf 176 000 Tiere, in den folgenden Jahren aber schrumpften die Erntemengen völlig zusammen. Heute ist die Helgoländer Austernbank bedeutungslos.

Die Ursachen dafür sind bis heute nicht völlig geklärt. Das Interesse aber, die Hintergründe für solche Veränderungen zu erforschen, wurde dadurch geweckt. Auch der Begriff der Ökologie, der heute Gemeingut ist, wurde damals eingeführt, nämlich 1886 von dem Jenaer Gelehrten Ernst Haeckel. Die Ökologie untersucht die Wechselbeziehungen zwischen Organismen und ihrer belebten und unbelebten Umwelt. Sie schafft die wissenschaftliche Grundlage für alle Bemühungen um den Erhalt der natürlichen Umwelt.

Gewässerverschmutzung

Gewässer bieten keineswegs gleichbleibende Lebensvoraussetzungen, sondern ändern sich auch unter Einfluß des Menschen, allerdings nur über lange Zeiträume. So hat z. B. die Ostsee ihre heutige Ausdehnung erst vor 7000 Jahren angenommen. Damals drang Nordseewasser in das bis dahin mit Süßwasser gefüllte Seebecken. Allmählich entwickelte sich das heutige Brackwassermeer mit seiner gemischten Fauna und Flora. Sie besteht zum größeren Teil aus eingewanderten Meeresorganismen, ansonsten aus salzverträglichen Süßwasserarten. Aber auch kurzfristig wirksame, natürliche Störungen können die Zusammensetzung einer Gewässerbiozönose beeinträchtigen. Dazu gehören z. B. extrem kalte Winter, die große Schäden an empfindlichen Bodentieren verursachen. In den Senken der Ostsee kommt es auch dann zu einem Tiersterben, wenn der Sauerstoffgehalt in heißen, windarmen Sommern stark zurückgeht. Die Belastung des Wassers, sei es durch ein Übermaß an Nährstoffen, sei es durch giftige Chemikalien, verstärkt die Wirkung der natürlichen Einflußkräfte, so daß sich das betroffene Gewässer nur schleppend wieder erholen kann.

Abwässer

Haushalte, Industrie und Landwirtschaft erzeugen Tag für Tag eine gewaltige Abwassermenge. Zwar hat man auf breiter Front Maßnahmen zur Abwasserreinigung ergriffen, noch immer aber gelangen große Mengen unbehandelten, verunreinigten Wassers in Flüsse, Seen und natürlich auch in Nord- und Ostsee. Die meisten europäischen Ströme waren in der zweiten Hälfte des 19. Jahrhunderts durch unbehandelte Abwässer zu wahren Jaucherinnen verkommen. Ein besonders schwerwiegender Fall war die Themse, deren Anwohner unter einer unvorstellbaren Geruchsbelästigung zu leiden hatten. Die Fäkalien konnten nicht ungehindert in die Nordsee abfließen, sondern wurden mit jeder Flut bis nach London zurückgedrückt. Im Sommer 1851 nahm der bestialische Gestank solche Ausmaße an, daß sogar das Parlament seine Sitzungsperiode unterbrechen mußte. Solche Ereignisse sind offenbar notwendig, damit Gegenmaßnahmen ergriffen werden.

Heute werden die Abwässer in Kläranlagen behandelt. Der Idealzustand ist allerdings noch lange nicht erreicht. Zunächst werden ungelöste Stoffe in Klärbecken mechanisch vom Abwasser getrennt. Anschließend unterzieht man es einer biologischen Reinigung, sofern die erforderlichen Einrichtungen vorhanden sind. Dabei übernehmen Bakterien den Abbau der komplexen organischen Stoffe. Auch danach enthält das Abwasser noch immer problematische Verbindungen, unter ihnen die Phosphate, die hauptsächlich in Dünge- und Waschmitteln enthalten sind. Phosphate sind Pflanzennährstoffe. Wenn sie sich in einem Gewässer anreichern, kommt es zu einer üppigen Entfaltung aller Wasserpflanzen, insbesondere der Algen. Diesen Überdüngungsprozeß bezeichnet man als Eutrophierung. Selbst ein klarer, nährstoffarmer Forellenbach verwandelt sich so in einen verkrauteten Bach, in dem sich allenfalls Karpfenfische wohl fühlen. Nur wenn es gelingt, alle Abwässer durch Klärung von ihrer Phosphatfracht zu befreien, können unsere überdüngten Gewässer ihren ursprünglichen Charakter zurückerlangen. Ansonsten droht mehr und mehr Gewässern der Tod durch „Umkippen": Wenn die im Überfluß vorhandenen Pflanzen absterben, wird entsprechend mehr Sauerstoff aufgezehrt. Das Milieu wird lebensfeindlich.

Nicht nur die Binnengewässer, sondern auch das Wattenmeer und die Ostseebuchten sind von der Eutrophierung akut bedroht. Besonders augenfällig wird diese Erscheinung in den Schlickwatten, über denen oft ein übler Gestank lastet. Die Ursache ist Schwefelwasserstoff, der sich in tiefen, sauerstofffreien Schlickschichten bildet.

Gifte und Mineralöle

Entgegen den gesetzlichen Bestimmungen gelangen immer wieder verschmutzte Abwässer aus Industriebetrieben in die Flüsse oder direkt ins Meer, sei es auf illegalem Weg, sei es durch Fahrlässigkeit. Besonders gefährlich sind organische Verbindungen, die zu einem großen Teil aus der Produktion von Pflanzen- und Insektengiften stammen. Große Probleme hat z. B. das bekannte Insektizid DDT aufgeworfen. Weil es nicht durch Bakterien abgebaut werden kann, reicherte es sich allmählich in der Nahrungskette an und war schließlich auch noch in den entlegensten Winkeln der Welt nachzuweisen. Inzwischen wurde DDT in vielen Staaten verboten.

Schlagzeilen machen regelmäßig auch giftige Schwermetalle wie Blei, Quecksilber, Kadmium, Kupfer und Zink. Jahr für Jahr gelangen große Mengen in die Flüsse und schließlich in Nord- und Ostsee. Manche von ihnen reichern sich im Bodensediment, aber auch in Pflanzen und Tieren an. Sie bilden dann eine unmittelbare Gefahr für den Menschen, der sich eben nicht aus der natürlichen Nahrungskette auskoppeln kann. Zu den bekannten industriellen Abfällen kommen immer neue giftige Substanzen, denen man sich auf möglichst einfachem Weg entledigen will. Dazu ist auch der radioaktive Müll aus kerntechnischen Anlagen zu rechnen. Äußerst riskant erscheint das Vorhaben, solche Stoffe in Beton einzugießen und in der Tiefsee zu versenken. Oceanographische Untersuchungen haben nämlich gezeigt, daß das Wasser der Weltmeere, wenn auch sehr langsam, ständig zirkuliert. Kaltes Wasser, das bis zum Grund absinkt, stagniert dort nicht, sondern dringt wieder an die Oberfläche. Diese Gesetzmäßigkeit birgt unkalkulierbare Konsequenzen, die den eingegossenen Giftmüll zu einer Zeitbombe machen.

Traurige Berühmtheit hat auch die Verschmutzung der Binnen- und besonders der Küstengewässer durch Mineralöle erlangt. Nach jedem spektakulären Tankerunfall machen erschütternde Bilder mit Tausenden von dahinsiechenden oder schon toten Seevögeln und Fischen die Runde. Seit der Torrey-Canyon-Katastrophe im Jahr 1967 haben sich vor den europäischen Küsten über 25 folgenschwere Ölunfälle ereignet. Sie hinterlassen Strände, die auf Jahre hinaus mit Ölklumpen verunreinigt sind und kaum mehr zum Baden einladen. Versuche, ölverschmutzte Strände mit Lösungsmitteln zu reinigen, haben die Lage meist nur noch verschlimmert. Das fein verteilte Öl dringt nämlich selbst in die kleinsten Poren im Sediment ein und zerstört so die Lebensbedingungen für Pflanzen und Tiere auf lange Sicht. Selbst wenn solche Katastrophen ausblieben, hätte man mit dem Problem der Ölverschmutzung zu kämpfen, solange nämlich viele Tanker ihre Ölreste auf hoher See ins Meer leiten. Derartige Vorfälle bleiben meist unentdeckt und können deshalb kaum wirkungsvoll bekämpft werden. Wenn die ersten verölten Meeresvögel auftauchen, ist es dafür schon zu spät.

Die verschmutzten Flußläufe wirken für Wanderfische wie Lachse und Meerforellen wie Barrieren. Auch die Stauanlagen von Wasserkraftwerken haben dazu beigetragen, daß diese Fische ihre mitteleuropäischen Laichgebiete verloren. Bis heute hat sich daran nur wenig geändert. Dort, wo aber häusliche und industrielle Abwässer nur voll geklärt in die Ströme gelangen, zeichnen sich spürbare Verbesserungen ab. Man findet heute z. B. einige kleine Nebenflüsse der Unterelbe wieder in ihrem ursprünglichen Zustand vor. Anlaß zur Hoffnung gibt auch, daß da und dort Lachse in ihre Heimatflüsse wiederkehren, wo man sie vor einigen Jahren ausgesetzt hat.

Bioindikatoren

Wenn ein Gewässer vollkommen unbelastet ist, beherbergt es eine ganz charakteristische Tier- und Pflanzenwelt. Welche Arten sich einfinden, hängt von den klimatischen und geologischen Voraussetzungen ab. Werden nun in diesen Lebensraum Abwässer eingeleitet, kommt es zu einer Störung des ökologischen Gleichgewichts. Die Artenzusammensetzung ändert sich. Einige Tiere und Pflanzen finden nun bessere Entwicklungsbedingungen vor, andere werden geschädigt oder sogar völlig verdrängt. Diese Gesetzmäßigkeit machen sich die Gewässerökologen zunutze. Tiere und Pflanzen dienen ihnen als Anzeiger der Gewässergüte, als Bioindikatoren. Eine große Artenvielfalt deutet im allgemeinen auf ein gesundes Gewässer hin, Artenarmut dagegen läßt auf einen geschädigten Lebensraum schließen.

Auch der Laie kann sich leicht einen Grobeindruck vom Verschmutzungsgrad eines Bach- oder Flußabschnitts verschaffen. Einige leicht zu bestimmende Tiere reichen aus, um festzustellen, ob man sich an einem sauberen, einem mäßig verschmutzten Abschnitt oder unmittelbar unterhalb einer Abwassereinleitungsstelle befindet. Charakteristische Bewohner sauberer Fluß- und Bachoberläufe sind die Larven der Eintagsfliegen, die an ihren drei langen Schwanzanhängen zu erkennen sind. In den Mittelgebirgen und im Voralpenraum wird man in diesen Gewässerabschnitten auch auf Steinfliegenlarven stoßen, die nur zwei Schwanzborsten tragen. Auf sauberes Wasser sind außerdem die unscheinbaren Bachflohkrebse und die grauen Strudelwürmer angewiesen. Unter Umständen begegnet man auch der kleinen Flußnapfschnecke.

Alle diese Tiere fehlen unmittelbar unterhalb einer Verschmutzungsquelle, z. B. der Einmündung eines stark verunreinigten Nebenflusses. Hier kommen dafür Schlammröhrenwürmer vor, oft in großen Massen. Auch den Zuckmückenlarven und den in Kolonien auftretenden Wimpertierchen der Gattung *Carchesium* können die Fremdstoffe nichts anhaben.

Je weiter man sich flußabwärts von der Verschmutzungsquelle entfernt, desto besser wird die Wasserqualität dank des Verdünnungseffekts. Die Artenzahl nimmt allmählich wieder zu. Zu den Larven der Kriebelmücken, zu den Großen Schneckenegeln und den Plattwürmern der Gattung *Dugesia* gesellen sich nun wieder Eintags- und Köcherfliegenlarven. Auch Flußnapfschnecken tauchen wieder auf.

Naturschutz

Der Naturschutzgedanke ist keineswegs neu. Schon im vorigen Jahrhundert erkannten weitsichtige Menschen, daß die Industrialisierung über kurz oder lang verheerende Folgen für die Naturlandschaft und damit auch für die Tier- und Pflanzenwelt nach sich ziehen würde. Nach und nach formierten sich Vereine, die sich der Bewahrung bestimmter Tiere, Pflanzen oder unberührter Landschaften widmeten. Schon 1875 wurde z. B. der Deutsche Verein zum Schutze der Vogelwelt gegründet. Reichsweit vertreten war auch der Deutsche Bund Heimatschutz. Anfang des 20. Jahrhunderts nahm sich der Staat der Belange des Naturschutzes an. So wurde in Preußen schon 1906 eine staatliche Stelle für Naturdenkmalpflege ins Leben gerufen. Sie sorgte dafür, daß bedrohte Tier- und Pflanzenarten sowie besonders mächtige, alte Bäume unter Schutz gestellt wurden. Bald schon erkannte man, daß gefährdete Tiere und Pflanzen nur dann eine Überlebenschance hatten, wenn ihre natürlichen Lebensräume erhalten blieben. Das gilt auch für das Wattenmeer, für Meeresbuchten, Flüsse, Bäche, Seen und Moore. Unter der Vielzahl an Organisationen, die sich der Sicherung der natürlichen Lebensgrundlagen verschrieben haben, ist z. B. der Verein Jordsand zum Schutz der Seevögel e. V. Seit 1907 eignet er sich durch Pacht oder Kauf Vogelbrutgebiete an der Ostsee und im nordfriesischen Wattenmeer an, um sie vor Eingriffen aller Art konsequent zu schützen.

Seine rechtliche Verankerung findet der Natur- und Landschaftsschutz im Reichsnaturschutzgesetz von 1935, das 1958 zum Länderrecht erklärt wurde. In einigen Bundesländern hat man den Gesetzestext den heutigen Erfordernissen angepaßt, andere Länder – z.B. Bayern und Baden-Württemberg – haben neue Landesnaturschutzgesetze erlassen. Die Schutzbestimmungen werden allerdings nur dort wirksam, wo auch Schutzgebiete förmlich ausgewiesen sind. Das ist oft ein langwieriger Vorgang. Während dieser Zeit ist das betreffende Gebiet möglicherweise Eingriffen ausgesetzt, die es als intakten Lebensraum für Tiere und Pflanzen völlig entwerten. Und ist ein Naturraum einmal zerstört, läßt sich der Wandel nicht wieder rückgängig machen. Bei kurzfristiger betriebswirtschaftlicher Betrachtung mag es durchaus sinnvoll sein, ein Ferienzentrum an einem unberührten Küstenstrich zu errichten. Erweisen sich die Anlagen aber als Fehlinvestition, weil die erwarteten Urlauberzahlen ausbleiben, wird der alte Zustand nicht wiederhergestellt. Die Zerstörung der Natur ist aber kein Selbstzweck, vielmehr sichert er letzten Endes die menschlichen Lebensgrundlagen. Die Einsicht, daß der Mensch nur in einer intakten Umwelt überleben kann, müßte inzwischen Allgemeingut sein. Ebenso sollte es sich von selbst verstehen, daß der Naturfreund, also auch der Benutzer dieses Buches, Verhaltensmaßregeln zum Schutz der Tier- und Pflanzenwelt beherzigt.

Im folgenden werden einige Hinweise gegeben, die der Liebhaber der Wasserlebewelt auf seinen Naturexkursionen unbedingt beachten sollte.

Tiere sammeln

Bevor man seiner Sammelleidenschaft freien Lauf läßt, muß man sich genau darüber informieren, welche Tier- und Pflanzenarten unter Schutz stehen. Überhaupt sollte man grundsätzlich nur so viele Individuen einsammeln, wie man als Beleg für eine Art benötigt. Weitaus sinnvoller und interessanter ist es, Tiere in ihrer natürlichen Umgebung zu beobachten und zu fotografieren, als sie mitzunehmen und isoliert zu betrachten. Keinesfalls dürfen laichreife Tiere aus ihrem Lebensraum entfernt werden. Es dient der Erhaltung der Art, wenn Tiere einen Überschuß an Larven produzieren. Sie werden nämlich stark dezimiert, bevor sie das Jugendstadium erreicht haben. Werden z. B. in einer Bucht ständig junge, laichreife Hummerweibchen gefangen, geht dort der Hummerbestand bald drastisch zurück.

Gefährliche Abfälle

Abfall, der im Wasser zurückbleibt, ist nicht nur unschön, sondern für viele Tiere sehr gefährlich. In verlorengegangenen Fischernetzen und Nylonleinen verfangen sich Fische, Wasservögel und Robben. Bei ihren Befreiungsversuchen ziehen sie sich oft tödliche Verletzungen zu. Enten und Schwäne vergiften sich an Bleigewichten von Angelschnüren und Schrotkugeln, die sie mit ihrer Nahrung aufnehmen. Plastiktüten, Dosen und Flaschen werden vielen Kleinlebewesen zur tödlichen Falle. Bestens erhaltene Kunststoffgegenstände hat man schon aus über 3000 m Tiefe unter Fährschiffrouten ans Tageslicht befördert. Sie werden nicht zersetzt, sondern verunreinigen den Tiefseeboden für unbegrenzte Zeit. In Meereszonen, in denen viele Schiffe auf eng begrenzten Routen verkehren, z. B. in der Beltsee und der westlichen Ostsee, ist die Verschmutzung besonders weit fortgeschritten. In den Grundschleppnetzen sammeln sich bei jedem Fangvorgang Unmengen an menschlichem Abfall. Daß auch das Meer nichts verliert, beweisen Funde von Kohleschlacken, die früher aus den Heizkesseln der Dampfer über Bord geschaufelt wurden. Auf ihrer rauhen Oberfläche haben sich viele Hartbodenbewohner ausgebreitet, wie z. B. Borstenwürmer, Seeanemonen und Käferschnecken.

Wer ein Motorboot besitzt, muß dafür sorgen, daß weder Schmieröl noch Treibstoff ins Wasser gelangt. Wassertiere können ersticken, wenn ein Ölfilm ihre Kiemen verklebt. Verheerende Auswirkungen hat es auch, wenn Insektengifte in ein Gewässer geraten. Schon kleinste Mengen, die sich etwa beim Ausspülen eines leeren Giftbehälters lösen, sind gefährlich. Wer einen auffälligen Geruch, eine Wasserverfärbung oder tote Fische beobachtet, die an der Wasseroberfläche treiben, ist dazu angehalten, die Polizei oder den Gewässerschutz darüber zu informieren.

Vermeidbare Störungen

Viele Vogelarten bevorzugen als Brutgebiete Flußufer, Dünengelände oder felsige Strandabschnitte. Wer in solche Gebiete zu Fuß oder womöglich motorisiert eindringt, beunruhigt die Brutvögel und gefährdet die Jungen. Leider werden regelmäßig auch Jachten beobachtet, die geschützte, den Seevögeln vorbehaltene Strandabschnitte anlaufen.

Wer auf der Suche nach Kleinlebewesen Felsbrocken in der Gezeitenzone umdreht, muß sie anschließend wieder in ihre ursprüngliche Lage bringen. Kommt ein Stein anders zu liegen, ist der Lebensraum einer kleinen Tiergemeinschaft zerstört. Die Tiere selbst trocknen aus und verenden.

Künstlich ausgelöste Wellen können Fluß- und Seeufer schädigen. Motorbootfahrer, die ihr Gefährt in Ufernähe lenken, sollten deshalb ihre Geschwindigkeit drosseln. Auch die Brutvögel im Schilfgürtel werden es ihnen danken.

Im Wattenmeer sind es vor allem die Seehunde, die das Interesse vieler Touristen auf sich ziehen. Der Wunsch, diese Tiere einmal in ihrem natürlichen Lebensraum aus der Nähe zu beobachten, birgt allerdings Gefahren, besonders für die Jungen. Bei Ebbe legen Seehunde Ruhepausen auf Sandbänken ein, die nicht zuletzt auch zum Säugen des Nachwuchses genutzt werden. Kommen Sportboote zu dicht heran oder gehen sie gar bei den Ruhebänken vor Anker, ergreifen die Tiere die Flucht und kriechen ins Wasser. Allzu häufiges Kriechen verursacht vor allem bei den empfindlicheren Jungtieren Bauchwunden, die gefährliche Entzündungen nach sich ziehen können.

Abschließend bliebe der Hoffnung Ausdruck zu verleihen, daß auch Fachbehörden und mit ihnen politische Entscheidungsträger künftige Eingriffe in unsere Gewässer – vom Bach bis zum Wattenmeer – sorgfältig durchdenken. Maßnahmen wie Flußbegradigungen und -regulierungen, Kanalbauten, Eindeichungen und Bachverrohrungen haben schon allzu vielen Pflanzen und Tieren den Lebensraum genommen, ganz zu schweigen von Folgewirkungen, z. B. Grundwasserabsenkungen, die den Menschen unmittelbar betreffen.

Wo man Wassertiere beobachten kann

Um Meerestiere zu Gesicht zu bekommen, braucht man nicht gleich auf das offene Meer zu fahren. Eine Fülle von Arten begegnet man bereits auf einer Strandwanderung entlang dem Spülsaum am offenen Meer. An Felsstränden ist mit einer unvergleichbar größeren Artenvielfalt zu rechnen als an reinen Sandstränden. In der Deutschen Bucht bietet Helgoland mit seinem ausgedehnten Felswatt mit Abstand die interessantesten Beobachtungsmöglichkeiten. Bei Ebbe sind weite Teile des Watts begehbar. Es empfiehlt sich, vor allem die Gezeitentümpel und Überhänge der Sandsteinfelsen genauer zu inspizieren. Hier begegnet man Tierarten, die nirgendwo sonst an den mitteleuropäischen Festlandküsten vorkommen. Die nächsten Fundorte liegen an britischen und norwegischen Felsküsten.

Ergiebig sind auch Wanderungen im schlickigen Watt vor unseren Festlandküsten. Kleine Kothäufchen, Trichter, Wurmröhren und andere Spuren verraten häufig, wo sich Muscheln und Borstenwürmer aufhalten. Mit einer Grabgabel kann man sie leicht zutage fördern.

Wer mit Flossen und Schnorchel umzugehen weiß, dem eröffnet sich die eindrucksvolle Lebewelt des Flachwassers. Zahlreiche Tierarten sind in Tiefen von weniger als 3 m zu Hause.

Süßwasser

Wer die Tierwelt des Süßwassers erkunden will, muß seine Suche keineswegs auf Flüsse und Seen beschränken. Leben existiert selbst in den kleinsten Gewässern wie Zierteichen, Wassergräben und sogar in Wasserfässern. Für interessante Beobachtungen eignen sich auch saubere Dorfteiche und die sogenannten Toteislöcher auf den Feldern, Überbleibsel aus der letzten Eiszeit.

Besonders aufschlußreich ist es, einen Fluß von seiner Quelle bis zum Unterlauf zu verfolgen und die charakteristische Fauna der verschiedenen Abschnitte – von der sauerstoffreichen Forellenregion bis zum trägen Niederungsfluß – zu erkunden. Auch an einem Bach lassen sich unter Umständen Abschnitte feststellen, die von unterschiedlichen Tierarten besiedelt sind.

Interessante Beobachtungen lassen sich natürlich auch an Seen anstellen. Welche Tiere man vorfindet, hängt davon ab, wieweit die Eutrophierung, also Überdüngung, des betreffenden Gewässers fortgeschritten ist. Die meisten Seen liegen in einer Umgebung mit mehr oder weniger intensiv bewirtschafteten Acker- und Grünlandflächen. Deshalb reichern sich in ihnen zwangsweise organische und mineralische Düngestoffe an, die in der wärmeren Jahreszeit Algenvermehrung und Pflanzenwachstum beschleunigen. Im Wasser hinter der üppigen Ufervegetation verbirgt sich eine besonders artenreiche Flora und Fauna. Im Röhricht finden zahlreiche Vögel eine sichere Brutstätte. Ganz anders präsentieren sich die wenigen noch verbliebenen nährstoffarmen Seen. Am Ufer und im Flachwasser gedeiht nur eine spärliche Vegetation. Das Wasser ist kalt und klar, der Seegrund oft steinig.

Künstlich angelegte Gewässer, die einer wirtschaftlichen Nutzung unterliegen, z. B. Kanäle oder Fischteiche, bieten meist nur wenigen widerstandsfähigen bzw. gezielt eingesetzten Arten einen Lebensraum. Nach Aufgabe der Bewirtschaftung entwickeln sich solche Gewässer oft zu artenreichen Biotopen. Das gilt auch für Kiesgruben, Talsperren und Torfstiche. Übrigens wurden an einigen Talsperren Schautafeln angebracht, die über die Ökologie des Gewässers informieren. Selbst in Parkanlagen mit Teichen und Zierbecken lassen sich recht anregende Studien betreiben. Empfehlenswert ist auch der Besuch eines Fischzuchtbetriebs. Hier erhält man nicht nur fachkundige Auskunft über die Biologie vieler Arten, sondern man hat auch die Möglichkeit, ihre Eier aus nächster Nähe zu betrachten. Wurden sie zu verschiedenen Zeiten künstlich befruchtet, kann man die Entwicklung vom Embryo bis zum frisch geschlüpften Fischchen mit seinem Dottersack verfolgen.

Aquarien

Fast alle zoologischen Gärten haben heute ein mehr oder weniger reichhaltiges Aquarium. Daneben gibt es oft kleinere Meerwasseraquarien in Seebädern und Küstenstädten. Manche sind einem wissenschaftlichen Meeresforschungsinstitut angegliedert; dementsprechend vielfältig und interessant ist ihr Bestand. Auf der nächsten Seite folgt eine Auswahl wichtiger mitteleuropäischer Aquarien. Diese Liste enthält sicherlich Anregungen zu einem lehrreichen Ausflug oder auch Urlaubsabstecher. Man wird dann so manches Tier entdecken, das man in freier Natur vergeblich gesucht hat.

Sehenswerte Aquarien in Mitteleuropa

Bundesrepublik Deutschland

West-Berlin
Zoologischer Garten und Aquarium Berlin
Hardenbergplatz 8

Bremerhaven
Zoo am Meer (Nordsee-Aquarium)
Am Weserdeich

Düsseldorf
Löbbecke-Museum und Aquarium
Brehmstraße

Frankfurt am Main
Zoologischer Garten der Stadt Frankfurt
am Main
Alfred-Brehm-Platz 16

Helgoland
Aquarium der Biologischen Anstalt Helgoland

Kiel
Aquarium des Instituts für Meereskunde
an der Universität Kiel
Düsternbrooker Weg 20

Köln
Zoologischer Garten Köln
Riehler Straße 173

München
Tierpark Hellabrunn
Siebenbrunnerstraße 6

Stuttgart
Wilhelma
Neckartalstraße

Wilhelmshaven
Seewasseraquarium der Stadt Wilhelmshaven
Südstrand

Deutsche Demokratische Republik

Ost-Berlin
Tierpark Berlin
Am Tierpark 125

Leipzig
Zoologischer Garten Leipzig
Dr.-Kurt-Fischer-Straße 29

Rostock
Zoologischer Garten Rostock
Rennbahnallee 21

Österreich

Wien
Haus des Meeres
Esterhazypark

Tiergarten Schönbrunn

Schweiz

Basel
Zoologischer Garten Basel
Binningerstraße 40

Belgien

Antwerpen
Dierentuin
Koningin Astridplein 26

Lüttich
Aquarium „Dubuisson" de l'Université de
Liège

Dänemark

Kopenhagen
Danmarks Akvarium
Charlottenlund

Esbjerg
Saltvandsakvariet

Niederlande

Amsterdam
Stichting Koninklijk Zoologisch Genootschap
Natura Artis Magistra
Plantage Kerklaan 38–40

Rotterdam
Stichting Koninklijke Rotterdamse
Diergaarde
Van Aerssenlaan 49

Norwegen

Bergen
Akvariet i Bergen
Nordnesparken 2

Schweden

Göteborg
Sjöfartsmuseets Akvarium
Karl Johansgatan 1–3

Malmö
Aquarium
Malmö Museum

Register

Halbfette Seitenzahlen weisen auf den Haupteintrag hin

A
Aal 50–51
Aalmutter 165
Abgestutzte Klaffmuschel 238, 312
Abra alba 313
Abramis ballerus 62
 brama **62**
Acanthocardia echinata 235, 317
Acanthochiton-Arten 245
Acipenser sturio **32**
Acmaea testudinalis 216, 217, 308
 virginea 217, 308
Acroloxus lacustris 86, 304
Actaeon tornatilis 219, 307
Actinia equina **204**
Adamsia palliata 206
Adonislibelle, Frühe 111
Aeolidia papillosa 227
Aeschna juncea 113
Agapetus-Arten 115
Agonus cataphractus 182
Ährenfisch 183
Aitel **68**
Aland **69**
Alaria esculenta 293
Alburnus alburnus **65**
Alcyonidium-Arten 275
Alcyonium digitatum **209**
Algen 126–127, 292–300
Algenfarn, Großer 127
Alopias vulpinus 136
Alosa alosa 79
 fallax 79
Alse 79
Amerikanischer Austernbohrer 233
Ammodytes lanceolatus 162
 tobianus **162**
Amoeba-Arten 124
Amphinemura sulcicollis 107
Amphitrite johnstoni 253
Anabolia nervosa 115
Anarhichas lupus **166**
Anax imperator **112**
Ancylus fluviatilis 86, 304
Anemonen-Einsiedler 272

Anemonia sulcata 205
Anguilla anguilla **51**
Anodonta anatina 88, 306
 cygnea **88**, 306
Anomia ephippium 233, 310
Anopheles-Arten 123
Ansauger 182
Anseropoda placenta 279
Antedon bifida 281
Aphia minuta 169
Aphrodite aculeata 252
Aplidium-Arten 290
Aplysia punctata **226**
Apolemia uvaria 201
Aporrhais pes-pelecani 225, 308
Archidoris pseudoargus 227
Arctica islandica **244**, 313
Arenicola marina **205**
Argulus-Arten 125
Argyroneta aquatica **91**
Arktische Kaurischnecke 222, 309
Armiger crista 304
Armleuchteralgen 126
Arnoglossus laterna 176
Äsche **46**
Aschfarbene Kreiselschnecke 223
Ascidia mentula 289
Ascidie, Gehörnte 289
Ascidiella aspersa 289
 scabra 289
Ascophyllum nodosum 294
Asellus aquaticus **98**
 cavaticus 98
 meridianus 98
Aspius aspius 66
Asplanchna-Arten 124
Asselkäferschnecke 245
Asselspinne, Knotige 258
 Zierliche 259
Astacus astacus **100**
 leptodactylus 100
Astarte elliptica 244
Astartemuschel, Elliptische 244
Asterias rubens **277**
Asterina gibbosa 278
Asterionella-Arten 124
Astflechte 302
Astropecten irregularis 278
Atherina presbyter 183
Atlantische Zwergsepia 246
Aurelia aurita **198**

Auster, Europäische **232**, 310
 Portugiesische **233**, 309
Austernbohrer, Amerikanischer 233
Australische Seepocke 260
Azolla filiculoides 127

B
Bachflohkrebs **99**
Bachforelle 37
Bachläufer 117
Bachneunauge **30**
Baetis rhodani 109
Balaenoptera acutorostrata **187**
Balanus balanoides 260
 crenatus 260
Baltische Meeresassel 259
Baltische Plattmuschel 237, 312
Bandfisch, Spitzschwänziger 165
Bandmoostierchen 275
Bandplanarie 211
Barbe **56**
Barbus barbus **56**
Barnea candida 243, 316
Barsche 73–76
Bartgundel 70
Bärtierchen 83
Bärtige Pferdemuschel 231, 317
Bartmücken 123
Bäumchenröhrenwurm 253
Becherazurjungfer **110**
Becherkoralle 205
Beroe cucumis 203
Besentang 300
Beutelkalkschwamm 197
Bifurcaria bifurcata 295
Binsenjungfer, Gemeine 111
Bispira volutacornis 255
Bithynia leachi 304
 tentaculata 85, 304
Bitterling **57**
Bittium reticulatum 255, 309
Blasenschnecke 85, 304
Blasentang 294
Blasige Flußmuschel 90, 305
Blättermoostierchen 275
Blattwurm, Grüner 252
Blaue Nesselqualle 199
Blauer Wittling 152
Blaufelchen **45**
Blauhai **135**
Blauleng 154

Blei **62**
Blennius gattorugine 165, 183
 ocellaris 165
 pholis **164**, 183
Blicca bjoerkna **63**
Blicke **63**
Blumenkohlqualle 199
Blutegel, Medizinischer **96**
Blutfleckenplanarie 211
Blutkieferwurm 252
Blutroter Meerampfer 297
Blutschwamm 197
Blutseestern 278
Bodenrenke, Große **44**
 Kleine 44
Bohne, Rote 237
Bohnenmuschel, Grüne 231, 317
Bohrmuschel, Rauhe 243, 316
 Weiße 243, 316
Bohrschwamm 197
Bolinopsis infundibulum 203
Borstenhaar 292
Borstenkrabbe 270
Borstenwürmer 250–255
Botryllus leachi 290
 schlosseri 290
Bowerbankia imbricata 275
Brachionus-Arten 124
Brachsen **62**
Brachsenkraut 127
Brachyptera risi 107
Branchiostoma lanceolatum 290
Brassen **62**
Braunalgen 293–296
Braune Venusmuschel 311
Braunrosa Fadenschnecke 227
Breitwarzige Fadenschnecke 227
Brissopsis lyrifera 285
Brotkrumenschwamm **196**
Brunnenlebermoos 126
Brunnenmoos 127
Bryopsis plumosa 292
Bryozoa-Arten 83
Buccinum undatum **220**, 306
Buckelschnecke, Genabelte 223
 Gestrichelte 223, 307
Bugula turbinata 275
Bunodactis verrucosa 205
Bunte Kammuschel 241, 316
Bunte Kreiselschnecke 223, 307
Bunter Furchenkrebs **267**

Bunte Trogmuschel 313
Büscheliges Moostierchen 275
Büschelmücken 123
Butterfisch **163**, 182

C
Caenis horaria 109
Calliactis parasitica **206**
Callionymus lyra 167
Calliostoma zizyphinus 223, 307
Callista chione 311
Callochiton achatinus 245
Caloplaca marina 303
 thallincola 302
Calopteryx splendens 111
Cambarus-Arten 100
Cancer pagurus **270**
Candona candida 125
Caprella linearis 258
Carassius auratus 55
 auratus gibelio 55
 carassius **54**
Carcinus maenas **269**
Cariophyllia smithii 205
Centrolabrus exoletus 161
Ceramium-Arten 297
Cerastoderma edule **234**, 317
 glaucum 235, 317
Ceratopogon-Arten 123
Cereus pedunculatus 207
Cerianthus lloydi 207
Cestus veneris 203
Cetorhinus maximus **137**
Chaetomorpha-Art 292
Chaetopterus variopedatus 253
Chaoborus-Arten 123
Chara-Arten 126
Chirocephalus-Arten 125
Chirolophis ascanii 165
Chironomus plumosus **122**
Chlamydomonas-Arten 124
Chlamys opercularis 241
 tigerina 241, 315
 varia 241, 316
Chondrus crispus 299
Chorda filum 296
Chrysanthemenanemone 207
Chrysaora hysoscella 199
Chthamalus montagui 260
 stellatus 260
Chydorus sphaericus 83
Ciona intestinalis **288**
Cladophora rupestris 292
Cladostephus spongiosus 296
Clathrus clathrus 225, 309

330

Clava multicornis 208
Clavelina lepadiformis 289
Cliona celata 197
Clupea harengus **146**
Cobitis aurata 71
  taenia **71**
Codium-Arten 292
Coenagrion puella 111
Conger conger **145**
Congeria cochleata 90, 305
Conocephalum conicum 126
Conochilus-Arten 124
Copepoda-Arten 125, 291
Corallina officinalis 300
Cordulegaster boltonii 113
Cordulia aenea 113
Cordylophora caspia 82
Coregonus albula **43**
  lavaretus **45**
  nasus **44**
  oxyrhynchus **43**
  pidschian **44**
Corixa-Arten 116
Corynactis viridis 205
Coryphoblennius galerita 165, 183
Coryphopterus flavescens 169, 183
Cottus gobio **33**
  poecilopus **33**
Crangon crangon **262**
Crassostrea angulata **233**. 309
Crenilabrus melops 161, 183
  rupestris 161
Crepidula fornicata 217, 308
Crystallogobius nilssonii 169
Ctenopharyngodon idella 54
Cucumaria normani 287
Culex-Arten 123
Cyanea capillata 199
  lamarckii 199
Cyclops-Arten 125
Cyclopterus lumpus **173**
Cyprina islandica **244**, 313
Cyprinus carpio **52**
Cystoseira tamariscifolia 295
Dänische Eintagsfliege **108**
Daphnia-Arten 125
Darmtang 292
Dasyatis pastinaca 143
Dattelmuschel **242**, 316
Delesseria sanguinea 297
Delphin, Gewöhnlicher 186,
Rissos 186

Delphinus delphis 186
Dendrocoelum lacteum 95
Dendrodoa grossularia 289
Dentalium entale 225, 308
Desmarestia ligulata 296
Desmarestie, Zungenblättrige 296
Diaptomus-Arten 125
Dicke Hornschnecke 221
Dicklippige Meeräsche **172**
Dicklippige Reusenschnecke 307
Dickschalige Netzreusenschnecke 221
Dicranota-Arten 123
Dictyota dichotoma 296
Difflugia-Arten 83
Dilsea carnosa 298
Dilsea, Fleischige 298
Diodora apertura 217, 308
Dixa-Arten 123
Döbel **68**
Dögling 186
Dolomedes fimbriatus 91
Donaulachs **42**
Donax vittatus 312
Dorngrundel **71**
Dornhai **132**
Dorsch **148–149**
Dorschfische 147–155
Dorylaimus stagnalis 95
Dosinia-Arten 310
Drechselschnecke 219, 307
Dreibärtelige Seequappe 155
Dreieckmuschel, Gebänderte 312
Dreikantmuschel 90
Dreikantwurm 255
Dreissena polymorpha 90, 305
Dreistachliger Stichling **77**
Dunkelbraune Wasserflorfliege 104
Dünne Plattmuschel **237**, 312
Dünnlippige Meeräsche 172
Durchscheinende Häubchenschnecke 217, 308
Durchsichtige Messerscheide **239**, 314
Dytiscus marginalis **118**
Ecdyonurus dispar 109
Echiniscus scrofa 83
Echinocardium cordatum **284**
Echinocyamus pusillus 285
Echinus esculentus **282**

Echiurus echiurus 213
Echte Sumpfdeckelschnecke 85, 304
Edelkrebs **100**
Edelmaräne **43**
Edelsteinrose 205
Egel 96–97
Eichentang, Roter 298
Eingeschnürter Schlauchtang 296
Einsiedlerkrebs, Gewöhnlicher 272
Eintagsfliege, Dänische **108**
Eintagsfliegen 108–109
Eiseniella tetrahedra 95
Eisseestern 278
Electra pilosa 275
Eledone cirrhosa **249**
Elefantenzahn 225, 308
Elliptische Astartemuschel 244
Elminius modestus 260
Elmis aenea 119
Elritze **64**
Elysia viridis 226
Emarginula reticulata 217, 308
Enallagma cyathigerum **110**
Ensis ensis 239, 315
  siliqua **239**, 314
Entelurus aequoreus 157
Entenegel 97
Entenmuschel 260
Entenwal, Nördlicher 186
Enteromorpha intestinalis 292
Ephemera danica **108**
Ephemerella ignita 109
Equisetum fluviatilis 127
Erbsenmuscheln 87, 305
Erdbeerrose 204
Eriocheir sinensis **101**
Eristalis-Arten 123
Erpobdella octoculata 97
Erythromma najas 111
Esox lucius **48–49**
Eßbare Herzmuschel **234**, 317
Eßbarer Seeigel **282**
Euglena-Arten 124
Eulalia viridis 252
Eunicella verrucosa **210**
Eupagurus pridauxi 206
Euplanaria lugubris 95
Eupolymnia nebulosa 255
Europäische Auster **232**, 310
Europäische Kaurischnecke **222**, 309

Europäische Languste **266**
Europäische Makrele **171**
Europäischer Flußkrebs **100**
Europäischer Hummer **265**
Eutrigla gurnardus 167
Facelina drummondi 227
Fächermuschel 231, 314
Fächerröhrenwurm 255
Fadenschnecke, Braunrosa 227
  Breitwarzige 227
Fadenwürmer 211
Farnblattalge 298
Federkiemenschnecke 85, 304
Federpolyp 208
Federstern 281
Federtang, Grüner 292
Feilenmuschel, Klaffende 241, 316
Felsbohrmuschel 243, 316
Felsen-Cladophora 292
Felsenspringer 258
Felsgarnele, Gewöhnliche **263**
  Große 263
Felskriecher 259
Fiebermücken 123
Filigranwurm 255
Filograna implexa 255
Fingertang 293
Finte 79
Fischegel, Gemeiner 97
Fissidens adianthoides 127
Flache Napfschnecke 216, 308
Flache Tellerschnecke 85, 304
Flechten 302–303
Fleckengrundel 169
Fleischige Dilsea 298
Flohkrebse 204
Flügel-Seeampfer 298
Flügeltang 293
Flunder 175
Flußaal **50–51**
Flußbarsch 73
Flußkrebs, Europäischer **100**
Flußmuschel, Blasige 90, 305
Flußnapfschnecke **86**, 304
Flußneunauge **31**
Flußperlmuschel **89**, 305
Flustra foliacea 275
Fontinalis antipyretica 127
Forelle **36–37**
Franzosendorsch **147**
Frühe Adonislibelle 111
Fuchshai 136

Fucus serratus 294
  spiralis 294
  vesiculosus 294
Fünfbärtelige Seequappe **155**
Fünfeckstern 278
Furcellaria fastigiata 300
Furchenkrebs, Bunter **267**
  Runzliger **268**
  Schuppiger 267
Gabelalgen, Grüne 292
Gabeltang 300
  Knolliger 295
Gabelzunge 296
Gadus morhua **149**
Galathea squamifera 267
  strigosa **267**
Galeorhinus galeus **134**
Galizischer Krebs **100**
Gänsefußstern 279
Gari depressa 314
Gasterosteus aculeatus **77**
Gebänderte Dreieckmuschel 312
Gebänderte Prachtlibelle 111
Gebänderte Spaltenschnecke 309
Gebänderte Teppichmuschel **236**, 310
Gebänderte Venusmuschel 310
Gedrungene Trogmuschel 313
Gefleckter Lippfisch **160**
Gefurchte Messerscheide 315
Gehörnte Ascidie 289
Gekerbte Seepocke 261
Gelbe Haarqualle 199
Gelbrandkäfer, Gemeiner **118**
Gemusterter Schlangenstern 281
Genabelte Buckelschnecke 223
Gerade Messerscheide **239**, 314
Geriffelte Teppichmuschel 311
Gerippte Plattmuschel 237
Gerippte Tellerschnecke 304
Gerippte Tellmuschel 312
Gerris lacustris **116**
Gespenstkrebschen 258
Gestreifte Hörnchenschnecke 227
Gestreifter Leierfisch 167
Gestreifter Schleimfisch 165, 183
Gestreifter Seewolf 166
Gestreifte Venusmuschel 236, 311

331

Gestrichelte Buckelschnecke 223, 307
Getigerte Kammuschel 241, 315
Getupfte Teppichmuschel 310
Gezüngelte Naide 95
Gibbula cineraria 223, 307
  lineata 223, 307
  magus 223, 307
  umbilicalis 223, 307
Giebel 55
Gigartina stellata 299
Glänzende Käferschnecke 245
Glasgrundel 169
Glaslappenqualle 203
Glattbutt 177
Glatthai, Nördlicher 133
  Südlicher 133
Glattrochen **140**
Gliedertang 297
Globicephala melaena 186
Glockenpolyp 208
Glockentierchen 83
Glycimeris glycimeris 235, 312
Glyptocephalus cynoglossus 178
Gobio gobio **72**
Gobius niger 169
  paganellus 169, 182
Goeldfisch 55
Goldkarpfen 53
Goldmaid 161, 183
Goera pilosa 115
Goldorfe 69
Goldsteinbeißer 71
Gomphus vulgatissimus 113
Gordius aquaticus 95
Gracilaria verrucosa 300
Grampus griseus 186
Granat **262**
Granatauge, Großes 111
Graskarpfen 54
Grasnadel 157
Graue Kreiselschnecke 223, 307
Grauer Knurrhahn 167
Grauer Porzellankrebs 271
Graue Sternschnecke 227
Grindwal 186
Grobe Napfschnecke 216, 308
Groppe **33**
  Sibirische 33
Große Bodenrenke **44**
Große Felsgarnele 263

Große Halsbandschnecke 219, 307
Große Heidelibelle 113
Große Köcherfliege **114**
Große Königslibelle **112**
Große Maräne **44**
Große Nußmuschel 311
Große Pechlibelle 111
Große Pilgermuschel **240**, 315
Großer Algenfarn 127
Großer Kolbenwasserkäfer 119
Großer Meeresborstenwurm 251
Großer Sandaal 162
Großer Scheibenbauch 182
Großer Schneckenegel 97
Großer Tümmler **185**
Große Sandmuschel 314
Große Schlangennadel 157
Große Schweberenke **45**
Große Seenadel **156**
Großes Granatauge 111
Großgefleckter Katzenhai 131
Großlibellen **112–113**
Grünalgen 124, 292
Gründling **72**
Grüne Bohnenmuschel 231, 317
Grüne Gabelalgen 292
Grüner Blattwurm 252
Grüner Federtang 292
Grüne Samtschnecke 226
Grünes Meerohr 217, 308
Güster **63**
Gymnocephalus cernua **74**
  schraetzer **75**
Gyrinus natator 119

H Haarbutt 177
Haarqualle, Gelbe 199
Haemopis sanguisuga 97
Haie 130–139
Hakenkäfer 119
Halcampa chrysanthellum 207
Halichoerus grypus **189**
Halichondria panicea **196**
Haliclystus-Arten 208
Halicryptus spinulosus 213
Halidrys siliquosa 295
Haliotis tuberculata 217, 308
Halsbandschnecke 219, 307
  Große 219, 307
Harmothoë impar 252
Hasel **69**
Häubchenmuschel 305

Häubchenschnecke, Durchscheinende 217, 308
Hauttang 298
Hecht **48–49**
Heidelibelle, Große 113
Heilbutt 178
Heller Schlangenstern 281
Helcion pellucidus 217, 308
Helobdella stagnalis 97
Hering 146
Heringshai 138
Herzigel **284**
Herzmuschel, Eßbare **234**, 317
  Kleine 235, 317
Henricia sanguinolenta 278
Himanthalia elongata 295
Hippoglossus hippoglossus 178
Hirudo medicinalis **96**
Höhlenassel 98
Höhlenflohkrebs 99
Holothuria forskali **286**
Homarus gammarus **265**
Hörnchenschnecke, Gestreifte 227
Hornfarbige Kugelmuschel 87
Hornschnecke, Dicke 221
Horntange 297
Huchen **42**
Hucho hucho **42**
Hufeisen-Azurjungfer 111
Hummer, Europäischer **265**
Hundeegel 97
Hundshai **134**
Hundszunge **178**
Hüpferlinge 291
Hydractinia echinata 208
Hydra viridissima **82**
Hydrobia ulvae 307
Hydrodroma-Arten 91
Hydrometra stagnorum 117
Hydropsyche angustipennis 115
Hydroptila-Arten 115
Hydrous piceus 119
Hygrobia tarda 119
Hymeniacidon perleve 197
Hyperoodon ampullatus 186

I *Idotea baltica* 259
Igelherzmuschel 235, 317
Ischnura elegans 111
Islandmuschel **244**, 313
Isoetes lacustris 127
Isoperla grammatica 107
Isotomurus palustris 105

J Jagdspinne 91
Janthina janthina 307
Johnston-Amphitrite 253
Jorunna tomentosa 227
Jungfräuliche Napfschnecke 217, 308
Juwelenanemone 205

K Kabeljau **149**
Käferschnecke, Glänzende 245
  Marmorierte 245
  Rote 245
Kaisergranat **264**
Kalktange 215, 300
Kalmar, Gemeiner 247
Kammstern, Nordischer 278
Kammtang, Gemeiner 297
Kammuschel, Bunte 241, 316
  Getigerte 241, 315
  Siebenstreifige 241, 315
Karausche **54**
Karpfen **52**
Karpfenfische 52–69, 72
Karpfenläuse 125
Karpfkarausche 54
Kartoffelalge 295
Katfisch **166**
Katzenhai, Großgefleckter 131
  Kleingefleckter **130–131**
Kaulbarsch **74**
Kaurischnecke, Arktische 222, 309
  Europäische **222**, 309
Kegelkopfmoos 126
Kegelrobbe **189**
Keiljungfer, Gemeine 113
Keratella-Arten 124
Keulenpolyp **82**
  Mehrrohr 208
Keulen-Synascidie 289
Kiemenfüße 125
Kieselalge 124
Kilch **44**
Klaffende Feilenmuschel 241, 316
Klaffmuschel, Abgestutzte 238, 312
Kleine Bodenrenke **44**
Kleine Herzmuschel 235, 317
Kleine Maräne **43**
Kleine Mondmuschel 284
Kleine Pilgermuschel 241
Kleiner Krake **249**
Kleiner Sandaal **162**
Kleiner Scheibenbauch 182

Kleiner Tümmler 184
Kleine Schlangennadel 157
Kleine Schwebrenke **43**
Kleine Seenadel 157
Kleine Strandschnecke 219, 307
Kleingefleckter Katzenhai **130–131**
Kleinlibellen **110–111**
Kleinmäuliger Lippfisch 161
Kliesche 179
Klippenbarsch 161
Knolliger Gabeltang 295
Knorpeltang 299
Knotentang 294
Knotige Asselspinne 258
Knurrhahn, Grauer 167
  Roter **167**
Köcherfliege, Große **114**
Köcherfliegen 114–115
Köcherwurm 253
Köhler 153
Kolbenplanarie 211
Kolbenwasserkäfer, Großer 119
Kompaßqualle 199
Königsholothurie 287
Königslibelle, Große **112**
Kopffüßer 246–249
Korallenmoos 300
Korkschwamm 197
Krake, Gemeiner **248**
  Kleiner **249**
Krebs, Galizischer 100
Krebse, Zehnfüßige 100–101, 261–273
Kreiselschnecke, Aschfarbene 223
  Bunte 223, 307
  Graue 223, 307
Kriebelmücken 123
Kristallgrundel 169
Krummschnauzige Schlangennadel 157, 183
Kuchenflechten 302
Kuckuckslippfisch 161
Kugelascidien 289
Kugelmuschel, Hornfarbige 87
Kugelmuscheln 305
Kurzarmiger Seestern 279
Küstenhüpfer 259

L *Labrus bergylta* **160**
  ossifagus 161
Lachs **34–35**

Lachsfische 35–47
Lacuna vincta 309
Lagis koreni 253
Lagunenherzmuschel 235, 317
Lamellidoris bilamellata 227
Laminaria digitata 293
  hyperborea 293
  saccharina 293
Lammzunge 176
Lamna nasus **138**
Lampetra fluviatilis **31**
  planeri **30**
Lange Nemertine 212
Languste, Europäische **266**
Lanice conchilega 253
Lanzettfischchen 290
Laurencia pinnatifida 299
Leathesia difformis 295
Lecanora-Arten 302
Lederkarpfen 53
Leierfisch, Gestreifter 167
Leierherzigel 285
Leng **154**
Lepadogaster lepadogaster 182
Lepas anatifera 260
Lepidochiton cinereus 245
Lepidopleurus asellus 245
Leptodora kindti 125
Leptophlebia vespertina 109
Leptosynapta inhaerens 287
Lestes sponsa 111
Leucaspius delineatus 65
Leuchtqualle 199
Leuciscus cephalus **68**
  idus 69
  leuciscus **69**
Leucosolenia-Arten 197
Leuctra hippopus 107
Libellula depressa 113
Lichina confinis 303
  pygmaea 303
Ligia oceanica 258
Lima hians 241, 316
Limanda limanda 179
Limnephilus rhombicus 115
Lineus bilineatus 212
  longissimus 212
  ruber 212
Liparis liparis 182
  montagui 182
Lippfisch, Geflecker **160**
  Kleinmäuliger 161
Lipura maritima 259
Lithothamnion-Arten 215, 300

Littorina littorea **218**, 307
  neritoides 219, 307
  obtusata 219, 307
  saxatilis 219, 307
  saxatilis tenebrosa 219
Lochnapfschnecke 308
Loligo vulgaris 247
Lomentaria articulata 297
Lota lota 79
Lotsenfische 135
Lucernaria-Arten 208
Luidia ciliaris 279
Lumbriculus variegatus 94
Lumpenus lampretaeformis 165
Lutraria lutraria 311
Lymnaea ovata 84, 304
  auricularia 304
  stagnalis **84**, 304

M *Mäander-Ascidie* 290
Macoma baltica 237, 312
Macropipus depurator 273
  holsatus 273
  puber **273**
Mactra corallina 313
Maifisch 79
Makrele, Europäische **170–171**
Malermuschel 90, 305
Mantelaktinie 206
Manteltiere 288, 289
Marāne, Große **44**
  Kleine **43**
Marchantia polymorpha aquatica 126
Margaritifera margaritifera **89**, 305
Marmorierte Käferschnecke 245
Marphysa sanguinea 252
Marthasterias glacialis 278
Medizinischer Blutegel **96**
Meeraal **144–145**
Meeräsche, Dicklippige **172**
  Dünnlippige 172
Meerengel, Gemeiner **139**
Meeresassel 258
  Baltische 259
Meeresborstenwurm, Gemeiner **251**
  Großer 251
  Pelagischer 251
Meerforelle 37
Meermandel 235, 312

Meerneunauge 31
Meerohr, Grünes 217, 308
Meersaite 296
Meersalat 292
Meerwarze 260
Meerzitrone 227
Mehrhörniger Keulenpolyp 208
Melanogrammus aeglefinus **150**
Membranipora membranacea **274**
Membranoptera alata 298
Merlangius merlangus **152**
Merluccius merluccius 154
Messerscheide, Durchsichtige 239, 314
  Gefurchte 315
  Gerade **239**, 314
Metridium senile 205
Micromesistius poutassou 152
Microstomus kitt 179
Miesmuschel **230**, 317
Milchweiße Planarie 95
Misgurnus fossilis 71
Mittelmeerleng 155
Mittelmeermuräne 144
Mittelmeer-Seequappe 155
Moderlieschen 65
Modiolus barbatus 231, 317
  modiolus 231, 317
Molanna angustata 115
Molgula-Arten 289
Molva dipterygia 154
  elongata 154
  molva **154**
Mondmuschel, Kleine 284
Montacuta ferruginosa 284
Montaguscher Schleimfisch 165, 183
Moostierchen 83, 275
  Büscheliges 275
Mugil capito 172
  chelo 172
Munida bamffica 268
  intermedia var. *sarsi* **268**
  rugosa 268
Muraena helena 144
Muschelkrebse 125
Muscheln 87–90, 230–244, 305–306, 309–317
Muschelwächter 230
Musculus discors 317

Meerneunauge 31
Mustelus asterias **133**
  mustelus 133
Mützenqualle 203
Mya arenaria **238**, 312
  truncata 238, 312
Myoxocephalus scorpius 182
Mytilus edulis **230**, 317
Myxicola infundibulum 253

N Nacktschnecken 226–227
Nadelschnecke 225, 309
Nagelrochen **142**
Naide, Gezüngelte 95
Napfschnecke, Flache 216, 308
  Gemeine **216**, 308
  Grobe 216, 308
  Jungfräuliche 217, 308
Nassa reticulata 221, 306
Nassarius incrassatus 221, 307
Natica alderi 219, 307
  catena 219, 307
Naucrates ductor 135
Nematoda-Arten 211
Nemertine, Lange 212
  Zweistreifige 212
Nemoura erratica 107
Nepa rubra 105
Nephrops norvegicus **264**
Nephtys hombergi 252
Nephtyswurm 252
Neptunea antiqua 221, 307
Nereis diversicolor **251**
  pelagica 251
  virens 251
Nerophis lumbriciformis 157, 183
  ophidion 157
Nesselqualle, Blaue 199
Nesseltiere 82, 197–210
Netznapfschnecke 217, 308
Netzreusenschnecke 221, 306
  Dickschalige 221
Neunaugen 30–31
Niphargus puteanus 99
Noemacheilus barbatulus 70
Nordische Purpurschnecke 221, 306
Nordischer Kammstern 278
Nördlicher Entenwal 186
Nördlicher Glatthai 133
Nordseegarnele **262**
Nordseeschnäpel 43
Normans Holothurie 287
Norwegischer Zwergbutt 176
Notonecta glauca **116**

Nucella lapillus 221, 306
Nucula nucleus 311
Nußmuschel, Große 311
Nymphon gracile 259
O *Obelia geniculata* 208
Ocenebra erinacea 221, 307
Octopus vulgaris 248
Odonthalia dentata 298
Ohrenqualle **198**
Ohrschlammschnecke 304
Oligocladus sanguinolentus 211
Onos cimbrius 155
  mediterraneus 155
  mustelus 155
  tricirratus 155
Ophiocomina nigra 281
Ophiopholis aculeata 281
Ophiothrix fragilis **280**
Ophiura albida 281
  texturata 281
Orchestia gammarellus 259
Orfe 69
Osmerus eperlanus **47**
Ostrea edulis **232**, 310
Ostseegarnele 263
Ostseeschnäpel 45
Otternuschel 311
Ovale Trogmuschel 313
Ovale Venusmuschel 310
P Paganellgrundel 169, 182
Pagurus bernhardus **272**
  prideauxi 272
Palaemon adspersus 263
  elegans 263
  serratus 263
Palinurus elephas **266**
Palmentang 293
Pandalus borealis **261**
Pantoffelschnecke 217, 308
Pantoffeltierchen 124
Paracentrotus lividus 283
Paramecium-Arten 124
Parvicardium exiguum 235, 317
Patella aspera 216, 308
  intermedia 216, 308
  vulgata **216**, 308
Peachia hastata 207
Pechlibelle, Große 111
Pecten maximus **240**, 315
  septemradiatus 241, 315
Pelagia nocticula 199

333

Pelagischer Meeresborstenwurm 251
Pelikanfuß 225, 308
Pelvetia canaliculata 294
Pennatula-Arten 210
Pentapora foliacea 275
Perca fluviatilis 73
Pergamentwurm 253
Perla bipunctata **106**
Perlodes microcephala 106
Petermännchen 159
Petrobius maritimus 258
Petromyzon marinus 31
Pfahlwurm 229, 243
Pfauenfederwurm **254**
Pfefferalge 299
Pfeffermuschel 244, 314
  Weiße 313
Pfeilwürmer 291
Pferdeaktinie **204**
Pferdeegel 97
Pferdemuschel 231, 317
  Bärtige 231, 317
Phaxas pellucidus 239, 314
Philodona-Arten 83
Phoca hispida **191**
  vitulina **190**
Phocoena phocoena 184
Pholas dactylus 242, 316
Pholis gunnellus **163**, 182
Phoxinus phoxinus **64**
Phryganea grandis **114**
Phrynorhombus norvegicus 176
Phycodrys rubens 298
Physa fontinalis 85, 304
Physalia physalis **200**
Physophora hydrostatica 201
Pilgermuschel, Große **240**, 315
  Kleine 241
Pilumnus hirtellus 270
Pinna fragilis 231, 314
Pinnotheres pisum 230
Piscicola geometra 97
Pisidia longicornis **271**
Pisidium-Arten 87, 305
Planarie, Milchweiße 95
  Schwarze 95
Planktontiere 124–125, 291
Planorbis albus 304
  corneus 85, 304
Platichthys flesus 176
Plattbauch 113
Plattfische 174–179

Plattmuschel, Baltische 237, 312
  Dünne **237**, 312
  Gerippte 237
Pleurobrachia pileus **202**
Pleuronectes platessa **175**
Plocamium cartilagineum 297
Plötze **66**
Plumaria elegans 297
Plumpe Tellmuschel 313
Plumularia catharina 208
Plycodrys rubens 297
Podura aquatica 105
Pollachius pollachius **151**
  virens **153**
Pollack **151**
Polycelis nigra 95
Polycentropus flavomaculatus 115
Polycera quadrilineata 227
Polyides rotundus 300
Polymnia nebulosa 215
Pomatoceros triqueter 255
Pomatoschistus microps **168**
  minutus 169
  pictus 169
Porania pulvillus 279
Porcellana platycheles 271
Porphyra umbilicalis 299
Porpita umbella 201
Porre **262**
Portugiesische Auster **233**, 309
Portugiesische Galeere **200**
Porzellankrebs, Grauer 271
  Schwarzer **271**
Posthörnchenwurm 255
Posthornschnecke 85, 304
  Weiße 304
Potamopyrgus jenkinsi 85, 304
Prachtlibelle, Gebänderte 111
Priapswurm 213
Priapulus caudatus 213
Prionace glauca **135**
Procerodes ulvae 211
Prosthecaeraeus vittatus 211
Protozoa-Arten 83
Psammechinus miliaris 283
Psammobia ferroensis 314
Psetta maxima **177**
Pungitius pungitius **78**
Purpurherzigel 285
Purpurkreiselschnecke 223, 307
Purpurschnecke, Nordische 221, 306
Purpur-Sonnenstern 279

Purpurtang 299
Pycnogonum littorale 258
Pyrrhosoma nymphula 111

Q Quallen 198–199
Quappe 79
Quappwurm 213
Quelljungfer, Zweigestreifte 113

R Rädertierchen 83, 124
Raja batis **140**
  clavata **142**
  radiata **143**
Ramalina siliquosa 302
Ranatra linearis 105
Rändelkäferschnecke 245
Rankenfüßer 260
Rapfen **66**
Rauhe Bohrmuschel 243, 316
Rauhe Strandschnecke 219, 307
Regenbogenforelle **38–39**
Remora remora 135
Renken 43–45
Reusenschnecke, Dicklippige 307
Rhacomitrium aquaticum 126
Rhithrogena semicolorata 109
Rhizostoma pulmo 199
Rhodeus sericeus amarus **57**
Rhodymenia palmata 298
Rhyacophila-Arten 115
Riccia fluitans 126
Riementang 295
Riesenhai **136–137**
Ringelnemertine 212
Ringelrobbe **191**
Rinnentang 294
Rippenquallen 202–203
Rissos Delphin 186
Rivulogammarus pulex **99**
Robben 188–193
Roccus labrax **158**
Rochen 140–143
Röhrenkalkschwämme 197
Röhrenpolyp 208
Rotalgen 297–300
Rotauge **66**
Rotbarsch 167
Rote Bohne 237
Rote Käferschnecke 245
Roter Eichentang 298
Roter Knurrhahn **167**
Roter Schnurwurm 212
Rotfeder **67**

Rotzunge 179
Rückenschwimmer, Gemeiner **116**
Ruderfüßer 125
Ruderfußkrebse 291
Ruderkrabbe 273
Ruderwanzen 116
Rundkopfdelphin 186
Rundstachliger Seeigel 283
Runzliger Furchenkrebs 268
Rutilus rutilus **66**
Rutte 79

S *Sabella pavonina* **254**
Sabellaria alveolata 255
Saccorhiza polyschides 293
Sackwurzeltang 293
Sagartiogeton undatus 207
Sägetang 294
Sagitta-Arten 291
Salmo gairdneri **39**
  salar **35**
  trutta **37**
Salpa maxima 291
Salpen 291
Salvelinus alpinus **41**
  alpinus salvelinus **40–41**
Salvinia natans 127
Samtschnecke, Grüne 226
Sandaal, Großer **162**
  Kleiner **162**
Sandgrundel 169
Sandklaffmuschel **238**, 312
Sandkoralle 255
Sandmuschel, Große 314
  Violettgestreifte 314
Sandpier **250**
Sattelmuschel 233, 310
Saxicava arctica 243, 316
Scapania undulata 126
Scardinius erythrophthalmus **67**
Schan **164**, 183
Scheibenbauch, Großer 182
  Kleiner **182**
Scheibenförmige Federkiemenschnecke 304
Scheidenmuschel, Schwertförmige **239**, 315
Schellfisch **150**
Scherentang 300
Schied **66**
Schiffshalter 135
Schildkröten-Napfschnecke 216, 217, 308

Schill **76**
Schlammpeitzger 71
Schlammröhrenwurm, Gemeiner **94**
Schlammschnecke, Wandernde 84, 304
Schlammschwimmer 119
Schlangenhaar-Seerose 207
Schlangennadel, Große 157
  Kleine 157
  Krummschnauzige 157, 183
Schlangenstern, Gemusterter 281
  Heller 281
  Schwarzbrauner 281
  Zerbrechlicher 280
Schlauchascidie **288**
Schlauchtang, Eingeschnürter 296
Schleie **58–59**
Schleierschwanz 55
Schleimfisch, Gestreifter 165, 183
  Montaguscher 165, 183
Schleimfische 163–166
Schleischnecke 85
Schlicksabelle 253
Schlüsselloch-Napfschnecke 217
Schmalarmiger Seestern 279
Schmarotzeraktinie **206**
Schmerle **70**
Schnaken 123
Schnecken 84–86, 216–227, 304, 306–309
Schneckenegel, Großer 97
Schnurwurm, Roter 212
Schnurwürmer 212
Scholle **174–175**
Schönflechte 303
Schotentang 295
Schrätzer **75**
Schuppenwurm 252
Schuppiger Furchenkrebs 267
Schwämme 83, 196–197
Schwammfliege 83
Schwarzbrauner Schlangenstern 281
Schwarze Planarie 95
Schwarzer Porzellankrebs **271**
Schwarzer Zitterrochen **141**
Schwarze Seegurke 286
Schwarzgrundel 169
Schwarzreuter 40, 41

Schwebfliegen 123
Schwebrenke, Große **45**
   Kleine 43
Schweinswal **184**
Schwertförmige Scheiden-
   muschel 239, 315
Schwimmfarn 127
Schwimmgrundel 169, 183
Schwimmkrabbe **273**
Scomber scombrus 171
Scophthalmus rhombus 177
Scrobicularia plana 244, 314
Scyliorhinus caniculus **131**
   stellaris 131
Scypha compressa 197
Scytosiphon lomentaria 296
Sebastes marinus 167
Seeanemonen 204–207
Seebull 182
Seedahlie 205
Seefächer **210**
Seefeder 210
   Zierliche 297
Seeforelle 37
Seegras, Gemeines **301**
Seegurke, Schwarze **286**
Seehase (Fisch) **173**
Seehase (Schnecke) **226**
Seehecht 154
Seehund **190**
Seeigel, Eßbarer **282**
   Rundstachliger 283
Seelachs **153**
Seemaus 252
Seenadel, Große **156**
   Kleine 157
Seenelke 205
Seepocke, Australische 260
   Gekerbte 260
   Gemeine 260
Seequappe, Dreibärtelige 155
   Fünfbärtelige **155**
   Vierbärtelige 155
Seequirl, Wolliger 296
Seerinde **274**
   Zottige 275
Seesaibling **40–41**
Seescheiden 288–290
Seeschmetterling 165
Seeskorpion 182
Seestachelbeere **202**
Seestern, Gemeiner **276–277**
   Kurzarmiger 279
   Schmalarmiger 279

Seestichling 183
Seewolf, Gestreifter 166
Seezunge 179
Segelqualle 201
Sepia officinalis **247**
Sepiola atlantica 246
Sericostoma personatum 115
Sialis fuliginosa 104
   lutaria **104**
Sibirische Groppe 33
Sida crystallina **84**
Sidnyum turbinatum 290
Siebenstreifige Kammuschel
   241, 315
Silurus glanis 79
Simocephalus vetulis 125
Simulium-Arten 123
Siphonoperla torrentium 107
Sipunculus nudus 211
Sisyra fuscata 83
Smaragdlibelle, Gemeine 113
Solaster endeca 279
   papposus 279
Solea solea 178
Solen marginatus 315
Sonnenrose 207
Sonnenstern 279
Spaltenschnecke, Gebänderte
   309
Spaltzahn 127
Spatangus purpureus 285
Spatenmoos 126
Speeranemone 207
Sphaerium-Arten 305
   corneum 87
   lacustre 305
Sphagnum plumilosum 126
Spiegelkarpfen 53
Spierling 162
Spinachia spinachia 183
Spindelholothurie 287
Spindelschnecke, Gemeine 221,
   307
Spiraltang 294
Spirorbis borealis 255
Spisula solida 313
   subtruncata 313
Spitzhornschnecke **84**, 304
Spitzschlammschnecke **84**
Spitzschwänziger Bandfisch 165
Spongilla lacustris 83
Sprattus sprattus 146
Springschwanz 105
Spritzascidie 289

Spritzwürmer 211
Sproß-Synascidien 290
Sprotte 146
Squalus acanthias **132**
Squatina squatina **139**
Staatsquallen 200, 201
Stabwanze 105
Stachelhäuter 276–287
Stachelkäferschnecke 245
Stachelpolyp 208
Stachelrücken 165
Stachelschnecke 221, 307
Staurastrum-Arten 124
Stechmücken 123
Stechrochen 143
Steinbeißer **71**
Steinbutt 177
Steinfliege, Zweigefleckte **106**
Steinfliegen 106–107
Steinkarausche 54
Steinköhler **151**
Steinpicker 182
Steinseeigel 283
Stentor coeruleus 83
Sternascidie 290
Sternrochen 143
Sternschnecke, Graue 227
Sternseepocken 260
Sterntang 299
Stichling, Dreistachliger 77
Stichopus regalis 287
Stielquallen 208
Stint **47**
Stizostedion lucioperca **76**
Stöcker 158
Stör **32**
Strandfloh 259
Strandkrabbe **269**
Strandküling **168**
Strandschnecke, Gemeine **218**,
   307
   Kleine 219, 307
   Rauhe 219, 307
   Stumpfe 219, 307
Strandseeigel 283
Streber 75
*Strongylocentrotus droba-
   chiensis* 283
Strudelwürmer 95, 211
Stumpenascidie 289
Stumpfe Strandschnecke 219,
   307
Styela coriacia 289
Stylaria lacustris 95

Suberites domuncula 197
Südlicher Glatthai 133
Sumpfdeckelschnecke, Echte
   85, 304
   Gemeine 304
Sumpfkrebs 100
Süßwasser-Fadenwurm 95
Süßwasserpolyp **82**
Süßwasserschnecken 84–86
Süßwasserschwamm 83
Sycon ciliatum 197
Sympetrum striolatum 113
Syngnathus acus **156**
   rostellatus 157

T *Talitrus saltator* 259
Tamarixblättriger Tang 295
Tangbeere 289
Taschenkrebs **270**
Tastermücken 123
Taumelkäfer, Gemeiner 119
Taurulus bubalis 182
Tealia felina 205
Teichläufer, Gemeiner 117
Teichlebermoos 126
Teichmuschel **88**, 306
Teichnapfschnecke 86, 304
Teichschachtelhalm 127
Tellerqualle 201
Tellerschnecke, Flache 85, 304
   Gerippte 304
Tellmuschel, Gerippte 312
   Plumpe 313
Teppichmuschel, Gebänderte
   236, 310
   Geriffelte 311
   Getupfte 310
Teredo navalis 229, 243
Theodoxus fluviatilis 85, 304
Theromyzon tessulatum 97
Thunfisch 170, 171
Thunnus thynnus 170
Thymallus thymallus **46**
Thyone fusus 287
Tiefseegarnele **261**
Tiefseesaibling 40, 41
Tinca tinca **59**
Tintenfisch, Gemeiner
   246–247
Tobiasfisch 162
Tonicella marmorea 245
   rubra 245

Torfmoos 126
Torfmosaikjungfer 113
Torpedo nobiliana **141**
Tote Mannshand **209**
Trachinus draco 159
   vipera **159**
Trachurus trachurus 158
Trigla lucerna **167**
Trisopterus luscus **147**
   minutus 147
Trivia arctica 222, 309
   monacha **222**, 309
Trogmuschel, Bunte 313
   Gedrungene 313
   Ovale 313
Trompetentierchen 83
Tropidiscus planorbis 85, 304
Tubifex tubifex **94**
Tubulanus annulatus 212
Tubularia indivisa 208
Tümmler, Großer **185**
   Kleiner 184
Turmschnecke, Gemeine **224**,
   309
Turritella communis **224**, 309
Tursiops truncatus **185**

U Ukelei **65**
Ulva lactuca 292
Unionicola-Arten 91
Unio pictorum 90, 305
   tumidus 90, 305
Urosalpinx cinerea 233
Urtierchen 83

V *Valvata piscinalis* 85, 304
Veilchenschnecke 307
Velella velella 201
Velia-Arten 117
Venerupis decussata 311
   pullastra 310
   rhomboides **236**, 310
Venus fasciata 310
   ovata 310
   striata 236, 311
   verrucosa 311
Venusgürtel 203
Venusmuschel, Braune 311
   Gebänderte 310
   Gestreifte 236, 311
   Ovale 310
   Warzige 311
Verruca stroemia 260
Verrucaria maura 303
   mucosa 303
Vierbärtelige Seequappe 155

Vierkantwurm 95
Violettgestreifte Sandmuschel 314
Viperqueise **159**
Virgularia mirabilis 210
Viviparus contectus 304
 viviparus 85, 304
Volvox-Arten 124
Vorticella-Arten 83

W Wachsrose 205
Wale 184–187
Wandermuschel 90, 305
Wandernde Schlammschnecke 84, 304
Wandersaibling 41
Wandflechte 302
Warzenflechte 303
Warzige Venusmuschel 311

Wasserassel, Gemeine **98**
Wasserflöhe, 83, 125
Wasserflorfliege, Dunkelbraune 104
 Gemeine **104**
Wasserkäfer 118–119
Wasserkalb 95
Wasserläufer, Gemeiner **117**
Wassermilben 91
Wasserskorpion 105
Wasserspinne **91**
Wasserwanzen 105, 116
Wattschnecke 307
Wechseltierchen 124
Weiße Bohrmuschel 243, 316
Weiße Pfeffermuschel 313
Weiße Posthornschnecke 304

Wellhornschnecke **220**, 306
Wels 79
Wendeltreppe, Gemeine **225**, 309
Wildfangsaibling 41
Wimperkalkschwamm 197
Wittling **152**
 Blauer 152
Wolfsbarsch **158**
Wollhandkrabbe **101**
Wolliger Seeeichhörnchenquirl 296
Wurmegel 97
Wurmholothurie 287
X *Xanthoria parietina* 302
 Zander **76**
Z Zauberbuckel 223, 307
Zehnfüßige Krebse 100–101, 261–273

Zerbrechlicher Schlangenstern **280**
Zeugopterus punctatus 177
Zierliche Asselspinne 259
Zierliche Seefeder 297
Zingel 75
Zingel streber 75
 zingel 75
Zirfaea crispata 243, 316
Zitterrochen, Schwarzer **141**
Zoarces viviparus 165
Zope 62
Zostera marina **301**
 nana 301
Zottige Seerinde 275
Zuchtkarpfen 53
Zuckertang 293
Zuckmücke, Gemeine **122**

Zungenblättrige Desmarestie 296
Zweiflügler 122–123
Zweigefleckte Steinfliege **106**
Zweigestreifte Quelljungfer 113
Zweistreifige Nemertine 212
Zwergbutt, Norwegischer 176
Zwergdorsch 177
Zwergflechte 303
Zwergmaräne 43
Zwergseegras 301
Zwergseeigel 285
Zwergsepia, Atlantische 246
Zwergstichling **78**
Zwergwal **187**
Zylinderrose 207

Bildnachweis

Illustratoren

Umschlag: Mick Loates · 3, 8–12 Sue Stitt · 13 o. li.: Sarah Fox-Davies · 13–17 Sue Stitt · 18 Bob Bampton · 19 o. re.: Colin Newman · 19–27 Bob Bampton · 28–29 Jim Russell · 30–31 Denys Ovendon · 32–47 Mick Loates · 48–49 Dick Bonson · 50–51 Denys Ovendon · 52–59 Mick Loates · 60–61 Albrecht Rissler · 62–63 Mick Loates · 64–71 Stuart Lafford · 72–78 Mick Loates · 79 Mi. li.: Mick Loates; Rest: Colin Newman · 80–81 Kevin Dean · 82–90 Tricia Newell · 91 Andrew Robinson · 92–93 Kevin Dean · 94–97 Tricia Newell · 98–99 Phil Weare · 100 Dick Bonson · 101 Dick Bonson · 102–103 Kevin Dean · 104–107 Andrew Robinson · 108–109 Norman Lacey · 110–113 Dick Bonson · 114–119 Andrew Robinson · 120–121 Kevin Dean · 122–125 Tricia Newell · 126–127 Wendy Bramall · 128–129 Jim Russell · 130–145 Colin Newman · 146 Robin Armstrong · 147–153 Colin Newman · 154–157 Stuart Lafford · 158 u. : 158 u. li.–159 Colin Newman · 160–161 Stuart Lafford · 162–163 Mick Loates · 164–165 Stuart Lafford · 166–167 Colin Newman · 168–169 Stuart Lafford · 170–171 Colin Newman · 172–173 Stuart Lafford · 174–179 Mick Loates · 180–181 Sue Stitt · 182–183 Stuart Lafford · 184–187 Colin Newman · 188–193 Peter Barrett · 194–210 Ann Winterbotham · 211–212 Sue Stitt · 213 Wendy Bramall · 214–215 Ann Winterbotham · 216–225 Sue Wickison · 226–229 Wendy Bramall · 230–238 Sue Wickison · 238 li., 239 re.: Wendy Bramall · 239–241 Sue Wickison · 241 u. li.: Wendy Bramall · 242–243 Sue Wickison · 244 Wendy Bramall · 245 Sue Wickison · 246–249 Wendy Bramall · 250–257 Sue Stitt · 258–259 Wendy Bramall · 260 Sue Wickison · 261–273 Dick Bonson · 274–275 Ann Winterbotham · 276–287 Wendy Bramall · 288–291 Ann Winterbotham · 292–301 Sue Stitt · 302–303 Wendy Bramall · 304–317 Jim Channell

Fotografen

30 Heather Angel · 31 J. Paling/OSF · 32 Krone/Silvestris · 33 Herbert Frei/Dr. F. Naglschmid · 35 Wulf Ligges/Mauritius · 37 Chaumeton/Mauritius · 39 Klaus Paysan · 41 H. J. Gruhl · 42 Roland Beck, MTI · 43 Heather Angel · 44 Hackenberg/Mauritius · 45 H. J. Gruhl · 46 Heather Angel · 47 Bayerische Landesanstalt für Fischerei, Starnberg · 49 Heather Angel · 51 Herbert Frei/Mauritius · 52 G. I. Gernard/OSF · 54 G. Doré/KRD · 55 Okapia · 56 Klaus Paysan · 57 Müller/Silvestris · 59 Bord Failte/Irish Tourist Board · 60–81 Kevin Dean · 82–90 Tricia Heather Angel · 65 P. Morris/Ardea · 66 F. Scheyer/Dr. F. Naglschmid · 67 Klaus Paysan · 68 Chaumeton/Mauritius · 69 Heather Angel · 70 Hans Reinhard/Toni Angermayer · 71 Heather Angel · 72 Jacana/Silvestris · 73 G. & J. Lythgoe/Seaphot · 74 A. A. Butcher/Nature Photographers · 75 Bayerische Landesanstalt für Fischerei, Starnberg · 76 Scheyer/Dr. F. Naglschmid · 77 Klaus Paysan · 78 Rohdich/GDT-Tierfoto/Silvestris · 82 G. I. Bernard/OSF · 84 ·
D. Thompson/OSF · 86 P. O'Toole/OSF · 87 G. I. Bernard/OSF · 88 J. Burton/Bruce Coleman · 89 Karl Heinz Reger/Dr. F. Naglschmid · 91 J. Gooders/Ardea · 94 J. A. L. Cooke/OSF · 96 Pat Morris · 98 Hans Pfletschinger/Toni Angermayer · 99 Cramm/GDT-Tierfoto/Silvestris · 100 Heather Angel · 101 Christian Teubner · 104 Anne Powell · 106 Dr. F. Sauer/Zefa · 108 P. R. Sterry/Nature Photographers · 110 G. I. Bernard/OSF · 112 M. Read/KRD · 114, 116, 117: Heather Angel · 118 S. Dalton/NHPA · 122 Hans Pfletschinger/Toni Angermayer · 124 J. & I. Bernard/OSF · 132 Cramm/GDT-Tierfoto/Silvestris · 133, 134: D. P. Wilson/E. & D. Hosking · 135 V. Taylor/Ardea · 137 P. Clark/Seaphot · 138 Dr. Uwe Muuß, freigg. SH 2090–151 · 139 J. L. S. Dubois/Jacana · 140 J. Goodman/NHPA · 141 G. & J. Lythgoe/Seaphot · 142 Bernard Picton · 145 Heather Angel · 146 V. Taylor/Ardea · 147 P. Scoones/Seaphot · 149 Raimund Cramm/Dr. F. Naglschmid · 150 C. C. Hemmings/Seaphot · 151 McHugh/NAS/Okapia · 152 D. P. Wilson/E. & D. Hosking · 153 Klaus Paysan · 154 Heather Angel · 155 A. Joyce/Seaphot · 156 J. Goodman/NHPA · 158 Klaus Paysan · 159 Kevin Cullimore/Seaphot · 160 M. L. Buehr/Seaphot · 162 P. Scoones/Seaphot · 163 Harms/Dr. F. Naglschmid · 164 G. Thurston/OSF · 166 Klaus Paysan · 167 Heather Angel · 168 L. Campbell/NHPA · 171 John Cleare/Mountain Camera · 172 Heather Angel · 173 D. P. Wilson/E. & D. Hosking · 175 Peter Tatton · 184 Pat Morris · 185 Z. Leszczynski/Animals Animals/OSF · 187 C. Bishop/Seaphot · 189 A. J. Bond/Aquila · 190 J. Foott/Bruce Coleman · 191 Timo Kilpeläinen/Luonnonkuva-Arkisto · 196 Heather Angel · 198 G. & J. Lythgoe/Seaphot · 200 P. Parks/OSF · 202 J. King/Seaphot · 204 Heather Angel · 206 G. I. Bernard/OSF · 209, 210: Bernard Picton · 216 J. Burton/Bruce Coleman · 218 Heather Angel · 220 D. P. Wilson/E. & D. Hosking · 222 John Taylor · 224 Heather Angel · 226 G. I. Bernard/OSF · 230 G. Langsbury/Bruce Coleman · 232, 233: Heather Angel · 234 D. George/Seaphot · 236 Heather Angel · 237 P. Morris/Ardea · 238 John Taylor · 239 Heather Angel · 240 G. & J. Lythgoe/Seaphot · 242 A. J. Cleave/Nature Photographers · 244 Herbert Frei/Dr. F. Naglschmid · 247 P. Scoones/Seaphot · 248 C. Petron/Seaphot · 249 D. P. Wilson/E. & D. Hosking · 250 G. J. Cambridge/NHPA · 251 J. B. & S. Bottomley/Ardea · 254 P. Scoones/Seaphot · 261 Christian Teubner · 262 Heather Angel · 263 Bernard Picton · 264 Robert Arnold/Seaphot · 265, 266: Bernard Picton · 267 R. Waller/Seaphot · 268 John Taylor · 269 G. I. Bernard/OSF · 270 John Taylor · 271 D. George/Seaphot · 272, 273: Frances Dipper · 274 M. Laverack/Seaphot · 277 A. Svoboda/Seaphot · 280 J. Greenfield/Seaphot · 282 Bernard Picton · 284 J. Burton/Bruce Coleman · 286, 288: D. P. Wilson/E. & D. Hosking · 301 Frances Dipper

KRD – King, Read and Doré · NHPA – Natural History Photographic Agency · OSF – Oxford Scientific Films